省级精品课程
省级精品资源共享课
高等职业教育会计专业课程系列教材

Financial Management

财务管理

第二版

刘金星　主编

东北财经大学出版社
Dongbei University of Finance & Economics Press
大连

图书在版编目（CIP）数据

财务管理 / 刘金星主编. —2 版. —大连：东北财经大学出版社，2020.5（2021.7 重印）
（高等职业教育会计专业课程系列教材）
ISBN 978-7-5654-3837-0

Ⅰ. 财… Ⅱ. 刘… Ⅲ. 财务管理-高等职业教育-教材 Ⅳ. F275

中国版本图书馆 CIP 数据核字（2020）第 054638 号

东北财经大学出版社出版
（大连市黑石礁尖山街 217 号 邮政编码 116025）
网 址：http://www.dufep.cn
读者信箱：dufep@dufe.edu.cn
大连图腾彩色印刷有限公司印刷 东北财经大学出版社发行

幅面尺寸：185mm×260mm 字数：463 千字 印张：20.75 插页：1
2020 年 5 月第 2 版 2021 年 7 月第 2 次印刷

责任编辑：王天华 责任校对：余 庆
封面设计：冀贵收 版式设计：原 皓

定价：45.00 元

教学支持 售后服务 联系电话：（0411）84710309

如有印装质量问题，请联系营销部：（0411）84710711

第二版前言

本书作为山东省级精品课程的配套教材，自2016年出版以来，以其独特的编排体系以及融知识性、实用性和可读性为一体的案例编写风格得到读者厚爱。为了打造高等职业教育“十三五”创新示范教材，强化能力培养，创新人才培养模式，着重培育学生的主动精神和创造性思维，实现学生职业技能和培养职业精神高度融合的发展目标，我们对本书进行了修订。

本次修订在保持第一版内容体系和体例的基础上，根据财务学科和有关法规变化，对部分内容进行了以下修订和完善：

一是根据学生参加会计系列证书考试的需要，对项目二“资金的时间价值与风险分析”进行了修改和补充，删除任务三“企业现金流量”，增加了“成本性态分析”，并对课后项目实训作了补充。

二是将项目三“资本成本管理”更换为“筹资管理（上）”，将项目四“资本结构分析”更换为“筹资管理（下）”，并对其中的内容略作更改。

三是将项目五“项目投资管理”改为“投资管理”，并增补了投资的概念。

四是将书中所有“项目实训”的答案与解析文字内容删除，以二维码形式呈现，便于学生自测，并对其中的错误进行了更正。

五是书中的错误进行全面更改和完善。

本书修订后，从结构到内容力求比原财务管理教材有所突破、有所创新，着重突出以下几个特点：

（1）针对性。根据财务管理的知识结构、项目的安排有序展开，无论是在内容的组织、体系的安排，还是体例的设计等方面都突出财务管理的基本理论、基本方法和基本操作技能。

（2）逻辑性。各个项目内容既是一个相对独立的知识单元，又是相互联系的有机整体。理论讲解与课后巩固前后照应，帮助学习者理解“原理—方法—应用”的逻辑推理过程，培养科学的思维方式。

（3）实践性。确保理论够用，突出实践导向。在每个项目前设有“引导案例”，这些案例来源于实际生活，背景熟悉、易于理解、便于操作，同时又与正文呼应，有利于培养学习者的应用能力。

（4）先进性。关注财务管理理论和实践的最新发展，博采众长，充分吸收现代财务管理领域的最新成果，为学习者设计了较为科学的知识体系。

（5）实用性。本书设有“学习目标”“引导案例”“典型案例分析”“项目实训”等板块，同时配有高质量的教学课件、电子教案等精品课程教学辅助资料，帮助学习者轻松、有效地学习财务管理知识和技能。为了便于学生自学自测，将“项目实训”的答案与解析通过二维码的形式放于书中。

本书由山东经贸职业学院、山东省级精品课程负责人刘金星教授担任主编，王玉珍、陈小梅、王珑珑、陈东担任副主编，刘佳佳、刘亚宁、朱云萍、邵苗苗参与编写。厦门大学会计系薛祖云教授审阅本书并提出了宝贵的修改意见，在此表示衷心的感谢。本书在编写过程中，得到了交通银行潍坊分行副行长齐文江的热情指导，以及山东经贸职业学院、潍坊科技学院、山东师范大学、厦门大学管理学院、华中科技大学经济学院等单位的大力支持，特此感谢。

本书既可以作为高职高专、成人高等学校和本科院校二级学院财会类专业学生的教学用书，也可以作为各类企业在职会计人员的培训、自学教材，以及各类企业管理人员的参考用书。

本书在修订过程中参阅了大量国内外专家的相关论著，在此致以诚挚的谢意。

由于编者水平和时间有限，本书难免存在不足之处，恭请广大师生和读者朋友批评指正。

编　者

2020年4月

目　录

项目一　总论 / 001
学习目标 / 001
引导案例 / 002
任务一　财务管理概述 / 002
任务二　财务管理目标 / 011
任务三　财务管理环节 / 017
任务四　财务管理体制 / 018
任务五　财务管理环境 / 024
典型案例分析 / 029
项目实训 / 030

项目二　资金的时间价值与风险分析 / 032
学习目标 / 032
引导案例 / 033
任务一　资金的时间价值 / 033
任务二　风险与收益 / 041
任务三　成本性态分析 / 047
典型案例分析 / 052
项目实训 / 053

项目三　筹资管理（上） / 057
学习目标 / 057
引导案例 / 058
任务一　资本成本概述 / 058
任务二　权益资本成本 / 063
任务三　债务资本成本 / 069
典型案例分析 / 073
项目实训 / 075

项目四 筹资管理（下）/ 078

学习目标 / 078
引导案例 / 079
任务一 资本结构概述 / 079
任务二 杠杆效应 / 083
任务三 资本结构决策 / 088
典型案例分析 / 093
项目实训 / 095

项目五 投资管理 / 099

学习目标 / 099
引导案例 / 100
任务一 投资管理概述 / 100
任务二 现金流量的内容及估算 / 103
任务三 项目投资决策评价指标 / 109
任务四 项目投资决策评价指标的运用 / 116
典型案例分析 / 118
项目实训 / 119

项目六 证券投资分析 / 123

学习目标 / 123
引导案例 / 124
任务一 证券投资概述 / 124
任务二 证券投资的收益评价 / 127
任务三 证券投资的风险与组合 / 134
典型案例分析 / 140
项目实训 / 142

项目七 营运资金管理 / 146

学习目标 / 146
引导案例 / 147
任务一 营运资金管理概述 / 147
任务二 现金管理 / 150
任务三 应收账款管理 / 155

任务四 存货管理 / 166
任务五 流动负债管理 / 171
典型案例分析 / 176
项目实训 / 176

项目八 利润分配管理 / 181

学习目标 / 181
引导案例 / 182
任务一 利润分配概述 / 182
任务二 股利支付程序 / 185
任务三 股利理论和股利分配政策 / 189
任务四 股票分割与股票回购 / 194
典型案例分析 / 197
项目实训 / 198

项目九 财务控制 / 203

学习目标 / 203
引导案例 / 204
任务一 财务控制基本知识 / 204
任务二 责任控制方法 / 206
任务三 标准成本控制方法 / 211
典型案例分析 / 217
项目实训 / 218

项目十 财务报表分析 / 223

学习目标 / 223
引导案例 / 224
任务一 财务报表概述 / 225
任务二 财务报表分析方法 / 228
任务三 财务比率分析 / 231
任务四 上市公司基本财务分析 / 247
典型案例分析 / 252
项目实训 / 256

项目十一 计划与预算 / 261

学习目标 / 261
引导案例 / 262
任务一 计划 / 262
任务二 预算管理基础 / 271
任务三 预算编制方法 / 273
任务四 预算编制 / 275
任务五 预算的执行与考核 / 284
典型案例分析 / 285
项目实训 / 286

项目十二 企业清算、并购与重组 / 291

学习目标 / 291
引导案例 / 292
任务一 企业清算的财务管理 / 292
任务二 企业并购的财务管理 / 298
任务三 企业重组的财务管理 / 306
典型案例分析 / 310
项目实训 / 311

参考文献 / 317

附录 / 319

一、复利终值系数表 / 319
二、复利现值系数表 / 321
三、年金终值系数表 / 323
四、年金现值系数表 / 325

项目一

总论

【学习目标】

1. 了解财务管理人员的职业机会；
2. 掌握财务管理的含义；
3. 熟悉财务管理的特点、原则和环节；
4. 明确财务管理目标的主要观点；
5. 理解影响企业财务管理的环境因素。

引导案例

认识财务职业，谋划财务人生

职业铸就人生，选择职业就是选择未来和人生。而不同的职业需要有不同的知识和能力来支撑。一个拥有财务管理知识和技能的学生，究竟可以选择什么样的职业呢？

在一场由ACCA（特许公认会计师公会）组织的题为“分享职业机会，探讨财务人生”职业讨论会上，万众盛华集团的人力资源部刘经理告诉记者：“在我们公司受委托招聘的职位中，风险管理年薪是5万到50万元，财务经理是7万到50万元，财务分析是9万到40万元，成本控制是10万到30万元，审计是12万到60万元，财务主任是14万到65万元，财务总监则能达到40万到100万元。”从这些招聘职位中，我们了解了财务人员的部分职业机会；从这些诱人的数字中，我们看到了高级财务人才的价值和稀缺度。

你想挑战这些高级财务管理职位吗？无论你未来的职业定位是其中哪一种，要做好本职工作，都必须熟练掌握一定的财务管理知识和技能。本书将系统地介绍财务管理的基本理论和方法，为未来职业生涯的成功奠定基础。

任务一 财务管理概述

一、财务管理人员的职业机会

财务管理的核心是资金管理，凡是涉及资金管理的活动，都渗透着财务管理的内容。因此，从理论上讲，拥有财务管理知识和技能的学生，选择职业的范围非常广泛。在现实中，财务管理人员的职业机会主要有直接机会和间接机会。

（一）直接机会

所有的组织，无论是营利组织还是非营利组织，都存在一定的财务管理业务，设有财务管理岗位，为财务管理人员提供了直接的职业机会。

1.工商企业

企业提供财务管理的职业机会最多。对企业而言，财务管理是利用价值形式对企业的生产经营活动进行预测、组织、协调、分析和控制的管理过程。每个企业都设有财务部门（单独设立或与会计部门合并在一起）和一定数量的财务岗位，负责记录企业的财务信息；负责为企业管理层分析并解释财务信息，协助进行投资和融资等财务决策；负责企业的资金调度，加强日常的营运资金管理；加强企业的内部审计、成本控制和资产管理；制订收入分配方案，调动各方利益者的积极性；整合各部门的意见并编制公司预算，评价企业的经营绩效，探索企业财务状况改进的途径和方法等。

2.事业单位

为了规范事业单位的财务行为，加强事业单位的财务管理，提高资金使用效益，保障事业单位健康发展，事业单位也必须配备一定数量的财务管理人员。随着社会经济的快速发展，事业单位财务管理人员队伍正在逐渐壮大，地位也在不断提升。事业单位财务管理的主要任务是：合理编制单位预算，如实反映单位财务状况；依法组织收入，努力节约支出；建立健全财务制度，加强经济核算，提高资金使用效益；加强国有资产管理，防止国有资产流失；对单位经济活动进行财务控制和监督。

3.中介机构

中介机构包括会计师事务所、管理咨询机构等。会计师事务所的工作内容主要有：验资、审计、记账、税务代理、资产评估、财务筹划、财务顾问、财税人员培训、工商代理和工程造价等业务。这些工作内容大多直接运用财务管理知识和技能，为财务管理人员提供了较多的职业机会。但是，会计师事务所是为各领域客户服务的，其工作内容要比单一企业的财务管理业务广泛和复杂。所以，会计师事务所对财务工作人员的职业素质要求更高。随着社会分工的不断细化，各行各业需要专司独立审计和咨询业务的专业人员提供中介服务，对具备注册会计师（CPA）、注册资产评估师（CPV）、特许金融分析师（CFA）、国际金融理财师（CFP）等资格的高级财务人员的需求将会不断增加。

4.政府机构、社会团体及其他的组织

在政府机构、社会团体及其他的组织中，财务管理同样重要，也需要专业的财务管理人员来管理资金，从而在确保收入和支出符合法律规定的前提下，充分发挥有限资金的最大效益。

（二）间接机会

金融机构作为一类组织，除了自身的财务管理业务直接创造财务职业机会外，许多其他业务岗位也需要财务知识来支撑，从而拓宽了财务管理专业的职业机会。

1.商业银行

商业银行是财务人才需求量最大的金融机构。可以说银行所有业务对财务管理知识都有一定的要求。比如，银行信贷决策依赖于对企业经营状况的判断，银行信贷管理人员若不懂企业的财务管理，就不能做好本职工作。又如，办理票据贴现，买卖外汇，代理衍生金融工具、理财产品等业务，也离不开财务管理知识的支撑。所以，银行广泛的业务为财务管理人员提供了很大的发挥空间。

2.保险公司

保险公司除了有保险行销业务外，还有保险产品设计、投资管理等业务。通常，保险公司要将投保人的保险金投资于金融债券、股票、投资基金和中长期贷款等。如何设计投资组合、选择哪些企业合作，以及怎样对现有投资进行管理等，这些都需要用到大量的财务管理知识，从而给财务管理人员提供更多的职业机会。

3.其他金融机构

证券公司、投资信托公司、租赁公司、金融资产管理公司和财务公司等金融机构，其业务也需要大量的财务管理知识和技能的支撑。

此外，具备一定的财务管理知识还可以从事教学、科研或经济管理领域其他需要财务知识的工作。

二、企业及其组织形式

（一）企业的定义及功能

企业是一个契约性组织，它是从事流通、服务等经济活动，以生产和服务满足社会需要，实行自主经营、独立核算、依法设立的一种营利性的经济组织。企业的目标是创造财富（或价值）。当今社会，企业作为国民经济的重要组织形式，发挥着越来越重要的功能。

1.企业是市场经济活动的主要参与者

市场经济活动的顺利进行离不开企业的生产和销售活动，离开了企业的生产和销售活动，市场就成了无源之水、无本之木。创造价值是企业经营行为动机的内在要求，企业的生产状况和经济效益直接影响社会经济实力的增长和人民物质生活水平的提高。只有培育大量充满生机与活力的企业，社会才能稳定、和谐而健康地发展。

2.企业是社会生产和服务的主要承担者

社会经济活动的主要过程即生产和服务过程，大都是由企业来承担和完成的。许多企业要组织社会生产，通过劳动者将生产资料（劳动工具等）作用于劳动对象，从而生产出商品，这个过程就是企业组织社会生产的过程，所以企业是社会生产的直接承担者。企业在组织社会生产过程中必然要在社会上购买其他企业的商品，再把本企业的产品销售出去，形成了服务（包括商品流通）的过程。离开了企业的生产和服务活动，社会经济活动就会中断或停止。

3.企业可以推动社会经济技术进步

为了在竞争中立于不败之地，企业就需要不断探索、采用先进技术，这在客观上推动了整个社会经济技术的进步。企业的发展对整个社会经济技术进步有着不可替代的作用。加快企业技术进步、加速科技成果产业化、培育发展创新型企业，是企业发展壮大的重要途径。

（二）企业的组织形式

典型的企业组织形式有三种，即个人独资企业、合伙企业和公司制企业。

1.个人独资企业

个人独资企业是由一个自然人投资、全部资产为投资人个人所有、全部债务由投资者个人承担的经营实体。

个人独资企业具有创立容易、经营管理灵活自由、不需要缴纳企业所得税等优点。但对于个人独资企业业主而言，其有以下缺点：①需要业主对企业债务承担无限责任，当企业的损失超过业主最初对企业的投资时，需要用业主个人的其他财产偿债；②难以从外部获得大量资金用于经营；③个人独资企业所有权的转移比较困难；④企业的生命有限，将随着业主的死亡而自动消亡。

2.合伙企业

合伙企业是由两个或两个以上的自然人合伙经营，通常由各合伙人订立合伙协议，共同出资、合伙经营、共享收益、共担风险，并对合伙债务承担无限连带责任的营利性组织。

除业主不止一人以外，合伙企业的优点和缺点与个人独资企业类似。此外，《中华人民共和国合伙企业法》规定，每个合伙人对企业债务需承担无限连带责任。如果一个合伙人没有能力偿还其应分担的债务，其他合伙人需承担连带责任，即有责任替其偿还债务。法律还规定，合伙人转让其所有权时需要取得其他合伙人的同意，有时甚至还需要修改合伙协议。

由于个人独资企业与合伙企业存在着共同的缺点，所以一些企业尽管在刚成立时以个人独资企业或合伙企业的形式出现，但是在发展到某一阶段后都将其转换成公司制企业的形式。

3.公司制企业

公司制企业（或公司）是指由投资人（自然人或法人）依法出资组建，有独立法人财产，自主经营、自负盈亏的法人企业。出资者按出资额对公司承担有限责任。

公司是经政府注册的营利性法人组织，并且独立于所有者和经营者。根据《中华人民共和国公司法》（以下简称公司法）的规定，其主要形式分为有限责任公司和股份有限公司两种。

有限责任公司是指股东以其认缴的出资额为限对公司承担责任，公司以其全部资产为限对公司的债务承担责任的企业法人。根据我国公司法的规定，必须在公司名称中标明“有限责任公司”或者“有限公司”字样。

股份有限公司是指其全部资本分为等额股份，股东以其所持股份为限对公司承担责任，公司以其全部资产对公司的债务承担责任的企业法人。

有限责任公司和股份有限公司的区别：①公司设立时对股东人数要求不同。设立有限责任公司的股东人数可以为1人或50人以下；设立股份有限公司，应当有2人以上、200人以下为发起人。②股东的股权表现形式不同。有限责任公司的权益总额不作等额股份划分，股东的股权是通过投资人所拥有的比例来表示的；股份有限公司的权益总额平均划分为相等的股份，股东的股权是用持有多少股份来表示的。③股份转让限制不同。有限责任公司不发行股票，对股东只发放一张出资证明书，股东转让出资需要由股东会或董事会讨论通过；股份有限公司可以发行股票，股票可以自由转让和交易。

公司制企业的优点：①容易转让所有权。公司的所有者权益被划分为若干股权份额，每个份额可以单独转让。②有限债务责任。公司债务是法人的债务，不是所有者的债务。所有者对于公司承担的责任以其出资额为限。当公司资产不足以偿还其所欠债务时，股东无须承担连带清偿责任。③公司制企业可以无限续存，一个公司在最初的所有者和经营者退出后仍然可以继续存在。④公司制企业融资渠道较多，更容易筹集所需资金。

公司制企业的缺点：①组建公司的成本高。公司法对于设立公司的要求比设立个人独资企业或合伙企业复杂，并且需要提交一系列法律文件，花费的时间较长。公司成立后，政府对其监管比较严格，需要定期提交各种报告。②存在代理问题。所有者和经营者分开以后，所有者成为委托人，经营者成为代理人，代理人可能为了自身利益而伤害委托人利益。③双重课税。公司作为独立的法人，其利润需缴纳企业所得税，企业利润分配给股东后，股东还需缴纳个人所得税。

【提示】在以上三种形式的企业组织中，个人独资企业占企业总数的比重很大，但是绝大部分的商业资金是由公司制企业控制的。因此，财务管理通常把公司理财作为讨论的重点。除非特别指明，本书讨论的财务管理均指公司财务管理。

三、财务管理的含义

财务管理，是指对某一独立核算单位的财务活动进行有效的组织，正确处理好内部和外部各项财务关系，并为提高其整体管理水平和整体价值服务的一项经济管理工作。只要有资金运作的地方，就必然有财务管理活动。然而，不同性质和不同行业的单位，其财务管理的内容和方式是有明显差异的。在各类组织中，企业是数量最多的一类经济组织，其财务活动也具有典型的代表性。所以，本书以企业财务管理为主要研究对象。要理解财务管理的含义，必须先弄清楚企业的财务活动和财务关系。

（一）企业财务活动

企业财务包含一切涉及企业资金的经济业务。企业财务活动，是指以现金收支为主的企业资金收支活动的总称。其主要包括以下四个方面的内容：

1.企业筹资引起的财务活动

筹资，是指企业为了满足投资与用资需要而筹措和集中所需资金的行为。无论是建立新企业，还是经营现有企业，都需要筹措一定数量的资金。在筹资过程中，企业通过发行股票、债券和吸收直接投资等方式筹集资金，表现为资金的收入；企业偿还借款，支付利息、股利和各种筹资费用等，表现为资金的支出。这种因为筹集资金而产生的资金收支，便是由企业筹资而引起的财务活动。

在进行筹资活动时，企业一方面要预测筹资的总规模，以保证投资所需要的资金；另一方面要通过筹资渠道和筹资方式的选择，确定合理的筹资结构，使筹资的代价降低而风险不变甚至降低。

2.企业投资引起的财务活动

企业取得资金后，必须将其投入使用，以谋求良好的经济效益。企业的投资，有对内投资和对外投资之分。企业把筹集到的资金用于购置自身经营所需要的流动资产、固定资产和无形资产等，便形成企业的对内投资；企业把筹集到的资金用于购买其他企业的股票、债券或与其他企业联营等，便形成对外投资。无论是对内投资还是对外投资，投资时都需要支付资金。当企业变卖对内投资的各种资产或收回对外投资时，就会产生资金的收入。这种由于企业投资而产生的资金收支，便是企业投资引起的财务活动。

在进行投资活动时，企业必须考虑投资规模，同时还必须通过投资方向和投资方式的选择，来确定合适的投资结构，提高投资效益，降低投资风险。

3.企业经营引起的财务活动

企业在日常的经营过程中，会发生一系列的资金收付。采购材料或商品形成储备，以便从事生产和销售活动，同时，还要支付职工工资和各种营业费用，这都需要企业支付资金；企业将生产出来的产品或购入的商品进行出售时，便可收回资金；如果企业现有资金不能满足经营的需要，还要采取短期借款的方式来筹集所需资金。这种由于企业经营而产生的资金收支，便是企业经营引起的财务活动。

在企业经营引起的财务活动过程中，主要涉及的是营运资金的管理问题。具体包括：现金持有计划的确定，应收账款的信用标准、信用条件和收款政策的确定，存货周期、存货数量、订货计划的确定，短期借款计划、商业信用筹资计划的确定等。

4.企业分配引起的财务活动

企业通过投资和资金运营可以取得相应的收入，在弥补各种成本费用、缴纳税费后，还应依照有关法规和程序对利润进行分配。资金分配有广义和狭义之分。广义分配是指对企业各种收入进行分割和分派的行为；狭义的分配仅指对企业净利润的分配。

根据投资者的意愿和企业生产经营的需要，企业实现的净利润可以作为投资收益分配给投资者，也可以暂时留存企业形成未分配利润，或者作为投资者的追加投资。企业的财务人员要合理确定分配的规模和结构，确保企业取得最大的长期利益。这种因企业分配利润而产生的资金收支，便属于企业分配引起的财务活动。

企业财务活动的四个方面是相互联系、相互依存的，它们构成一个完整的财务活动过程。这四个方面也正是财务管理的基本内容：筹资管理、投资管理、营运资金管理和利润分配管理。因此，企业财务管理的内容根据企业的基本活动可以分为投资、筹资、运营和分配四个方面，对于生产企业而言，还需进行有关生产成本的管理与控制。从财务管理角度看，投资可以分为长期投资和短期投资，筹资也可以分为长期筹资和短期筹资，由于短期投资、短期筹资和营业现金流管理有着密切关系，所以通常合并称为营运资金管理。一般地，财务管理的内容分为投资管理、筹资管理、营运资金管理、成本管理，以及收入与分配管理五个部分。

总之，企业财务管理的各部分内容是相互联系、相互制约的。筹资是基础，离开企业生产经营所需的资金筹集，企业就不能生存与发展，筹资的数量还制约着公司投资的规模。企业所筹措的资金只有有效地投放出去，才能实现筹资的目的，并不断增值与发展，投资反过来又决定了企业需要筹资的规模和时间。投资和筹资的成果都需要依赖资金的营运才能实现，筹资和投资在一定程度上决定了公司日常经营活动的特点和方式。但企业日常活动还需要对营运资金进行合理的管理与控制，努力提高营运资金的使用效率与效果。成本管理则贯穿于投资、筹资和营运活动的全过程，渗透在财务管理的每个环节之中。收入与分配影响着筹资、投资、营运资金和成本管理的各个方面，收入与分配的来源是企业上述各方面共同作用的结果，同时又会对上述各方面产生反作用。因此，投资管理、筹资管理、营运资金管理、成本管理和收入与分配管理都是企业价值创造的必要环节，是保障企业健康发展、实现可持续增长的重要内容。

（二）企业财务关系

财务关系是指企业在组织财务活动过程中与有关各方发生的经济关系。研究财务关系时，必须明确两个问题：一是企业和哪些利益者之间有经济关系（who）；二是他们之间有什么关系（what）。

企业的财务关系主要包括七个方面：（1）企业与投资者之间的财务关系；（2）企业与被投资者之间的财务关系；（3）企业与债权人之间的财务关系；（4）企业与债务人之间的财务关系；（5）企业内部各部门之间的财务关系；（6）企业与职工之间的财务关系；（7）企业与税务机关之间的财务关系。

对现代企业而言，一项投资活动要成立，离不开投资者和受资者（经营者）两个相互对应的基本要素。企业投资活动如图1-1所示，图中箭头表示资金流向。

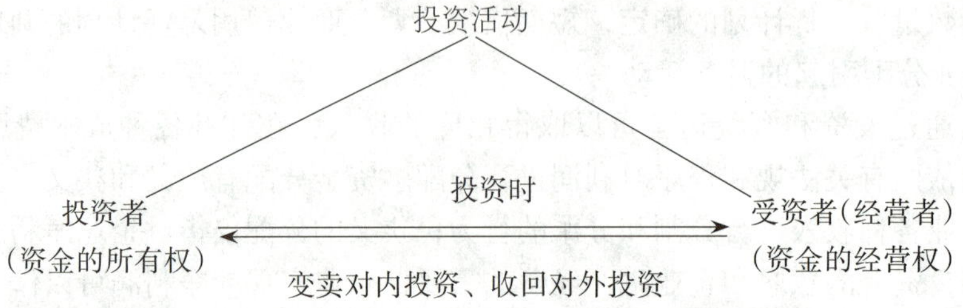

图1-1　企业投资活动

在投资活动中，投资者应按约定（合同、协议、章程）履行其出资义务，并根据其出资数额有权参与企业的经营管理，分享利润并承担风险；受资者必须依法经营，保全资本，并通过有效地运用资本，实现资本增值最大化。投资者与受资者之间的财务关系，体现了所有权性质的资金使用和资金分配关系。在研究企业与投资者的财务关系时，企业是受资者，它反映着经营权与所有权（或受资与投资）的关系；相反，在研究企业与被投资者之间的财务关系时，企业则是投资者，它反映着所有权与经营权（或投资与受资）的关系。

负债是由债权和债务两个相互对应的要素构成的法律关系，负债要素构成关系如图1-2所示。债权是指债权人享有的权利，债务是指债务人承担的义务。

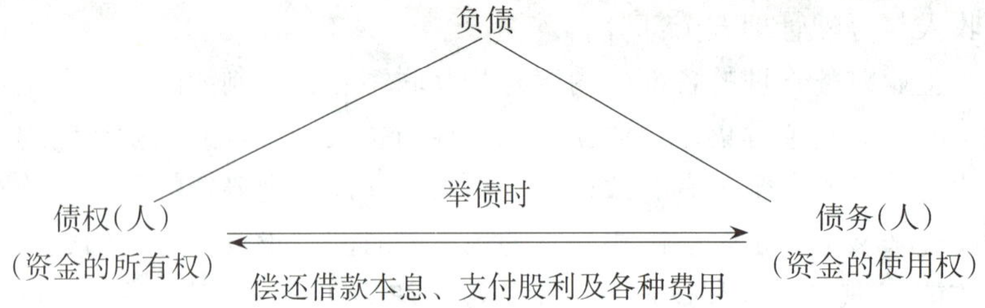

图1-2　负债要素构成关系

企业与债权人的财务关系，是指企业利用债权人的资金后，要按约定的利率及时向债权人支付利息，债务到期时，要合理调度资金，按时向债权人归还本金。简而言之，企业与债权人的关系可以概括为债务与债权的关系。

企业与债务人的财务关系，是指企业将资金借出后，有权要求债务人按约定的条件支付利息和归还本金。企业与债务人的财务关系可以概括为债权与债务的关系。

内部各部门之间的财务关系，是指由于企业内部实行经济核算制所形成的内部资金结算关系，体现了企业内部各单位之间的利益关系。

企业与职工之间的财务关系，主要是指企业向职工支付劳动报酬过程中形成的经济关系，体现了企业与职工在劳动成果上的分配关系。

企业与税务机关之间的财务关系，反映了企业依法纳税和税务机关依法征税的权利、义务关系。

企业财务关系中最重要的关系是：股东、经营者、债权人之间的经济关系。

四、财务管理的特点

企业生产经营活动的复杂性，决定了企业管理必须包括多方面的内容，如生产管理、技术管理、劳动人事管理、设备管理、销售管理、财务管理等。各项工作是相互联系、紧密配合的，同时又有科学的分工，具有各自的特点。就财务管理而言，其特点主要有综合性强、涉及面广和灵敏度高等。

（一）综合性强

财务管理是一种价值管理。通过价值形式，运用财务预测、决策、预算、控制、分析和考核等方法，对企业的一切物质条件（劳动对象和劳动资料）、经营过程（供、产、销）和经营成果（收入与利润等）进行综合规划和控制，从而达到不断提高经济效益的目的。因此，财务管理既是企业管理的一个独立方面，又是一项综合性的管理工作。

（二）涉及面广

财务管理是对企业财务的管理，而财务涉及企业资金的所有经济业务，所以企业中一切涉及资金的经济业务活动都属于财务管理的范围。众所周知，在企业内部，每个部门都或多或少地与资金有联系，从而都会和财务部门产生联系。同时，为了提高企业的经济效益，各部门在合理使用资金和节约资金方面都要接受财务部门的指导和约束。

（三）灵敏度高

在企业管理中，决策是否得当、运营是否有方、技术是否先进、生产组织是否合理，以及产品质量的优劣、费用开支的多寡、职工素质的高低、产销顺畅与否，都会对财务指标产生重大的影响。财务部门通过对财务指标的经常性计算、整理和分析，就能及时掌握企业各方面的信息，了解企业生产经营情况，发现存在的问题。例如，如果企业生产的产品质量优良、适销对路，则可实现产销两旺，在财务上表现为资金周转加快、盈利能力增强。因此，财务部门应及时向企业决策者通报财务指标的变化状况，以便其掌握企业运行状况，及时采取对策，把各部门的工作纳入提高经济效益的轨道上来。

五、财务管理的原则

财务管理的原则是组织企业活动和协调处理财务关系的基本准则。企业财务管理应遵循六项原则：系统优化原则、成本与效益权衡原则、现金收支平衡原则、风险与收益均衡原则、利益关系协调原则和投资分散化原则。

（一）系统优化原则

财务管理是企业管理系统的一个子系统，其由筹资管理、投资管理、资金运营管理、分配管理等子系统构成。做好财务管理工作，必须从财务管理系统的内部和外部联系出发，从各组成部分的协调和统一出发，这就是财务管理的系统原则。具体要求做到以下几点：

1.整体优化

只有整体最优的系统才是最优系统。财务管理必须从企业整体战略出发，不能为财务而财务；财务管理的各子系统必须围绕整个企业理财目标进行，不能“各自为政”。

实行分权管理的企业，各部门的利益应服从企业的整体利益。

2.结构优化

任何系统都是有一定层次结构的层级系统。在财务管理中，应注意各组成部分结构的比例优化，从而保证整体优化。例如，进行资金结构、资产结构、分配结构（比例）的优化。

3.适应能力优化

由于财务管理的环境是复杂多变的，企业缺乏完美的控制能力，再加上企业财务管理人员能力的限制，可能会出现财务预测、决策、计划等失误。为此，在管理的各个方面和各个环节都要保持可调节的余地，以应对环境的变化。

（二）成本与效益权衡原则

成本与效益权衡原则是投入产出原则的价值体现，是社会再生产活动得以延续和发展的基本要求。就成本与效益的关系来说，成本的耗费是效益取得的前提条件，而取得一定的效益则是成本耗费直接目的。由于成本与效益既对立又统一，所以在经济行为发生之前和发生之后都要进行财务上的评价，以使成本与效益比较观念贯穿财务管理的始终。在行为发生之前进行的评价即为财务决策，而在经济行为发生之后进行的评价称为财务分析与总结。成本与效益权衡原则的核心，是要求企业在成本一定的条件下应取得尽可能大的效益，或是在效益一定的条件下应最大限度地降低成本。成本与效益权衡原则是企业财务管理最原始、最基本和永远不变的一项原则。

（三）现金收支平衡原则

在财务管理中，要力求保持现金流入与流出在时间和数量上达到动态的协调平衡，这就是财务管理的现金收支平衡原则。获取收入以发生支出为前提，投资以融资为前提，偿还负债利息和支付股利均要求企业经营获利或获得新的资金来源。资金收支在每一时点上的平衡性，是资金循环过程得以周而复始的条件。资金收支动态平衡公式为：

期末预计现金金额=期初现金金额+预算期预计现金收入-预算期预计现金支出

遵循现金收支平衡原则，就是在提高资金使用效益的前提条件下，确保资金链通畅，防止资金链断裂。如果预计的现金金额远远低于理想的现金金额，则应积极地筹措资金，以弥补现金的不足；如果预计的现金金额远远大于理想的现金金额，应积极地组织还款或进行投资，以保持资金收支上的动态平衡。这里的平衡是保持一定弹性的平衡，而并非绝对的收入等于支出。一般情况下收支要有适当结余，以降低财务风险。

（四）风险与收益均衡原则

取得收益是任何社会形态下企业经营的基本出发点，而风险则是一种与之相伴的客观经济现象。风险主要源于企业对未来事物的发展变化情况认识不足，对未来各项财务指标的预测不准确，以及对未来突发事件的应对能力不强。企业欲取得收益，必然要承担风险，承担风险的目的在于取得收益。随着市场经济的发展和竞争的日趋加剧，现代企业在获取效益的同时会伴随更大的风险。因此，无论是对投资者还是对受资者来说，都应当对决策项目的风险和收益做出全面的分析和权衡。风险与收益均衡原则的核心，是要求企业不能承担超过收益限度的风险，在收益既定的情况下，应最大限度地降低风险。

（五）利益关系协调原则

利益关系协调原则，是指在财务管理中利用经济手段协调企业与内外部有关利益者之间的财务关系，维护有关各方的合法权益。企业对投资者要做到资本保全，并合理安排红利分配与盈余公积提取的关系；企业对债权人要按期还本付息；企业与企业之间要实行等价交换原则，并且通过折扣、罚金或赔款等形式来促使各方认真履行经济合同，维护各方的物质利益；在企业内部，要实行责权利相结合，对于生产经营经济效益好的车间、科室，给予必要的奖励，要运用各种结算手段划清各单位的经济责任和经济利益；实行按劳分配原则，把职工的收入和劳动成果联系起来。如果这些利益关系因为种种原因而出现不协调甚至矛盾的情况，轻则会影响各方的积极性，导致企业财务状况恶化和财务能力弱化，对效益产生不利影响，重则会引发企业破产或社会问题。因此，现代企业的财务管理必须努力协调各方的利益，使大家齐心协力地为实现企业财务目标而努力。

（六）投资分散化原则

马克维茨的投资组合理论认为，若干种股票组成的投资组合，其收益是这些股票收益的加权平均数，但其风险要小于股票的加权平均风险。基于上述理论，投资者不应把全部财富都投资于一个项目，而要分散投资，这就是投资分散化原则。

投资分散化原则不仅仅用于证券投资，它还具有普遍意义，公司各项决策都应注意分散化原则。不应当把公司全部投资集中于个别项目或个别产品；不应当把销售集中于少数的客户；不应当将资源供应集中于个别供应商；重要的事情不要依赖一个人完成；重要的决策不要由一个人做出。凡是有风险的事项，都要贯彻分散化原则，以降低风险。

任务二　财务管理目标

企业的目标就是创造财富（或价值）。一般而言，企业财务管理的目标就是为实现企业创造财富或价值这一目标服务。鉴于财务活动直接从价值方面反映企业的商品或者服务提供过程，因而财务管理可为企业的价值创造发挥重要作用。

一、企业财务管理目标理论

企业财务管理目标理论包括利润最大化、股东财富最大化、企业价值最大化和相关者利益最大化等理论。

（一）利润最大化

利润最大化就是假定企业财务管理以实现利润最大为目标。以利润最大化作为财务管理目标的主要原因有以下三个方面：一是人类从事生产经营活动的目的是为了创造更多的剩余产品，在市场经济条件下，剩余产品的多少可以用利润这个指标来衡量；二是在自由竞争的资本市场中，资本的使用权最终属于获利最多的企业；三是只有每个企业都最大限度地创造利润，整个社会的财富才能实现最大化，从而带来社会的进步和发展。

1.利润最大化的主要优点

企业追求利润最大化，就必须讲求经济核算、加强管理、改进技术、提高劳动生产率、降低产品成本，有利于企业资源的合理配置，有利于企业整体经济效益的提高。

2.利润最大化的缺陷

（1）没有考虑利润实现时间和资金时间价值。比如，今年100万元的利润和10年以后同等数量的利润其实际价值是不一样的，10年间还会有时间价值的增加，而且这一数值会随着贴现率的不同而有所不同。

（2）没有考虑风险问题。不同行业具有不同的风险，同等利润值在不同行业中的意义也不相同。比如，风险比较高的高科技企业和风险相对较小的制造业企业无法简单比较。

（3）没有反映创造的利润与投入资本之间的关系。

（4）可能导致企业短期财务决策倾向，影响企业长远发展。由于利润指标通常按年计算，因此，企业决策也往往会服务于年度指标的完成或实现。

利润最大化的另一种表现方式是每股收益最大化。每股收益最大化的观点认为，应当把企业的利润和股东投入的资本联系起来考察，用每股收益来反映企业的财务目标。

除了反映所创造利润与投入资本之间的关系外，每股收益最大化与利润最大化的缺陷基本相同。假设风险相同、每股收益时间相同，每股收益最大化也是衡量公司业绩的一个重要指标。事实上，许多投资人都把每股收益作为评价公司业绩的重要标准之一。

（二）股东财富最大化

股东财富最大化是指企业财务管理以实现股东财富最大化为目标。在上市公司，股东财富是由其所拥有的股票数量和股票市场价格两方面决定的。在股票数量一定时，股票价格越高，股东财富也就越大。

1.股东财富最大化的主要优点

（1）考虑了风险因素，因为通常股价会对风险做出较敏感的反应。

（2）在一定程度上能避免企业短期行为，因为不仅目前的利润会影响股票价格，其未来的利润同样会对股价产生重要影响。

（3）对上市公司而言，股东财富最大化目标比较容易量化，便于考核和奖惩。

2.股东财富最大化的缺陷

（1）通常只适用于上市公司，非上市公司难于应用，因为非上市公司无法像上市公司一样随时准确获得公司股价。

（2）股价受众多因素影响，特别是企业外部的因素，有些还可能是非正常因素。股价不能完全准确反映企业财务管理状况，如有的上市公司处于破产的边缘，但由于可能存在某些机会，其股票市价可能还在走高。

（3）它强调更多的是股东利益，而对其他相关者的利益重视不够。

（三）企业价值最大化

企业价值最大化是指企业财务管理行为以实现企业的价值最大化为目标。企业价值可以理解为企业所有者权益的市场价值，或者是企业所能创造的预计未来现金流量的现值。未来现金流量这一概念，包含了资金的时间价值和风险价值两个方面的因素。因为未来现金流量的预测包含了不确定性和风险因素，而现金流量的现值是以资金的时间价值为基础对现金流量进行折现计算得出的。

企业价值最大化要求企业通过采用最优的财务政策，充分考虑资金的时间价值和风险与报酬的关系，在保证企业长期稳定发展的基础上使企业总价值达到最大。

以企业价值最大化作为财务管理目标，其具有以下优点：

（1）考虑了取得报酬的时间，并用时间价值的原理进行了计量。

（2）考虑了风险与报酬的关系。

（3）将企业长期、稳定的发展和持续的获利能力放在首位，能克服企业在追求利润上的短期行为，因为不仅目前利润会影响企业的价值，预期未来的利润对企业价值增加也会产生重大影响。

（4）用价值代替价格，克服了过多受外界市场因素的干扰，有效地规避了企业的短期行为。但是，以企业价值最大化作为财务管理目标过于理论化，不易操作。对于非上市公司而言，只有对企业进行专门的评估才能确定其价值，而在评估企业的资产时，由于受评估标准和评估方式的影响，也很难做到客观和准确。

（四）相关者利益最大化

在现代企业是多边契约关系的总和的前提下，要确立科学的财务管理目标，需要考虑哪些利益关系会对企业发展产生影响。在市场经济中，企业的理财主体更加细化和多元化。股东作为企业所有者，在企业中拥有最高的权力，并承担着最大的义务和风险，但是债权人、员工、企业经营者、客户、供应商和政府也为企业承担着风险。因此，企业的利益相关者不仅包括股东，还包括债权人、企业经营者、客户、供应商、员工和政府等。在确定企业财务管理目标时，不能忽视这些相关利益群体的利益。

1.相关者利益最大化的内容

（1）强调风险与报酬的均衡，将风险限制在企业可以承受的范围内；

（2）强调股东的首要地位，并强调企业与股东之间的协调关系；

（3）强调对代理人即企业经营者的监督和控制，建立有效的激励机制以便企业战略目标的顺利实施；

（4）关心本企业普通职工的利益，创造优美和谐的工作环境和提供合理恰当的福利待遇，培养职工长期努力为企业工作；

（5）不断加强与债权人的关系，培养可靠的资金供应者；

（6）关心客户的长期利益，以便保持销售收入的长期稳定增长；

（7）加强与供应商的协作，共同面对市场竞争，并注重企业形象的宣传，遵守承诺，讲究信誉；

（8）保持与政府部门的良好关系。

2.相关者利益最大化的主要优点

（1）有利于企业长期稳定发展。这一目标注重企业在发展过程中考虑并满足各利益相关者的利益关系。在追求长期稳定发展的过程中，站在企业的角度上进行投资研究，避免只站在股东的角度进行投资可能导致的一系列问题。

（2）体现了合作共赢的价值理念，有利于实现企业经济效益和社会效益的统一。由于兼顾了企业、股东、政府和客户等的利益，企业不仅仅是一个单纯营利的组织，还承担了一定的社会责任。企业在寻求自身发展和利益最大化过程中，由于需维护客户及其他利益相关者的利益，就会依法经营、依法管理，正确处理各种财务关系，自觉维护和切实保障国家、集体和社会公众的合法权益。

（3）这一目标本身是一个多元化、多层次的目标体系，较好地兼顾了各利益主体的利益。这一目标可使企业各利益主体相互作用、相互协调，并在使企业利益、股东利益达到最大化的同时，也使其他利益相关者利益达到最大化，也就是在将企业财富这块“蛋糕”做到最大的同时，保证每个利益主体所得的“蛋糕”更多。

（4）体现了前瞻性和现实性的统一。比如，企业作为利益相关者之一，有其一套评价指标，如未来企业报酬贴现值；股东可以使用股票市价作为评价指标；债权人可以寻求风险最小、利息最大；工人可以确保工资福利；政府可考虑社会效益等。不同的利益相关者有各自的指标，只要合理合法、互利互惠、相互协调，就可以实现所有相关者利益最大化。

（五）各种财务管理目标之间的关系

上述利润最大化、股东财富最大化、企业价值最大化以及相关者利益最大化等各种财务管理目标，都以股东财富最大化为基础。一方面，企业是市场经济的主要参与者，企业的创立和发展都必须以股东的投入为基础，离开了股东的投入，企业就不复存在；另一方面，在企业的日常经营过程中，作为所有者的股东在企业中承担着最大的义务和风险，相应地也要享有最高的报酬，即股东财富最大化，否则就难以为市场经济的持续发展提供动力。

当然，以股东财富最大化为核心和基础，还应该考虑各利益相关者的利益。各国公司法都规定，股东权益是剩余权益，只有满足了其他方面的利益之后才会有股东的利益。企业必须要缴纳税款、发放职工工资、为顾客提供他们满意的产品和服务，然后才能获得税后收益。可见，其他利益相关者的要求先于股东被满足，因此这种满足必须是有限度的。如果对其他利益相关者的要求不加限制，股东就不会有“剩余”了。除非股东确信投资会带来满意的回报，否则股东不会出资。没有股东财富最大化的目标，利润最大化、企业价值最大化和相关者利益最大化的目标也就无法实现。因此，在强调企业承担责任的前提下，应当允许企业以股东财富最大化为目标。

【管理箴言】企业经营政策有很多目标。企业活动不要只顾自己的利益，应该与国家的利益联结在一起。（史丹雷·保鲁·强巴斯）

二、财务管理目标实施：利益冲突的协调

协调相关者的利益冲突，要把握的原则是：尽可能使企业相关者的利益分配在数量上和时间上达到动态协调平衡。在所有的利益冲突协调中，所有者与经营者、所有者与债权人的利益冲突协调至关重要。

（一）所有者与经营者利益冲突的协调

在现代企业中，经营者一般不拥有占支配地位的股权，他们只是所有者的代理人。

所有者期望经营者代表他们的利益工作，实现所有者财富最大化，而经营者则有其自身的利益考虑，两者的目标会经常不一致。通常而言，所有者支付给经营者报酬的多少，在于经营者能够为所有者创造多少财富。经营者和所有者的主要利益冲突，就是经营者希望在创造财富的同时，能够获得更多的报酬和更好的享受，而所有者则希望以较小的代价（支付较小的报酬）得到更多的财富。

为了协调这一利益冲突，通常可采取以下方式解决：

1.解聘

这是一种通过所有者来约束经营者的办法。所有者对经营者予以监督，如果经营者绩效不佳，就解聘经营者；经营者为了不被解聘就需要努力工作，为实现财务管理目标服务。

2.接收

这是一种通过市场来约束经营者的办法。如果经营者决策失误，经营不力，绩效不佳，该企业就可能被其他企业强行接收或吞并，相应地经营者也会被解聘。经营者为了避免这种接收，就必须努力实现财务管理目标。

3.激励

激励就是将经营者的报酬与其绩效直接挂钩，以使经营者自觉采取能增加所有者财富的措施。激励通常有股票期权和绩效股两种方式。

（1）股票期权。它是允许经营者以约定的价格购买一定数量的本企业股票，股票的市场价格高于约定价格的部分就是经营者所得的报酬。经营者为了获得更大的股票涨价益处，就必然主动采取能够提高股价的行动，从而增加所有者财富。

（2）绩效股。它是企业运用每股收益、资产收益率等指标来评价经营者绩效，并视其绩效大小给予经营者数量不等的股票作为报酬。如果经营者绩效未能达到规定目标，经营者将丧失原先持有的部分绩效股。这种方式使经营者不仅为了多得绩效股而不断采取措施提高经营绩效，而且为了使每股市价最大化，经营者也会采取各种措施使股票市价稳定上升，从而增加所有者财富。即使由于客观原因股价并未提高，经营者也会因为获取绩效股而获利。

（二）所有者与债权人利益冲突的协调

所有者的目标可能与债权人期望实现的目标发生矛盾。一是所有者可能让经营者改变举债资金的原定用途，将其用于风险更高的项目，这会增大偿债风险，债权人的负债价值也必然会降低，造成债权人风险与收益的不对称。因为高风险的项目一旦成功，额外的利润就会被所有者独享；但若失败，债权人却要与所有者共同负担由此而造成的损失。二是所有者可能在未征得现有债权人同意的情况下，要求经营者举借新债，因为偿债风险相应增大，从而致使原有债权的价值降低。

所有者与债权人的上述利益冲突，可以采取以下方式解决：

（1）限制性借债。债权人通过事先规定借债用途限制、借债担保条款和借债信用条件，使所有者不能通过以上两种方式削弱债权人的债权价值。

（2）收回借款或停止借款。当债权人发现企业有侵蚀其债权价值的意图时，采取收回债权或不再给予新的借款的措施，从而保护自身权益。

三、企业的社会责任

企业的社会责任是指企业在谋求所有者或股东权益最大化之外所负有的维护和增进社会利益的义务。具体来说，企业的社会责任主要包括对员工的责任、对债权人的责任、对消费者的责任、对社会公益的责任，以及对环境和资源的责任等内容。

（一）对员工的责任

企业除了有向员工支付报酬的法律责任外，还负有为员工提供安全工作环境、职业教育等保障员工利益的责任。按我国公司法的规定，企业对员工承担的社会责任主要有：（1）按时足额发放劳动报酬，并根据社会发展逐步提高工资水平；（2）提供安全健康的工作环境，加强劳动保护，实现安全生产，积极预防职业病；（3）建立企业公司职工的职业教育和岗位培训制度，不断提高职工的素质和能力；（4）完善工会、职工董事和职工监事制度，培育良好的企业文化。

（二）对债权人的责任

债权人是企业重要的利益相关者，企业应依据合同的约定以及法律的规定对债权人承担相应的义务，保障债权人合法权益。这种义务既是企业的民事义务，也可视为企业应承担的社会责任。企业对债权人承担的社会责任主要有：（1）按照法律、法规和企业章程的规定，真实、准确、完整、及时地披露公司信息；（2）诚实守信，不滥用公司人格；（3）主动偿债，不无故拖欠；（4）确保交易安全，切实履行合法订立的合同。

（三）对消费者的责任

企业的价值实现，很大程度上取决于消费者的选择，企业理应重视对消费者承担的社会责任。企业对消费者承担的社会责任主要有：（1）确保产品质量，保障消费安全；（2）诚实守信，确保消费者的知情权；（3）提供完善的售后服务，及时为消费者排忧解难。

（四）对社会公益的责任

企业对社会公益的责任主要涉及慈善、社区等。企业对慈善事业的社会责任是指承担扶贫济困和发展慈善事业的责任，表现为企业对不确定的社会群体（尤指弱势群体）进行帮助。捐赠是其最主要的表现形式，受捐赠的对象主要有社会福利院、医疗服务机构、教育事业、贫困地区、特殊困难人群等。此外，还包括招聘残疾人、生活困难的人、缺乏就业竞争力的人到企业工作，以及举办与企业营业范围有关的各种公益性的社会教育宣传活动等。

（五）对环境和资源的责任

企业对环境和资源承担的社会责任主要有：（1）承担可持续发展与节约资源的责任；（2）承担保护环境和维护自然和谐的责任。

此外，企业还有义务和责任遵从政府的管理、接受政府的监督。企业要在政府的指引下合法经营、自觉履行法律规定的义务，同时尽可能地为政府献计献策、分担社会压力、支持政府的各项事业。

【管理箴言】如果我们的工作不受社会欢迎，则不能期望从社会获得报酬，这是我们必须经常想到的问题。（松下幸之助）

一般而言，在激烈竞争的环境下，一个利润或投资报酬率处于较低水平的企业是难以承担额外增加其成本的社会责任的。那些利润超常的企业，可以适当地承担而且有的也确已承担一定的社会责任。因为对利润超常的企业来说，适当地从事一些社会公益活动，有助于提高企业的知名度，促进其业务活动的开展，进而使股价升高。但不管怎样，任何企业都无法长期单独地负担因承担社会责任而增加的成本。过分地强调社会责任而使企业价值减少，就可能导致整个社会资金运用的次优化，从而使社会经济发展步伐放缓。事实上，大多数社会责任都必须通过立法以强制的方式让每一个企业平均负担。然而，企业是社会的经济细胞，理应关注并自觉改善自身的生态环境，重视履行对员工、消费者、环境和社区等利益相关者的责任，重视其生产行为可能对未来环境的影响，特别是在员工健康与安全、废弃物处理、污染等方面应尽早采取相应的措施，减少企业在这些方面可能会遭遇的各种困扰，从而有助于企业可持续发展。

任务三　财务管理环节

财务管理环节是企业财务管理的工作步骤与一般工作程序。一般而言，企业财务管理包括计划与预算、决策与控制、分析与考核等环节。

一、计划与预算

（一）财务预测

财务预测是根据企业财务活动的历史资料，考虑现实的要求和条件，对企业未来的财务活动做出较为具体的预计和测算的过程。财务预测可以测算各项生产经营方案的经济效益，为决策提供可靠的依据；可以预测财务收支的发展变化情况，以确定经营目标；可以测算各项定额和标准，为编制计划、分解计划指标服务。

财务预测的方法主要有定性预测法和定量预测法两种。定性预测法，主要是利用直观材料，依靠个人的主观判断和综合分析能力，对事物未来的状况和趋势做出预测的一种方法；定量预测法，主要是根据变量之间存在的数量关系建立数学模型来进行预测的方法。

（二）财务计划

财务计划是根据企业整体战略目标和规划，结合财务预测的结果，对财务活动进行规划，并以指标形式落实到每个计划期间的过程。财务计划主要通过指标和表格，以货币形式反映在一定的计划期内企业生产经营活动所需要的资金及其来源、财务收入和支出、财务成果及其分配的情况。

确定财务计划指标的方法一般有平衡法、因素法、比例法和定额法等。

（三）财务预算

财务预算是根据财务战略、财务计划和各种预测信息，确定预算期内各种预算指标的过程。它是财务战略的具体化，是财务计划的分解和落实。

财务预算的方法通常包括固定预算与弹性预算、增量预算与零基预算、定期预算与滚动预算等。

二、决策与控制

（一）财务决策

财务决策是指按照财务战略目标的总体要求，利用专门的方法对各种备选方案进行比较和分析，从中选出最佳方案的过程。财务决策是财务管理的核心，决策的成功与否直接关系到企业的兴衰成败。

财务决策的方法主要有两种：一种是经验判断法，是根据决策者的经验来判断选择，常用的方法有淘汰法、排队法和归类法等；另一种是定量分析方法，常用的方法有优选对比法、数学微分法、线性规划法和概率决策法等。

（二）财务控制

财务控制是指利用有关信息和特定手段，对企业的财务活动施加影响或调节，以便实现计划所规定的财务目标的过程。

财务控制的方法通常有前馈控制、过程控制和反馈控制等。

三、分析与考核

（一）财务分析

财务分析是指根据企业财务报表等信息资料，采用专门方法，系统分析和评价企业财务状况、经营成果和未来趋势的过程。

财务分析的方法通常有比较分析、比率分析和综合分析等。

（二）财务考核

财务考核是指将报告期实际完成数与规定的考核指标进行对比，确定有关责任单位和个人完成任务的过程。财务考核与奖惩紧密联系，是贯彻责任制原则的要求，也是构建激励与约束机制的关键环节。

财务考核的形式多种多样，可以用绝对指标、相对指标和完成百分比等进行考核，也可以采用多种财务指标进行综合评价考核。

此外，财政部等五部委于2008年6月发布的企业内部控制规范体系，通过对内部环境、风险评估、控制活动、信息与沟通、内部监督五个要素的规范，要求企业在遵循全面性、重要性、制衡性、适应性和成本效益五个原则基础上，合理保证企业经营管理合法合规、资产安全、财务报告及相关信息真实完整，提高经营效率和效果，促进企业实现发展战略。需要指出的是，内部控制中的控制与上述财务控制并非同一个概念，两者在范围与内容上都存在本质区别，企业在财务管理的各个环节都必须全面落实内部控制规范体系的要求。

任务四　财务管理体制

企业财务管理体制是明确企业各财务层级的财务权限、责任和利益的制度，其核心问题是如何配置财务管理权限。企业财务管理体制决定着企业财务管理的运行机制和实施模式。

一、企业财务管理体制的一般模式

概括地说，企业财务管理体制可分为集权型财务管理体制、分权型财务管理体制和集权与分权相结合型财务管理体制等三种模式。

（一）集权型财务管理体制

集权型财务管理体制是指企业对各所属单位的所有财务管理决策都进行集中统一，各所属单位没有财务决策权，企业总部财务部门不但参与决策和执行决策，在特定情况下还直接参与各所属单位的执行过程。

集权型财务管理体制下企业内部的主要管理权限集中于企业总部，各所属单位执行企业总部的各项指令。它的优点是：企业内部的各项决策均由企业总部制定和部署，企业内部可充分展现其一体化管理的优势，利用企业的人才、智力、信息资源，努力降低资金成本和风险损失，使决策的统一化、制度化得到有力的保障。采用集权型财务管理体制，有利于在整个企业内部优化配置资源，有利于实行内部调拨价格，有利于内部采取避税措施及防范汇率风险等等。它的缺点是：集权过度会使各所属单位缺乏主动性、积极性，丧失活力，也可能因为决策程序相对复杂而失去适应市场的弹性，丧失市场机会。

（二）分权型财务管理体制

分权型财务管理体制是指企业将财务决策权与管理权完全下放到各所属单位，各所属单位只需将一些决策结果报请企业总部备案即可。

分权型财务管理体制下企业内部的管理权限分散于各所属单位，各所属单位在人、财、物、供、产、销等方面有决定权。它的优点是：由于各所属单位负责人有权对影响经营成果的因素进行控制，加之身在基层，了解情况，有利于针对本单位存在的问题及时做出有效决策，因地制宜地搞好各项业务，也有利于分散经营风险，促进所属单位管理人员和财务人员的成长。它的缺点是：各所属单位大都从本位利益出发安排财务活动，缺乏全局观念和整体意识，从而可能导致资金管理分散、资金成本增大、费用失控和利润分配无序等。

（三）集权与分权相结合型财务管理体制

集权与分权相结合型财务管理体制，其实质就是集权下的分权，企业对各所属单位在所有重大问题的决策与处理上实行高度集权，各所属单位对日常经营活动具有较大的自主权。

集权与分权相结合型财务管理体制意在以企业发展战略和经营目标为核心，将企业内重大决策权集中于企业总部，而赋予各所属单位自主经营权。其主要特点是：

（1）在制度上，企业应制定统一的内部管理制度，明确财务权限及收益分配方法，各所属单位应遵照执行，并根据自身的特点加以补充。

（2）在管理上，利用企业的各项优势，对部分权限集中管理。

（3）在经营上，充分调动各所属单位的生产经营积极性。各所属单位围绕企业发展战略和经营目标，在遵守企业统一制度的前提下，可自主制定生产经营的各项决策。为避免配合失误，明确责任，凡需要由企业总部决定的事项，企业总部应在规定时间内明确答复，否则各所属单位有权自行处置。

正因为具有以上特点，集权与分权相结合型的财务管理体制吸收了集权型和分权型财务管理体制各自的优点，避免了两者各自的缺点，从而具有较大的优越性。

二、集权与分权的选择

企业的财务特征决定了分权的必然性，而企业的规模效益、风险防范又要求集权。集权和分权各有特点、各有利弊。对集权与分权的选择、分权程度的把握历来是企业管理的一个难点。

从聚合资源优势，贯彻实施企业发展战略和经营目标的角度，集权型财务管理体制显然是最具保障力的。但是，企业意欲采用集权型财务管理体制，除了企业管理高层必须具备较高的素质能力外，在企业内部还必须有一个能及时、准确地传递信息的网络系统，并通过信息传递过程的严格控制以保障信息的质量。如果这些要求能够达到的话，集权型财务管理体制的优势便有了充分发挥的可能性。但与此同时，信息传递和与过程控制有关的成本问题也会随之产生。此外，随着集权程度的提高，集权型财务管理体制的复合优势可能会不断强化，但各所属单位或组织机构的积极性、创造性和应变能力却可能在不断削弱。

分权型财务管理体制实质上是把决策管理权在不同程度上下放到比较接近信息源的各所属单位或组织机构，这样便可以在相当程度上缩短信息传递的时间，减小信息传递过程中的控制问题，从而节约信息传递和与过程控制有关的成本，并能大大提高信息的决策价值与利用效率。但随着权力的分散，会产生企业管理目标换位问题，这是采用分权型财务管理体制通常无法完全避免的一种成本或代价。集权型或分权型财务管理体制的选择，本质上体现着企业的管理决策，是企业基于环境约束与发展战略考虑顺势而定的权变性策略。

依托环境预期与战略发展规划，要求企业总部必须根据企业的不同类型、发展的不同阶段和不同阶段的战略目标取向等因素，对不同财务管理体制及其权力的层次结构做出相应的选择与安排。

财务决策权的集中与分散没有固定的模式，并且选择的模式也不是一成不变的。财务管理体制的集权与分权的选择，需要考虑以下三个方面：

一是企业与各所属单位之间的资本关系。作为实体的企业，各所属单位之间往往具有某种业务上的联系，特别是那些实施纵向一体化战略的企业，要求各所属单位保持密切的业务联系。各所属单位之间业务联系越密切，就越有必要采用相对集中的财务管理体制。

二是各所属单位之间的业务联系。如果说各所属单位之间业务联系的必要程度是企业有无必要实施相对集中的财务管理体制的一个基本因素，那么企业与各所属单位之间的资本关系特征则是企业能否采取相对集中的财务管理体制的一个基本条件。只有当企业掌握了各所属单位一定比例有表决权的股份（如50%以上）之后，企业才有可能通过指派较多董事去有效地影响各所属单位的财务决策，也只有这样，各所属单位的财务决策才有可能相对集中于企业总部。

三是集权与分权的“成本”和“利益”。考虑财务管理体制的集中与分散，除了受制于以上两点外，还取决于集中与分散的“成本”和“利益”差异。集中的“成本”主要是各所属单位积极性的损失和财务决策效率的下降，分散的“成本”主要是可能发生的各所属单位财务决策目标及财务行为与企业整体财务目标的背离以及财务资源利用效率的下降。集中的“利益”主要是容易使企业财务目标协调一致和提高财务资源的利用效率，分散的“利益”主要是提高财务决策效率和调动各所属单位的积极性。

此外，集权和分权应该考虑的因素还包括环境、规模和管理者的管理水平。由管理者的素质、管理方法和管理手段等因素所决定的企业及各所属单位的管理水平，对财务决策权的集中和分散也具有重要影响。较高的管理水平有助于企业更多地集中财务决策权，否则，财务决策权过于集中只会导致决策效率降低。

三、企业财务管理体制的设计原则

一个企业如何选择适应自身需要的财务管理体制，如何在不同的发展阶段更新财务管理模式，在企业管理中占据重要地位。从企业的角度出发，其财务管理体制的设定或变更应当遵循以下四项原则：

（一）与现代企业制度的要求相适应的原则

现代企业制度是一种产权制度，它是以产权为依托，对各种经济主体在产权关系中的权利、责任和义务进行合理有效的组织、调节的制度安排，它具有“产权清晰、责任明确、政企分开、管理科学”的特征。

企业内部相互间关系的处理应以产权制度安排为基本依据。企业作为各所属单位的股东，根据产权关系享有作为终极股东的基本权利，特别是对所属单位的收益权、管理者的选择权、重大事项的决策权等，但是企业各所属单位往往不是企业的分支机构或分公司，其经营权是其行使民事责任的基本保障，它以自己的经营与资产对其盈亏负责。

企业与各所属单位之间的产权关系确认了两个不同主体的存在，这是现代企业制度特别是现代企业产权制度的根本要求。财务管理制度相对比较完善的国家在处理母子公司关系时，法律明确要求保护子公司权益，其制度安排大致如下：(1) 规定董事的诚信义务与法律责任，实现对子公司的保护；(2) 保护子公司不受母公司不利指示的损害，从而保护子公司权益；(3) 规定子公司有权起诉母公司，从而保护自身利益与权利。

按照现代企业制度的要求，企业财务管理体制必须以产权管理为核心，以财务管理为主线，以财务制度为依据，体现现代企业制度特别是现代企业产权制度管理的思想。

（二）明确企业对各所属单位管理中的决策权、执行权与监督权三权分立原则

现代企业要做到管理科学，必须首先要求从决策与管理程序上做到科学、民主。因此，决策权、执行权与监督权三权分立的制度必不可少。这一管理原则的作用就在于加强决策的科学性与民主性，强化决策执行的刚性和可考核性，强化监督的独立性和公正

性，从而形成良性循环。

（三）明确财务综合管理和分层管理思想的原则

现代企业制度要求管理是一种综合管理、战略管理，因此，企业财务管理不是也不可能是企业总部财务部门的财务管理，当然也不是各所属单位财务部门的财务管理，它是一种战略管理。这种管理要求：(1）从企业整体角度对企业的财务战略进行定位；(2）对企业的财务管理行为进行统一规范，做到高层的决策结果能被低层战略经营单位完全执行；(3）以制度管理代替个人的行为管理，从而保证企业管理的连续性；(4）以现代企业财务分层管理思想指导具体的管理实践（股东大会、董事会、经理人员、财务经理及财务部门各自的管理内容与管理体系)。

（四）与企业组织体制相对应的原则

企业组织体制主要有U型组织、H型组织和M型组织三种基本形式。(1）U型组织。产生于现代企业的早期阶段，是现代企业最为基本的一种组织结构形式。U型组织以职能化管理为核心，最典型的特征是在管理分工下实行集权控制，没有中间管理层，依靠总部的采购、营销、财务等职能部门直接控制各业务单元，子公司的自主权较小。(2）H型组织，即控股公司体制。集团总部下设若干子公司，每家子公司拥有独立的法人地位和比较完整的职能部门。集团总部即控股公司利用股权关系以出资者身份行使对子公司的管理权。它的典型特征是过度分权，各子公司保持了较大独立性，总部缺乏有效的监控约束力度。(3）M型组织，即事业部制。按照企业所经营的事业，包括按产品、地区、顾客（市场）等来划分部门，设立若干事业部。事业部是总部设的中间管理组织，不是独立法人，不能独立对外从事生产经营活动。因此，从这个意义上说，M型组织比H型组织集权程度更高。

但是，随着企业管理实践的深入，H型组织的财务管理体制也在不断演化。总部作为子公司的出资人对子公司的重大事项拥有最后的决定权，因此也就拥有了对子公司“集权”的法律基础。现代意义上的H型组织既可以分权管理，也可以集权管理。

同时，M型组织下的事业部在企业统一领导下，可以拥有一定的经营自主权，实行独立经营、独立核算，甚至可以在总部授权下进行兼并、收购和增加新的生产线等重大事项决策。

四、集权与分权相结合型财务管理体制的一般内容

总结中国企业的实践经验，企业总部集权与分权相结合型财务管理体制的核心内容是制度统一、资金集中、信息集成和人员委派。集权包括集中制度制定权，筹资、融资权，投资权，用资、担保权，固定资产购置权，财务机构设置权，收益分配权；分权包括分散经营自主权、人员管理权、业务定价权、费用开支审批权。

（一）集中制度制定权

企业总部根据国家法律、法规的要求，结合企业自身的实际情况、发展战略和管理需要，制定统一的财务管理制度，在全企业范围内统一施行。各所属单位只有制度执行权，而无制度制定和解释权，但各所属单位可以根据自身需要制定实施细则和补充规定。

（二）集中筹资、融资权

资金筹集是企业资金运动的起点，为了使企业内部筹资风险最小、筹资成本最低，应由企业总部统一筹集资金，各所属单位有偿使用。如需银行贷款，可由企业总部办理贷款总额，各所属单位分别办理贷款手续，按规定自行付息；如需发行短期商业票据，企业总部应充分考虑企业资金占用情况，并注意到期日存足款项，不要因为票据到期不能兑现而影响企业信誉；如需利用海外兵团筹集外资，应统一由企业总部根据国家现行政策办理相关手续，并严格审查贷款合同条款，注意汇率及利率变动因素，防止出现损失。企业总部对各所属单位进行追踪审查现金使用状况，具体做法是各所属单位按规定时间向企业总部上报“现金流量表”，动态地描述各所属单位现金增减状况和分析各所属单位资金存量是否合理。如有部分所属单位资金存量过多、运用不畅，而其他所属单位又急需资金，企业总部可调动资金，并应支付利息。企业内部应严禁各所属单位之间放贷，如需临时拆借资金，在规定金额之上的，应报企业总部批准。

（三）集中投资权

企业对外投资必须遵守的原则是：效益性、分散风险性、安全性、整体性及合理性。无论企业总部还是各所属单位的对外投资都必须经过立项、可行性研究、论证和决策的过程，其间除专业人员外，必须有财务人员参加。财务人员应会同有关专业人员，通过仔细调查了解，开展可行性分析，预测今后若干年内市场变化趋势及可能发生风险的概率、投资该项目的建设期、投资回收期、投资回报率等，撰写财务报告，报送决策者参考。

为了保证实现投资效益，分散及减少投资风险，企业内部对外投资可实行限额管理，超过限额的投资其决策权属企业总部。被投资项目一经批准确立，财务部门应协助有关部门对项目进行跟踪管理，对出现的与可行性报告的偏差，应及时报有关部门予以纠正。对投资收益不能达到预期目的的项目应及时清理解决，并应追究有关人员的责任。同时应完善投资管理，企业可根据自身特点建立一套具有可操作性的财务考核指标体系，规避财务风险。

（四）集中用资、担保权

企业总部应加强资金安全管理，对大额资金拨付要严格监督，建立审批手续，并严格执行。这是因为各所属单位财务状况的好坏关系到企业所投资本的保值和增值问题，同时各所属单位因资金受阻导致获利能力下降，会降低企业的投资回报率。因此，各所属单位用于经营项目的资金，要按照经营规划范围使用，用于资本项目上的资金支付，应履行企业规定的报批手续。

担保不慎，会引起信用风险。企业内部对外担保权应归企业总部管理，未经批准，各所属单位不得对外提供担保，企业内部各所属单位相互担保，应经企业总部同意。同时企业总部为各所属单位提供担保应制定相应的审批程序，可由各所属单位与银行签订贷款协议，企业总部为各所属单位做贷款担保，同时要求各所属单位向企业总部提供“反担保”，保证资金的使用合理及按时归还，使贷款得到监控。

同时，企业对逾期未收货款，应做硬性规定。对过去的逾期未收货款，要指定专人、统一步调、积极清理，谁经手、谁批准，由谁去收回货款。

（五）集中固定资产购置权

各所属单位需要购置固定资产必须说明理由，提出申请报企业总部审批，经批准后方可购置。各所属单位资金不得自行用于资本性支出。

（六）集中财务机构设置权

各所属单位财务机构设置必须报企业总部批准，财务人员由企业总部统一招聘，财务负责人或财务主管人员由企业总部统一委派。

（七）集中收益分配权

企业内部应统一收益分配制度，各所属单位应客观、真实、及时地反映其财务状况及经营成果。各所属单位收益的分配，属于法律、法规明确规定的按规定分配，剩余部分由企业总部本着长远利益与现实利益相结合的原则，确定分留比例。各所属单位留存的收益原则上可自行分配，但应报企业总部备案。

（八）分散经营自主权

各所属单位负责人主持本企业的生产经营管理工作，组织实施年度经营计划，决定生产和销售，研究和考虑市场周围的环境，了解和注意同行业的经营情况和战略措施，按所规定时间向企业总部汇报生产管理工作情况。对突发的重大事件，要及时向企业总部汇报。

（九）分散人员管理权

各所属单位负责人有权任免下属管理人员，有权决定员工的聘用与辞退，企业总部原则上不应干预，但其财务主管人员的任免应报经企业总部批准或由企业总部统一委派。一般财务人员必须具备从事会计工作所需要的专业能力，才能从事财会工作。

（十）分散业务定价权

各所属单位所经营的业务均不相同，因此，业务的定价应由各所属单位经营部门自行拟订，但必须遵守加速资金流转、保证经营质量和提高经济效益的原则。

（十一）分散费用开支审批权

各所属单位在经营中必然发生各种费用，企业总部没必要进行集中管理，各所属单位在遵守财务制度的原则下，由其负责人批准各种合理的用于企业经营管理的费用开支。

任务五 财务管理环境

财务管理环境是指对企业财务活动和财务管理产生影响的企业内外部各种条件的统称，主要包括技术环境、经济环境、金融环境和法律环境等。

一、技术环境

财务管理的技术环境，是指财务管理得以实现的技术手段和技术条件，它决定着财务管理的效率和效果。目前，我国进行财务管理所依据的会计信息是通过会计系统所提供的，占企业经济信息总量的60%～70%。在企业内部，会计信息主要是提供给管理层决策使用，而在企业外部，会计信息则主要是为企业的投资者、债权人等提供服务。

当今社会，我国正全面推进会计信息化工作，力争通过5~10年的努力，建立健全会计信息化法规体系和会计信息化标准体系（包括可扩展商业报告语言（XBRL）分类标准），全力打造会计信息化人才队伍，基本实现大型企事业单位会计信息化与经营管理信息化的融合，进一步提升企事业单位的管理水平和风险防范能力，做到“数出一门、资源共享”，便于不同信息使用者获取、分析和利用会计信息进行投资和相关决策；基本实现大型会计师事务所采用信息化手段对客户的财务报告和内部控制进行审计，进一步提升社会审计质量和效率；基本实现政府会计管理和会计监督的信息化，进一步提升会计管理水平和监管效能。通过全面推进会计信息化工作，使我国的会计信息化达到或接近世界先进水平。我国企业会计信息化的全面推进，必将促使企业财务管理的技术环境进一步优化和完善。

二、经济环境

在影响财务管理的各种外部环境中，经济环境是最为重要的。经济环境内容十分广泛，包括经济体制、经济周期、经济发展水平、宏观经济政策和通货膨胀水平等。

（一）经济体制

在计划经济体制下，国家统筹企业资本、统一投资、统负盈亏，企业利润统一上缴、亏损全部由国家补贴，企业虽然是一个独立的核算单位但无独立的理财权利。财务管理活动的内容比较单一，财务管理方法比较简单。在市场经济体制下，企业成为“自主经营、自负盈亏”的经济实体，有独立的经营权，同时也有独立的理财权。企业可以从其自身需要出发，合理确定资本需要量，然后到市场上筹集资本，再把筹集到的资本投放到高效益的项目上获取更大的收益，最后将收益根据需要和可能进行分配，保证企业财务活动自始至终根据自身条件和外部环境做出各种财务管理决策并组织实施。因此，财务管理活动的内容比较丰富，方法也复杂多样。

（二）经济周期

在市场经济条件下，经济发展与运行带有一定的波动性。大体上经历复苏、繁荣、衰退和萧条几个阶段的循环，这种循环叫作经济周期。

在不同的经济周期，企业应采用不同的财务管理战略。西方财务学者探讨了经济周期中的财务管理战略，现择其要点归纳见表1-1。

表1-1 经济周期中不同阶段的财务管理战略

复苏	繁荣	衰退	萧条
（1）增加厂房设备	（1）扩充厂房设备	（1）停止扩张	（1）建立投资标准
（2）实行长期租赁	（2）继续建立存货储备	（2）出售多余设备	（2）保持市场份额
（3）建立存货储备	（3）提高产品价格	（3）停产不利产品	（3）压缩管理费用
（4）开发新产品	（4）开发营销计划	（4）停止长期采购	（4）放弃次要利益
（5）增加劳动力	（5）增加劳动力	（5）削减存货	（5）削减存货
		（6）停止扩招雇员	（6）裁减雇员

（三）经济发展水平

财务管理的发展水平是和经济发展水平密切相关的，经济发展水平越高，财务管理水平也越好。财务管理水平的提高，将推动企业降低成本，改进效率，提高效益，从而促进经济发展水平的提高；而经济发展水平的提高，将改变企业的财务战略、财务理念、财务管理模式和财务管理的方法手段，从而促进企业财务管理水平的提高。财务管理应当以经济发展水平为基础，以宏观经济发展目标为导向，从业务工作角度保证企业经营目标和经营战略的实现。

（四）宏观经济政策

我国经济体制改革的目标是建立社会主义市场经济体制，以进一步解放和发展生产力。在这个目标的指导下，我国已经并正在进行财税体制、金融体制、外汇体制、外贸体制、计划体制、价格体制、投资体制和社会保障制度等各项改革。所有这些改革措施，深刻地影响着我国的经济生活，也深刻地影响着我国企业的发展和财务活动的运行。如金融政策中的货币发行量、信贷规模会影响企业投资的资金来源和投资的预期收益；财税政策会影响企业的资金结构和投资项目的选择等；价格政策会影响资金的投向和投资的回收期及预期收益；会计制度的改革会影响会计要素的确认和计量，进而对企业财务活动的事前预测、决策及事后的评价产生影响等。

（五）通货膨胀水平

通货膨胀对企业财务活动的影响是多方面的，主要表现在：

（1）引起资金占用大量增加，从而增加企业的资金需求；

（2）引起企业利润虚增，造成企业资金由于利润分配而流失；

（3）引起利润上升，加大企业的权益资金成本；

（4）引起有价证券价格下降，增加企业的筹资难度；

（5）引起资金供应紧张，增加企业的筹资困难。

为了减轻通货膨胀对企业造成的不利影响，企业应当采取措施予以防范。在通货膨胀初期，货币面临着贬值的风险，这时企业进行投资可以避免风险，实现资本保值；与客户应签订长期购货合同，以减少物价上涨造成的损失；取得长期负债，保持资本成本的稳定。在通货膨胀持续期，企业可以采用比较严格的信用条件，减少企业债权；调整财务政策，防止和减少企业资本流失等。

三、金融环境

（一）金融机构、金融工具和金融市场概述

1.金融机构

金融机构主要是指银行和非银行金融机构。银行是指经营存款、放款、汇兑、储蓄等金融业务，承担信用中介的金融机构，包括各种商业银行和政策性银行，如中国工商银行、中国农业银行、中国银行、中国建设银行、国家开发银行、中国农业发展银行等。非银行金融机构主要包括保险公司、信托投资公司、证券公司、财务公司、金融资产管理公司和金融租赁公司等。

2.金融工具

金融工具是指融通资金双方在金融市场上进行资金交易、转让的工具，借助金融工具，资金从供给方转移到需求方。金融工具分为基本金融工具和衍生金融工具两大类。常见的基本金融工具有货币、票据、债券、股票等。衍生金融工具又称派生金融工具，是在基本金融工具的基础上通过特定技术设计形成的新的融资工具，如各种远期合约、互换、掉期、资产支持证券等，种类非常复杂、繁多，具有高风险、高杠杆效应的特点。

一般认为，金融工具具有流动性、风险性和收益性的特征。①流动性。流动性是指金融工具在必要时迅速转变为现金而不致遭受损失的能力。②风险性。风险性是指购买金融工具的本金和预定收益遭受损失的可能性。一般包括信用风险和市场风险。③收益性。收益性是指金融工具能定期或不定期给企业带来收益。

3.金融市场

金融市场是指资金供应者和资金需求者双方通过一定的金融工具进行交易进而融通资金的场所。金融市场的构成要素包括资金供应者（或称资金剩余者）和资金需求者（或称资金不足者）、金融工具、交易价格和组织方式等。金融市场的主要功能就是把社会各个单位和个人的剩余资金有条件地转让给社会各个缺乏资金的单位和个人，使财尽其用，促进社会发展。资金供应者为了取得利息或利润，期望在最高利率条件下贷出；资金需求者则期望在最低利率条件下借入。因利率、时间和安全性等条件不会使借贷双方都十分满意，于是就出现了金融机构和金融市场从中协调，使之各得其所。

在金融市场上，资金的转移方式有直接转移和间接转移两种。①直接转移。它是指需要资金的企业或其他资金不足者直接将股票或债券出售给资金供应者，从而实现资金转移的一种方式。②间接转移。它是指需要资金的企业或其他资金不足者，通过金融中介机构，将股票或债券出售给资金供应者；或者以金融中介机构自身所发行的证券来交换资金供应者手中的资金，再将资金转移到各种股票或债券的发行者（即资金需求者）手中，从而实现资金转移的一种方式。

金融市场不仅为企业融资和投资提供了场所，而且还可以帮助企业实现长短期资金转换，引导资本流动，提高资金转移效率。

（二）金融市场的分类

金融市场可以按照不同的标准进行分类。

（1）以期限为标准，金融市场可分为货币市场和资本市场。货币市场又称短期金融市场，是指以期限在一年以内的金融工具为媒介，进行短期资金融通的市场；资本市场又称长期金融市场，是指以期限在一年以上的金融工具为媒介，进行长期资金交易活动的市场，包括股票市场和债券市场。

（2）以功能为标准，金融市场可分为发行市场和流通市场。发行市场又称为一级市场，它主要处理金融工具的发行与最初购买者之间的交易；流通市场又称为二级市场，它主要处理现有金融工具转让和变现的交易。

（3）以融资对象为标准，金融市场可分为资本市场、外汇市场和黄金市场。资本市场以货币和资本为交易对象；外汇市场以各种外汇金融工具为交易对象；黄金市场则是集中进行黄金买卖和金币兑换的交易市场。

(4) 按所交易金融工具的属性，金融市场可分为基础性金融市场与金融衍生品交易市场。基础性金融市场是指以基础性金融产品为交易对象的金融市场，如商业票据、企业债券、企业股票的交易市场；金融衍生品交易市场是指以金融衍生品为交易对象的金融市场，如远期、期货、掉期（交换）、期权，以及具有远期、期货、掉期（交换）、期权中一种或多种特征的结构化金融工具的交易市场。

(5) 以地理范围为标准，金融市场可分为地方性金融市场、全国性金融市场和国际性金融市场。

(三) 货币市场

货币市场的主要功能是调节短期资金融通。其主要特点是：(1) 期限短。一般为3~6个月，最长不超过1年。(2) 交易目的是解决短期资金周转。它的资金来源主要是资金所有者暂时闲置的资金，融通资金的用途一般是弥补短期资金的不足。(3) 金融工具有较强的“货币性”，具有流动性强、价格平稳、风险较小等特性。

货币市场主要有拆借市场、票据市场、大额定期存单市场和短期债券市场等。(1) 拆借市场。它是指银行（包括非银行金融机构）同业之间短期性资本的借贷活动。这种交易一般没有固定的场所，主要通过电信手段成交，期限按日计算，一般不超过1个月。(2) 票据市场。包括票据承兑市场和票据贴现市场。票据承兑市场是票据流通转让的基础；票据贴现市场是对未到期票据进行贴现，为客户提供短期资本融通，包括贴现、再贴现和转贴现。(3) 大额定期存单市场。它是一种买卖银行发行的可转让大额定期存单的市场。(4) 短期债券市场。主要买卖1年期以内的短期企业债券和政府债券，尤其是政府的国库券交易。短期债券的转让可以通过贴现或买卖的方式进行。短期债券以其信誉好、期限短、利率优惠等优点，成为货币市场中重要的金融工具之一。

(四) 资本市场

资本市场的主要功能是实现长期资本融通。其主要特点是：(1) 融资期限长，至少1年，最长可达10年甚至10年以上；(2) 融资目的是解决长期投资性资本的需要，用于补充长期资本，扩大生产能力；(3) 资本借贷量大；(4) 收益较高但风险也较大。资本市场主要包括债券市场、股票市场和融资租赁市场等。

债券市场和股票市场由证券（债券和股票）发行和证券流通构成。有价证券的发行是一项复杂的金融活动，一般要经过以下几个重要环节：(1) 证券种类的选择；(2) 偿还期限的确定；(3) 发售方式的选择。在证券流通中，参与者除了买卖双方外，中介非常活跃。这些中介主要有证券经纪人、证券商，他们在流通市场中起着不同的作用。

融资租赁市场是通过资产租赁实现长期资金融通的市场，它具有融资与融物相结合的特点，融资期限一般与资产租赁期限一致。

四、法律环境

(一) 法律环境的范畴

市场经济是法制经济，企业的一些经济活动总是在一定法律规范内进行的。法律既约束企业的非法经济行为，也为企业从事各种合法经济活动提供保护。按照对财务管理内容的影响，可以将国家相关法律法规分为以下几类：

（1）影响企业筹资的法律法规主要有：《中华人民共和国公司法》《中华人民共和国证券法》《中华人民共和国金融法》《中华人民共和国合同法》等。这些法规可以从不同方面规范或制约企业的筹资活动。

（2）影响企业投资的法律法规主要有：《中华人民共和国公司法》《企业财务通则》等。这些法规从不同角度规范企业的投资活动。

（3）影响企业收益分配的法律法规主要有：税法、《中华人民共和国公司法》、《企业财务通则》等。这些法规从不同方面对企业收益分配进行了规范。

（二）法律环境对企业财务管理的影响

法律环境对企业的影响是多方面的，影响范围包括企业组织形式、公司治理结构、投融资活动、日常经营和收益分配等。公司法规定，企业组织形式有个人独资企业、合伙企业、公司制企业等。企业组织形式不同，业主（股东）权利责任、企业投融资、收益分配、纳税、信息披露，以及公司治理结构也不同。上述不同种类的法律法规，分别从不同方面约束企业的经济行为，对企业财务管理产生影响。

典型案例分析

【资料】在国际化这一命题上，华为很早就将目光投向了更为广阔的全球市场。早在2001年，华为就将办事处开到英国。在英国，参与投资运营的众多中国企业中，无论是国际化程度、管理运营水平，还是科学研发力度，华为都处于领先地位。

华为1987年成立，是一家由员工持股的民营企业。2015年华为员工达到17万人，其中研发人员达7.6万人，占总人数的45%。华为年报数据显示，2014年华为研发投入408亿元人民币（约66亿美元），占当年销售收入的14.2%。过去10年，华为研发投入累计超过1 900亿元人民币（约307亿美元）。截至2015年6月30日，华为公司全球累计专利授权41 903件。

截至2015年12月，华为在英国设有15个办公室，共计1 030名员工。值得关注的是，在华为英国公司中，英国人比例已达70%～75%。

牛津经济研究所的数据显示，华为高效的运营管理模式使得员工生产效率大幅领先于英国平均水平。以2014年为例，华为员工年人均产值为9.98万英镑，大幅高于英国年人均产值4.38万英镑。尽管在美国市场遇到了关于信任安全方面的阻力，但华为相信，它可以帮助欧洲传统制造商和行业与互联网实现对接，欧洲完全有能力引领全球工业的数字化。截至2015年10月，华为与欧洲企业签署了15项合作协议，数量几乎与2014年全年相等。

国外市场研究机构TrendForce数据显示，2015年第三季度，全球主要智能手机份额排名，前五名依次是三星、苹果、华为、小米和联想。虽然三星、苹果稳居前两位，但份额一直在下滑。华为的手机出货量表现高于预期，不仅将会完成出货量1亿台大关的目标，最终出货量可能达到1.1亿台。与2014年相比，华为2015年年出货量可能将增长

40%。近年来，华为在英国乃至欧洲接连斥巨资布局投资蓝图，亦愈发显示其资本运作国际化的雄心。

【分析】华为的国际资本战略，是基于股东利益的全球扩张，华为的公司股票没有上市，属于员工持股的民营企业，股东利益最大化是其财务管理目标：注重财务管理环境的分析研究，注重企业核心竞争力的持续创新，引领技术、运营管理、提升效率，成为世界知名公司。

项目实训

一、单项选择题

1.股份有限公司财务管理的最佳目标是（　　）。

A.总产值最大化　　B.利润最大化

C.收入最大化　　D.股东财富最大化

2.企业同其所有者之间的财务关系反映的是（　　）。

A.经营权与所有权关系　　B.债权债务关系

C.投资与受资关系　　D.债务债权关系

3.企业同其债权人之间的财务关系反映的是（　　）。

A.经营权与所有权关系　　B.债权债务关系

C.投资与受资关系　　D.债务债权关系

4.企业同其被投资单位之间的财务关系反映的是（　　）。

A.经营权与所有权关系　　B.债权债务关系

C.投资与受资关系　　D.债务债权关系

5.企业同其债务人之间的财务关系反映的是（　　）。

A.经营权与所有权关系　　B.债权债务关系

C.投资与受资关系　　D.债务债权关系

6.下列各项不属于企业财务管理金融环境的是（　　）。

A.金融市场　　B.金融机构　　C.金融工具　　D.税收法规

二、多项选择题

1.企业的财务活动包括（　　）。

A.企业筹资引起的财务活动　　B.企业投资引起的财务活动

C.企业经营引起的财务活动　　D.企业分配引起的财务活动

2.企业的财务关系包括（　　）。

A.企业同其所有者之间的财务关系　　B.企业同其债权人之间的财务关系

C.企业同其被投资单位之间的财务关系　　D.企业同其债务人之间的财务关系

3.在经济繁荣阶段，市场需求旺盛，企业应采取的财务管理战略有（　　）。

A.扩大生产规模　　B.增加投资　　C.减少投资　　D.增加存货

4.通货膨胀对企业财务活动的影响主要体现为（　　）。

A.减少资金占有量　　B.增加企业的资金需求

C.降低企业的资本成本　　D.引起利率的上升

5.企业财务风险管理策略包括（　　）。

A.规避风险　　B.预防风险　　C.分散风险　　D.转移风险

6.下列各项属于财务管理经济环境构成要素的有（　　）。

A.经济周期　　B.公司治理与财务监控

C.宏观经济政策　　D.经济发展状况

三、判断题

1.在企业经营引起的财务活动中，主要涉及的是固定资产和长期负债的管理问题，其中关键是资本结构的确定。（　　）

2.企业与所有者之间的财务关系可能会涉及企业与法人单位的关系、企业与商业信用者之间的关系。（　　）

3.股东财富由股东所拥有的股票数量和股票市场价格两方面来决定。如果股票数量一定，当股票价格达到最高时，股东财富也达到最大。（　　）

4.股东与管理层之间存在着委托-代理关系，由于双方目标存在差异，因此不可避免地会产生冲突，一般来说，这种冲突可以通过一套激励、约束和惩罚机制来协调解决。（　　）

5.当存在控股股东时，企业的委托-代理问题常常表现为中小股东与大股东之间的代理冲突。（　　）

6.普通合伙企业的合伙人必须对合伙企业的债务承担无限连带责任。（　　）

7.企业的信用度可分为若干等级，等级越高，信用越好，违约风险越小，利率水平越高。（　　）

8.一项负债期限越长，债权人承受的不确定因素越多，承担的风险也越大。（　　）

答案与解析

项目二

资金的时间价值与风险分析

【学习目标】

1. 掌握资金时间价值的含义；
2. 了解风险与收益的关系；
3. 掌握风险与收益的衡量方法；
4. 熟悉成本性态分析及应用。

引导案例

田纳西镇的巨额账单

如果你突然收到一张事先不知道的1 260亿美元的账单，你一定会大吃一惊。而这样的事件真的发生在瑞士的田纳西镇的居民身上——纽约布鲁克林法院判决田纳西镇应向某一美国投资者支付这笔钱。最初，田纳西镇的居民以为这是一件小事，但当他们收到账单时，被这张巨额账单吓呆了。他们的律师指出，若高级法院支持这一判决，为偿还债务，所有田纳西镇的居民在其余生中不得不靠吃麦当劳等廉价快餐度日。

田纳西镇的问题源于1966年的一笔存款。斯兰黑不动产公司在内部交换银行（田纳西镇的一家银行）存入一笔6亿美元的存款。存款协议要求银行按每周1%的利率（复利）付息。1994年，纽约布鲁克林法院做出判决：从存款日到田纳西镇对该银行进行清算的7年中，这笔存款应按每周1%的复利计算；在银行清算后的21年中，每年按8.54%的复利计息。你知道1 260亿美元是如何计算出来的吗?

任务一　资金的时间价值

一、资金的时间价值概述

（一）资金的时间价值含义

所谓资金的时间价值，是指在没有风险、没有通货膨胀条件下一定量资金在不同时点上价值量的差额，也称为货币的时间价值。

在日常生活中，我们会发现这样一种现象，过去的一元钱比现在的一元钱更值钱，现在的一元钱比将来的一元钱更值钱，或者说具有更大的经济效用。例如，现在将100元存入银行，假设银行的年利率为10%，一年后可得到110元。这100元经过一年的时间增值10元，这增值的10元就是资金经过一年的时间价值。同样，一家生产制造企业，将资金投到生产经营中，经过生产过程的不断运行，资金不断的循环和周转，随着时间的推移，会创造新的价值，使资金得以增值。因此，资金在周转过程中会随着时间的推移而发生增值，使资金在投入、收回的不同时点上价值不同，形成资金的时间价值。

【思考】24美元买下曼哈顿！这并非荒唐的痴人说梦，而是一个流传已久的故事。在1626年9月11日，荷属美洲新尼德兰省总督彼得花了大约24美元从印第安人手中买下了曼哈顿岛。到2000年1月1日，曼哈顿岛的价值已经达到2.5万亿美元。是什么神奇的力量让资产实现了如此巨大的倍增?

（二）资金时间价值的表示

资金时间价值的实质是资金作为生产要素，在扩大再生产及资金流通过程中，资金随时间的变化而产生的增值。其表示方法一般有两种：使用绝对数（增加值）表示和使用相对数（增加值占投资额的百分比）表示。

实际工作中，人们习惯用相对数来表示资金时间价值。通常情况下，资金时间价值相当于没有风险也没有通货膨胀条件下的社会平均资金利润率，也称为纯粹利率。

二、资金时间价值的计算

由于在不同时点上资金具有不同的价值，因此，不同时点上的资金就不能直接比较，必须将其换算到相同的时点上，然后才能进行比较。资金时间价值的计算包括一次性收付款项和非一次性收付款项（年金）的终值和现值。

（一）一次性收付款项的计算

一次性收付款项是指在某一特定时点上一次性支出或收入，经过一段时间后再一次性收入或支出的款项。例如，现在将1 000元的现金存入银行，3年后一次性取出本利和。

资金的时间价值有现值和终值之分。现值又称本金，是指未来某一时点上的一定量资金折算到现在的价值。终值又称将来值或本利和，是指现在一定量的资金在将来某一时点上的价值。由于终值与现值的计算与利息的计算方法有关，而利息又有复利和单利两种，因此终值与现值的计算也有复利和单利之分。在实务中，一般按复利来折算。

1.单利的终值和现值

单利是指只对本金计算利息，利息部分不再计息。通常用P表示现值，F表示终值，i表示利率（贴现率、折现率），n表示计算利息的期数，I表示利息。

（1）单利利息的计算公式为：

$$I = P \times i \times n$$

（2）单利终值的计算公式为：

$$F = P \times (1 + i \times n)$$

（3）单利现值的计算公式为：

$$P = \frac{F}{1 + i \times n}$$

【例2-1】某人现将一笔10 000元的现金存入银行，银行一年期定期年利率为5%，按单利计息。

要求：计算第1年和第2年的利息和终值。

解：$I_1 = P \times i \times n = 10\,000 \times 5\% \times 1 = 500$（元）

$I_2 = P \times i \times n = 10\,000 \times 5\% \times 2 = 1\,000$（元）

$F_1 = P \times (1 + i \times n) = 10\,000 \times (1 + 5\% \times 1) = 10\,500$（元）

$F_2 = P \times (1 + i \times n) = 10\,000 \times (1 + 5\% \times 2) = 11\,000$（元）

从上面计算中可见，在单利计息方式下，每一年只对本金计算利息。

【例2-2】某人希望5年后获得10 000元本利和，银行年利率为5%。

要求：计算某人现在需存入银行的金额。

解：$P = \frac{F}{1 + i \times n} = \frac{10\,000}{1 + 5\% \times 5} = 8\,000$（元）

2.复利的终值和现值

复利是指不仅对本金要计息，而且对本金所产生的利息也要计息，即“利滚利”。

（1）复利终值。复利终值是指一定量的本金按复利计算的若干年后的本利和。复利终值的计算公式为：

$$F=P\times(1+i)^n$$

式中：$(1+i)^n$为复利终值系数或称为“1元复利终值系数”，用符号（F/P，i，n）表示。例如，（F/P，5%，5）表示利率为5%的5年期复利终值系数。其数值可通过查阅“复利终值系数表”获得。

【例2-3】某人现将一笔10 000元的现金存入银行，银行一年期定期年利率为5%，按复利计息。

要求：计算第一年和第二年的本利和。

解：第一年的终值$F=P\times(1+i)^1=10\,000\times$（F/P，5%，1）$=10\,000\times1.05=10\,500$（元）

第二年的终值$F=P\times(1+i)^2=10\,000\times$（F/P，5%，2）$=1\,000\times1.1025=11\,025$（元）

（F/P，5%，2）表示利率为5%、期限为两年的复利终值系数，在“复利终值系数表”中，我们可以从横行利率中找到“5%”，从纵列期数中找到“2”，纵横相交处，可查到复利终值系数（F/P，5%，2）为1.1025。该系数表明，在年利率为5%的条件下，现在的1元与两年后的1.1025元相等。

通过上述计算可见，单利终值和复利终值在第1年是相等的，但到第2年，两者却相差25元（11 025−11 000），这是因为第一年本金所生的利息在第二年也要计算利息，即25元（500×5%）。因此，从第二年开始，单利终值和复利终值不再相等。

（2）复利现值。复利现值是指未来特定时间上一定量的资金按复利折算到现在的价值。复利现值的计算公式为：

$$P=\frac{F}{(1+i)^n}=F\times(1+i)^{-n}$$

式中：$(1+i)^{-n}$为复利现值系数或称为“1元复利现值系数”，用符号（P/F，i，n）表示。例如，（P/F，5%，5）表示利率为5%的5年期复利现值系数。其数值可通过查阅“复利现值系数表”获得。

【例2-4】某人希望5年后获得10 000元本利，银行年利率为5%，按复利计息。

要求：计算某人现在应存入银行的金额。

解：$P=F\times(1+i)^{-n}=F\times$（P/F，5%，5）$=10\,000\times0.7835=7\,835$（元）

（P/F，5%，5）表示利率为5%、期限为5年的复利现值系数。在“复利现值系数表”中，从横行利率中找到“5%”，从纵列期数中找到“5”，两者相交处，可查到复利现值系数（P/F，5%，5）为0.7835。该系数表明，在年利率为5%的条件下，5年后的1元与现在的0.7835元相等。

（二）非一次性收付款项的计算

非一次性收付款项是指一次交易的发生会使得后续在一定时期内有多次收入或支出的款项。在实际生活中比较普遍和典型的非一次性收付款项便是年金。

年金是指一定时期内，每隔相同的时段，发生同等金额收入或支出的系列款项。年金具有两个特点：第一，每期发生的收付金额相等；第二，发生收付款的时间间隔相等。按照年金每次收付发生的时点和方式的不同，将其分为普通年金、预付年金、递延年金和永续年金四种。

1.普通年金

普通年金是指从第一期起，在一定时期内，每期期末发生等额收付的系列款项。由于普通年金是在期末这个时点上发生收付，故又称后付年金，它是年金的基本形式（在本书中，若不做特别说明，讲到年金，一般是指普通年金）。普通年金的收付形式如图2-1所示。横向箭头代表时间序列，数字表示各期的顺序号；竖向箭头代表资金的收付时刻，箭头下端的字母A表示支付的金额。

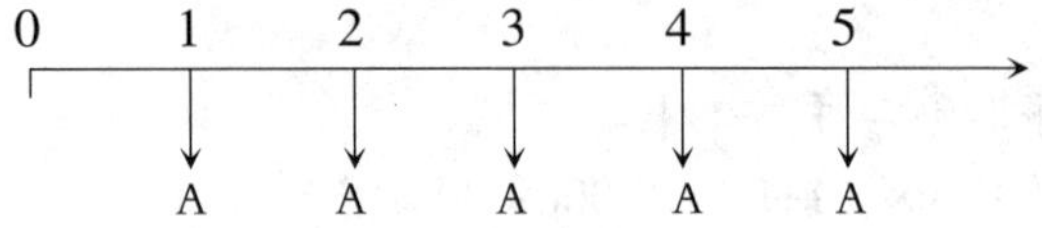

图2-1 普通年金的收付形式

（1）普通年金的终值。普通年金的终值是指每期期末收入或支出的相等款项，按复利计算，在最后一期所得的本利和。

【例2-5】某人连续5年每年年末存入银行10 000元，利率为5%。

要求：计算第5年年末这笔系列存款的本利和。

解：第5年年末发生的存款折算到最后一期（第5年），其终值为10 000×（1+i）^{0}；

第4年年末发生的存款折算到最后一期（第5年），其终值为10 000×（1+i）^{1}；

第3年年末发生的存款折算到最后一期（第5年），其终值为10 000×（1+i）^{2}；

第2年年末发生的存款折算到最后一期（第5年），其终值为10 000×（1+i）^{3}；

第1年年末发生的存款折算到最后一期（第5年），其终值为10 000×（1+i）^{4}。

该系列存款5年的年金终值F=10 000×（1+i）^{4}+10 000×（1+i）^{3}+…+10 000×（1+i）^{0}=55 256（元）

通过上述计算可以发现，年金终值的计算存在明显的规律性。假设每期期末发生的等额收付款项用A表示，利率用i表示，期数用n表示，那么按复利计算的普通年金的终值F_A为：

$$F_A=A\times(1+i)^0+A\times(1+i)^1+\cdots+A\times(1+i)^{n-3}+A\times(1+i)^{n-2}+A\times(1+i)^{n-1}$$

经整理得：

$$F_A=A\times\frac{(1+i)^n-1}{i}$$

式中：$\frac{(1+i)^n-1}{i}$为年金终值系数或称为“1元年金终值系数”，记为（F/A，i，n），表示年金为1元、利率为i、经过n期的年金终值，具体数值可通过查询”年金终值系数表”获得。

（2）年偿债基金。计算年金终值，一般是已知年金，然后求终值。在社会经济中，有时还会碰到已知年金终值，求每年支付的年金数额的情况，这是年金终值的逆运算，又称作年偿债基金的计算，其计算公式为：

$$A = F_A \times \frac{i}{(1+i)^n - 1}$$

式中：$\frac{i}{(1+i)^n-1}$为偿债基金系数，记为（A/F，i，n），即（A/F，i，n）=$\frac{1}{(F/A,i,n)}$。

【例2-6】某人拟在5年后还清一笔50 000元的债务，银行利率为5%。假如从现在起每年年末等额存入银行一笔款项，每年需要存入银行多少元？

解：$A=F_A\times$（A/F，i，n）=50 000×（A/F，5%，5）=50 000×$\frac{1}{(F/A,5\%,5)}$=$\frac{50\ 000}{5.5256}$≈9 048.79（元）

因此，当银行利率为5%时，每年年末存入银行9 048.79元，5年后能得到50 000元用于还清债务。

（3）普通年金的现值。普通年金的现值是指每期期末收入或支出的相等款项，按复利计算，折算到期初时的资金价值。实际上就是指为了在每期期末取得或支出相等金额的款项，现在需要一次投入或借入多少金额。

【例2-7】某人期望在以后的连续5年内每年年末能够从银行取出10 000元，假设银行年利率为5%。请问：他在第一年年初，至少应一次存入多少元？

解：要将每期期末的收支款项全部折算到期初时点0，则：

第1年年末发生的存款折算到时点0的现值为10 000×$(1+i)^{-1}$；

第2年年末发生的存款折算到时点0的现值为10 000×$(1+i)^{-2}$；

第3年年末发生的存款折算到时点0的现值为10 000×$(1+i)^{-3}$；

第4年年末发生的存款折算到时点0的现值为10 000×$(1+i)^{-4}$；

第5年年末发生的存款折算到时点0的现值为10 000×$(1+i)^{-5}$。

该系列存款5年的年金现值P_A=10 000×$(1+i)^{-1}$+10 000×$(1+i)^{-2}$+…+10 000×$(1+i)^{-5}$=43 295（元）

通过上述计算可以发现，年金现值的计算存在明显的规律性。假设每期期末发生的等收付款项用A表示，利率用i表示，期数用n表示，那么按复利计算的普通年金的现值P_A为：

$$P_A=A\times(1+i)^{-1}+A\times(1+i)^{-2}+A\times(1+i)^{-3}+\cdots+A\times(1+i)^{-(n-1)}+A\times(1+i)^{-n}$$

经整理得：

$$P_A = A \times \frac{1-(1+i)^{-n}}{i}$$

式中：$\frac{1-(1+i)^{-n}}{i}$为年金现值系数或称为“1元年金现值系数”，记作（P/A，i，n），表示年金为1元、利率为i、经过n期的年金现值，可通过查询“年金现值系数表”获得。

（4）年回收额。普通年金现值的计算是已知年金的条件下，计算现值。在现实经济生活中，也常常要求反过来在已知年金现值的条件下，求年金，这就是年金现值的逆运算，又称为年回收额的计算。其计算公式为：

$$A = P_A \times \frac{i}{1-(1+i)^{-n}}$$

式中：$\frac{i}{1-(1+i)^{-n}}$为回收系数，记作（A/P，i，n），是年金现值系数的倒数，即（A/P，i，n）$=\frac{1}{(P/A,i,n)}$

【例2-8】某企业计划投资一个新的生产项目，初始投资额100万元，项目运营期计划为20年，社会平均资金利润率为5%。

请问：该企业每年至少要达到多少的收益额才不亏损？

解：$A=P_A\times$（A/P，i，n）$=100\times$（A/P，5%，20）$=100\times\frac{1}{(P/A,5\%,20)}=\frac{100}{12.4622}\approx$ 8.0243（万元）

2.预付年金

预付年金，是指从第一期起，在一定时期内，每期期初发生等额收付的系列款项，又称先付年金或即付年金。与普通年金不同，预付年金发生收付款项的时点在每期期初，预付年金的收付形式如图2-2所示。

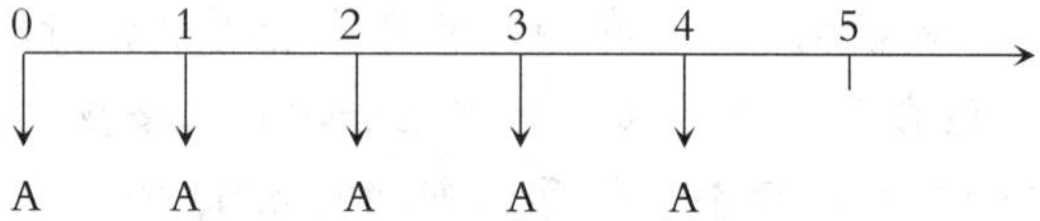

图2-2 预付年金的收付形式

预付年金与普通年金的收付款次数是一样的，只是收付款时点不一样。若计算预付年金的终值，其要比普通年金多计1年的利息；若计算预付年金的现值，其要比普通年金少折现1年。所以，我们可在普通年金终值、现值计算的基础上，乘上（1+i）便可得出预付年金的终值与现值。

（1）预付年金的终值。其计算公式为：

$$F_A=A\times\frac{(1+i)^n-1}{i}\times(1+i)$$
$$=A\times\left[\frac{(1+i)^{n+1}-1}{i}-1\right]$$

式中：$\left[\frac{(1+i)^{n+1}-1}{i}-1\right]$为预付年金终值系数，可记作［（F/A，i，n+1）−1］。与普通年金终值系数$\frac{(1+i)^n-1}{i}$相比，期数加1，系数减1。

【例2-9】某人连续5年每年年初存入银行10 000元，利率为5%。

要求：计算第5年年末这笔系列存款的本利和。

解：$F_A=A\times$［（F/A，i，n+1）−1］=10 000×［（F/A，5%，5+1）−1］=10 000×（6.8019−1）=58 019（元）

通过计算可见，与【例2-5】中普通年金终值相比，相差2 763元（58 019−55 256），该差额是预付年金比普通年金多计1年利息而造成的，即2 762.80元（55 256×5%）。

（2）预付年金的现值。其计算公式为：

$$P_A=A\times\frac{1-(1+i)^{-n}}{i}\times(1+i)$$

$$=A\times\left[\frac{1-(1+i)^{-(n-1)}}{i}+1\right]$$

式中：$\left[\frac{1-(1+i)^{-(n-1)}}{i}+1\right]$为预付年金现值系数，记作［（P/A，i，n-1）+1］。与普通年金现值系数$\frac{1-(1+i)^{-n}}{i}$相比，期数减1，系数加1。

【例2-10】某人期望在以后的连续5年内每年年初能够从银行取出10 000元，假设银行年利率为5%，他在第一年年初，至少应一次存入多少钱？

解：P_A=A×［（P/A，i，n-1）+1］=10 000×［（P/A，5%，5-1）+1］=10 000×（3.5460+1）=45 460（元）

通过计算可见，与【例2-7】普通年金现值相比，相差2 165元（45 460-43 295），该差额是由于预付年金现值比普通年金现值少折现一期造成的，即2 164.75元（43 295×5%）。

3.递延年金

递延年金，是指从第二期或第二期以后，在一定时期内，每期期末发生等额收付的系列款项。与普通年金不同，递延年金的特点是收付项的发生存在递延期，递延年金的收付形式如图2-3所示。

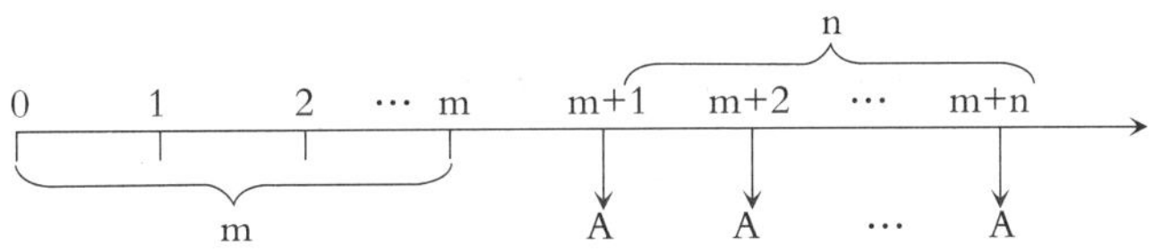

图2-3　递延年金的收付形式

从图2-3中可知，递延年金并非在第一期就有款项的收付，而是有一个间隔m的递延期，在第m+1期的期末才发生第一次款项收付，此后，每期期末均发生等额的款项收付。与普通年金相比，尽管期数一样，都是（m+n）期，但普通年金在（m+n）期内，每个期末都要发生款项的收付，而递延年金在（m+n）期内，只在后n期发生款项收付。

（1）递延年金的终值。在图2-3中，先不看递延期，年金一共支付了n期。只要将这n期年金折算到期末，即可得到递延年金终值。所以，递延年金终值的大小，与递延期m无关，而只与连续收付期n有关。因此，要计算一个期数为（m+n）期的递延年金的终值，实际上相当于计算一个期数为n期的普通年金的终值。其计算公式为：

$$F_A=A\times(F/A,\ i,\ n)$$

【例2-11】某企业在年初投资了一个项目，预计该项目可运营10年，从第5年开始至第10年，每年年末可得收益10万元，假定社会平均资金利润率为5%。

要求：计算投资项目年收益的终值。

解：F_A=A×（F/A，i，n）=10×（F/A，5%，6）=10×6.8019=68.019（万元）

（2）递延年金的现值。递延年金现值的计算方法主要有三种，即二次折现法、先加后减法和先终值后现值法。

①二次折现法。将递延年金视为n期的普通年金，求出年金在递延期期末m点的现值，再将m点的现值调整到第一期期初。其计算公式为：

$$P_A=A\times(P/A,i,n)\times(P/F,i,m)$$

递延年金二次折现法的收付形式如图2-4所示。

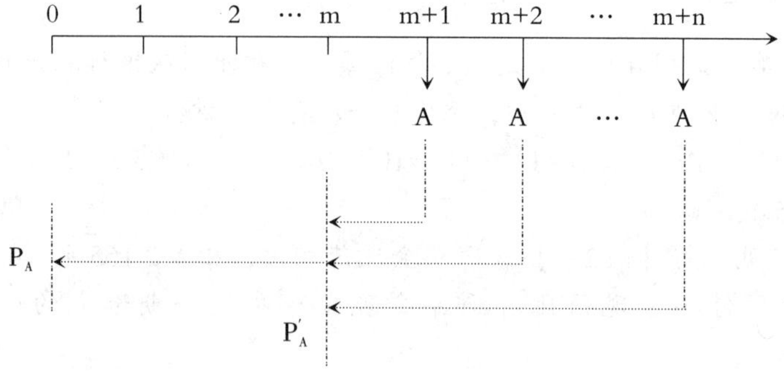

图2-4 递延年金二次折现法的收付形式

②先加后减法。先假设递延期也发生收付，则变成一个（m+n）期的普通年金，算出（m+n）期的年金现值，再扣除并未发生年金收付的m期递延期的年金现值，即可求得递延年金现值。其计算公式为：

$$P_A=A\times[(P/A,i,m+n)-(P/A,i,m)]$$

递延年金先加后减法的收付形式如图2-5所示。

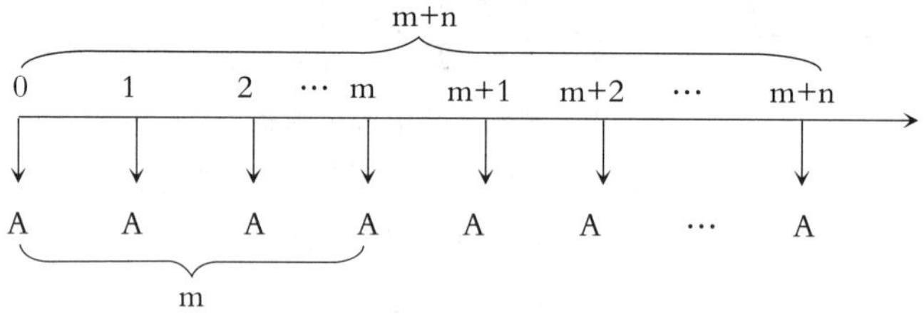

图2-5 递延年金先加后减法的收付形式

③先终值后现值法。先算出递延年金的终值，再将终值折算到第一期期初，即可求得递延年金的现值。其计算公式为：

$$P_A=A\times(F/A,i,n)\times(P/F,i,m+n)$$

递延年金先终值后现值法的收付形式如图2-6所示。

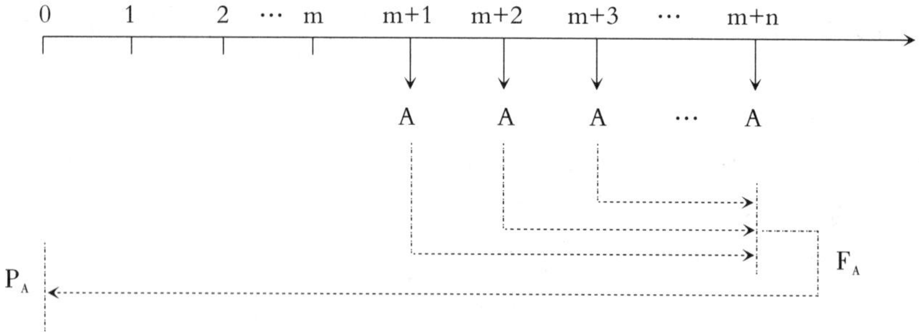

图2-6 递延年金先终值后现值法的收付形式

【例2-12】某企业在年初投资了一个项目，预计该项目可运营10年，从第5年开始至第10年，每年年末可得收益10万元，假定社会平均资金利润率为5%。

要求：计算该企业初始投资额最多为多少万元才合算。

解：分别用三种方法进行计算。

方法一：P_A=A×（P/A，i，n）×（P/F，i，m）=10×（P/A，5%，6）×（P/F，5%，4）=10×5.0757×0.8227≈41.76（万元）

方法二：P_A=A×［（P/A，i，m+n）－（P/A，i，m）］=10×［（P/A，5%，10）－（P/A，5%，4）］=10×（7.7217−3.5460）≈41.76（万元）

方法三：P_A=A×（F/A，i，n）×（P/F，i，m+n）=10×（F/A，5%，6）×（P/F，5%，10）=10×6.8019×0.6139≈41.76（万元）

从计算中可知，该企业初始投资额不超过41.76万元才合算。

4.永续年金

永续年金是指无限期等额收付的年金，是普通年金的一种特殊形式。由于永续年金的期限趋于无限，没有终止时间，因而没有终值，只有现值。永续年金的现值计算公式为：

$$P_A = A \times \frac{1-(1+i)^{-n}}{i}$$

式中：当n→+∞时，$(1+i)^{-n}\rightarrow 0$，$P_A=\frac{A}{i}$。

【例2-13】某企业要建立一项永久性扶贫基金，计划每年拿出10万元帮助失学儿童，社会平均资金利润率为5%。

请问：该企业现在需要筹集多少万元的资金？

解：$P_A = \frac{A}{i} = \frac{10}{5\%} = 200$（万元）

现需筹集200万元资金，才能满足每年拿出10万元帮助失学儿童的基金计划。

【管理箴言】作为资本的货币的流通本身就是有目的的，因为只有在这个不断更新的运动中才有价值增值。如果把它从流通中取出来，那么它就凝固为储藏货币，即使藏到世界末日，也不会增加分毫。(马克思)

任务二　风险与收益

一、风险的含义及类型

（一）风险的含义

风险是预期结果的不确定性。从财务管理角度讲，风险就是企业在各项财务活动中，由于各种难以预料或无法控制的因素的影响，使得其实际收益与预期收益发生偏离的可能性。这一概念包含了两层意思：

其一，风险的本质就是波动性和不确定性，既包括了负面效应的不确定性，也包括了正面效应的不确定性。我们应该正确区分风险的正面效应和负面效应，学会平衡两者之间的关系，不能因为一味地规避风险的负面效应而丧失了风险给企业带来的机会。

其二，风险是客观的和普遍的，它广泛存在于企业的财务活动中，并影响着企业的财务目标。在经济生活中，各种难以预料和无法控制的原因，使企业的财务活动经常是在有风险的情况下进行的。比如，突发的洪涝灾害、国际市场汇率波动、产品研发失败等都会使企业陷入不同程度的风险之中。

【案例】史玉柱创建的巨人集团的衰落，其中的一个原因就是投资决策失误。摊子铺得大，经营风险剧增。巨人大厦在建设过程中随意增加层数及高度，不懂运用金融资本，挪用分公司的经营资金，出现第一个重大决策失误。第二个重大决策失误是进军完全陌生的生物工程领域。

（二）风险的类型

企业面临的风险主要有两种，即市场风险和企业特有风险。

1.市场风险

市场风险又称系统风险或不可分散风险，是指影响所有企业的风险。它由企业的外部因素引起，企业无法控制、无法分散，涉及所有的投资对象，如战争、洪涝灾害、利率波动等。

2.企业特有风险

企业特有风险又称非系统风险或可分散风险，是指仅影响个别企业的风险。产生非系统风险的原因只与个别企业和个别投资项目有关，不涉及所有企业和所有项目，主要是一些直接影响企业经营的因素，如公司管理能力的下降、产品质量的下滑、产品研发的失败等。由于该类风险仅涉及个别企业或个别项目，因此可以通过组合投资的方式分散该部分风险。根据风险形成的原因不同，非系统风险又可分为经营风险和财务风险。

（1）经营风险，是指由于企业生产经营条件的变化对企业收益带来的不确定性。如顾客购买力发生变化、竞争对手增加、政策变化、产品生产方向不对路和生产组织不合理等。这些内外因素，使企业的生产经营产生不确定性，最终引起收益变化。

（2）财务风险，是指由于企业使用债务资本而给企业带来的收益上的不确定性，又称筹资风险。企业通过举债，虽然可以解决企业资金短缺的困难、提高自有资金的盈利能力，但也改变了企业的资本结构和自有资本利润率，还要支付利息，并且借入资本所获得的利润是否大于支付的利息，具有不确定性，因此举债就有风险。在全部资金来源中，债务资本所占的比重越大，企业的负担就越重，风险程度也就越高。企业必须确定合理的资本结构，在提高盈利能力的同时，防止财务风险过大。

二、风险与收益

（一）投资收益率

资产的收益是指资产价值在一定时期的增值。如上所述，企业的财务活动和经营管理活动总是在有风险的状态下进行的。投资者冒着风险投资，是为了获得更多的收益，承担的风险越大，要求的收益就越高。风险和收益之间存在密切的对应关系，高风险的项目必然有高收益，低风险的项目必然低收益，因此，风险收益是投资收益的组成部分。投资收益率用公式表示为：

$$投资收益率 = 无风险收益率 + 风险收益率$$

无风险收益率又称无风险利率，是指可以确定可知的无风险资产的收益率，其由纯利率（资金的时间价值）和通货膨胀补偿率两部分组成，用公式表示为：

无风险收益率 = 纯利率 + 通货膨胀补偿率

无风险收益率是投资者投资某一项目能够肯定得到的收益。若不做特别说明，通常情况下，把短期国库券的利率视为无风险收益率。

风险收益率是指由于投资者承担风险而要求的超过无风险收益率的额外收益率。其大小取决于投资风险的大小和投资者对风险的偏好。其用公式表示为：

风险收益率 = $b \times v$

式中：v为投资风险；b为投资者对风险的偏好程度，又称风险价值系数。某项投资的风险越高，投资者要求的额外收益越高，其风险收益率也就越大。通常，投资者越是偏好风险，风险价值系数越低，风险收益率也就越低；投资者越是厌恶风险，风险价值系数越高，风险收益率也就越高。

（二）资产收益率

在财务工作中根据决策的需要，通常还会涉及以下几种资产收益率：

1.名义收益率

名义收益率，也称名义利率，是指资产合约上标明的收益率。如借款协议约定的借款利率、债券票面利率等。

2.实际收益率

实际收益率，也称实际利率，是指已经实现或确定可以实现的资产收益率。用i表示实际利率，r表示名义利率，m表示一年内复利的次数，则实际利率与名义利率的关系用公式表示为：

$$i=(1+\frac{r}{m})^{m}-1$$

3.必要收益率

必要收益率又称最低必要报酬率或最低要求的收益率，表示投资者对某资产合理要求的最低收益率。显然，投资者对某项资产所要求的最低收益率除应达到无风险收益率外，还会要求就其承担的风险获得合理的风险补偿。因此，投资者要求的必要收益率是无风险收益率与风险收益率的总和，用公式表示为：

必要收益率 = 无风险收益率 + 风险收益率

4.预期收益率

预期收益率也称期望收益率，是指在不确定条件下预测的某项投资未来可能实现的收益率。预期收益率不同于必要收益率，只有当投资者对一项投资的预期收益率大于其要求的必要收益率的时候，投资行为才会发生。

三、风险与收益的衡量

风险与收益的衡量，常用的方法主要有三种，即概率分布、期望值和离散程度。

（一）概率分布

在经济生活中，某一事件在完全相同的条件下可能发生也可能不发生，这类事件称为随机事件。概率就是以小数或百分数的形式来表示随机事件发生可能性的数值。通常，必然发生的事件概率为1，不可能发生的事件概率为0，而随机事件的概率则是介于0与1之间的一个数。用p_i表示随机事件第i种结果出现的可能性，则$0 \leq p_i \leq 1$。p_i越大，表示该事件发生的可能性越大；p_i越小，表示该事件发生的可能性越小。

【例2-14】甲公司有两个投资机会，分别为A项目和B项目。A项目生产的是高科技产品，B项目生产的是一款老产品并且是必需品。假设未来的经济状况只有三种：繁荣、正常和衰退，A项目和B项目的有关概率及预期收益率分布见表2-1。

表2-1　A项目和B项目的有关概率及预期收益率分布

经济状况	发生概率	A项目预期收益率	B项目预期收益率
繁荣	0.3	90%	20%
正常	0.4	15%	15%
衰退	0.3	-60%	10%
合计	1	—	—

该例中，概率表示每种经济状况出现的可能性，同时也是每种经济状况对应的预期收益率出现的可能性。例如，未来经济状况繁荣的可能性为0.3，倘若这种状况真的出现，A项目可获得90%的收益率，即投资A项目获利90%的可能性为0.3。从表2-1中可见，在经济状况相同的条件下，A项目收益的波动性要大于B项目。

（二）期望值

随机变量各种可能结果的取值，以相应的概率为权数进行加权平均即得到随机变量的期望值。用公式表示为：

$$\bar{E} = \sum_{i=1}^{n} p_i \cdot k_i$$

式中：$\bar{E}$为随机事件的期望值，p_i为第i种结果出现的概率，n为所有可能结果的数量。

【例2-15】承【例2-14】，A项目和B项目的期望值计算如下：

$\bar{E}_A = 90\% \times 0.3 + 15\% \times 0.4 + (-60\%) \times 0.3 = 15\%$

$\bar{E}_B = 20\% \times 0.3 + 15\% \times 0.4 + 10\% \times 0.3 = 15\%$

由计算结果可知，两个项目的期望值都是15%。那么，是否就可以断定两个投资项目是等同的呢？要想做出正确的判断，就需要考察两个项目概率分布的离散程度，即计算标准离差和标准离差率。

（三）离散程度

离散程度，是指随机变量各个取值之间的差异程度，它是用以衡量风险大小的统计指标。一般而言，离散程度越高，风险越大；离散程度越低，风险越小。用以反映随机变量离散程度的量数主要有方差、标准离差和标准离差率。

1.方差

方差是用来表示随机变量与期望值之间离散程度的一个量。其计算公式为：

$$\sigma^2=\sum_{i=1}^{n}(X_i-\bar{E})^2\cdot p_i$$

2.标准离差

标准离差也叫标准差、均方差，是方差的平方根。其计算公式为：

$$\sigma=\sqrt{\sum_{i=1}^{n}(X_i-\bar{E})^2\cdot p_i}$$

相较于方差，标准离差以绝对数衡量决策方案的风险，在期望值相同的情况下，标准离差越大，风险越大；标准离差越小，风险越小。

【例 2–16】承【例 2–14】，分别计算 A、B 两个项目投资收益率的方差和标准离差。

A 项目的方差：$\sigma^2=\sum_{i=1}^{n}(X_i-\bar{E})^2\cdot p_i=(0.9-0.15)^2\times0.3+(0.15-0.15)^2\times0.4+(-0.6-0.15)^2\times0.3=0.3375$

A 项目的标准离差：$\sigma=\sqrt{\sum_{i=1}^{n}(X_i-\bar{E})^2\cdot p_i}=\sqrt{0.3375}=58.09\%$

B 项目的方差：$\sigma^2=\sum_{i=1}^{n}(X_i-\bar{E})^2\cdot p_i=(0.2-0.15)^2\times0.3+(0.15-0.15)^2\times0.4+(0.1-0.15)^2\times0.3=0.0015$

B 项目的标准离差：$\sigma=\sqrt{\sum_{i=1}^{n}(X_i-\bar{E})^2\cdot p_i}=\sqrt{0.0015}=3.87\%$

通过比较 A 项目与 B 项目的标准离差可以得出，A 项目的风险要高于 B 项目。

3.标准离差率

标准离差是以均值为中心计算出来的。当两个投资项目投资收益率的均值不相等时，仍采用标准离差直接进行比较就不准确了。为了解决这个问题，我们引入标准离差率，又称变化系数。其计算公式为：

$$V=\frac{\sigma}{\bar{E}}\times100\%$$

相较于方差与标准离差只适用于期望值相同的投资项目间风险程度的比较的特点，标准离差率可以用于期望值不同的投资项目间风险程度的比较。这是由于标准离差率作为一个相对指标，排除了期望值的影响，其适用性更广。

【例 2–17】假设 A 项目的期望值为 10%，标准离差为 12%；B 项目的期望值为 18%，标准离差为 20%。则 A 项目和 B 项目的标准离差率分别为：

A 项目的标准离差率：$V=\frac{12\%}{10\%}=1.20$

B 项目的标准离差率：$V=\frac{20\%}{18\%}=1.11$

倘若直接从标准离差看，B 项目的离散程度较大，貌似 B 项目的风险要高于 A 项目。但是由于B项目的期望值比A项目大，因此我们不能轻易通过比较标准离差来下结论。通过计算比较两者的标准离差率可知，A项目的标准离差率大于B项目，因此A项目的风险实际上要大于B项目。

四、风险应对

各种经济因素的不确定性使得企业的经营活动始终处在一定的风险之中，这说明风险具有一定的客观性。然而，风险也具有一定的主观性，企业完全可以采取各种有效的应对措施来选择面临不同的风险。常用的风险应对措施主要包括七种：风险承担、风险规避、风险转移、风险转换、风险对冲、风险补偿和风险控制。

（一）风险承担

风险承担亦称风险保留、风险自留，是指企业对所面临的风险采取接受的态度，从而承担风险带来的后果。

对未能辨识出的风险，企业只能采用风险承担。

对已辨识出的风险，企业也可能由于以下几种原因采用风险承担：（1）缺乏能力进行主动管理，对这部分风险只能主动承担；（2）没有其他备选方案；（3）从成本效益考虑，这一方案是最适宜的方案。

对于企业的重大风险，即影响企业目标实现的风险，企业一般不应采用风险承担。

（二）风险规避

风险规避是指企业回避、停止或退出蕴含某一风险的商业活动或商业环境，避免成为风险的所有人。例如：（1）退出某一市场以避免激烈竞争；（2）拒绝与信用不好的交易对手进行交易；（3）外包某项危及工人健康安全、风险较高的工作；（4）停止生产可能有潜在客户安全隐患的产品。

（三）风险转移

风险转移是指企业通过合同将风险转移到第三方，企业对转移后的风险不再拥有所有权。风险转移不会降低其可能的严重程度，只是从一方移除后转移到另一方。例如，保险合同规定保险公司为预定的损失支付补偿，作为交换，在合同开始时，投保人要向保险公司支付保险费。

（四）风险转换

风险转换是指企业通过战略调整等手段将企业面临的风险转换成另一个风险。风险转换的手段包括战略调整和衍生产品等。

风险转换一般不会直接降低企业的总风险，其简单形式就是在减少某一风险的同时，增加另一风险。例如，通过降低交易客户信用标准，增加了应收账款，但扩大了销售。

企业可以通过风险转换在两个或多个风险之间进行调整，以达到最佳效果。

（五）风险对冲

风险对冲是指采取各种手段，引入多个风险因素或承担多个风险，使得这些风险能够互相对冲，也就是使这些风险的影响互相抵消。

在企业的风险中，有些风险具有自然对冲的性质，应当加以利用。例如，不同行业的经济周期风险对冲。风险对冲涉及的是多个风险，即风险组合，而不是单一风险；对于单一风险，只能采用风险规避和风险控制等措施。

（六）风险补偿

风险补偿是指企业对风险可能造成的损失采取适当的措施进行补偿。风险补偿表现在企业主动承担风险，并采取措施以补偿可能的损失。

风险补偿的形式有财务补偿、人力补偿和物资补偿等。财务补偿是损失融资，包括企业自身的风险准备金或应急资本等。例如，某公司历史上一直购买灾害保险，但经过数据分析，认为保险公司历年的赔付不足以平衡相应的保险费用支出，而不再续保；同时，为了应付可能发生的灾害性事件，公司与银行签订应急资本协议，规定在灾害发生时，由银行提供资本以保证公司的持续经营。

（七）风险控制

风险控制是指控制风险事件发生的动因、环境、条件等，以达到减轻风险事件发生时的损失或降低风险事件发生的概率的目的。

通常影响某一风险的因素有很多。风险控制可以通过控制这些因素中的一个或多个来达到目的，主要的有控制风险事件发生的概率和发生后的损失。控制风险事件发生的概率，如室内使用不易燃地毯、山上禁止吸烟等；控制风险事件发生后的损失，如修建水坝防洪、检查产品质量防止次品出厂等。

风险控制对象一般是可控风险，包括多数运营风险，如质量、安全和环境风险，以及法律风险中的合规性风险。

【提示】一般情况下，对战略风险、财务风险、运营风险和法律风险，可采取风险承担、风险规避、风险转换和风险控制等应对措施。对能够通过保险、期货、对冲等金融手段进行理财的风险，可以采用风险转移、风险对冲和风险补偿等方法。

任务三　成本性态分析

成本性态，又称成本习性，是指成本的变动与业务量（产量或销售量）之间的依存关系。成本性态分析就是对成本与业务量之间的依存关系进行分析，从而在数量上具体掌握成本与业务量之间关系的规律性，以便为企业正确地进行最优管理决策和改善经营管理提供有价值的资料。成本性态分析对短期经营决策、长期投资决策、预算编制、业绩考评，以及成本控制等具有重要意义。按照成本性态，通常可以把成本区分为固定成本、变动成本和混合成本三类。

一、固定成本

（一）固定成本的基本特征

固定成本是指其总额在一定时期及一定业务范围内，不直接受业务量变动的影响而保持固定不变的成本。例如，固定折旧费用、房屋租金、行政管理人员工资、财产保险费、广告费、职工培训费、办公费、产品研究与开发费用等，均属于固定成本。其基本特征是固定成本总额不因业务量的变动而变动，但单位固定成本（单位业务量负担的固定成本）会与业务量的增减呈反向变动。固定成本习性模型如图2-7所示。

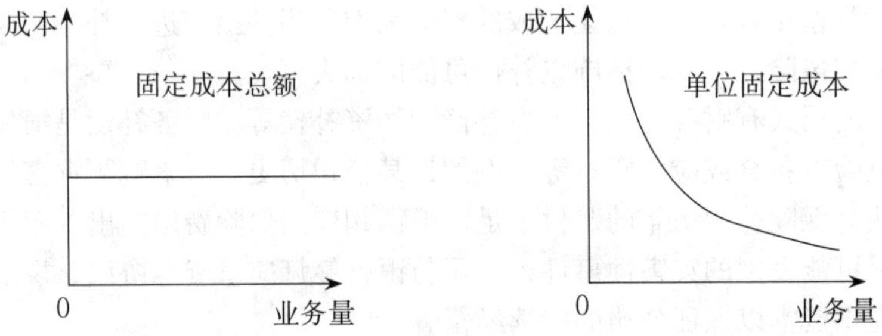

（a）固定成本总额　　（b）单位固定成本

图2-7　固定成本习性模型

（二）固定成本的分类

固定成本按其支出是否可以在一定期间内改变而分为约束性固定成本和酌量性固定成本。

约束性固定成本是指管理当局的短期（经营）决策行动不能改变其具体数额的固定成本。例如：保险费、房屋租金、固定的设备折旧和管理人员的基本工资等。这些固定成本是企业的生产能力一经形成就必然要发生的最低支出，即使生产中断也仍然要发生。由于约束性固定成本一般是由既定的生产能力所决定的，是维护企业正常生产经营必不可少的成本，所以也称为"经营能力成本"，它最能反映固定成本的特性。降低约束性固定成本的基本途径是合理利用企业现有的生产能力，提高生产效率，以取得更大的经济效益。

酌量性固定成本是指管理当局的短期经营决策行动能改变其数额的固定成本。例如：广告费、职工培训费、新产品研究开发费用等。这些费用发生额的大小取决于管理当局的决策行动，一般是由管理当局在一个会计年度开始前，斟酌计划期间企业的具体情况和财务负担能力，对这类固定成本项目的开支情况分别作出决策。酌量性成本并非可有可无，它关系到企业的竞争能力。因此，要想降低酌量性固定成本，只有厉行节约、精打细算，编制出积极可行的费用预算并严格执行，防止浪费和过度投资等。

二、变动成本

（一）变动成本的基本特征

变动成本是指在特定的业务量范围内，其总额会随业务量的变动而呈正比例变动的成本。如直接材料、直接人工、按销售量支付的推销员佣金、装运费、包装费，以及按产量计提的固定设备折旧等都是和单位产品的生产直接联系的，其总额会随着产量的变动呈正比例的变动。其基本特征是变动成本总额因业务量的变动而呈正比例变动，但单位变动成本（单位业务量负担的变动成本）不变。

变动成本习性模型如图2-8所示。

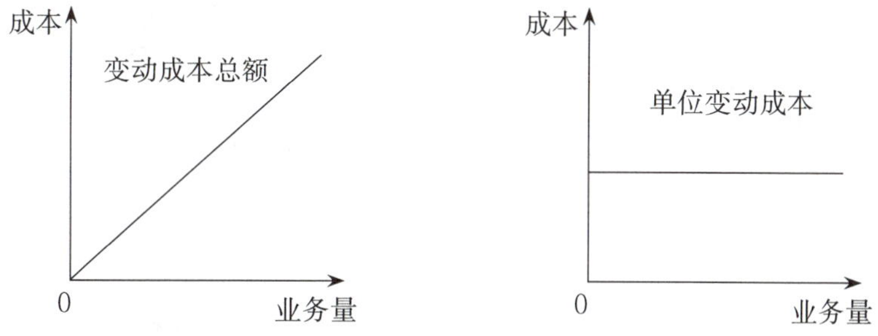

（a）变动成本总额　　（b）单位变动成本

图2-8　变动成本习性模型

（二）变动成本的分类

变动成本可以分为两大类：技术性变动成本和酌量性变动成本。

技术性变动成本也称约束性变动成本，是指由技术或设计关系所决定的变动成本。如生产一台汽车需要耗用一台引擎、一个底盘和若干轮胎等，这类成本只要生产就必然会发生，若不生产，其技术性变动成本便为零。

酌量性变动成本是指通过管理当局的决策行动可以改变的变动成本。如按销售收入的一定百分比支付的销售佣金、技术转让费等。这类成本的特点是其单位变动成本的发生额可由企业最高管理层决定。

酌量性变动成本的效用主要是提高竞争能力或改善企业形象，其最佳的合理支出难以计算，通常要依靠管理当局的综合判断来决定。决策一旦做出，其支出额将随业务量呈正比例变动，具有技术性变动成本相同的特征。

三、混合成本

（一）混合成本的基本特征

从成本习性来看，固定成本和变动成本只是两种极端的类型。在现实经济生活中，大多数成本与业务量之间的关系处于两者之间，即混合成本。顾名思义，混合成本就是“混合”了固定成本和变动成本两种不同性质的成本。一方面，它们要随业务量的变化而变化；另一方面，它们的变化又不能与业务量的变化保持着纯粹的正比例关系。

（二）混合成本的分类

混合成本兼有固定与变动两种性质，可进一步将其细分为四类，即半变动成本、半固定成本、延期变动成本和曲线变动成本。

1.半变动成本

半变动成本是指在有一定初始量基础上，随着业务量的变化而呈正比例变动的成本。这些成本的特点是：它通常有一个初始的固定基数，在此基数内与业务量的变化无关，这部分成本类似于固定成本；在此基数之上的其余部分，则随着业务量的增长呈正比例变动。如固定电话费、水费、煤气费等均属于半变动成本。其成本习性模型如图2-9所示。

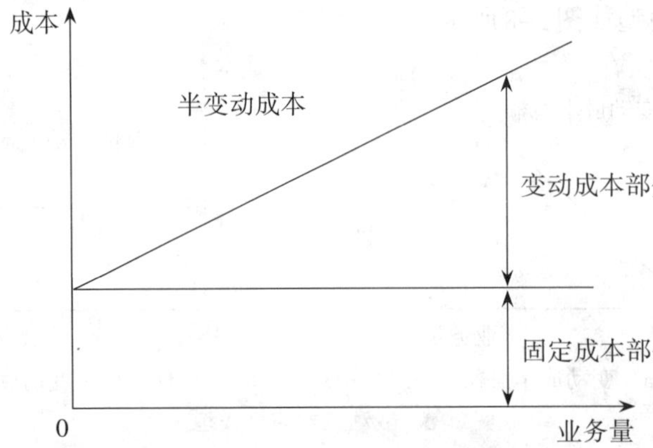

图2-9 半变动成本习性模型

2.半固定成本

半固定成本也称阶梯式变动成本，这类成本在一定业务量范围内的发生额是固定的，但当业务量增长到一定限度，其发生额就突然跳跃到一个新的水平，然后在业务量增长的一定限度内，发生额又保持不变，直到另一个新的跳跃。例如，企业的管理员、运货员、检验员的工资等成本项目就属于这一类。其成本习性模型如图2-10所示。

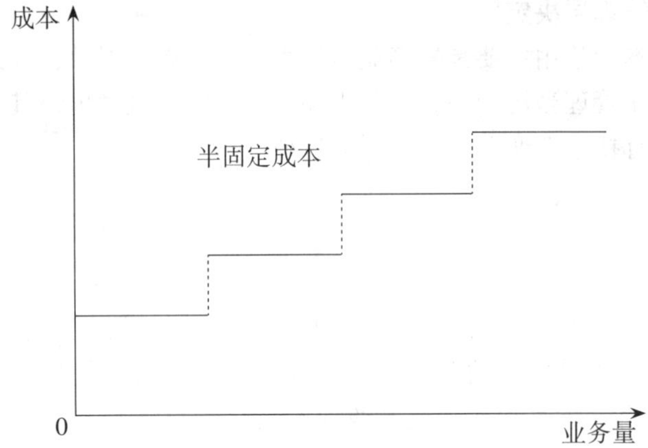

图2-10 半固定成本习性模型

3.延期变动成本

延期变动成本在一定的业务量范围内有一个固定不变的基数，当业务量增长超出了这个范围，它就与业务量的增长呈正比例变动。例如，职工的基本工资，在正常工作时间情况下是不变的；如果工作时间超出正常标准，则需按加班时间的长短成比例地支付加班薪金。其成本习性模型如图2-11所示。

4.曲线变动成本

曲线变动成本通常有一个不变的初始量，相当于固定成本，在这个初始量的基础上随着业务量的增加，成本也逐步变化，但它与业务量的关系是非线性关系。这种曲线成本又可以分为两种类型：一是递增曲线成本，如累进计件工资、违约金等，随着业务量的增加，成本逐步增加，并且增加幅度是递增的，其成本习性模型如图2-12（a）所

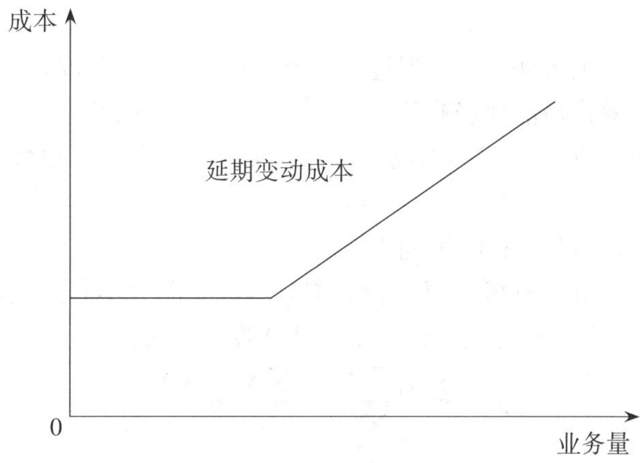

图2-11　延期变动成本习性模型

示。二是递减曲线成本，如有价格折扣或优惠条件下的水、电消费成本、“费用封顶”的通信服务费等，其曲线达到高峰后就会下降或持平。其成本习性模型如图2-12（b）所示。

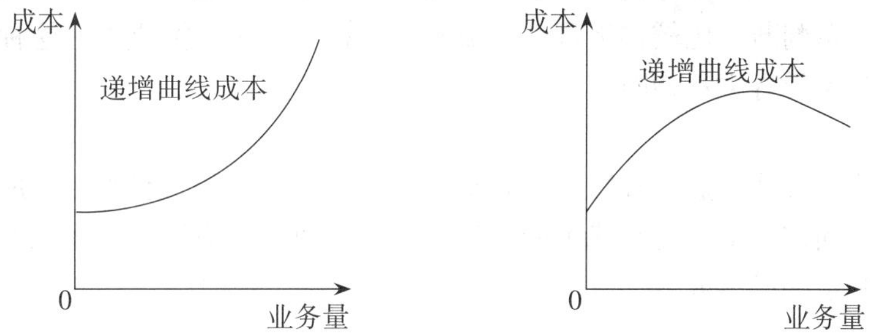

（a）递增曲线成本习性模型　（b）递增曲线成本习性模型

图2-12　曲线变动成本习性模型

（三）混合成本的分解

在实际经济生活中，企业大量的费用项目属于混合成本，为了经营管理的需要，必须把混合成本分为固定与变动两个部分。混合成本的分解主要有高低点法、回归分析法、账户分析法、技术测定法和合同确认法等。

1.高低点法

高低点法是以过去某一会计期间的总成本和业务量资料为依据，从中选取业务量最高点和业务量最低点，将总成本进行分解，得出成本性态的模型。其计算公式为：

$$单位变动成本=\frac{最高点业务量成本-最低点业务量成本}{最高点业务量-最低点业务量}$$

$$固定成本总额=最高点业务量成本-单位变动成本\times最高点业务量$$

或：

$$=最低点业务量成本-单位变动成本\times最低点业务量$$

采用高低点法计算较简单，但它只采用了历史成本资料中的最高点和最低点两组数据，故代表性较差。

2.回归分析法

这是一种较为精确的方法。它根据过去一定期间的业务量和混合成本的历史资料，应用最小二乘法原理，算出最能代表业务量与混合成本关系的回归直线，借以确定混合成本中固定成本和变动成本的方法。这种方法假设混合成本符合总成本模型，其计算公式为：

$$Y=a+bX$$

式中：a为固定成本部分；b为单位变动成本。

可见，只要求出a和b,就可以将混合成本分解成变动成本和固定成本两部分。在回归分析法下，a和b可用回归直线方程求出，其计算公式为：

$$a=\frac{\sum X_i^2\sum Y_i-\sum X_i\sum X_iY_i}{n\sum X_i^2-(\sum X_i)^2}$$

$$b=\frac{n\sum X_iY_i-\sum X_i\sum Y_i}{n\sum X_i^2-(\sum X_i)^2}$$

3.账户分析法

账户分析法，又称会计分析法，它是根据有关成本账户及其明细账的内容，结合其与产量的依存关系判断其比较接近哪一类成本，就视其为哪一类成本。这种方法简便易行，但比较粗糙且带有主观判断。

4.技术测定法

技术测定法，又称工业工程法，它是根据生产过程中各种材料和人工成本消耗量的技术测定来划分固定成本和变动成本的方法。该方法通常只适用于投入成本与产出数量之间有规律性联系的成本分解。

5.合同确认法

合同确认法是根据企业订立的经济合同或协议中关于支付费用的规定，来确认并估算哪些项目属于变动成本，哪些项目属于固定成本的方法。合同确认法要结合账户分析法使用。

四、总成本模型

将混合成本按照一定的方法区分为固定成本和变动成本之后，根据成本性态，企业的总成本公式就可以表示为：

总成本 = 固定成本总额 + 变动成本总额

= 固定成本总额 + 单位变动成本 × 业务量

这个公式在变动成本计算、本量利分析、正确制定经营决策和评价各部门工作业绩等方面具有不可或缺的重要作用。

典型案例分析

【资料】王先生2014年投入股市5万元，经过几年的努力，到2019年年末，他的股票市值为5.2万元。王先生很满意自己的成果，可王太太却说这项投资亏本了，究竟谁对呢？

很多人会说最近几年股市不景气，能不赔本就已经很不错了，王先生当然是赚了。现在换个角度来看问题：假设一年期税后的定期存款利率为2%，2014年年初的5万元到2019年年末至少应为56 310元，也就是5万元按2%利率连续计算6期的复利。这个结果比5.2万元多出4 000多元，这样看来，王先生显然是亏了。那么，王先生的思路错在哪里呢？

在日常生活中，是花30万元买一幢现房合算呢，还是花27万元买一年以后才能入住的期房合算呢？若想买一辆汽车，是花20万元现金购买合算呢，还是每月支付6 000元、共付4年更合算呢？答案就在于资金的时间价值。

【分析】“股市有风险，入市须谨慎”，但是为什么还有那么多的人进入股市、跟随股市浪潮沉浮呢？按照回报和风险的关系，高风险要求高回报，即风险是有价值的，而股市中存在很高的风险，是要求得到风险价值的。因此，即使大家都知道股市风险很大，还是积极地参与其中。这两种理财价值观念，体现了资金的时间价值和风险价值。

项目实训

一、单项选择题

1.企业发行债券，在名义利率相同的情况下，对其最不利的复利计息期是（　　）。

A.1年　　B.半年　　C.1季　　D.1月

2.某人年初存入银行1 000元，假设银行按每年10%的复利计息，每年年末取出200元，则最后一次能够足额（200元）提款的时间是（　　）。

A.第5年　　B.第8年年末　　C.第7年　　D.第9年年末

3.在复利条件下，已知现值、年金和贴现率，计算期数时应先计算的系数是（　　）。

A.年金终值系数　　B.年金现值系数　　C.复利终值系数　　D.复利现值系数

4.甲方案在3年中每年年初付款500元，乙方案在3年中每年年末付款500元，若利率为10%，则两个方案第3年年末时的终值相差的金额是（　　）元。

A.105　　B.165.50　　C.665.50　　D.505

5.投资者由于冒风险进行投资而获得的超过资金价值的额外收益，称为投资的（　　）。

A.时间价值率　　B.期望报酬率　　C.风险报酬率　　D.必要报酬率

6.企业某新产品开发成功的概率为80%，成功后的投资报酬率为40%；开发失败的概率为20%，失败后的投资报酬率为-100%。则该产品开发方案的预期投资报酬率为（　　）。

A.18%　　B.20%　　C.12%　　D.40%

7.下列各项中表示资金时间价值利息率的是（　　）。

A.银行同期贷款利率

B.银行同期存款利率

C.没有风险和没有通货膨胀条件下社会资金平均利润率

D.加权资本成本率

8.从财务管理的角度来看，风险主要指的是（　　）。

A.生产经营风险　　B.筹资决策带来的风险

C.无法达到预期报酬率的可能性　　D.不可分散的市场风险

9.有甲、乙两台设备可供选用，甲设备的年使用费比乙设备低2 000元，但价格高于乙设备8 000元。假设资本成本（利率）为10%，甲设备的使用期应长于（　　）年，选用甲设备才是有利的。

A.4　　B.5　　C.4.6　　D.5.4

10.某企业拟建立一项基金，每年年初投入100 000元，若利率为10%，5年后该项资本本利和将为（　　）元。

A.671 600　　B.564 100　　C.871 600　　D.610 500

11.投资者由于冒风险进行投资而获得的超过无风险收益率的额外收益，称为投资的（　　）。

A.实际收益率　　B.期望报酬率　　C.风险报酬率　　D.必要报酬率

12.投资者甘冒风险进行投资的诱因是（　　）。

A.可获得投资收益　　B.可获得时间价值回报

C.可获得风险报酬率　　D.可一定程度抵御风险

13.已知甲方案投资收益率的期望值为15%，乙方案投资收益率的期望值为12%，两个方案都存在投资风险。比较甲、乙两个方案风险大小应采用的指标是（　　）。

A.方差　　B.净现值　　C.标准离差　　D.标准离差率

14.下列各项不属于减少风险对策的是（　　）。

A.准确的预测　　B.对决策方案进行多方案优选和替代

C.向保险公司投保　　D.分散投资

15.风险价值系数取决于（　　）。

A.投资者对风险的偏好　　B.资产的全部风险

C.资产的收益状况　　D.资产的系统风险

二、多项选择题

1.下列各项属于必要投资报酬构成内容的有（　　）。

A.无风险报酬　　B.通货膨胀补贴　　C.资本成本　　D.风险报酬

2.下列各项属于导致企业经营风险的因素包括（　　）。

A.市场销售带来的风险

B.生产成本因素产生的风险

C.原材料供应地的政治经济情况变动带来的风险

D.生产组织不合理带来的风险

3.对于资金时间价值概念的理解，下列各项表述正确的有（　　）。

A.货币只有经过投资和再投资才会增值，不投入生产经营过程的货币不会增值

B.一般情况下，资金的时间价值应按复利方式来计算

C.资金时间价值不是时间的产物，而是劳动的产物

D.不同时期的收支不宜直接进行比较，只有把它们换算到相同的时间基础上，才能进行大小的比较和比率的计算

4.下列各项说法不正确的有（　　）。

A.风险越大，投资人获得的投资收益就越高

B.风险越大，意味着损失越大

C.风险是客观存在的，投资人无法选择是否承受风险

D.由于通货膨胀会导致市场利息率变动，企业筹资成本就会加大，所以由于通货膨胀而给企业带来的风险是财务风险即筹资风险

5.风险与报酬的关系可表述为（　　）。

A.风险越大，期望报酬越高　　B.风险越大，期望投资报酬越小

C.风险越大，要求的收益越高　　D.风险越大，获得的投资收益越小

6.下列关于年金的表述中，正确的有（　　）。

A.年金既有终值又有现值

B.递延年金是第一次收付款项发生的时间在第二期或第二期以后的年金

C.永续年金是特殊形式的普通年金

D.永续年金是特殊形式的预付年金

7.若甲方案的期望值高于乙方案的期望值，且甲方案的标准离差小于乙方案的标准离差，下列各项表述不正确的有（　　）。

A.甲方案的风险小，应选择甲方案

B.乙方案的风险小，应选择乙方案

C.甲方案的风险与乙方案的风险相同

D.难以确定，因期望值不同，需进一步计算标准离差率

8.在计息期一定的情况下，当利率大于零时，下列各项表述正确的有（　　）。

A.年金现值系数一定都大于1　　B.年金终值系数一定都大于1

C.复利终值系数一定都大于1　　D.复利现值系数一定都小于1

9.无风险投资项目的投资报酬具有的特征有（　　）。

A.预计收益仍然具有不确定性　　B.预计收益具有确定性

C.预计收益与投资时间长短相关　　D.预计收益按市场平均收益率来确定

10.下列各项说法正确的有（　　）。

A.复利终值系数和复利现值系数互为倒数

B.普通年金终值系数和普通年金现值系数互为倒数

C.普通年金终值系数和偿债基金系数互为倒数

D.普通年金现值系数和资本回收系数互为倒数

三、判断题

1.所有的货币都具有时间价值。（　　）

2.永续年金既有终值又有现值。（　　）

3. 从财务角度来看，风险主要是指达到预期报酬的可能性。（　　）

4. 在终值和计息期一定的情况下，贴现率越低，则复利现值越小。（　　）

5. 6年分期付款购物，每年年初付款500元，设银行存款利率为10%，该项分期付款相当于现在一次现金支付的购价是2 395.40元。（　　）

6. 两个方案比较时，标准离差越大，说明风险越大。（　　）

7. 风险与收益是对等的，风险越大，收益的机会越多，期望的收益就越高。（　　）

8. 一项借款的利率为10%，期限为7年，其资本回收系数则为0.21。（　　）

9. 从量的规定性来看，资金时间价值是无风险、无通货膨胀条件下的均衡点利率。（　　）

10. 风险报酬率是指投资者因冒风险进行投资而获得的额外报酬率。（　　）

四、计算分析题

1. 某公司拟购置一处房产，房主提出两种付款方案：（1）从现在起，每年年初支付20万元，连续支付10次，共200万元；（2）从第5年开始，每年年初支付25万元，连续支付10次，共250万元。假设该公司的资本成本（即最低报酬率）为10%，你认为该公司应选择哪个方案？

2. 某人在2017年1月1日存入银行1 000元，年利率为10%。请问：

（1）每年复利1次，2020年1月1日存款账户余额是多少？

（2）每季度复利1次，2020年1月1日存款账户余额是多少？

（3）若将1 000元分为四等份，分别于2017年、2018年、2019年和2020年的1月1日各存入250元，利率仍为10%，每年复利1次。2020年1月1日存款账户余额是多少？

（4）假定分4年存入相等金额，为了达到第（1）项所得到的账户余额，每期应存入多少金额？

答案与解析

项目三

筹资管理（上）

【学习目标】

1. 了解企业筹资的意义；
2. 熟悉企业筹资的分类及原则；
3. 掌握企业筹资的渠道和方式；
4. 掌握各种筹资方式的优缺点，确定各种筹资方式的资本成本。

引导案例

大学生资本成本决策

面对就业难的问题，小赵和小张大学毕业后想合伙创业，他们在筹集资金时遇到了难题。小赵在大学里上课并不太注意听讲，但他却记住了财务管理老师经常说的一句话“借鸡下蛋”。于是他主张尽可能地多借钱，用借来的钱去赚钱。小张比小赵爱学习一些，他知道无论是借钱还是找投资者进行投资，公司最终要付出一定的代价，而且“借鸡下蛋”是有一定条件的，弄不好可能会“鸡飞蛋打”。但是到底该选择什么样的方式进行资金的筹集？付出的代价该如何计算？是多借一些钱好还是少借一些钱好？这些难题困扰着小赵和小张，本项目内容就是帮助他们解决相关问题。

任务一　资本成本概述

一、筹资

（一）筹资的意义

筹资是指企业为了满足其经营活动、投资活动和资本结构调整等的需要，运用一定的筹资方式，筹措和获取所需资金的一种行为。资金是企业的血液，是企业设立、生存和发展的物质基础，是企业开展生产经营业务活动的基本前提。任何一个企业，为了形成生产经营能力、保证生产经营正常运行，必须拥有一定数量的资金。

企业筹资应服从于企业财务管理的目标，其目的总的来说是为了获取资本，具体目的表现在以下三个方面：

1.设立企业

资本是企业生产经营活动的基本要素，是企业设立、生存和发展的必要条件。因此要想设立一个企业，必须采取吸收直接投资、发行股票等方式筹集一定数量的资金，以便形成企业的资本金，开展正常的生产经营活动。如果没有筹资活动，就没有足够的资本，企业就不可能成立，所以筹资是企业设立的必要条件。

2.扩大生产经营规模

企业设立后，必须通过发展才能实现最终的获利目标。随着企业的发展，其生产经营规模不断地扩大，扩大产销量、开发新产品和开拓新市场等都需要源源不断的资本投入，对资金的需求也不断地增加，因此需要筹集更多的资本。如果筹集不到资本，就不能保证企业的发展，所以企业应根据发展的具体情况，认真研究投资的规模和方向，以便合理地筹集所需资本。

3.调整资本结构

资本结构是指企业各种资本的构成及其比例关系。资本结构是否合理会影响到企业的资本成本和财务风险，而确定资本结构的关键是确定负债比例的问题。一般企业总会利用负债经营，但负债都有到期日且必须偿还。如果债务到期而现金不足或认为目前负债比例不合理，那么都必须筹集资本，以满足不同的要求。企业通过融资改善资本结构，使其处于合理状态，以实现财务管理的目标。

（二）筹资的分类

1.按照资金的来源渠道不同，筹资分为权益筹资和债务筹资

权益筹资又称为自有资金筹集，是指企业通过发行股票、吸收直接投资、内部积累等方式筹集资金。企业采用吸收自有资金的方式筹集资金，一般不用还本，财务风险小，但付出的资金成本相对较高。

债务筹资又称为借入资金筹资，是指企业通过发行债券、向银行借款、融资租赁等方式筹集资金。企业采用借入资金的方式筹集资金，到期要归还本金和支付利息，一般要承担较大风险，但相对而言，付出的资金成本较低。

2.按照是否通过金融机构，筹资分为直接筹资和间接筹资

直接筹资，是企业直接与资金供应者协商融通资本的一种筹资活动。直接筹资方式主要有吸收直接投资、发行股票、发行债券等。通过直接筹资既可以筹集股权资金，也可以筹集债务资金。按法律规定，公司股票、公司债券等有价证券的发行需要通过证券公司等中介机构进行，但证券公司所起到的只是承销的作用，资金拥有者并未向证券公司让渡资金使用权，因此发行股票、债券属于直接向社会筹资。

间接筹资，是企业借助银行等金融机构融通资本的一种筹资活动。在间接筹资方式下，银行等金融机构发挥了中介的作用，预先集聚资金，资金拥有者首先向银行等金融机构让渡资金的使用权，然后由银行等金融机构将资金提供给企业。间接筹资的基本方式是向银行借款，此外还有融资租赁等筹资方式，间接筹资形成的主要是债务资金，用于满足企业资金周转的需要。

3.按照所筹集资金使用期限的长短，筹资分为短期筹资和长期筹资

短期资金是指使用期限在一年以内或超过一年的一个营业周期以内的资金。短期资金主要投资于现金、应收账款、存货等，一般在短期内可收回。短期资金通常采用商业信用、短期银行借款、短期融资券、应收账款转让等方式来筹集。

长期资金是指使用期限在一年以上或超过一年的一个营业周期以上的资金。长期资金主要投资于新产品的开发和推广、生产规模的扩大、厂房和设备的更新等，一般需几年甚至几十年才能收回。长期资金通常采用吸收直接投资、发行股票、发行债券、长期借款、融资租赁和利用留存收益等方式筹集。

4.按照资金的取得方式不同，筹资分为内源筹资和外源筹资

内源筹资是指企业利用自身的储蓄（留存收益）转化为投资的过程。留存收益是再投资或债务清偿的主要资金来源。以留存收益作为融资工具，不需要实际对外支付利息或股息，不会减少企业的现金流量，当然由于资金来源于企业内部，也不需要发生融资费用，但留存收益的数额有限，仅仅依靠内源筹资难以满足企业的投资需求。

外源筹资是指企业吸收其他经济主体的闲置资金，使之转化为自己投资的过程，包括股票发行、债券发行、商业信贷和银行借款等。相对内源筹资而言，外源筹资具有可选筹资渠道多、筹资方式灵活、资金供应量大和筹资时间好安排等特点。

（三）筹资渠道和筹资方式

1.筹资渠道

筹资渠道是指企业筹集资金来源的方向与通道，体现着资金的来源和流量。目前，我国企业的筹资渠道主要包括以下六种：

（1）国家资金。国家对企业的直接投资是国有企业特别是国有独资企业获得资金的主要渠道之一。在现有国有企业的资金来源中，其资本部分大多是由国家财政以直接拨款方式形成的。

（2）银行信贷资金。银行对企业的各种贷款，是目前我国各类企业最为重要的资金来源。

（3）非银行金融机构资金。非银行金融机构也可以为企业提供一定的资金来源，非银行金融机构主要指信托投资公司、金融租赁公司、保险公司、证券公司、财务公司等。它们所提供的各种金融服务，既包括信贷资金投放，也包括物资的融通，还包括为企业承销证券等金融服务。

（4）其他企业资金。企业间的相互投资和商业信用的存在，使其他企业资金也成为企业资金的重要来源。

（5）居民个人资金。居民个人资金也可以为企业提供一定的资金来源，企业职工和居民个人的节余货币，作为“游离”于银行及非银行金融机构等之外的个人资金，可用于对企业进行投资，形成民间资金来源渠道，从而为企业所用。

（6）企业自留资金。企业自留资金也称为企业内部留存，是指企业内部形成的资金，主要包括提取公积金和未分配利润等。这些资金的重要特征之一是它们无须企业通过一定的方式去筹集，而直接由企业内部自动生成或转移。

【提示】不同筹资渠道资金供给量的大小存在着较大的差别。有些渠道的资金供给量大，如银行信贷资金等，而有些渠道的资金供给量相对较小，如企业自留资金等。这种资金供应量的大小，在一定程度上取决于财务管理环境的变化。认识和了解各种筹资渠道，有助于企业正确利用和进一步拓宽筹资渠道。

2.筹资方式

筹资方式是指企业筹集资金所采取的具体形式和工具，体现着资本的属性和期限。

筹资方式取决于企业资本的组织形式和金融工具的开发利用程度。企业筹资方式一般有七种：①吸收直接投资；②发行股票；③发行债券；④融资租赁；⑤银行借款；⑥商业信用；⑦利用留存收益。

3.企业筹资渠道与筹资方式的配合

筹资渠道解决的是资金来源问题，筹资方式则解决通过何种方式取得资金的问题，它们之间有着密切的对应关系。一定的筹资方式可能只适用于某一特定的筹资渠道；但同一筹资渠道的资本往往可以采取不同的筹资方式获得，而同一筹资方式又往往可以适用于不同的筹资渠道。因此，企业在筹资时，必须注意两者的合理配合。

（四）筹资管理的基本原则

企业筹资管理的基本要求，是在严格遵守国家法律法规的基础上，分析影响筹资的各种因素，权衡资金的性质、数量、成本和风险，合理选择筹资方式，提高筹集效果。筹资管理应遵循以下基本原则：

1.合法合规原则

遵循国家法律法规，合法筹措资金。不论是直接筹资还是间接筹资，企业最终都通过筹资行为向社会获取资金。企业的筹资活动不仅为自身的生产经营提供资金来源，而且也会影响投资者的经济利益，影响社会经济秩序。企业的筹资行为和筹资活动必须遵循国家的相关法律法规，依法履行法律法规和投资合同约定的责任，合法合规筹资，依法信息披露，维护各方的合法权益。

2.规模适当原则

分析生产经营情况，正确预测资金需要量。企业筹集资金，首先要合理预测资金的需要量。筹资规模与资金需要量应当匹配一致，既避免因筹资不足，影响生产经营的正常进行，又要防止筹资过多，造成资金闲置。

3.筹措及时原则

合理安排筹资时间，适时取得资金。企业筹集资金，还需要合理预测确定资金需要的时间。要根据资金需求的具体情况，合理安排资金的筹集时间，适时获取所需资金。使筹资与用资在时间上相衔接，既避免过早筹集资金形成的资金投放前闲置，又防止取得资金的时间滞后，错过资金投放的最佳时间。

4.来源合理原则

了解各种筹资渠道，选择资金来源。企业所筹集的资金都要付出资本成本的代价，不同的筹资渠道和筹资方式所取得的资金，其资本成本各有差异。企业应当在考虑筹资难易程度的基础上，针对不同来源资金的成本进行分析，尽可能选择经济、可行的筹资渠道与方式，力求降低筹资成本。

5.方式经济原则

研究各种筹资方式，优化资本结构。企业筹资要综合考虑股权筹资与债务筹资的关系、长期筹资与短期筹资的关系、内部筹资与外部筹资的关系，合理安排资本结构，保持适当偿债能力，防范企业财务危机，提高筹资效益。

二、资本成本

（一）资本成本的概念

资本成本，是指企业为筹集和使用资本而付出的代价，通常包括资本筹集费和资本使用费两部分。资本筹集费是指在资本筹集过程中需支付的各项费用，如向银行借款的手续费，发行股票、债券等证券的印刷费、评估费、公证费和宣传费等。资本使用费是指在使用所筹资本的过程中向资本提供者支付的有关报酬，如银行借款和债券的利息、股票的股利等。一般情况下，资本筹集费在企业筹集资本时一次性发生，而资本使用费则往往在企业使用资本的各个期间重复发生。

资本成本通常用百分数表示，其一般计算公式为：

$$资本成本=\frac{年用资费用}{筹资总额-筹资费用}\times 100\%=\frac{年用资费用}{筹资总额\times(1-筹资费用率)}\times 100\%$$

（二）资本成本的性质

资本成本是商品经济条件下资本所有权和资本使用权相分离的必然结果，具有特定的经济性质。

（1）资本成本是商品经济条件下资本所有权与资本使用权相分离的产物。资本成本是资金使用者对资金所有者转让资金使用权利的价值补偿，即投资者的期望报酬就是受资者的资本成本。

（2）资本成本具有一般产品成本的基本属性，同时也不同于一般产品，其表现如下：①产品成本体现的是资金的耗费，这种耗费会通过有效的经营收入得到补偿；资本成本归根结底应该是利润中的一项扣除。②产品成本是企业现实的资金耗费；资本成本既可以表现为实际成本，也可以表现为机会成本。③资本成本在应用中多表现为预测成本。

（3）资本成本与资金时间价值既有联系又有区别。它们的联系在于两者考察的对象都是资金；区别在于资本成本既包括资金时间价值，又包括投资风险价值。

（三）资本成本的种类

资本成本可分为个别资本成本、加权平均资本成本和边际资本成本。

（1）个别资本成本。它是单种筹资方式的资本成本，包括长期借款成本、长期债券成本、优先股成本、普通股成本和留存收益成本等。其中：前两种称为债务资本成本，后三种称为权益资本成本或自有资本成本。个别资本成本一般用于比较和评价各种筹资方式。

（2）加权平均资本成本。它是对各种个别资本成本进行加权平均而得的结果，也称作综合资本成本，其权数可以在资本的账面价值、市场价值和目标价值之间选择。加权平均资本成本一般用于资本结构决策。

（3）边际资本成本。它是指企业每增加一个单位量的资本而形成的追加资本的成本。在计算时需要进行加权平均。边际资本成本一般用于追加筹资决策。

（四）资本成本的作用

（1）资本成本是比较筹资方式、选择筹资方案的依据。在评价各种筹资方式时，一般会考虑的因素包括对企业控制权的影响、对投资者吸引力的大小、融资的难易和风险、资本成本的高低等，而资本成本是其中的重要因素。在其他条件相同时，企业筹资应选择资本成本最低的方式。

（2）平均资本成本是衡量资本结构是否合理的依据。企业财务管理目标是企业价值最大化，企业价值是企业资产带来的未来经济利益的现值。计算现值时采用的贴现率通常会选择企业的平均资本成本，当平均资本成本率最小时，企业价值最大，此时的资本结构是企业理想的最佳资本结构。

（3）资本成本是评价投资项目可行性的主要标准。资本成本通常用相对数表示，它是企业对投入资本所要求的报酬率（或收益率），即最低必要报酬率。任何投资项目，如果它预期的投资报酬率超过该项目使用资金的资本成本率，则该项目在经济上就是可行的。因此，资本成本率是企业用以确定项目要求达到的投资报酬率的最低标准。

（4）资本成本是评价企业整体业绩的重要依据。一定时期企业资本成本的高低，不仅反映企业筹资管理的水平，还可作为评价企业整体经营业绩的标准。企业的生产经营活动，实际上就是所筹集资本经过投放后形成的资产运营，企业的总资产报酬率应高于其平均资本成本率，才能带来剩余收益。

任务二　权益资本成本

企业的全部资产由两部分构成，投资人提供的所有者权益和债权人提供的负债。所有者权益是企业资金的最主要来源，是企业筹集债务资金的前提与基础。所有者权益是指投资人对企业净资产的所有权，包括投资者投入企业的资本金及企业在经营过程中形成的积累，如盈余公积、资本公积和未分配利润等。资本金是企业在工商行政管理部门登记的注册资金，是企业设立时的启动资金，资本金的数额不能低于国家规定的开办此类企业的最低资本数额（法定资本金）。企业通过吸收直接投资、发行股票、留存收益筹资等方式筹集的资金都称为权益资金，权益资金不用还本，因而也称为自有资金或主权资金。

一、吸收直接投资

吸收直接投资是指非股份制企业按照“共同投资、共同经营、共担风险、共享利润”的原则直接吸收国家、法人、个人、外商投入资金的一种筹资方式。吸收直接投资不以股票为媒介，无须公开发行证券。吸收直接投资中的出资者都是企业的所有者，他们对企业拥有经营管理权，并按出资比例分享利润、承担损失。

（一）吸收直接投资的渠道

企业通过吸收直接投资的方式筹集资金有以下四种渠道：

（1）吸收国家投资。吸收国家投资是指有权代表国家投资的政府部门或者机构以国有资产投入企业，由此形成国家资本金。

（2）吸收法人投资。法人投资是指其他企业、事业单位以其可支配的资产投入企业，由此形成法人资本金。

（3）吸收个人投资。个人投资是指城乡居民或本企业内部职工以其个人合法财产投入企业，形成个人资本金。

（4）吸收外商投资。外商投资是指外国投资者的资金投入企业，形成外商资本金。

（二）吸收直接投资的出资方式

吸收直接投资中的投资者可采用现金、实物、无形资产等多种形式出资。其主要出资方式有以下三种：

1.现金投资

现金投资是吸收直接投资中最重要的出资形式。企业有了现金就可获取所需的物资，就可支付各种费用，具有最大的灵活性。因此，企业要争取投资者尽可能采用现金方式出资。

2.实物投资

实物投资是指以房屋、建筑物、设备等固定资产和原材料、商品等流动资产进行的投资。实物投资应符合以下条件：①适合企业生产经营、科研开发等的需要；②技术性能良好；③作价公平合理；④实物不能涉及抵押、担保、诉讼冻结。投资实物的作价，除由出资各方协商确定外，也可聘请各方都同意的专业资产评估机构评估确定。

3.无形资产投资

无形资产投资是指以商标权、专利权、非专利技术、知识产权、土地使用权等进行的投资。企业在吸收无形资产投资时应持谨慎态度，避免吸收短期内会贬值的无形资产，避免吸收对本企业利益不大及不适宜的无形资产，还应注意符合法定比例，即吸收无形资产的出资额一般不能超过注册资本的20%（不包括土地使用权），对于高新技术等特殊行业，经有关部门审批最高放宽至30%。

（三）吸收直接投资的程序

企业吸收直接投资，一般要遵循以下程序：

（1）确定吸收直接投资所需的资金数量。企业新建或扩大经营规模时，应先确定资金的总需要量及理想的资本结构，然后据以确定吸收直接投资所需的资金数量。

（2）寻求投资单位，商定投资数额和出资方式。吸收直接投资中的双方是双向选择的结果。受资单位要选择相宜的投资者，投资单位要选择收益理想或对自身发展有利的受资者。为此，要做好信息交流工作，企业既要广泛了解有关投资者的财力和意向，又要主动传递自身的经营状况和盈利能力，以利于在较多的投资者中寻求最好的合作者。投资单位确定后，双方便可进行具体的协商，确定投资数额和出资方式。落实现金出资计划及实物、无形资产的评估作价。

（3）签署投资协议。企业与投资者商定投资意向和具体条件后，便可签署投资协议，明确双方的权利和责任。

（4）执行投资协议。企业与投资者按协议约定，做好投资交接及有关手续，并在以后确保投资者参与经营管理的权利及盈利分配权利。

（四）吸收直接投资的优缺点

1.吸收直接投资的优点

（1）筹资方式简便、筹资速度快。吸收直接投资的双方直接接触磋商，没有中间环节。只要双方协商一致，筹资即可成功。

（2）有利于增强企业信誉。吸收直接投资所筹集的资金属于自有资金，与借入资金比较，能提高企业的信誉和借款能力。

（3）有利于尽快形成生产能力。吸收直接投资可直接获得现金、先进设备和先进技术，与通过有价证券间接筹资相比，能尽快地形成生产能力，尽快开拓市场。

（4）有利于降低财务风险。吸收直接投资可以根据企业的经营状况向投资者支付报酬，没有固定的财务负担，比较灵活，所以财务风险较小。

2.吸收直接投资的缺点

（1）资金成本较高。企业向投资者支付的报酬是根据企业实现的净利润和投资者的出资额计算的，不能减免企业所得税，当企业盈利丰厚时，企业向投资者支付的报酬很多。

（2）企业控制权分散。吸收直接投资的新投资者享有企业的经营管理权，这会造成原有投资者控制权的分散与减弱。

二、发行股票

股票是股份有限公司为筹集主权资金而发行的有价证券，是持股人拥有公司股份的凭证，它表示了持股人在股份有限公司中拥有的权利和应承担的义务。本项目仅介绍股票与筹资有关的内容，有关股票的其他内容将在证券投资部分介绍。

（一）股票的分类

股份有限公司根据筹资者和投资者的需要，发行各种不同的股票。股票的种类很多，可按不同的标准进行分类。

（1）按股东权利和义务不同，可分为普通股和优先股。普通股是股份有限公司依法发行的具有平等的权利、义务、股利不固定的股票。普通股具备股票的一般特征，是股份有限公司资本的最基本部分。普通股股票的持有人称为普通股股东，普通股股东一般具有以下权利：①普通股股东对公司有经营管理权；②普通股股东对公司有盈利分享权；③普通股股东有优先认股权；④普通股股东有剩余财产要求权；⑤普通股股东有股票转让权。

优先股是股份有限公司发行的具有一定优先权的股票。它既具有普通股的某些特征，又与债券有相似之处。从法律上讲，企业对优先股不承担还本义务，因此它是企业自有资金的一部分。优先股与普通股的不同之处在于，它具有某些优先权利，同时也有一定限制，其优先表现在以下两个方面：①优先分配股利权。优先股股利的分配在普通股之前，其股利率是固定的。②优先分配剩余财产权。当企业清算时，优先股的剩余财产请求权位于债权人之后，但位于普通股之前。

（2）按票面有无记名，可分为记名股票和无记名股票。我国公司法规定，股份有限公司向发行人、国家授权的投资机构和法人发行的股票，应当为记名股票；向社会公众发行的股票，既可以是记名股票，也可以是无记名股票。

（3）按票面是否标明金额，可分为有面值股票和无面值股票。有面值股票是在票面上标有一定金额的股票。无面值股票是不在票面上标出金额，只载明所占公司股本总额的比例或股份数的股票。我国公司法不承认无面值股票，规定股票应记载股票的面额，并且其发行价格不得低于股票面额。

（4）按投资主体的不同，可分为国家股、法人股、个人股和外资股。

（5）按发行对象和上市地区不同，可分为A种股票、B种股票、H种股票和N种股票。2001年2月19日起，B股开始对境内居民开放。其中，B股在上海、深圳上市；H股在香港上市；N股在纽约上市。

（二）股票的发行

我国股份有限公司发行股票必须符合《中华人民共和国证券法》和《上市公司证券发行管理办法》规定的发行条件。股票发行方式有公募发行和私募发行。公募发行有自销方式和承销方式。承销方式具体分为包销和代销。

【链接】有关股票发行的条件与程序是中国证券监督管理委员会（以下简称中国证监会）的制度性规范，请登录中国证监会网站（http：//www.csrc.gov.cn）进行查看。

（三）股票发行价格的确定

股票的发行价格是股份有限公司发行股票时，将股票出售给投资者所采用的价格，也就是投资者认购股票时所支付的价格。股份有限公司在不同时期、不同状态下对不同种类的股票，可采用不同的方法确定其发行价格。

（1）等价。等价就是以股票面值为发行价格发行股票，即股票的发行价格与其面值等价，亦称为平价发行。

（2）时价。时价也称为市价，即以公司原发行同种股票的现行市场价格为基准来选择增发新股的发行价格。

（3）中间价。中间价是以股票市场价格与面值的中间值作为股票的发行价格。

【提示】我国公司法规定，股票发行价格可以按票面金额（即等价），也可以超过票面金额（即溢价），但不得低于票面金额（即折价）。普通股的发行价格可以按照不同情况采取两种方法：一是按票面金额等价发行；二是按高于票面金额的价格发行，即溢价发行。

（四）普通股资本成本

普通股资本成本主要是向股东支付的各期股利。由于各期股利并不一定固定，随企业各期收益波动，因此普通股的资本成本只能按贴现模式计算，并假定各期股利的变化具有一定的规律性。如果是上市公司普通股，其资本成本还可以根据该公司的股票收益率与市场收益率的相关性，按资本资产定价模型法估计。

1.股利增长模型

普通股资本成本的计算公式为：

$$K_c=\frac{D_1}{P_c\left(1-f_c\right)}+g$$

式中：K_c为普通股资本成本，D_1为预期第1年普通股股利，P_c为普通股筹资总额，f_c为普通股筹资费率，g为普通股年股利增长率。

【例3-1】光明公司发行面额1元的普通股5 000万股，每股发行价格为5元，融资费用率为全部发行所得资金的5%，第一年的股利率为10%，以后每年递增4%，则可以计算普通股的资本成本为：

$$K_c=\frac{5\,000\times5\times10\%}{5\,000\times5\times(1-5\%)}+4\%\approx14.53\%$$

2.资本资产定价模型

假定资本市场有效，股票市场价格与价值相等。假定无风险报酬率为R_f，市场平均报酬率为R_m，某股票风险程度指标为β，则普通股资本成本为：

$$K_s=R_f+\beta\ (R_m-R_f)$$

【例3-2】光明公司普通股β系数为1.5，此时1年期国债利率为5%，市场平均报酬率为15%，则该普通股资本成本为：

$K_s=5\%+1.5\times(15\%-5\%)=20\%$

（五）优先股资本成本

优先股的股利通常是固定的，公司利用优先股筹资需要支付发行费用，因此，优先股资本成本的测算类似于普通股。优先股资本成本的计算公式为：

$$K_p = \frac{D}{P_p(1-f_p)}$$

式中：K_p为优先股资本成本，D为优先股年股利额，P_p为优先股筹资总额，f_p为优先股筹资费率。

【例3-3】光明公司发行优先股，每股10元，年支付股利1元，发行费率为3%，则该公司的优先股资本成本为：

$$K_p = \frac{1}{10\times(1-3\%)} \approx 10.31\%$$

（六）普通股筹资的优缺点

1.普通股筹资的优点

（1）普通股筹资没有固定的股利负担。

（2）普通股股本没有固定的到期日，无须偿还，它是公司的永久性资本，只有在公司清算时才予以偿还。

（3）利用普通股筹资的风险小。由于普通股股本没有固定的到期日，一般也不用支付固定的股利，不存在还本付息的风险。

（4）发行普通股筹集自有资本能增强公司的信誉。普通股股本及由此产生的资本公积和盈余公积等，可以增强公司的举债能力。

（5）能增强公司经营的灵活性。普通股筹资比发行优先股或债券限制少，它的价值较少因通货膨胀而贬值，普通股资金的筹集和使用都较灵活。

2.普通股筹资的缺点

（1）资金成本较高。发行普通股的资金成本一般高于债务资金，因为普通股股东期望报酬高，又因为股利要从税后净利润中支付，且发行费用也高于其他证券。

（2）新股东的增加导致分散和削弱原股东对公司的控股权。

（七）优先股筹资的优缺点

1.优先股筹资的优点

（1）没有固定的到期日，不用偿还本金。

（2）股利支付率虽然固定，但无约定性。当公司财务状况不佳时，也可暂不支付，不像债券到期无力偿还本息有破产风险。

（3）优先股属于自有资金，能增强公司信誉及借款能力，又能保持原普通股股东的控制权。

2.优先股筹资的缺点

（1）资金成本高，优先股股利要从税后利润中支付，股利支付虽无约定性且可以延时，但终究是一种较重的财务负担。

（2）优先股较普通股限制条款多。

三、留存收益筹资

留存收益也是权益资金的一种，包括企业的盈余公积和未分配利润。与其他权益资金相比，它的取得更为主动简便，不需要做筹资活动，又无筹资费用，因此这种筹资方式既节约了成本，又增强了企业的信誉。留存收益的实质是投资者对企业的再投资。但这种筹资方式受制于企业盈利的多寡及企业的分配政策。

（一）留存收益资本成本

一般企业都不会将盈利以股利形式全部分给股东，且在宏观政策上也不允许这样做，因此，企业只要有盈利，总会有留存收益。留存收益是企业的可用资金，它属于普通股股东所有，其实质是普通股股东对企业的追加投资。留存收益资本成本可以参照市场利率，也可以参照机会成本，更多的是参照普通股股东的期望收益，即普通股资本成本，但它不会发生筹资费用。留存收益资本成本的计算公式为：

$$K_s = \frac{D_1}{P_c} + g$$

式中：K_s为留存收益资本成本，其余字母含义同普通股资本成本的计算公式。

【例 3-4】光明公司第一年普通股股利为 1 000 元，普通股筹资总额为 120 000 元，普通股的年股利增长率为2%，则该公司的留存收益资本成本为：

$$K_s = \frac{1\,000}{120\,000} + 2\% \approx 10.33\%$$

（二）留存收益筹资的优缺点

1. 留存收益筹资的优点

（1）资金成本较普通股低。留存收益筹资不用考虑筹资费用，资金成本较普通股低。

（2）保持普通股股东的控制权。留存收益筹资不用对外发行股票，由此增加的权益资本不会改变企业的股权结构，不会稀释原有股东的控制权。

（3）增强公司的信誉。留存收益筹资能够使企业保持较大的可支配现金流，既可解决企业经营发展的资金需要，又能提高企业的举债能力。

2. 留存收益筹资的缺点

（1）筹资数额有限制。留存收益筹资最大可能的数额是企业当期的税后利润和上年的未分配利润之和。如果企业经营亏损，则不存在这一渠道的资金来源。此外，留存收益的比例常常受某些股东的限制。他们可能从消费需求、风险偏好等因素出发，要求股利支付率维持在一定的水平上。留存收益过多，股利支付过少，可能会影响到今后的外部筹资。

（2）资金使用受制约。留存收益中某些项目的使用，如法定盈余公积等要受国家有关规定的制约。

任务三　债务资本成本

负债是企业所承担的能以货币计量、需以资产或劳务偿付的债务。企业通过银行借款、发行债券、融资租赁和商业信用等方式筹集的资金属于企业的负债。由于负债要归还本金和利息，因而称为企业的借入资金或债务资金。

一、长期借款

长期借款，是指企业向银行等金融机构借入的期限在一年以上的各种借款，主要用于固定资产的投资和满足长期资金占用的需要。

（一）长期借款的种类

（1）长期借款按提供贷款的机构不同，可分为政策性银行贷款、商业性银行贷款和其他金融机构贷款。

（2）长期借款按有无抵押品作担保，可分为信用贷款和抵押贷款。

（3）长期借款按贷款用途，可分为固定资产贷款、更新改造贷款、科技开发和新产品试制贷款等。

（4）长期借款按贷款利率是否固定，可分为固定利率贷款、变动利率贷款和浮动利率贷款。

（二）长期借款的程序

企业向金融机构借款，通常要经过以下步骤：

第一步，企业提出借款申请。企业要向银行借入资金，必须向银行提出申请，填写包括借款金额、借款用途、偿还能力和还款方式等内容的“借款申请书”，并提供有关资料。

第二步，银行进行审查。银行对企业的借款申请要从企业的信用等级、基本财务情况、投资项目的经济效益、偿债能力等多方面进行必要的审查，以决定是否提供贷款。

第三步，签订借款合同。借款合同是规定借款单位和银行双方的权利、义务和经济责任的法律文件。银行审查同意借款后，再与借款企业进一步协商贷款的具体条件，明确贷款的种类、用途、金额、利率、期限、还款的资金来源及方式、保护性条件、违约责任等，并以借款合同的形式将其法律化。借款合同中，保护性条款大致有以下三类：

一是一般性保护条款。一般性保护条款应用于大多数借款合同，根据具体情况，合同内容主要包括：对借款企业流动资金保持量的规定、对现金股利和再购入股票的限制、对资本支出规模的限制，以及限制其他长期债务等。

二是例行性保护条款。例行性保护条款作为例行常规，在大多数借款合同中都存在，主要包括：借款企业定期向银行提交财务报表；不准在正常情况下出售较多资产，以保持企业正常的生产经营能力；如期缴纳税金和清偿其他到期债务，以防被罚款而造成现金流失；不准以任何资产作为其他承诺的担保或抵押，以避免企业过重的负担；不准贴现应收票据或出售应收账款，以避免或有负债；限制租赁固定资产的规模，防止企业负担巨额租金以致削弱其偿债能力，防止企业以租赁固定资产的办法摆脱对其资本支出和负债的约束。

三是特殊性保护条款。特殊性保护条款是针对某些特殊情况而出现在部分借款合同中的，主要包括：贷款专款专用、不准企业投资于短期内不能收回资金的项目、限制企业高级职员的薪金和奖金总额、要求企业主要领导人在合同有效期间担任领导职务，以及要求企业主要领导人购买人身保险等。

【提示】银行接受抵押品的账面价值决定贷款金额，一般为抵押品账面价值的30%~50%，这一比率的高低取决于抵押品的变现能力和银行的风险偏好。

第四步，企业取得借款。双方签订借款合同后，银行应如期向企业发放贷款。

第五步，企业归还借款。企业应按借款合同规定按时足额归还借款本息。若因故不能按期归还，应在借款到期之前的3至5天内，提出展期申请，由贷款银行审定是否给予展期。

（三）长期借款资本成本

长期借款资本成本的计算公式为：

$$K_l=\frac{I_l(1-T)}{L(1-f_l)}=\frac{R_l(1-T)}{1-f_l}$$

式中：K_l为长期借款资本成本，I_l为长期借款年利息，L为长期借款筹资总额，T为所得税税率，f_l为长期借款筹资费率，R_l为长期借款年利率。

【例3-5】光明公司欲获得银行借款1 000万元，年利率为5%，期限为3年，每年结息一次，到期还本。银行要求补偿性余额为借款额的20%，企业所得税税率为25%。光明公司这笔借款的资本成本为：

$$资本成本=\frac{1\,000\times5\%\times(1-25\%)}{1\,000\times(1-20\%)}\approx4.69\%$$

（四）长期借款的优缺点

1.长期借款的优点

（1）筹资速度快。与发行证券相比，不需要印刷证券、报请批准等，一般所需时间短，可以较快满足资金的需要。

（2）筹资的成本低。与发行债券相比，借款利率较低，且不需支付发行费用。

（3）借款灵活性大。企业与银行可以直接接触，商谈借款金额、期限和利率等具体条款。借款后若情况发生变化可再次协商。到期还款有困难时，若能取得银行谅解，也可延期归还。

（4）可以发挥财务杠杆的作用。不论公司赚钱多少，银行只能按借款合同收取利息，在投资报酬率大于借款利率的情况下，企业所有者将会因财务杠杆的作用而得到更多的收益。

2.长期借款的缺点

（1）筹资数额往往不可能很多；

（2）限制性条款比较多；

（3）筹资风险较高。

二、发行债券

债券是企业依照法定程序发行的、承诺按一定利率定期支付利息，并到期偿还本金的有价证券，是持券人拥有公司债权的凭证。

（一）债券的种类

（1）按发行主体分类，债券可分为政府债券、金融债券和企业债券。政府债券是由中央政府或地方政府发行的债券，风险小、流动性强；金融债券是银行或其他金融机构发行的债券，风险不大、流动性较强、利率较高；企业债券是由各类企业发行的债券，风险较大、利率较高、流动性差别较大。

（2）按有无抵押担保分类，债券可分为信用债券、抵押债券和担保债券。

①信用债券又称为无抵押担保债券，是以债券发行者自身的信誉发行的债券。政府债券属于信用债券，信誉良好的企业也可发行信用债券。企业发行信用债券往往有一些限制条件，如不准企业将其财产抵押给其他债权人，不能随意增发企业债券，未清偿债券之前股利不能分得过多等。

②抵押债券是指以一定抵押品作抵押而发行的债券。当企业不能偿还债券时，债权人可将抵押品拍卖以获取债券本息。

③担保债券是指由一定保证人作担保而发行的债券。当企业没有足够资金偿还债券时，债权人可以要求保证人偿还。

（3）按是否记名分类，债券可分为记名债券和无记名债券。

（4）按是否可转换成普通股分类，债券可分为可转换债券和不可转换债券。

（二）债券的发行

国有企业、股份有限公司、有限责任公司只要具备发行债券的条件，都可以依法申请发行债券。

1.债券的发行条件

我国发行公司债券，必须符合公司法和证券法规定的有关条件。

2.债券的发行程序

（1）发行公司债券的决议或决定。我国公司法规定，可以发行公司债券的主体有三类，即股份有限公司、国有独资公司和国有有限责任公司。发行公司债券的决议和决定由公司最高权力机构做出。

（2）发行债券的申请与批准。发行债券的公司，首先要向国务院证券监督管理部门提出申请并提交公司登记证明、公司章程、公司债券募集办法、资产评估报告等文件。国务院证券监督管理部门根据有关规定，对公司申请予以核准。

（3）制定募集办法并予以公告。公司债券的申请被批准后，应由发行公司制定公司债券募集办法。办法中应载明的主要事项有：公司名称、债券总额和票面金额、债券利率、还本付息的期限与方式、债券发行的起止日期、公司净资产额、已发行的尚未到期的债券总额，以及公司债券的承销机构等。在公司制定好募集办法后，应按当时、当地通常合理的方法向社会公告。

（4）募集借款。公司债券的发行方式有公司直接向社会发行（私募发行）和由证券经营机构承销发行（公募发行）两种。我国有关法规规定，公司发行债券须与证券经营机构签订承销合同，由其承销。公司发行的债券上，必须载明公司名称、债券票面金额、利率、偿还期限等事项，并由董事长签名、公司签章。

3.发行债券的要素

（1）债券的面值。债券面值包括两个基本内容，即币种和票面金额。币种可以是本国货币，也可以是外国货币，这取决于债券发行的地区及对象。票面金额是债券到期时偿还本金的金额。票面金额印在债券上，固定不变，到期必须足额偿还。

（2）债券的期限。债券从发行之日起至到期日之间的时间称为债券的期限。

（3）债券的利率。债券上一般都注明年利率，利率有固定的也有浮动的。面值与利率相乘即为年利息。

（4）偿还方式。债券的偿还方式有分期付息到期还本和到期一次还本付息两种。

（5）发行价格。债券的发行价格有三种：一是按债券面值等价发行，等价发行又叫作面值发行；二是按低于债券面值折价发行；三是按高于债券面值溢价发行。

债券之所以会偏离面值发行是因为债券票面利率与金融市场平均利率不一致。如果债券利率大于市场利率，则由于未来利息多计，导致债券内在价值大而应采用溢价发行。如果债券利率小于市场利率，则由于未来利息少计，导致债券内在价值小而应采用折价发行。这是基于债券发行价格应该与它的价值贴近。债券溢价、折价可依据资金时间价值原理算出的内在价值确定。

若每年年末支付利息、到期支付面值，则债券发行价格的计算公式为：

$$\text{债券发行价格}=\text{债券面值}\times\text{按市场利率和债券期限计算的复利现值系数}+\text{债券应付年利息}\times\text{按市场利率和债券期限计算的年金现值系数}$$

若到期一次还本付息，则债券发行价格的计算公式为：

$$\text{债券发行价格}=\text{按票面利率和期限计算债券到期的本利和}\times\text{按市场利率和债券期限计算的复利现值系数}$$

【例3-6】光明公司发行债券筹资，面值为1000元，期限为5年，发行时市场利率为10%，每年年末付息，到期还本。

要求：分别按票面利率为8%、10%和12%计算债券的发行价格（保留到元）。

（1）票面利率为8%时：

发行价格 =1 000×8%×（P/A，10%，5）+1 000×（P/F，10%，5）=80×3.7908+1 000×0.6209≈924（元）

（2）票面利率为10%时：

发行价格 =1 000×10%×（P/A，10%，5）+1 000×（P/F，10%，5）=100×3.7908+1 000×0.6209≈1 000（元）

（3）票面利率为12%时：

发行价格 =1 000×12%×（P/A，10%，5）+1 000×（P/F，10%，5）=120×3.7908+1 000×0.6209≈1 076（元）

从计算结果可见，上述三种情况分别以折价、等价、溢价发行。此类问题的市场利率是复利年利率，当债券以单利计息、到期一次还本付息时，即使票面利率与市场利率相等，也不应是面值发行。

（三）债券资本成本

债券成本中的利息亦在企业所得税税前列支，但发行债券的筹资费用一般较高，应予以考虑。债券的发行价格有等价、溢价和折价三种。债券利息按面额（即本金）和票面利率确定，但债券的筹资额应按具体发行价格计算，以便正确计算债券成本。债券资本成本的计算公式为：

$$K_b=\frac{I_b(1-T)}{B(1-f_b)}$$

式中：K_b为债券资本成本，I_b为债券年利息，B为债券筹资总额，T为企业所得税税率，f_b为债券筹资费率。

【例3-7】光明公司发行债券1 000万元，筹资费率为2%，债券利率为10%，企业所得税税率为25%，则该企业的债券资本成本为：

$$K_b=\frac{10\%\times(1-25\%)}{1-2\%}\approx 7.65\%$$

（四）债券筹资的优缺点

1.债券筹资的优点

（1）资金成本较低。债券利息作为财务费用在税前列支，而股票的股利须由税后利润发放，利用债券筹资的资金成本较低。

（2）保证控制权。债券持有人无权干涉企业的经营管理，因而不会减弱原有股东对企业的控制权。

（3）可以发挥财务杠杆作用。债券利率在发行时就已确定，若遇通货膨胀，则实际减轻了企业负担；若企业盈利情况好，则由财务杠杆作用导致原有投资者获取更大的收益。

2.债券筹资的缺点

（1）筹资风险高。债券筹资有固定到期日，要承担还本付息义务。当企业经营不善时，会减少原有投资者的股利收入，甚至会因不能偿还债务而导致企业破产。

（2）限制条件多。债券持有人为保障债权的安全，往往要在债券合同中签订保护条款，这对企业造成较多约束，影响企业财务灵活性。

（3）筹资数量有限。债券筹资的数量一般比银行借款多，但它筹集的毕竟是债务资金，不可能太多，否则会影响企业信誉，也会因资金结构变差而导致总体资金成本的提高。

典型案例分析

【资料】东方汽车制造公司是一个多种经济成分并存、具有法人资格的大型企业集团。公司现有58个生产厂家，还有物资、销售、进出口、汽车配件等4个专业公司，以及1个轻型汽车研究所和1所汽车工业学院。公司现在急需1亿元的资金用于“十三五”技术改造项目。为解决筹资问题，总经理赵广文召开由生产副经理张伟、财务副总经理王超、销售副总经理李立、某信托投资公司金融专家周明、某研究中心经济学家吴教授、某大学财务学者郑教授组成的专家研讨会，讨论有关筹资问题。下面是他们的发言和有关资料：

总经理赵广文首先发言，他说：“公司‘十三五’技术改造项目经专家、学者的反复论证已被国务院正式批准。这个项目的投资额预计为4亿元，生产能力为4万辆。项目改造完成后，公司的两个系列产品的各项性能可达到国际先进水平。现在项目正在积极实施中，但目前资金不足，准备在2019年7月筹措1亿元资金，请大家讨论如何筹措这笔资金。”

财务副总经理王超提出了不同意见，他说：“目前公司全部资金总额10亿元，其中自有资金4亿元，借入资金6亿元。自有资金比率为40%，负债比率为60%。这种负债比率在我国处于中等水平。与世界发达国家如美国、英国等相比，负债比率已经很高了。如果再利用债券筹集1亿元资金，负债比率将达到64%，显然负债比率过高，财务风险太大。所以，不能利用债券筹资，只能靠发行普通股股票或优先股股票筹集资金。”

但金融专家周明却认为：目前我国金融市场还不完善，股市动荡不安。因此，在目前条件下要发行1亿元普通股股票十分困难。发行优先股还可以考虑。但根据目前的利率水平和市场状况，发行时年股息率不能低于16.5%，否则无法发行。如果发行债券，因要定期付息还本，投资者的风险较小，估计以12%的利息率便可顺利发行债券。

来自某研究中心的吴教授认为：目前我国经济正处于产能过剩时期，但党和政府已发现经济“过热”所造成的一系列弊端，正准备采取措施治理经济环境，整顿经济秩序。汽车行业可能会受到冲击，销售量可能会下降。在进行筹资和投资时应考虑这一因素，不然盲目上马，后果将是十分严重的。

公司的销售副总经理李立认为：治理整顿不会影响公司的销售量。这是因为公司生产的轻型货车和轻型客车，几年来销售情况一直很好，畅销全国31个省、自治区、直辖市，市场上较长时间供不应求。前两年全国汽车滞销，但公司的销售状况仍创历史最高水平，居全国领先地位。在近几年全国汽车行业质量评比中，轻型客车连续夺魁；轻型货车两次获第一名，一次获第二名。李立还认为，治理整顿可能会引起汽车滞销，但这只可能限于质次价高的非名牌产品，公司的几种名牌汽车仍会畅销不衰。

财务副总经理王超补充说：“我们属于股份制试点企业，执行特殊政策，税后资金利润率为15%，准备上马的这项技术改造项目，由于采用了先进设备，投产后预计税后资金利润率将达到18%左右。”所以，他认为这一技术改造项目仍应付诸实施。

来自某大学的财务学者郑教授听了大家的发言后指出，以16.5%的年股息率发行优先股不可行，因为发行优先股所花费的筹资费用较多，把筹资费用加上以后，预计利用优先股筹集资金的资金成本将达到19%，这已高出公司税后资金利润率，所以不可行。但若发行债券，由于利息可在税前支付，实际成本大约在9%左右。他还认为，目前我国正处于通货膨胀时期，利息率较高，这时不宜发行较长时期的具有固定负担的债券或优先股股票，因为这样做会长期负担较高的利息或股息。所以，郑教授认为，应首先向银行筹措1亿元的技术改造贷款，期限为1年，1年以后，再以较低的股息率发行优先股股票来替换技术改造贷款。

财务副总经理王超听了郑教授的分析后，也认为按16.5%发行优先股，的确会给公司造成沉重的财务负担。但他不同意郑教授后面的建议，他认为，在目前条件下向银行筹措1亿元技术改造贷款几乎不可能；另外，通货膨胀在近1年内不会消除，要想消除通货膨胀，利息率有所下降，至少需要两年时间。金融学家周明也同意王超的看法，他认为1年内利息率可能还要上升，两年后利息率才会保持稳定或略有下降。

【分析】筹资是一个财务问题，但又不仅仅是财务问题，在企业做出重大筹资决策时，需要有各方面管理人员和有关专家参与讨论，以便做出正确决策。本案例中的东方汽车制造公司是我国汽车行业最早的股份制试点企业，案例中的很多问题都属于探索性的。

影响企业筹资方式的因素很多，包括各种筹资方式的资金成本、项目的运行期、行业因素、企业目前的财务状况、企业所得税税率的高低、企业销售的增长情况、宏观市场因素和利率变动趋势等。因此总经理最后应该选择哪种筹资方式，应该综合考虑上述因素进行确定。

本案例对我们的启示：负债融资的成本可以税前扣除，资金成本相对较低，但过多负债会增大企业财务风险。另外，发行债券的期限要注意考虑项目运行期与利率变动因素的影响。企业发行普通股或优先股时，要考虑其资金成本不仅包括资金的使用成本，还包括取得成本。

项目实训

一、单项选择题

1.下列各项中，可以为企业筹集自有资金的是（　　）。

A.内部积累　　B.融资租赁　　C.发行债券　　D.向银行借款

2.按照资金的来源渠道对筹资进行分类，正确的是（　　）。

A.内源筹资和外源筹资　　B.直接筹资和间接筹资

C.权益筹资和负债筹资　　D.表内筹资和表外筹资

3.下列各项不属于吸收直接投资优点的是（　　）。

A.有利于增强企业信誉　　B.有利于尽快形成生产能力

C.资金成本较低　　D.有利于降低财务风险

4.普通股和优先股筹资方式共有的缺点是（　　）。

A.财务风险大　　B.筹资成本高　　C.容易分散控制权　　D.筹资限制多

5.某公司发行债券，票面利率为10%，偿还期限为5年，发行费率为3%，企业所得税税率为25%，则债券资本成本为（　　）。

A.10%　　B.6.7%　　C.7.73%　　D.7%

6.一般而言，企业资本成本最高的筹资方式是（　　）。

A.发行债券　　B.长期借款　　C.发行普通股　　D.发行优先股

7.在个别资本成本的计算中，不必考虑筹资费用影响因素的是（　　）。

A.长期借款成本　　B.债券成本　　C.留存收益成本　　D.普通股成本

8.某公司平价发行普通股股票500万元，筹资费用率为6%，上年按面值确定的股利率为12%，预计股利每年增长5%，企业所得税税率为25%，该公司年末留存50万元未分配利润用作发展之需，则该笔留存收益的资本成本为（　　）。

A.14.74%　　B.17.6%　　C.19%　　D.20.47%

9.A公司平价发行债券，票面利率为10%，企业所得税税率为25%，筹资费用率为10%，则其资本成本为（　　）。

A.6%　　B.10%　　C.5.4%　　D.8.33%

10.下列各项中，关于加权平均资本成本的说法正确的是（　　）。

A.加权平均资本成本是指各种资本的个别资本成本之和

B.加权平均资本成本是指以各种资金占全部资金的比重为权数的个别资本成本的加权平均数

C.加权平均资本成本是指权益资本成本的加权平均数

D.加权平均资本成本是指个别资本成本的算术平均数

二、多项选择题

1.下列各项中，属于“吸收直接投资”与“发行普通股”筹资方式所共有缺点的有（　　）。

A.限制条件多　　B.财务风险大　　C.控制权分散　　D.资金成本高

2.银行借款筹资的优点包括（　　）。

A.筹资速度快　　B.筹资成本低　　C.限制条款少　　D.借款弹性好

3.下列各项中，按债券有无抵押担保分类的有（　　）。

A.信用债券　　B.抵押债券　　C.担保债券　　D.公司债券

4.企业进行筹资需要遵循的基本原则包括（　　）。

A.规模适当原则　　B.筹措及时原则　　C.来源合理原则　　D.方式经济原则

5.下列各项属于债券与股票的区别的有（　　）。

A.债券是债务凭证，股票是所有权凭证

B.债券的投资风险大，股票的投资风险小

C.债券的收入一般是固定的，股票的收入一般是不固定的

D.股票在公司剩余财产分配中优先于债券

6.下列各项属于筹资费用的有（　　）。

A.向股东支付的股利　　B.向银行支付的手续费

C.向银行支付的借款利息　　D.向证券经纪商支付的佣金

7.个别资本成本主要包括（　　）。

A.债券成本　　B.普通股成本

C.留存收益成本　　D.资本的边际成本

8.影响加权平均资本成本高低的因素有（　　）。

A.个别资本成本　　B.边际资本成本

C.各种资金在总资金中所占的比重　　D.货币时间价值

9.计算个别资本成本时必须考虑所得税因素的有（　　）。

A.优先股资本成本　B.普通股资本成本　C.债券成本　D.银行借款成本

10.在计算下列各项资金的筹资成本时，需要考虑筹资费用的有（　　）。

A.普通股　B.债券　C.长期借款　D.留存收益

三、判断题

1.从出租人的角度来看，杠杆租赁与售后租回或直接租赁并无区别。（　　）

2.在债券面值与票面利率一定的情况下，市场利率越高，则债券的发行价格越低。（　　）

3.股份有限公司发行股票的唯一目的是为了扩大经营规模。（　　）

4.优先股是一种具有双重性质的证券，它虽属自有资金，但却兼有债券性质。（　　）

5.资本成本的高低是企业筹资决策中考虑的唯一因素。（　　）

6.留存收益是企业利润所形成的，所以留存收益没有资本成本。（　　）

7.企业采用借入资金方式筹资比采用自有资金方式筹资付出的资本成本低，但承担的风险大。（　　）

8.提高个别资本成本，必定导致加权平均资本成本提高。（　　）

9.资本成本包括用资费用和筹资费用两部分，一般使用相对数表示，即表示为筹资费用和用资费用之和与筹资额的比率。（　　）

10.与直接筹资相比，间接筹资具有灵活便利、规模经济、提高资金使用效益的优点。（　　）

四、计算分析题

1.某企业发行普通股800万元，发行价为8元/股，筹资费率为6%，第1年预期股利为0.8元/股，以后各年增长2%；该公司股票的β值等于1.2，无风险利率为8%，市场上所有股票的平均收益率为12%，风险溢价为4%。

要求：根据上述资料使用股利增长模型、资本资产定价模型分别计算普通股的资本成本。

2.长江公司按面值发行5年期的债券500万元，票面利率为年利率12%，发行费率为3%，该公司所得税税率为25%。

要求：计算其债券资本成本。

答案与解析

项目四

筹资管理（下）

【学习目标】

1. 理解资本结构的含义；
2. 了解资本结构的理论；
3. 理解经营杠杆、财务杠杆、综合杠杆的作用原理，掌握各自的计算方法及其应用；
4. 掌握资本结构优化决策。

引导案例

中南整体橱柜公司筹资决策

中南整体橱柜公司是一家上市公司，专业生产、销售整体橱柜。近年来，我国经济快速发展，居民掀起购房和装修热，对公司生产的不同类型的整体橱柜需求旺盛，其销售收入增长迅速。公司预测在北京及其周边地区整体橱柜的市场潜力较大，销售收入预计每年将增长50%～100%。为此，公司决定于2020年年底前在北京郊区建成一座新厂。公司为此需要筹措资金5亿元，其中2 000万元可以通过公司自有资金解决，剩余的4.8亿元需要从外部筹措。2019年8月31日，公司总经理周建召开总经理办公会议研究筹资方案，并要求财务经理陆华提出具体计划，以提交董事会会议讨论。

公司在2019年8月31日的有关财务数据如下：

（1）资产总额为27亿元，资产负债率为50%。

（2）公司有长期借款2.4亿元，年利率为5%，每年年末支付一次利息。其中6 000万元将在2年内到期，其他借款的期限尚余5年。借款合同规定公司资产负债率不得超过60%。

（3）公司发行在外普通股3亿股。

另外，公司2018年实现净利润2亿元。2019年预计全年可实现净利润2.3亿元。公司适用的所得税税率为25%。假定公司一直采用固定股利率分配政策，年股利率为每股0.6元。

公司财务经理陆华根据总经理办公会议的意见设计了两套筹资方案，具体如下：

方案一：以增发股票的方式筹资4.8亿元。公司目前的普通股每股市价为10元。拟增发股票每股定价为8.3元，扣除发行费用后，预计净价为8元。为此，公司需要增发6 000万股股票以筹集4.8亿元资金。为了给公司股东以稳定的回报，维护其良好的市场形象，公司仍将维持其设定的每股0.6元的固定股利分配政策。

方案二：以发行公司债券的方式筹资4.8亿元。鉴于目前银行存款利率较低，公司拟发行公司债券。设定债券年利率为4%，期限为10年，每年付息一次，到期一次还本，发行公司债券合计支付4.9亿元，其中预计发行费用为1 000万元。

你能分析上述两种筹资方案的优缺点，并从中选出较佳的筹资方案吗？

任务一　资本结构概述

一、资本结构的含义

资本结构是指企业各种资本的价值构成及其比例关系。在企业筹资管理活动中，资本结构有广义和狭义之分。广义的资本结构是指企业全部资本价值的构成及其比例关系，不仅包括长期资本，还包括短期资本，但主要指短期债权资本。狭义的资本结构是指企业各种长期资本价值的构成及其比例关系，尤其指长期的股权资本与债权资本的构成及其比例关系。在狭义的资本结构下，短期债权资本不作为营运资本来管理。本项目涉及的资本结构是指狭义的资本结构。

资本结构是否合理会影响企业资本成本的高低、财务风险的大小及投资者利益的多少，它是企业筹资决策的核心问题。企业资金的来源多种多样，但总的来说可分成权益资金和债务资金两类，资本结构问题主要是负债比率问题，适度增加债务可能会降低企业资本成本，获取财务杠杆利益，但同时也会给企业带来财务风险。

二、资本结构理论

资本结构理论是关于公司资本结构、公司资本成本与公司价值三者之间关系的理论，它是现代企业财务理论的重要内容，也是资本结构决策的理论基础。从资本结构理论的产生和发展来看，主要有早期资本结构理论、现代资本结构理论和新资本结构理论。

（一）早期资本结构理论

20世纪50年代之前，早期传统资本结构理论主要是从收益的角度来探讨资本结构。1952年，美国经济学家大卫·杜兰特（David Durand）在《企业债务和股东权益成本：趋势和计量问题》一文中，系统地总结了早期资本结构理论，将其分为三个理论：

1.净收益理论

净收益理论认为，在公司的资本结构中，债权资本的比例越大，公司的净收益或税后利润就越多，从而公司的价值就越高。由于债务资本成本低于权益资本成本，运用债务筹资可以降低企业资金的综合资本成本，提高公司的财务杠杆，产生税盾效应，从而提高企业的市场价值，所以企业应当尽可能利用负债融资优化其资本结构。该理论极端地认为，当负债达到100%时，公司的平均资本成本将降至最低，此时公司的价值也将达到最大。

由于财务杠杆的存在，如果借入资金的投资收益率大于平均负债的利息率，这时候是可以因为负债从财务杠杆中获益的。在这种情况下，负债确实对公司的价值有益。实际上过多的债权资本比例，会带来过高的财务风险，而且当资金的投资收益率小于平均负债的利息率，过多的债务资本比例只能增加企业的资本成本，因此净收益理论是不够科学的。

2.净营业收益理论

净营业收益理论认为，在公司的资本结构中，债务资本比例的多少，实际上与公司的价值没有关系。无论企业财务杠杆如何变化，公司的加权平均资本成本是固定不变的。这是因为债务的成本率不变，股权资本成本率是变动的。债务增加，财务风险变大，投资要求的回报越高，反之亦然。公司的综合资本成本率是不变的，所以企业融资并不存在最优资本结构，公司的总价值与资本结构无关，决定公司价值的应该是净营业收益。

3.传统折中理论

净收益理论和净营业收益理论是两种极端观点，传统折中理论则是介于两者之间的一种折中理论。增加债务资本对提高公司价值是有利的，但债务资本规模必须适度。

该理论假定：债务融资成本、权益融资成本、加权资本成本都会随着资本结构的变化而变化，但债务融资成本是小于权益融资成本的。谨慎的债务融资不会明显增加企业经营风险，在谨慎的债务融资范围内，加权资本成本将随着负债比率的增加而减少。企业价值则随其增加而增加；相反，过度的债务融资将导致权益资本成本与债务融资成本明显上升，致使加权资本成本上升、企业价值下降。结论是：负债有益，但要控制在一个合理的范围之内。

传统折中理论较为准确地描述了财务杠杆与资本成本以及企业价值的关系。

（二）现代资本结构理论

1.MM 理论

1958 年，美国学者莫迪格莱尼（Modigliani）和米勒（Miller）在《美国经济评论》上发表了论文《资本成本、公司财务与投资理论》。他们提出，公司价值是由全部资产的盈利能力决定的，而与实现资产融资的负债与权益资本的结构无关。这一令人意外的结论在理论界引起很大反响，被称为MM 理论，标志着现代资本结构理论的创建。

2.无税收的 MM 理论

早期的MM 理论认为，资本结构和资本成本与企业价值无关。如果不考虑公司所得税和破产风险，且资本市场充分发育并有效运行，则负债企业的价值与无负债企业的价值相等，无论企业是否有负债，企业的资本结构都与企业价值无关。企业资本结构的变动，既不会影响企业的加权资本成本，也不会影响企业的市场价值。以低成本借入负债所得到的杠杆收益会因权益资本成本的增加而抵销，最终使有负债企业与无负债企业的加权资本成本相等，即企业的价值与加权资本成本都不受资本结构的影响。米勒以馅饼为例解释了MM 理论：把公司想象成一个巨大的比萨饼，被分成了四份。如果现在你把每一份再分成两块，那么四份就变成了八份。MM 理论想要说明的是你只能得到更多的两块，而不是更多的比萨饼。值得一提的是，该理论是基于资本市场充分运行、无税收、无交易成本等完美市场的假设条件提出的。

3.有公司所得税的 MM 理论

早期的MM 理论是在不考虑公司所得税等条件而得出资本结构的相关结论的，而这显然不符合实际情况。因此，米勒等人对之前的MM 理论进行了修正，他们于1963 年发表的《公司所得税和资本成本：一项修正》中提出，考虑公司所得税因素后，尽管股权资本成本也会随负债比率的提高而上升，但上升速度却会慢于负债比率的提高速度。修正后的MM 理论认为，在考虑公司所得税后，公司使用的负债越高，其加权平均成本就越低，公司收益乃至价值就越高。在加入公司所得税因素之后，MM 理论与企业的实际经营状况更加符合。

4.权衡理论

权衡理论通过放宽MM 理论完全信息以外的各种假定，考虑在税收、财务困境成本、代理成本分别或共同存在的条件下，资本结构如何影响企业市场价值。因此，权衡理论是企业最优资本结构在负债的税收利益和预期破产成本之间的权衡。

权衡理论认为，虽然负债可以利用税收屏蔽的作用，通过增加债务来增加企业价值。但随着债务的上升，企业陷入财务困境的可能性也增加，甚至可能导致破产，如果企业破产，不可避免地会发生破产成本。即使不破产，但只要存在破产的可能，或者说只要企业陷入财务困境的概率上升，就会给企业带来额外的成本，这是制约企业增加负债的一个重要因素。因此，随企业债务上升而不断增大的企业风险，制约企业无限追求提高负债率所带来的免税优惠或杠杆效应，因此企业最优资本结构是权衡免税优惠收益和因陷入财务危机而导致的各种成本的结果。或者说，企业最佳资本结构应该是在负债价值最大化和债务上升带来的财务危机成本及代理成本之间的平衡，此时企业价值才能最大化。

权衡理论不仅注意到了公司所得税存在下的负债抵税收益，也注意到了负债的财务拮据成本和代理成本，认为在两者权衡下，企业存在一个最优资本结构。该理论比较符合学术界大多数专家关于企业存在一个最优资本结构的看法，较为客观地揭示了负债与企业价值的关系，权衡理论提出的还是相对较为科学的资本结构理论。

（三）新资本结构理论

在新资本结构理论的研究中，学者们把信息不对称和道德风险等概念引入了资本结构理论的研究中，把传统资本结构的权衡难题转化为结构或制度设计问题，给资本结构理论问题开辟了新的研究方向。

1.代理成本理论

詹森（Jensen）和麦克林（Meckling）在1976年发表的论文《企业理论：管理者行为、代理成本和资本结构》中首先将企业理论和产权理论结合起来研究资本结构对公司价值的影响。股份有限公司中存在着两种代理关系，即管理者和股东之间（股权代理成本）、股东和债权人之间（债权代理成本）的利益冲突和代理成本，企业最优资本结构是使这两种代理成本之和达到最小值的资本结构。他们将企业的代理成本定义为：包括为设计、监督和约束利益冲突的代理人之间的一组契约所必须付出的成本，加上执行契约时成本超过收益所造成的剩余损失。

代理成本理论是新资本结构理论的一个主要代表，它是通过引入代理成本这个概念来分析企业最优资本结构的决定。由于企业中代理关系的存在，必然产生股东与企业经营者、股东与债权人之间的利益冲突，为解决这些冲突而产生的成本为代理成本，包括股权的代理成本和债务的代理成本。随着债务比例的增加，股权的代理成本将减少，债务的代理成本将增加。如果要发行新股，相当于现有所有者以股权换取新的所有者的资金。新旧所有者之间不可避免地会产生利益冲突，这样，新的所有者为保证他们的利益不受原所有者的损害，也必须付出监督费用等代理成本。

2.信息传递理论

除了代理成本，在金融市场上，还存在典型的信息不对称因素，企业管理者比投资者掌握更多的关于企业项目投资的“内部信息”。信息传递理论认为，在企业管理者与市场投资者之间存在信息不对称的情况下，市场投资者只能通过企业表面信息的分析来对收益进行估计，这样就使企业管理者可以通过资本结构的选择来改变市场对企业收益的评价，进而改变企业的市场价值。该理论的结论是：负债和资本比是一种把内部信息传递给市场的信号工具。企业管理者可以通过改变企业的资本结构来影响市场投资者对企业价值的评估。

在企业管理者持有股权且其为风险厌恶者的假设下，如果企业管理者提高企业的负债率，那么其所持有的股权在企业总股权中的比例上升，并将面临更大的需要规避的风险，企业管理者只有在企业价值较大时才会这么做，否则企业管理者是不会冒着破产风险提高企业负债率的。由于信息不对称，市场投资者只能通过企业输送出来的信息间接地评价市场价值。企业负债比例或资产负债结构就是一种把内部信息传给市场的信息工具，负债比例上升是一个积极的信息，它表明管理者对企业未来收益有较高期望，传递着管理者对企业的信心。因此，在信息不对称的情况下，高负债率向投资者传递的是企业价值较大的信号，企业价值与负债率的高低呈正相关的关系。

3. 优序融资理论

1984年，美国经济学家迈尔斯（Myers）在《企业知道投资者所不知道信息时的融资和投资决策》中，根据信息传递理论推出了优序融资理论。优序融资理论认为，公司倾向于首先采用内部筹资；如果需要外部筹资，公司将先选择债务筹资，再选择其他外部股权筹资，这种筹资顺序的选择也不会传递对公司股价产生不利影响的信息。

按照信息传递理论，因为不对称信息对融资成本的影响，获利能力强的公司之所以安排较低的债务比率，并不是因为已确立较低的目标债务比率，而是因为不需要外部筹资；获利能力较差的公司选用债务筹资是因为没有足够的留存收益，而且在外部筹资选择中债务筹资为首选。

之后，迈尔斯和麦吉勒夫（Majluf）进一步考察不对称信息对融资成本的影响，发现这会促使企业尽可能少用股票融资，因为企业通过发行股票融资时，会被市场误解，认为其前景不佳。由此新股发行总会使股价下跌。但是，多发债券又会使企业受到财务危机的约束。在这种情况下，企业资本结构的顺序是：先是内源融资，然后债务融资，最后才是股权融资。

任务二 杠杆效应

财务管理中存在着类似于物理学中的杠杆效应，表现为：由于特定固定支出或费用的存在，导致当某一财务变量以较小幅度变动时，另一相关变量会以较大幅度变动。财务管理中的杠杆效应，包括经营杠杆、财务杠杆和综合杠杆三种效应形式。杠杆效应既可以产生杠杆利益，也可能带来杠杆风险。

一、经营杠杆效应

（一）经营杠杆

经营杠杆是指由于固定性经营成本的存在，而使得企业的资产报酬（息税前利润）变动率大于业务量变动率的现象。经营杠杆反映了资产报酬的波动性，用以评价企业的经营风险。用息税前利润（EBIT）表示资产总报酬，则：

$$EBIT = S - V - F = (P - V_C)Q - F = M - F$$

式中：EBIT为息税前利润，S为销售额，V为变动性经营成本，F为固定性经营成本，Q为产销业务量，P为销售单价，V_C为单位变动成本，M为边际贡献。

影响EBIT的因素包括产品售价、产品需求、产品成本等因素。当产品成本中存在固定成本时，如果其他条件不变，产销业务量的增加虽然不会改变固定成本总额，但会降低单位产品分摊的固定成本，从而提高单位产品利润，使息税前利润的增长率大于产销业务量的增长率，进而产生经营杠杆效应。当不存在固定性经营成本时，所有成本都是变动性经营成本，边际贡献等于息税前利润，此时息税前利润变动率与产销业务量的变动率完全一致。

（二）经营杠杆系数

只要企业存在固定性经营成本，就存在经营杠杆效应。不同的产销业务量，其经营杠杆效应的大小程度是不一致的。测算经营杠杆效应程度，常用指标为经营杠杆系数。经营杠杆系数（DOL），是息税前利润变动率与产销业务量变动率的比。其计算公式为：

$$DOL=\frac{\text{息税前利润变动率}}{\text{产销业务量变动率}}=\frac{\Delta EBIT}{EBIT}\div\frac{\Delta Q}{Q}$$

式中：DOL为经营杠杆系数，ΔEBIT为息税前利润变动额，ΔQ为产销业务量变动值。

上式经整理，经营杠杆系数的计算也可以简化为：

$$DOL=\frac{\text{基期边际贡献}}{\text{基期息税前利润}}=\frac{M}{M-F}=\frac{EBIT+F}{EBIT}$$

【例4-1】光明公司产销某种产品，固定成本为500万元，变动成本率为70%。当年产销额为5 000万元时，变动成本为3 500万元、固定成本为500万元、息税前利润为1 000万元；当年产销额为7 000万元时，变动成本为4 900万元、固定成本仍为500万元、息税前利润为1 600万元。可以看出，该公司产销量增长了40%，息税前利润增长了60%，产生了1.5倍的经营杠杆效应。

$$DOL=\frac{\Delta EBIT}{EBIT}\div\frac{\Delta Q}{Q}=\frac{600}{1\,000}\div\frac{2\,000}{5\,000}=1.5$$

或：$DOL=\frac{M}{EBIT}=\frac{5\,000\times 30\%}{1\,000}=1.5$

（三）经营杠杆与经营风险

经营风险是指企业由于生产经营上的原因而导致的资产报酬波动的风险。引起企业经营风险的主要原因是市场需求和生产成本等因素的不确定性，经营杠杆本身并不是资产报酬不确定的根源，只是资产报酬波动的表现。但是，经营杠杆放大了市场和生产等因素变化对利润波动的影响。经营杠杆系数越高，表明资产报酬等利润波动程度越大，经营风险也就越大。根据经营杠杆系数的计算公式，有：

$$DOL=\frac{EBIT+F}{EBIT}=1+\frac{F}{EBIT}$$

上式表明，在企业不发生经营性亏损、息税前利润为正的前提下，经营杠杆系数最低为1，不会为负数；只要有固定性经营成本存在，经营杠杆系数总是大于1。

从上式可知，影响经营杠杆的因素包括企业成本结构中的固定成本比重和息税前利润水平。其中，息税前利润水平又受产品销售数量、销售价格、成本水平（单位变动成本和固定成本总额）高低的影响。固定成本比重越高、成本水平越高、产品销售数量和销售价格水平越低，经营杠杆效应越大，反之亦然。

【例4–2】某企业生产A产品，固定成本为100万元，变动成本率为60%。当销售额分别为1 000万元、500万元和250万元时，经营杠杆系数分别为：

$$DOL_{1\,000}=\frac{1\,000-1\,000\times 60\%}{1\,000-1\,000\times 60\%-100}\approx 1.33$$

$$DOL_{500}=\frac{500-500\times 60\%}{500-500\times 60\%-100}=2$$

$$DOL_{250}=\frac{250-250\times 60\%}{250-250\times 60\%-100}\rightarrow\infty$$

上例计算结果表明：在其他因素不变的情况下，销售额越小，经营杠杆系数越大，经营风险也就越大，反之亦然。当销售额为1 000万元时，DOL为1.33；当销售额为500万元时，DOL为2。显然后者的不稳定性大于前者，经营风险也大于前者。当销售额处于盈亏临界点250万元时，经营杠杆系数趋于无穷大，此时企业销售额稍有减少便会导致更大的亏损。

二、财务杠杆效应

（一）财务杠杆

财务杠杆，是指由于固定性资本成本的存在，而使得企业的普通股收益（或每股收益）变动率大于息税前利润变动率的现象。财务杠杆反映了股权资本报酬的波动性，用以评价企业的财务风险。用普通股收益或每股收益表示普通股权益资本报酬，则：

$$TE=(EBIT-I)(1-T)$$

$$EPS=\frac{(EBIT-I)(1-T)}{N}$$

式中：TE为全部普通股净收益，EPS为每股收益，I为债务资本利息，T为所得税税率，N为普通股股数。

上式中，影响普通股收益的因素包括资产报酬、资本成本、所得税税率等因素。当有固定利息费用等资本成本存在时，如果其他条件不变，息税前利润的增加虽然不改变固定利息费用总额，但会降低每一元息税前利润分摊的利息费用，从而提高每股收益，使得普通股收益的增长率大于息税前利润的增长率，进而产生财务杠杆效应。当不存在固定利息、股息等资本成本时，息税前利润就是利润总额，此时利润总额变动率与息税前利润变动率完全一致。如果两期所得税税率和普通股股数保持不变，则每股收益的变动率与利润总额变动率也完全一致，进而与息税前利润变动率一致。

（二）财务杠杆系数

只要企业融资方式中存在固定性资本成本，就存在财务杠杆效应。如固定利息、固定融资租赁费等的存在，都会产生财务杠杆效应。在同一固定的资本成本支付水平上，不同的息税前利润水平，对固定的资本成本的承受能力是不一样的，其财务杠杆效应的大小程度是不一致的。测算财务杠杆效应程度，常用指标为财务杠杆系数。财务杠杆系数（DFL），是每股收益变动率与息税前利润变动率的倍数。其计算公式为：

$$DFL=\frac{每股收益变动率}{息税前利润变动率}=\frac{\Delta EPS}{EPS}\div\frac{\Delta EBIT}{EBIT}$$

整理上式，财务杠杆系数的计算也可以简化为：

$$DFL=\frac{息税前利润总额}{息税前利润总额-利息}=\frac{EBIT}{EBIT-1}$$

【例4-3】A公司全部长期资本为7 500万元，债务资本比例为0.4，债务年利率为8%，公司所得税税率为25%，息税前利润为800万元。其财务杠杆系数测算如下：

$$DFL=\frac{800}{800-7\,500\times0.4\times8\%}\approx1.43$$

上例中财务杠杆系数为1.43的含义是：当息税前利润增加1倍时，普通股每股收益将增加1.43倍；反之，当息税前利润下降100%时，普通股每股收益将下降143%。前者表现为财务杠杆利益，后者则表现为财务风险。一般而言，财务杠杆系数越大，企业财务杠杆利益和财务风险就越高；财务杠杆系数越小，企业财务杠杆利益和财务风险就越低。

（三）财务杠杆与财务风险

财务风险是指企业由于筹资原因产生的资本成本负担而导致的普通股收益波动的风险。引起企业财务风险的主要原因是资产报酬的不利变化和资本成本的固定负担。由于财务杠杆的作用，当企业的息税前利润下降时，企业仍然需要支付固定的资本成本，导致普通股剩余收益以更快的速度下降。财务杠杆放大了资产报酬变化对普通股收益的影响，财务杠杆系数越高，表明普通股收益的波动程度越大，财务风险也就越大。只要有固定性资本成本存在，财务杠杆系数总是大于1。

【提示】如果企业没有发生债务性筹资，则不存在固定财务费用，当然也就不存在财务杠杆效应，则此时的财务杠杆系数为1。

从公式可知，影响财务杠杆的因素包括企业资本结构中债务资本比重、普通股收益水平和企业所得税税率水平。其中，普通股收益水平又受息税前利润、固定资本成本（利息）高低的影响。债务成本比重越高、固定的资本成本支付额越高、息税前利润水平越低，财务杠杆效应越大，反之亦然。

【例4-4】2018年A、B、C三个公司的财务杠杆系数分别为1.000、1.176和1.370。当EBIT下降时，A公司的EPS与之同步下降，而B公司和C公司的EPS会以更大的幅度下降。2019年各公司EPS不为负数的EBIT最大降幅见表4-1。

表4-1　2019年各公司EPS不为负数的EBIT最大降幅

公司名称	DFL	EBIT降低比例	EPS降低比例
A公司	1.000	100%	100%
B公司	1.176	85.03%	117.6%
C公司	1.370	72.99%	137%

表4-1的结果显示：在2018年的基础上，C公司2019年的EBIT降低72.99%，普通股收益会出现亏损；B公司EBIT降低85.03%，普通股收益会出现亏损；A公司EBIT降低100%，普通股收益会出现亏损。显然，C公司不能支付利息，不能满足普通股股利要求的财务风险远高于其他公司。

三、综合杠杆效应

（一）综合杠杆

由于存在固定的生产经营成本，会产生经营杠杆效应，即销售量的增长会引起息税前利润以更大的幅度增长。由于存在固定的财务成本（债务利息和优先股股利），会产生财务杠杆效应，即息税前利润的增长会引起普通股每股利润以更大的幅度增长。如果一个企业同时存在固定的生产经营成本和固定的财务成本，那么两种杠杆效应会共同发生，会有连锁作用，销售量的变动会引起普通股每股利润以更大的幅度变动。综合杠杆效应就是经营杠杆和财务杠杆的综合效应。

（二）综合杠杆系数及其计算

综合杠杆系数也称为复合杠杆系数或总杠杆系数（DTL），是指普通股每股收益的变动率相对于销售量变动率的倍数。其计算公式为：

$$DTL=\frac{\Delta EPS}{EPS_0}\div\frac{\Delta x}{x_0}$$

式中：$\frac{\Delta EPS}{EPS_0}$为普通股每股收益变动率，$\frac{\Delta x}{x_0}$为销售量变动率。

对综合杠杆系数进行推导，其计算公式为：

$$\begin{aligned}DTL&=\frac{\Delta EPS}{EPS_0}\div\frac{\Delta x}{x_0}\\&=\frac{\Delta EBIT}{EBIT_0}\div\frac{\Delta x}{x_0}\times\frac{\Delta EPS}{EPS_0}\div\frac{\Delta EBIT}{EBIT_0}\\&=DOL\times DFL\end{aligned}$$

可见，综合杠杆系数可以由经营杠杆系数与财务杠杆系数相乘得到，也可以由基期数据直接计算得到。

综合杠杆的作用主要有两个方面：一方面，它能够估计出销售变动对每股收益的影响作用；另一方面，它体现了经营杠杆和财务杠杆之间的相互关系，即为了达到某一综合杠杆系数，经营杠杆和财务杠杆可以有很多不同的组合。比如，经营杠杆程度较高的公司可以在较低的程度上使用财务杠杆；经营杠杆程度较低的公司可以在较高的程度上使用财务杠杆等。这有待于公司在考虑了各有关的具体因素之后做出选择。

【例4-5】光明公司的经营杠杆系数为2，财务杠杆系数为1.5。该公司的综合杠杆系数测算为：

$DTL=2\times1.5=3$

在此例中，综合杠杆系数为3的含义是：当公司营业总额或营业总量增长1倍时，普通股每股收益将增长3倍，具体反映公司的综合杠杆利益；反之，当公司营业总额下降100%时，普通股每股收益将下降300%，具体反映公司的综合杠杆风险。

（三）综合杠杆与公司风险

公司风险包括企业的经营风险和财务风险。综合杠杆系数反映了经营杠杆和财务杠杆之间的关系，用以评价企业的整体风险水平。在综合杠杆系数一定的情况下，经营杠杆系数与财务杠杆系数此消彼长。综合杠杆效应的意义在于：第一，能够说明产销业务量变动对普通股收益的影响，据以预测未来的每股收益水平；第二，揭示了财务管理的风险管理策略，即要保持一定的风险状况水平，需要维持一定的综合杠杆系数，经营杠杆和财务杠杆可以有不同的组合。

一般来说，固定资产比重较大的资本密集型企业，经营杠杆系数高，经营风险大，企业筹资主要依靠权益资本，以保持较小的财务杠杆系数和财务风险；变动成本比重较大的劳动密集型企业，经营杠杆系数低，经营风险小，企业筹资主要依靠债务资本，保持较大的财务杠杆系数和财务风险。

一般来说，在企业初创阶段，产品市场占有率低，产销业务量小，经营杠杆系数大，此时企业筹资主要依靠权益资本，在较低程度上使用财务杠杆；在企业扩张成熟期，产品市场占有率高，产销业务量大，经营杠杆系数小，此时，在企业资本结构中可扩大债务资本，在较高程度上使用财务杠杆。

任务三　资本结构决策

资本结构及其管理是企业筹资管理的核心问题。企业应综合考虑有关影响因素，运用适当的方法确定最佳资本结构，提升企业价值。如果企业现有资本结构不合理，应通过筹资活动优化、调整资本结构，使其趋于科学合理。

【提示】在实际工作中，企业的筹资方式是多种多样的，归结起来为权益资本和负债资本两大类，就资本结构的本质而言，是一个企业负债比例的问题，即负债在企业全部资金中所占的比重。

一、资本结构决策的影响因素

如前所述，资本成本、经营杠杆、财务杠杆等都会对企业资本结构决策产生重要影响，除此之外，还有以下影响因素：

（一）企业销售的增长情况

未来销售的增长率，决定财务杠杆在多大程度上扩大每股收益，如果销售以8%～10%或更高的速度增长，利用具有固定财务费用的债务筹资，就会扩大普通股的每股收益。除了销售的增长率外，销售是否稳定对资本结构也有重要影响。如果企业的销售比较稳定，则可较多地负担固定的财务费用；如果销售和盈余有周期性，则负担固定的财务费用将冒较大的财务风险。

（二）企业所有者和管理人员的态度

如果一个企业的股票被众多投资者所持有，谁也没有绝对的控制权，那么这个企业可能会更多地采用发行股票的方式来筹集资金，因为企业所有者并不担心控制权旁落。

反之，有的企业被少数股东所控制，股东们很重视控制权问题，企业为了保证少数股东的绝对控制权，一般尽量避免普通股筹资，而是采用优先股或者负债方式筹资。管理人员对待风险的态度，也是影响资本结构的重要因素。喜欢冒险的管理人员，可能会安排比较高的负债比例；反之，一些持稳健态度的管理人员则会使用较少的债务。

（三）企业信用等级与债权人的态度

企业能否以借债的方式筹资和能筹集到多少资金，不仅取决于企业经营者和所有者的态度，而且还取决于企业的信用等级和债权人的态度。如果企业的信用等级不高，而且负债率已经较高，债权人将不愿意向企业提供信用，从而使企业无法达到它所希望达到的负债水平。

（四）政府税收

因为利息费用可以在企业应税所得额中合法抵扣，即举债可以获得减税利益，因此，企业所得税税率越高，负债的好处越多；反之，如果税率很低，则采用举债方式的减税利益就不十分明显。

（五）利率水平的变动趋势

利率水平的变动趋势也会影响企业的资本结构。如果企业管理人员认为利息率暂时较低，但不久的将来有可能上升的话，便会大量举借长期债务，从而在若干年内把利率固定在较低水平上。

（六）企业的财务状况

获利能力越强、财务状况越好、变现能力越强的企业，就越有能力负担财务风险。因而，随着企业变现能力、财务状况和盈利能力的增强，举债融资就越有吸引力。当然，有些企业，因为财务状况不好，无法顺利发行股票，只好以高利率发行债券来筹集资金。

（七）资产结构

资产结构会以多种方式影响企业的资本结构：（1）拥有大量固定资产的企业主要通过长期负债和发行股票筹集资金；（2）拥有较多流动资产的企业，更多依赖流动负债来筹集资金；（3）资产适用于抵押贷款的企业举债额较多，如房地产企业的抵押贷款就相当多；（4）以技术研究开发为主的企业则负债很少。

（八）行业因素与企业规模

不同行业的资本结构有很大差别，财务经理必须考虑本企业所处的行业，以便考虑最佳的资本结构。一般而言，企业规模越大，筹集资金的方式就越多，如通过证券市场发行股票、吸收国家和法人单位投资等，因此，负债比率一般较低。而一些中小型企业筹资方式比较单一，主要依靠向银行借款来解决自身的资金需求，因而这些企业的负债率一般较高。

二、资本结构优化

资本结构优化，要求企业权衡负债的低资本成本和高财务风险的关系，确定合理的资本结构。资本结构优化的目标，是降低平均资本成本或提高普通股每股收益，主要方法有每股收益无差别点法、比较综合资本成本法和公司价值分析法。

（一）每股收益无差别点法

资本结构是否合理可以通过分析每股收益的变化来衡量，能提高每股收益的资本结构是合理的资本结构。按每股收益大小判断资本结构的优劣可以运用每股收益无差别点分析法。每股收益无差别点分析可称为EBIT-EPS分析。每股收益无差别点是指使不同资本结构的每股收益相等的息税前利润点，这一点是两种资本结构优劣的分界点。

每股收益无差别点的息税前利润计算公式为：

$$\frac{(\overline{EBIT}-I_1)(1-T)-D_{P_1}}{N_1}=\frac{(\overline{EBIT}-I_2)(1-T)-D_{P_2}}{N_2}$$

式中：$\overline{EBIT}$为每股收益无差别点的息税前利润；I_1、I_2为两种增资方式下的长期债务年利息；D_{P_1}、D_{P_2}为两种增资方式下的优先股年股利；N_1、N_2为两种增资方式下的普通股股数。

进行每股收益分析时，当销售额（或息税前利润）大于每股收益无差别点的销售额（或息税前利润）时，运用负债筹资可获得较高的每股收益；反之，运用权益筹资可获得较高的每股收益。每股收益越大，风险也越大，如果每股收益的增长不足以补偿风险增加所需要的报酬，尽管每股收益增加，股价仍会下跌。

每股收益无差别点分析法是以普通股每股收益最高为决策标准，也没有具体测算财务风险因素，可用于规模不大、资本结构不太复杂的股份有限公司。

【例4-6】某企业现有资本结构全部为普通股资本，普通股为10万股，每股为10元，合计为100万元。现拟增资20万元，有甲、乙两种筹资方案可供选择。

甲方案：发行普通股2万股，每股为10元。

乙方案：发行普通股1万股，每股为10元；另发行债券10万元，债券年利率为10%。

该企业所得税税率为25%。运用EBIT-EPS分析如下：

$$EPS_{甲}=\frac{\overline{EBIT}\times(1-25\%)}{10+2}$$

$$EPS_{乙}=\frac{(\overline{EBIT}-10\times10\%)\times(1-25\%)}{10+1}$$

令$EPS_{甲}=EPS_{乙}$，可得：

$\overline{EBIT}=12$（万元）

此时，$EPS_{甲}=EPS_{乙}=0.75$（元）。当企业息税前利润小于12万元时选择甲方案增资，大于12万元时选择乙方案增资。

【例4-7】光华公司目前总资本为1 000万元，其中：债务资本400万元（年利息40万元），普通股资本600万元（600万股，面值1元，市价5元）。企业现有一个较好的投资项目，需要追加筹资300万元，有两种筹资方案可供选择。

甲方案：向银行取得长期借款300万元，利息率16%。

乙方案：增发普通股100万股，每股发行价3元。

根据财务人员测算，追加筹资后销售额可望达到1 200万元，变动成本率60%，固定成本为200万元，企业所得税税率为20%。不考虑筹资费用因素。运用EBIT-EPS分析如下：

根据上述数据，代入每股收益无差别点公式：

$$\frac{(\overline{EBIT}-40)\times(1-20\%)}{600+100}=\frac{(\overline{EBIT}-40-48)\times(1-20\%)}{600}$$

得：$\overline{EBIT}=376$（万元）

$\overline{EBIT}$为376万元，是两个筹资方案的每股收益无差别点。在此点上，两个方案的每股收益相等，均为0.384元。企业预期追加筹资后销售额1 200万元，预期获利280万元，低于每股收益无差别点376万元，应当采用财务风险较小的乙方案，即增发普通股方案。在1 200万元销售额水平上，甲方案的EPS为0.256元，乙方案的EPS为0.274元。

（二）比较综合资本成本法

此方法是通过计算和比较各种可能的筹资组合方案的平均资本成本，选择平均资本成本最低的方案，即能够降低平均资本成本的资本结构，就是合理的资本结构。

【例4-8】光明公司需筹集100万元长期资本，可以用贷款、发行债券、发行普通股三种方式筹集，其个别资本成本已分别测定，有关资料见表4-2。

表4-2 光明公司资本成本与资本结构数据表

筹资方式	资本结构			个别资本成本
	A方案	B方案	C方案	
贷款	40%	30%	20%	6%
债券	10%	15%	20%	8%
普通股	50%	55%	60%	9%
合计	100%	100%	100%	—

首先，分别计算三个方案的综合资本成本K。

A方案：$K=40\%\times6\%+10\%\times8\%+50\%\times9\%=7.7\%$

B方案：$K=30\%\times6\%+15\%\times8\%+55\%\times9\%=7.95\%$

C方案：$K=20\%\times6\%+20\%\times8\%+60\%\times9\%=8.2\%$

其次，根据企业筹资评价的其他标准，考虑企业的其他因素，对各个方案进行修正之后，再选择其中成本最低的方案。本例中，我们假设其他因素对方案选择的影响甚小，则A方案的综合资本成本最低。这样，该公司的资本结构为贷款40万元，发行债券10万元，发行普通股50万元。

（三）公司价值分析法

公司价值分析法是指在充分反映公司财务风险的前提下，以公司价值的大小为标准，经过测算确定公司最佳资本结构的方法。与比较综合资本成本法和每股收益无差别点法相比，公司价值分析法充分考虑了公司的财务风险和资本成本等因素的影响，以公司价值最大化为标准进行资本结构的决策，更符合公司价值最大化的财务目标，但其测算原理及测算过程较为复杂，通常适用于资本规模比较大的上市公司。

$$公司价值=公司长期债务的现值+公司股票的现值$$

为简化起见，假定长期债务的现值等于其面值（或本金）。

股票的现值按公司未来净收益的折现现值计算，其计算公式为：

$$S=\frac{(EBIT-I)(1-T)}{K_c}$$

式中：K_c为公司普通股投资的必要报酬率，即公司普通股的资本成本。普通股的资本成本可用资本资产定价模型计算，其计算公式为：

$$K_c=R_f+\beta(R_m-R_f)$$

公司的加权平均资本成本按照债务资本和权益资本的加权平均进行测算。其计算公式为：

$$K_w=K_b\times\frac{B}{V}(1-T)+K_c\times\frac{S}{V}$$

式中：K_w为公司加权平均资本成本；K_b为公司长期债务税前资本成本，可按公司长期债务年利率计算；K_c为公司普通股资本成本；B为长期债务资本；V为长期债务资本和普通股资本之和。

运用上述原理测算公司价值和加权平均资本成本，并以公司价值最大化为标准比较确定公司的最佳资本结构。

【例4–9】光明公司现有全部长期资本均为普通股资本，无长期债务资本和优先股资本，账面价值20 000万元。公司认为这种资本结构不合理，没有发挥财务杠杆的作用，准备举借长期债务购回部分普通股予以调整。公司预计息税前利润为5 000万元，假定公司所得税税率为25%。经测算，目前光明公司在不同长期债务规模下的债务年利率和普通股资本成本见表4–3。

表4–3　　光明公司在不同长期债务规模下的债务年利率和普通股资本成本

B（万元）	K_b（%）	β	R_f（%）	R_m（%）	K_c（%）
0	—	1.20	10	14	14.8
2 000	10	1.25	10	14	15.0
4 000	10	1.30	10	14	15.2
6 000	12	1.40	10	14	15.6
8 000	14	1.55	10	14	16.2
10 000	16	2.10	10	14	18.4

在表4–3中，当B = 2 000万元，β = 1.25，R_f = 10%，R_m = 14%时：

K_C = 10% + 1.25×（14%–10%）= 15.0%

其余同理计算。

根据表4–3的资料，运用前述公司价值和公司资本成本的测算方法，可以测算在不同长期债务规模下的公司价值和公司资本成本，据以比较、确定公司的最佳资本结构（见表4–4）。

表4-4 光明公司在不同长期债务规模下的公司价值和公司资本成本

B（万元）	S（万元）	V（万元）	K_b（%）	K_c（%）	K_w（%）
0	25 338	25 338	—	14.8	14.80
2 000	24 000	26 000	10	15.0	14.42
4 000	22 697	26 697	10	15.2	14.05
6 000	20 577	26 577	12	15.6	14.11
8 000	17 963	25 963	14	16.2	14.44
10 000	13 859	23 859	16	18.4	15.72

在表4-4中，当B=2 000万元，K_b=10%，K_c=15.0%，EBIT=5 000万元时：

S=（5 000−2 000×10%）×（1−25%）÷15.0%=24 000（万元）

V=2 000+24 000=26 000（万元）

K_w=10%×2 000÷26 000×（1−25%）+15.0%×24 000÷26 000≈14.42%

其余同理计算。

从表4-4可以看到，在没有长期债务资本的情况下，光明公司的价值就是其原有普通股资本的价值，此时V=S=25 338（万元）。当光明公司开始利用长期债务资本部分替换普通股资本时，公司的价值开始上升，同时公司资本成本开始下降；直到长期债务资本达到4 000万元时，公司的价值最大（26 697万元），同时公司的资本成本最低（14.05%）；而公司的长期债务资本超过4 000万元后，公司的价值又开始下降，公司的资本成本同时上升。因此，可以确定，光明公司的长期资本价值总额为26 697万元，其中普通股资本价值22 697万元，占公司总资本价值的比例约为85%（22 697÷26 697）；长期债务资本价值4 000万元，占公司总资本价值的比例约为15%（4 000÷26 697）。

典型案例分析

【资料】长江股份有限公司2020年（计划年）年初的资金结构见表4-5。

表4-5 公司资金结构 单位：万元

资金来源	金额
发行债券，年利率为10%	8 000
优先股，年股利率为7%	1 800
普通股900万股	9 000
合计	18 800

该公司的股票每股价格为10元，预计2020年（计划年）每股股利为1元。该公司采取增长的股利政策，每年股利增长率为4%，企业所得税税率为25%。

该公司2020年拟增资600万元，有A、B两个方案可供选择：

A方案：发行长期债券600万元，年利率为11%，普通股股利增加到1.2元，如果是这样，年股利增长率预计可增加到5%。（若负债比例继续增大，市价就有可能下跌）普通股市价将增至14元，发行债券筹资费率不考虑。

B方案：发行长期债券300万元，另发行普通股300万元。普通股股利增加到1.2元，年股利增长率预计仍维持在4%，由于发行时资本结构安排较合理，股票市价预计上升到21元。

【要求】该公司应该选择哪种筹资方案来优化资金结构呢？

【分析】该案例考察的是如何利用比较综合资本成本法来优化资本结构。资本结构是指企业各种资本的结构及其比例关系，确定最优资本结构的方法之一是比较综合资本成本法。

该公司在增资前的资本结构见表4-6，采用A方案增资后的资本结构和采用B方案增资后的资本结构分别见表4-7和表4-8。

表4-6 公司增资前的资本结构

筹资方式	金额（万元）	权重	资本成本
长期债券	8 000	42.55%	10%×（1-25%）=7.5%
优先股	1 800	9.57%	7%
普通股	9 000	47.88%	1÷10+4%=14%
综合资本成本			10.56%

表4-7 采用方案A增资后的资本结构

筹资方式	金额（万元）	权重	资本成本
长期债券（原）	8 000	41.24%	10%×（1-25%）=7.5%
新发行债券	600	3.09%	11%×（1-25%）=8.25%
优先股	1 800	9.28%	7%
普通股	9 000	46.39%	1.2÷14+5%=13.57%
综合资本成本			10.29%

表4-8 采用方案B增资后的资本结构

筹资方式	金额（万元）	权重	资本成本
长期债券（原+新）	8 300	42.78%	10%×（1-25%）=7.5%
优先股	1 800	9.28%	7%
普通股	9 300	47.94%	1.2÷21+4%=9.71%
综合资本成本			8.51%

由此可见，不论采用哪种方案，在一定程度上都能降低综合资本成本，但B方案的综合资本成本为8.51%，低于A方案的综合资本成本10.29%。故应该采用B方案来筹资。

项目实训

一、单项选择题

1.某公司的经营杠杆系数为1.8，财务杠杆系数为1.5，则该公司销售额每增长1倍，就会造成每股收益增加（　　）。

A.1.2倍　　B.15倍　　C.0.3倍　　D.2.7倍

2.下列各项中，不影响经营杠杆系数的是（　　）。

A.产品销售数量　　B.产品销售价格　　C.固定成本　　D.利息费用

3.最佳资本结构是企业在一定条件下的（　　）。

A.企业价值最大的资本结构

B.加权平均资本成本最低、企业价值最大的资本结构

C.加权平均资本成本最低的目标资本结构

D.企业目标资本结构

4.下列各项筹资活动不会加大财务杠杆作用的是（　　）。

A.增发普通股　　B.增发优先股　　C.增发公司债券　　D.增加银行借款

5.财务杠杆说明（　　）。

A.增加息税前利润对每股收益的影响　　B.增加销售收入对每股收益的影响

C.扩大销售对息税前利润的影响　　D.企业的融资能力

6.某企业销售收入为500万元，变动成本率为65%，固定成本为80万元，其中利息为15万元，则经营杠杆系数为（　　）。

A.1.33　　B.1.84　　C.1.59　　D.1.25

7.在其他条件不变的情况下，借入资金的比例越大，财务风险（　　）。

A.越大　　B.不变　　C.越小　　D.逐年上升

8.某企业销售收入为800万元，变动成本率为40%，经营杠杆系数为2，总杠杆系数为3。假设固定成本增加80万元，其他条件不变，企业没有融资租赁和优先股，则总杠杆系数为（　　）。

A.3　　B.4　　C.5　　D.6

9.一般情况下，下列关于杠杆系数的说法，正确的是（　　）。

A.经营杠杆系数越小，总杠杆系数就越大

B.财务杠杆系数越大，总杠杆系数就越小

C.总杠杆系数越大，经营杠杆系数不一定越大

D.总杠杆系数越大，财务杠杆系数就越大

10.假设某企业债务资本与权益资本的比例为60：40，据此可断定该企业（　　）。

A.只存在经营风险　　B.经营风险大于财务风险

C.经营风险小于财务风险　　D.同时存在经营风险和财务风险

二、多项选择题

1.下列说法正确的有（　　）。

A.债务比例越高，财务杠杆系数越大，财务风险越高

B.债务比例越低，财务杠杆系数越小，财务风险越低

C.债务比例越高，财务杠杆系数越小，财务风险越高

D.债务比例越低，财务杠杆系数越大，财务风险越低

2.影响企业边际贡献大小的因素有（　　）。

A.固定成本　　B.销售单价　　C.单位变动成本　　D.产销量

3.下列关于财务杠杆的说法，正确的有（　　）。

A.财务杠杆系数越高，每股收益增长越快

B.财务杠杆效应是指利用负债筹资给企业自有资金带来的额外收益

C.财务杠杆系数越大，财务风险越大

D.财务杠杆与财务风险无关

4.最佳资本结构的判断标准有（　　）。

A.加权平均资本成本最低　　B.资金规模最大

C.筹资风险最小　　D.企业价值最大

5.下列各项中，影响财务杠杆系数的因素有（　　）。

A.产品边际贡献总额　　B.所得税税率

C.固定成本　　D.财务费用

6.已知某企业经营杠杆系数等于2，预计息税前利润增长10%，每股利润增长30%。下列说法正确的有（　　）。

A.产销业务量增长5%　　B.财务杠杆系数等于3

C.总杠杆系数等于6　　D.资产负债率大于50%

7.某企业经营杠杆系数为2，财务杠杆系数为3，则下列说法正确的有（　　）。

A.如果销售量增加10%，息税前利润将增加20%

B.如果息税前利润增加20%，每股收益将增加60%

C.如果销售量增加10%，每股收益将增加60%

D.如果每股收益增加30%，销售量需增加5%

8.在边际贡献大于固定成本的情况下，下列各项有利于降低企业综合风险的有（　　）。

A.提高产量　　B.提高产品单价

C.提高资产负债率　　D.降低单位变动成本

9.影响资本结构的因素包括（　　）。

A.企业财务状况　　B.企业资产结构

C.企业所有者和管理人员的态度　　D.债权人和信用评级机构的影响

10.企业最佳资本结构的确定方法包括（　　）。

A.因素分析法　　B.每股收益无差别点法

C.比较综合资本成本法　　D.公司价值分析法

三、判断题

1.固定成本越高，经营杠杆系数越大，企业的经营风险就越大。（　）

2.财务杠杆系数是每股收益的变动率相对于息税前利润变动率的倍数，它是用来衡量财务风险大小的重要指标。（　）

3.如果财务杠杆系数等于1.5，假定息税前利润增长10%，则每股收益的增长幅度为15%。（　）

4.由于债务具有财务杠杆效应，所以企业为增加每股收益，只要不断增加负债即可。（　）

5.综合杠杆的作用是能用来估计销售额的变动对每股收益造成的影响。（　）

6.企业负债比例越高，财务风险就越大，因此负债对企业总是不利的。（　）

7.净收益理论认为资本结构不影响企业价值，企业不存在最佳资本结构。（　）

8.MM理论认为企业价值不受有无负债以及负债程度的影响。（　）

9.使用每股收益无差别点法进行最佳资本结构的判断时考虑了风险的因素。（　）

10.从成熟的证券市场来看，企业的筹资优序模式首先是内部筹资，其次是借款、发行债券、可转换债券，最后是发行新股筹资。（　）

四、计算分析题

1.长生公司准备新建一个投资项目，现有甲、乙两个投资方案可供选择，有关资料见表4-9。

表4-9　长生公司甲、乙两个投资方案

项目	甲方案		乙方案	
	筹资条件	筹资比例	筹资条件	筹资比例
银行借款	借款利率为10%	20%	借款利率为12%	50%
发行债券	债券票面利率为15%，按票面价值的120%发行，发行费用率为1%	30%	债券票面利率为13%，平价发行，发行费用率为1%	20%
发行普通股	发行价格为10元，发行费用率为1.5%，每年固定股利为1元	50%	发行价格为12元，发行费用率为1%，第一年股利为0.5元，以后每年按5%的固定比例增长	30%

假设长生公司新建项目适用的所得税税率为25%。

要求：

（1）计算确定甲方案的加权平均资本成本。

（2）计算确定乙方案的加权平均资本成本。

（3）确定长生公司应该采用的筹资方案。

2.万通公司年销售额为1 000万元，变动成本率为60%，息税前利润为250万元，全部资本为500万元，负债比率为40%，负债平均利率为10%。

要求：

（1）计算万通公司的经营杠杆系数、财务杠杆系数和综合杠杆系数。

（2）假设预测期万通公司的销售额估计增长10%，计算息税前利润及每股收益的增长幅度。

3.通达公司目前资本总额为1 000万元，普通股为15万股，每股面值为40元，资产负债率为40%，债务利率为10%。现企业准备追加投资400万元，有两个方案可供选择：

（1）全部发行普通股5万股，每股发行价80元；

（2）全部借款，新增借款利率为12%。

追加投资后通达公司的息税前利润可达到280万元，所得税税率为25%。

请问：通达公司应采用哪个筹资方案？

答案与解析

项目五

投资管理

【学习目标】

1. 了解企业投资的概念与种类；
2. 掌握项目投资管理；
3. 掌握项目投资的评价指标；
4. 掌握项目投资评价指标的应用。

引导案例

康元葡萄酒厂新建生产线项目投资决策

康元葡萄酒厂是生产葡萄酒的中型企业，该厂生产的葡萄酒酒香纯正，价格合理，长期以来供不应求。为了扩大生产能力，康元葡萄酒厂准备新建一条生产线。

张晶是该厂的助理会计师，主要负责投资工作。总会计师王冰要求张晶搜集建设葡萄酒新生产线的有关资料，并对投资项目进行财务评价，为厂领导提供决策参考。

张晶经过半个月的调查研究，得到以下有关资料：

（1）投资的生产线需一次性投入1 000万元，建设期1年，预计可使用10年，报废时无残值收入，使用直线法折旧，残值率为10%。

（2）购置设备所需的资金通过银行借款筹措，借款期限为4年，每年年末支付利息100万元，第4年年末用税后利润偿付本金。

（3）该生产线投入使用后，预计可使工厂第1年至第5年的销售收入每年增长1 000万元，第6年至第10年的销售收入每年增长800万元，耗用的人工和原材料等成本为收入的60%。

（4）生产线建设期满后，工厂还需垫支流动资金200万元。

（5）企业所得税税率为25%。

（6）银行借款的资本成本为10%。

根据上述资料，你认为新建的生产线具有什么特点？企业为什么要新建一条生产线？企业准备新建生产线的项目投资是否可行？

任务一　投资管理概述

投资，广义地讲，是指特定经济主体（包括国家、企业和个人）为了在未来可预见的时期内获得收益或使资金增值，在一定时期向一定领域的标的物投放足够数额的资金或实物等货币等价物的经济行为。企业投资，简言之，是企业为获取未来长期收益而向一定对象投放资金的经济行为。例如，购建厂房设备、兴建电站、购买股票债券等经济行为，均属于投资行为。

一、企业投资的意义

企业需要通过投资配置资产，才能形成生产能力，取得未来的经济利益。

（一）投资是企业生存与发展的基本前提

企业的生产经营，就是企业资产的运用和资产形态的转换过程。投资是一种资本性支出的行为，企业通过投资购建流动资产和长期资产，形成生产条件和生产能力。实际上，不论是新建一个企业，还是建造一条生产线，都是一种投资行为。通过投资，企业确立经营方向，配置各类资产，并将它们有机结合起来，形成企业的综合生产经营能力。如果企业想进军一个新兴行业，或者开发一种新产品，都需要先行投资。因此，投资决策的正确与否，直接关系到企业的兴衰成败。

（二）投资是获取利润的基本前提

企业投资的目的，是要通过预先垫付一定数量的货币或者实物形态的资本，购建和配置各类资产，从事某类经营活动，获取未来的经济利益。通过投资形成生产经营能力，企业才能开展具体的经营活动，获取经营利润。那些以购买股票、债券等有价证券方式对其他单位的投资，可以通过取得股利或债息来获取投资收益，也可以通过转让证券来获取资本利得。

（三）投资是企业风险控制的重要手段

企业经营面临着各种风险，有市场竞争的风险，有资金周转的风险，还有原材料涨价、费用居高不下等成本风险。投资，是企业风险控制的重要手段。通过投资，可以将资金投向企业生产经营的薄弱环节，使企业的生产经营能力配套、平衡、协调。通过投资，可以实现多元化经营，将资金投放于经营相关程度较低的不同产品或不同行业，分散风险，稳定收益来源，降低资产的流动性风险、变现风险，增强资产的安全性。

二、项目投资的含义、特点及类型

（一）项目投资的含义

从广义上讲，投资是指为了在未来获得收益而发生的投入财力的行为。投资按照其内容的不同可分为项目投资、证券投资和其他投资等类型。项目投资是指一种以特定建设项目为对象，直接与新建项目或更新改造项目有关的长期投资行为。

（二）项目投资的特点

与其他形式投资相比，项目投资具有以下主要特点：

（1）投资金额大。项目投资，特别是战略性的扩大生产能力投资一般都需要较多的资金，其投资额往往是企业及其投资人多年的资金积累，在企业总资产中占有相当大的比重。因此项目投资对企业未来的现金流量和财务状况都将产生深远的影响。

（2）影响时间长。项目投资的投资期及发挥作用的时间都较长，对企业未来的生产经营活动和长期经营活动将产生重大影响。

（3）变现能力差。项目投资一般不准备在一年或一个经营周期内变现，其变现能力也较差。项目投资一旦完成，想要改变是相当困难的，不是无法实现，就是代价太大。

（4）投资风险大。因为影响项目投资未来收益的因素特别多，加上投资额大、影响时间长、变现能力差，必然造成其投资风险比其他投资大，对企业未来的命运产生决定性影响。无数事例证明，一旦项目投资决策失败，会给企业带来先天性的、无法逆转的损失。

（三）项目投资的类型

工业企业项目投资主要包括新建项目投资和更新改造项目投资两种类型。

（1）新建项目投资。新建项目包括单纯固定资产投资项目和完整工业投资项目两种。单纯固定资产投资项目仅涉及固定资产资金的投入，是投资最基本的形式，任何项目投资均包括固定资产投资；完整工业投资项目不仅包括固定资产投资，还包括无形资产投资、流动资金和开办费等其他投资。

（2）更新改造项目投资。更新改造项目是指以旧换新或者以旧的固定资产为基础进行改扩建的投资项目。以旧换新或者对旧的固定资产进行改扩建虽然需要增加资金投资，但也会带来现金流入的增加。而现金流入的增加是否会大于新增的投资，是决定是否需要进行更新改造的关键。

三、项目投资评价的程序

任何项目投资评价都包含以下五个程序：

（1）根据企业的发展战略和当前的投资机会，提出各种投资方案；

（2）估计方案的相关现金流量；

（3）计算投资方案的价值指标，如净现值、内含报酬率等；

（4）将价值指标与可接受标准相比较；

（5）对已接受的方案进行再评价。这项工作很重要，但只有少数企业对投资项目进行跟踪审计。项目的事后评价可以告诉我们预测的偏差（我们的预测在什么地方脱离了实际），改善财务控制的线索（执行中有哪些地方出了问题），有助于指导未来决策（哪些项目值得实施或不值得实施）。

四、项目投资主体

投资主体是各种投资人的统称，也是具体投资行为的主体。从企业项目投资的角度看，其直接投资主体就是企业本身。企业在进行项目投资决策时，首先关心的是全部投资资金的投放和回收情况，而不管这些资金究竟来源于何处。但由于企业投资项目具体使用的资金分别来源于企业所有者和债权人，他们也必然会从不同角度关心企业具体投资项目的成败。因此，在进行项目投资决策时，还应考虑他们的要求，分别从自有资金的提供者和借入资金的所有者的立场去分析问题，提供有关信息。本项目主要从企业投资主体的角度研究项目投资问题。

五、项目投资计算期

项目计算期是指投资项目从投资建设开始到清理结束整个过程的全部时间，包括建设期和经营期。建设期是指从项目资金正式投入开始至项目建成投产为止所需要的时间，建设期第一年的年初称为建设起点，建设期最后一年的年末称为投产日。从投产日到终结点之间的时间间隔称为经营期，经营期包括试产期和达产期（完全达到设计生产能力期）两个阶段。试产期是指项目投入生产，但尚未完全达到设计生产能力时的过渡阶段。达产期是指生产运营达到设计预期水平后的时间。

$$项目计算期 = 建设期 + 经营期$$

【案例】某人需要一个车位用来泊车。他有两种选择：一是购买车位，享有50年使用权，一次性付款90 000元，每年交管理费800元，年底支付；二是租用车位，每年租金3 600元，每年年底支付。假定50年中预计无风险收益率为年利率3%。购买车位属于项目投资，其投资数额大、周期长，因而风险大，变现能力也较差；租用车位则属于短期经营决策，投入金额少、流动性好，风险比较小。

任务二 现金流量的内容及估算

一、现金与现金流量

（一）现金的概念

现金流量中的现金是指企业库存现金、可以随时用于支付的存款以及现金等价物。具体内容包括库存现金、银行存款、其他货币资金和现金等价物等。

1.库存现金

库存现金是指企业持有的可以随时用于支付的现金，即与会计核算中“库存现金”科目所包括的内容一致。

2.银行存款

银行存款是指企业在银行或其他金融机构随时可以用于支付的存款，即与会计核算中“银行存款”科目所包括的内容基本一致。但存在银行或其他金融机构的款项中不能随时用于支付的存款，不应作为现金流量表中的现金。例如，不能随时支取的定期存款。但提前通知银行或其他金融机构便可支取的定期存款，包含在现金流量表中的现金概念中。

3.其他货币资金

其他货币资金是指企业存在银行有特定用途的资金或在途中尚未收到的资金，如外埠存款、银行汇票存款、银行本票存款、信用证保证资金、在途货币资金等。

4.现金等价物

现金等价物是指企业持有的期限短、流动性强、易于转换为已知金额现金、价值变动风险很小的投资。现金等价物的主要特点是流动性强，并可随时转换成现金。通常指购买在3个月或更短时间内即到期或即可转换为现金的投资。例如，企业于2019年12月1日购入2017年1月1日发行的期限为3年的国债，购买时还有1个月到期，这项短期投资应视为现金等价物。

（二）现金流量的概念

现金流量是指企业在一定会计期间按照现金收付实现制，通过一定经济活动（包括经营活动、投资活动、筹资活动和非经常性项目）而产生的现金流入、现金流出及其总量情况的总称，即企业一定时期的现金和现金等价物的流入和流出的数量。

二、现金流量的内容

现金流量包括现金流入量、现金流出量和现金净流量三个具体概念。

（一）现金流入量

一个方案的现金流入量，是指该方案所引起的企业现金收入的增加额，简称现金流入。它包括营业收入、固定资产的余值、回收的流动资金和其他现金流入量等内容。其中：固定资产的余值和回收的流动资金统称为回收额。

(1) 营业收入，是指项目投产后每年实现的全部营业收入。营业收入是经营期主要的现金流入量项目。

(2) 固定资产的余值，是指投资项目的固定资产在终结报废清理时的残值收入，或中途转让时的变价收入。

(3) 回收的流动资金，是指投资项目在项目计算期结束时，收回原来投放在各种流动资产上的营运资金。

(4) 其他现金流入量，是指以上三项指标以外的现金流入量项目。

（二）现金流出量

现金流出量，是指投资项目实施后在项目计算期内所引起的企业现金流出的增加额，简称为现金流出。它包括建设投资、垫支的流动资金、付现成本（经营成本）和所得税税额等内容。其中：建设投资和垫支的流动资金合称为项目的原始总投资。

(1) 建设投资，主要有固定资产投资和无形资产投资，是建设期发生的主要现金流出量。

(2) 垫支的流动资金，是指投资项目建成投产后为开展正常经营活动而投放在流动资产（如存货、应收账款）上的营运资金。

(3) 付现成本（经营成本），是指在经营期内为满足正常生产经营而需用现金支付的成本。它是生产经营期内最主要的现金流出量。

(4) 所得税税额，是指投资项目建成投产后，因应纳税所得额增加而增加的所得税。

另外，还有其他现金流出量，主要是指不包括在以上内容中的现金流出项目。

（三）现金净流量

现金净流量是指投资项目在项目计算期内现金流入量和现金流出量的净额。由于投资项目的计算期超过一年，且资金在不同的时间具有不同的价值，所以现金净流量是以“年”为单位的。现金净流量通常用NCF表示，其计算公式为：

$$现金净流量=年现金流入量-年现金流出量$$

当流入量大于流出量时，净流量为正值；反之，净流量为负值。

三、现金净流量的分类

（一）按生产经营活动划分

按照企业生产经营活动的不同类型，现金净流量可以分为经营活动产生的现金净流量、投资活动产生的现金净流量和筹资活动产生的现金净流量。

1.经营活动产生的现金净流量

经营活动是指企业投资活动和筹资活动以外的所有交易和事项，包括销售商品或提供劳务、购买商品或接受劳务、收到返还的税费、经营性租赁、支付工资、支付广告费用、缴纳各项税款等。

2.投资活动产生的现金净流量

投资活动是指企业长期资产的购建和不包括在现金等价物范围内的投资及其处置活动，包括取得和收回投资、购建和处置固定资产、购买和处置无形资产等。

3.筹资活动产生的现金净流量

筹资活动是指导致企业资本及债务规模和构成发生变化的活动，包括发行股票或接受投入资本、分派现金股利、取得和偿还银行借款、发行和偿还公司债券等。

（二）按生产投资项目划分

按照企业生产投资项目的不同类型，现金净流量可以分为单纯固定资产投资项目的现金净流量、完整工业投资项目的现金净流量和更新改造项目的现金净流量。

1.单纯固定资产投资项目的现金净流量

单纯固定资产投资项目是指只涉及固定资产投资而不涉及其他长期投资和流动资金投资的项目。它以新增生产能力、提高生产效率为特征。其现金流入量包括该项投资新增的营业收入和回收固定资产余值等；现金流出量包括固定资产投资、新增经营成本和增加的各项税款等。

2.完整工业投资项目的现金净流量

完整工业投资项目是指以新增工业生产能力为主的投资项目，其投资内容不仅包括固定资产投资，而且还包括流动资金投资的建设项目。其现金流入量包括营业收入、补贴收入、回收固定资产余值和回收流动资金等；现金流出量包括建设投资、流动资金投资、经营成本、税金及附加、维持运营投资和调整所得税等。

3.更新改造项目的现金净流量

更新改造项目一般是固定资产的更新改造，是指以新的固定资产替换到期报废的旧的固定资产，或以新的技术装备对原有的技术装备进行改造。更新改造项目的现金流量主要是现金流出。即使有少量的残值变价收入，也属于支出抵减，而非实质上的现金流入增加。在确定相关现金流量时应注意两个问题：一是旧设备的初始投资额应考虑其变现价值（机会成本）；二是设备的使用年限应考虑其尚可使用年限。

总之，现金流量是指在投资决策中一个项目引起的企业现金流出和现金流入增加的数量。这里的“现金”是广义的现金，它不仅包括各种货币资金，而且还包括项目需要投入的企业现有的非货币资产的变现价值。会计利润以权责发生制为基础，其大小受会计方法选择的影响，其中主要是固定资产折旧方法与无形资产摊销方法选择的影响，从而使利润指标中包含了人为的影响因素，不利于正确计算资金的时间价值。而现金流量的计算以收付实现制为基础，其大小不受会计方法选择的影响，能恰当反映投资资金回收状况，因此在进行投资决策时选用现金流量指标而不选用利润指标。

【提示】在一个会计期间，会计利润和现金流量会有差异。从长期看，就整个项目寿命周期而言，现金流量总额与利润总额是相等的，即现金流量和会计利润具有一致性。

四、确定现金流量应考虑的因素

（一）现金流量的假设

确定项目投资的现金流量是一项很复杂的工作，为了便于确定现金流量的具体内容，简化现金流量的计算过程，特做以下假设：

（1）投资项目类型假设。假设投资项目只包括单纯固定资产投资项目、完整工业投资项目和更新改造投资项目三种类型；这些项目又可进一步分为不考虑所得税因素和考虑所得税因素的项目。

（2）全投资假设。在确定项目的现金流量时，只考虑全部投资的运动情况，而不具体区分是自有资金还是借入资金。不论是自有资金还是借入资金等具体形式的现金流量，都将其视为自有资金。

（3）建设期投入全部资金假设。不论项目的原始投资是一次投入还是分次投入，假设它们都是在建设期内投入的。

（4）项目投资的经营期与折旧年限一致假设。假设项目主要固定资产的折旧年限或使用年限与其经营期相同。

（5）时点指标假设。现金流量的具体内容所涉及的价值指标，不论是时点指标还是时期指标，均假设按照年初或年末的时点处理。其中：建设投资在建设期内有关年度的年初发生；垫支的流动资金在建设期的最后一年年末即经营期的第一年年初发生；经营期各年的营业收入、付现成本、折旧、利润、税金等项目的确认均在年末发生；项目最终报废或清理均发生在经营期最后一年年末（中途出售项目除外）。

（6）确定性假设。假设与项目现金流量估算有关的价格、产销量、成本水平、所得税税率等因素均为已知常数。

（二）现金流量的估算

在确定项目投资的现金流量时，应遵循的基本原则是只有增量现金流量才是与投资项目相关的现金流量。所谓增量现金流量，是指由于接受或放弃某个投资项目所引起的现金变动部分。由于采纳某个投资方案引起的现金流入增加额，才是该方案的现金流入；同理，某个投资方案引起的现金流出增加额，才是该方案的现金流出。为了正确计算投资项目的增量现金流量，要注意以下几个问题：

1.区分相关成本与非相关成本

相关成本，是指与特定决策有关的、在分析评价时必须加以考虑的成本。例如，差额成本、未来成本、重置成本和机会成本等都属于相关成本。与此相反，与特定决策无关的、在分析评价时不加以考虑的成本是非相关成本。例如，沉没成本、过去成本和账面成本等往往是非相关成本。

【案例】万达公司在2018年计划新建一个车间，并请一家会计公司做过可行性分析，支付咨询费5万元。后来由于公司有了更好的投资机会，该项目被搁置下来，该笔咨询费作为费用已经入账了。2019年旧事重提，在进行投资分析时，这笔咨询费是否仍是相关成本呢？答案应当是否定的。该笔支出已经发生，不管公司是否采纳新建一个车间的方案，它都已无法收回，与公司未来的总现金流量无关。如果将非相关成本纳入投资方案的总成本，则一个有利的方案可能因此变得不利，一个较好的方案可能变为较差的方案，从而造成决策错误。

2.不要忽视机会成本

在投资方案中，如果选择了一个投资方案，则必须放弃其他的投资机会，其他的投资机会可能取得的收益是采纳本方案的一种代价，被称为这项投资方案的机会成本。

【案例】万达公司新建车间的投资方案，需要使用公司拥有的一块土地。在进行投资分析时，公司不必动用资金去购置土地，是否将土地的成本考虑在内呢？答案是肯定的。因为该公司若不利用这块土地兴建车间，它可将这块土地移作他用，并取得一定的收入。只是由于在这块土地上兴建车间才放弃了这笔收入，而这笔收入代表了兴建车间使用土地的机会成本。假设这块土地出售可净得15万元，那么15万元就是兴建车间的一项机会成本。

3.要考虑投资方案对公司其他部门的影响

在我们采纳一个新的项目后，该项目可能对公司的其他项目造成有利或不利的影响。

如果新建车间生产的产品上市后，原有其他产品的销路可能减少，而且整个公司的销售额也许不增加甚至减少，那么公司在进行投资分析时，不应将新车间的销售收入作为增量收入来处理，而应扣除其他项目因此减少的销售收入。当然，也可能发生相反的情况，新产品上市后将促进其他项目销售增长。这要看新项目和原有项目是竞争关系还是互补关系。

4.对净营运资本的影响

在一般情况下，当公司开办一项新业务并使销售额扩大后，一方面，会增加存货和应收账款等经营性流动资产的需求，公司必须筹措新的资金以满足这种额外需求；另一方面，作为公司扩充的结果，应付账款与一些应付费用等经营性流动负债也会同时增加，从而降低公司营运资本的实际需要。所谓营运资本的需要，是指增加的经营性流动资产与增加的经营性流动负债之间的差额。

当投资方案的寿命周期快要结束时，公司将出售与项目有关的存货，应收账款变为现金，应付账款和应付费用也随之偿付，营运资本恢复到原有水平。在进行投资分析时，通常假定开始投资时筹措的营运资本在项目结束时收回。

五、现金净流量的计算

（一）建设期现金流量

建设期现金流量，是指企业在建设期所发生的现金流入量和现金流出量。它一般包括以下几项：

（1）土地使用费支出；

（2）固定资产方面的投资（在确定固定资产原值时，需要考虑资本化利息）；

（3）流动资产方面的投资；

（4）其他方面的投资，包括与固定资产投资有关的职工培训费、注册费等；

（5）原有固定资产的变价收入，主要是更新改造投资项目时考虑。

其计算公式为：

建设期某年的现金净流量= -（该年发生的原始投资额 - 变价收入）

（二）经营期现金流量

经营期现金流量，是指项目投产后，企业在生产经营期间所发生的现金流入量和现金流出量。经营期现金流入量主要由生产经营增加的销售收入和该年回收额构成。经营期现金流出量则主要是由付现成本和所得税构成。其计算公式为：

经营期现金净流量 = 销售收入 -付现成本 - 所得税 + 该年回收额 + 该年利息费用
= 销售收入 -（销售成本 - 非付现成本）- 所得税 + 该年回收额 + 该年利息费用
= 营业利润 - 所得税 + 非付现成本 + 该年回收额 + 该年利息费用
= 净利润 + 非付现成本 + 该年回收额 + 该年利息费用
= 净利润 + 该年折旧额 + 该年摊销额 + 该年回收额 + 该年利息费用

上述净利润与财务会计中净利润的计算口径一致，而非付现成本主要包括该年折旧额和该年摊销额。该年回收额主要包括以下三个方面：（1）固定资产残值收入或变价收入；（2）原来垫支在各种流动资产上的资金收回；（3）停止使用的土地变价收入等。

【例5-1】A项目需要固定资产投资210万元，开办费用为20万元，流动资金垫支30万元。其中，固定资产投资和开办费用在建设期期初发生，开办费于投产当年一次性摊销。流动资金在经营期期初垫支，在项目结束时收回。建设期为1年，建设期的资本化利息为10万元。该项目的有效期为10年，采用直线法计提固定资产折旧，期满有残值20万元。该项目投产后，第1年至第5年每年归还借款利息10万元。各年产生的净利润分别为10万元、30万元、50万元、60万元、60万元、50万元、30万元、30万元、20万元、10万元。

要求：计算该项目的现金净流量。

解析：首先，要计算出A项目每年的折旧额，确定其各年的回收额或摊销额，因为该项目涉及借入资金，还需要计算年度利息费用。

其次，按照建设期和经营期分阶段计算各年的现金净流量。具体计算如下：

（1）固定资产每年计提的折旧额 =（210 + 10 - 20）÷ 10 = 20（万元）

（2）建设期现金净流量为：

NCF_0 = -（210 + 20）= - 230（万元）

NCF_1 = - 30（万元）

（3）经营期现金净流量为：

NCF_2 = 净利润 + 开办费 + 摊销额 + 折旧额 + 利息费用 = 10 + 20 + 20 + 10 = 60（万元）

NCF_3 = 30 + 20 + 10 = 60（万元）

NCF_4 = 50 + 20 + 10 = 80（万元）

NCF_5 = 60 + 20 + 10 = 90（万元）

$NCF_6=60+20+10=90$（万元）

$NCF_7=50+20=70$（万元）

$NCF_8=30+20=50$（万元）

$NCF_9=30+20=50$（万元）

$NCF_{10}=20+20=40$（万元）

$NCF_{11}=10+20+20+30=80$（万元）

【例 5-2】某企业拟更新一套尚可使用5年的旧设备。旧设备原价为170 000元，账面净值为110 000元，期满残值为10 000元，目前旧设备变价净收入为60 000元。旧设备每年的营业收入为200 000元，付现成本为164 000元。新设备的投资总额为300 000元，可用5年，使用新设备后每年可增加营业收入60 000元，并降低付现成本24 000元，期满残值为30 000元。

要求：（1）计算继续使用旧设备和采用新设备的各年现金净流量；（2）计算更新方案的各年差量现金净流量。

解：（1）继续使用旧设备的各年现金净流量为：

$NCF_0=-60\ 000$（元）

$NCF_{1\sim4}=200\ 000-164\ 000=36\ 000$（元）

$NCF_5=36\ 000+10\ 000=46\ 000$（元）

采用新设备的各年现金净流量为：

$NCF_0=-300\ 000$（元）

$NCF_{1\sim4}=(200\ 000+60\ 000)-(164\ 000-24\ 000)=120\ 000$（元）

$NCF_5=120\ 000+30\ 000=150\ 000$（元）

（2）更新方案的各年差量现金净流量为：

$\Delta NCF_0=-300\ 000-(-60\ 000)=-240\ 000$（元）

$\Delta NCF_{1\sim4}=120\ 000-36\ 000=84\ 000$（元）

$\Delta NCF_5=150\ 000-46\ 000=104\ 000$（元）

任务三　项目投资决策评价指标

一、项目投资决策评价指标的含义及类型

（一）项目投资决策评价指标的含义

项目投资决策评价指标是指用于衡量和比较投资项目可行性，以便据以进行方案决策的定量化标准与尺度，是由一系列综合反映投资效益、投入产出关系的量化指标构成的。

（二）项目投资决策评价指标的类型

（1）按是否考虑资金时间价值，项目投资决策评价指标可分为静态评价指标和动态

评价指标两大类。静态评价指标是指在计算过程中不考虑资金时间价值因素的指标，又称为非折现评价指标，包括静态投资回收期和投资收益率。动态评价指标是指在计算过程中必须充分考虑和利用资金时间价值，因此动态指标又称为折现评价指标，包括净现值、净现值率和内含报酬率等。

（2）按性质不同，项目投资决策评价指标可分为正指标和反指标。投资收益率、净现值、净现值率和内含报酬率属于正指标。在决策评价中，这些指标越大越好。

（3）按其在决策中所处的地位，项目投资决策评价指标可分为主要指标、次要指标和辅助指标。净现值、净现值率和内含报酬率属于主要指标；静态投资回收期属于次要指标；投资收益率属于辅助指标。

二、静态评价指标

静态评价指标包括静态投资回收期和投资收益率。

（一）静态投资回收期

1.静态投资回收期的含义

静态投资回收期是指投资项目经营现金净流量抵偿原始投资所需要的全部时间。一般来说，投资回收期越短，方案就越有利。

2.静态投资回收期的计算方法

（1）如果原始投资是一次支出的，且每年现金净流量相等，则回收期的计算公式为：

$$回收期 = \frac{原始投资额}{每年现金净流量}$$

（2）如果每年现金净流量不相等，或原始投资是分几年投入的，则需要计算逐年累计的现金净流量，然后用插值法计算投资回收期。

【例5-3】某企业有甲、乙两个投资方案，投资总额均为50万元，全部用于购置新设备。折旧采用直线法，使用期均为5年，无残值，其他有关资料见表5-1。

表5-1　某企业甲、乙两个投资方案

项目计算期	甲方案		乙方案	
	利润	现金净流量	利润	现金净流量
0	—	（50）	—	（50）
1	7.5	17.5	5	15
2	7.5	17.5	7	17
3	7.5	17.5	9	19
4	7.5	17.5	11	21
5	7.5	17.5	13	23
合计	37.5	37.5	45	45

要求：计算该企业甲、乙两个方案的投资回收期。

解：根据表5-1，甲方案的投资回收期为：

$$PP_{甲} = \frac{50}{17.5} \approx 2.86\text{（年）}$$

用插值法计算乙方案的投资回收期为：

$$PP_{乙} = 2 + \frac{50-32}{51-32} \approx 2.95\text{（年）}$$

当现金回收期小于企业预定的最短回收期时，这个方案就可通过；否则，就应放弃。

3.静态投资回收期的优缺点

优点：①能够直观地反映原始投资的返本期限；②便于理解，计算简单；③可以直观地利用回收期之前的现金净流量信息。

缺点：①没有考虑资金的时间价值；②忽略回收期后的现金流量，只着重考虑回收的时间，注重短期行为，忽略长期效益。

静态投资回收期主要用来测定方案的流动性而非盈利性。

（二）投资收益率

1.投资收益率的含义

投资收益率是指项目投资方案的年平均净收益占原始投资额的百分比。

2.投资收益率的计算方法

投资收益率的计算公式为：

$$投资收益率 = \frac{年平均净收益}{原始投资额} \times 100\%$$

【例5-4】承【例5-3】，求甲、乙两个方案的投资收益率。

解：甲方案的投资收益率 $= \frac{7.5}{50} \times 100\% = 15\%$

乙方案的投资收益率 $= \frac{45 \div 5}{50} \times 100\% = 18\%$

从计算结果看，乙方案的投资收益率大于甲方案的投资收益率，应选择乙方案。

3.投资收益率的优缺点

优点：计算简单、明了，容易掌握。

缺点：没有考虑资金的时间价值，没有考虑折旧的收回，即没有完整地反映现金流量。

三、动态评价指标

动态评价指标包括净现值、净现值率与现值指数、内含报酬率。

（一）净现值

1.净现值的含义

净现值是指特定方案未来现金流入的现值与未来现金流出的现值之间的差额，通常用NPV表示。

2.净现值的计算方法

净现值的计算公式为：

$$NPV = \sum_{t=1}^{n} NCF_t \times (P/F, i, t) - A_0$$

式中：A_0为投资现值。

（1）经营期内各年现金净流量相等时，净现值的计算公式为：

净现值 = 年现金净流量 × 年金现值系数 – 投资现值

【例 5–5】某企业购入设备1台，价值为30 000元，按直线法计提折旧，使用寿命为6年，期末无残值。预计投产后每年可获得利润4 000元，假定投资要求的最低报酬率或资本成本率为12%。

要求：计算该项目的净现值。

解：$NCF_0 = -30\ 000$

$NCF_{1\sim6} = 4\ 000 + \dfrac{30\ 000}{6} = 9\ 000$（元）

$NPV = 9\ 000 \times (P/A, 12\%, 6) - 30\ 000 = 9\ 000 \times 4.1114 - 30\ 000 = 7\ 002.6$（元）

（2）经营期内各年现金净流量不相等时，净现值的计算公式为：

净现值 = ∑(各年的现金净流量 × 各年的现值系数) – 投资现值

【例 5–6】某企业购入设备一台，价值为30 000元，按直线法计提折旧，使用寿命为6年，期末无残值。预计投产后每年可获得利润4 000元，假定投资要求的最低报酬率或资本成本为12%，投产后每年可获得的利润分别为3 000元、3 000元、4 000元、4 000元、5 000元、6 000元，其余资料不变。

要求：计算该项目的净现值。

解：$NCF_0 = -30\ 000$（元）

年折旧额 $= \dfrac{30\ 000}{6} = 5\ 000$（元）

$NCF_{1\sim2} = 3\ 000 + 5\ 000 = 8\ 000$（元）

$NCF_{3\sim4} = 4\ 000 + 5\ 000 = 9\ 000$（元）

$NCF_5 = 5\ 000 + 5\ 000 = 10\ 000$（元）

$NCF_6 = 6\ 000 + 5\ 000 = 11\ 000$（元）

$NPV = 8\ 000 \times (P/F, 12\%, 1) + 8\ 000 \times (P/F, 12\%, 2) + 9\ 000 \times (P/F, 12\%, 3) + 9\ 000 \times (P/F, 12\%, 4) + 10\ 000 \times (P/F, 12\%, 5) + 11\ 000 \times (P/F, 12\%, 6) - 30\ 000 = 8\ 000 \times 0.8929 + 8\ 000 \times 0.7972 + 9\ 000 \times 0.7118 + 9\ 000 \times 0.6355 + 10\ 000 \times 0.5674 + 11\ 000 \times 0.5066 - 30\ 000 = 6\ 893.10$（元）

【例 5–7】某企业拟建一项固定资产，需要投资50万元，按直线法计提折旧，使用寿命为10年，期末无残值。该项工程建设期为1年，建设资金分别于年初、年末投入25万元。预计投产后每年可产生10万元的现金净流量。假定贴现率为10%。

要求：计算该项目投资的净现值。

解：$NPV = 10 \times [(P/A, 10\%, 11) - (P/A, 10\%, 1)] - [25 + 25 \times (P/F, 10\%, 1)]$

$= 10 \times (6.4951 - 0.9091) - (25 + 25 \times 0.9091) = 8.1325$（万元）

由于净现值大于0，则投资方案是可以采纳的。

3.净现值的优缺点

优点：①考虑了资金的时间价值观念，并且反映了投资方案可以赚得的具体金额；②考虑了风险，因为资本成本是随着风险的大小而调整的（风险大，贴现率就高），所以用资本成本计算的方案的经济效果也就包含了投资风险；③考虑了项目建设期的全部现金净流量，体现了其流动性与收益性的统一。

缺点：①资本成本（贴现率）不易确定，尤其在经济动荡的时期，金融市场的利率每天都有变化；②虽然说明了未来的盈亏数，但没有说明单位投资的效率，各方案原始投资额不同时，不同方案的净现值实际上是不可比的。

【提示】净现值的评价标准是：只要投资项目的净现值大于零即为可行方案，则具有财务可行性；如果几个方案的投资额相同，且净现值均大于零，那么净现值最大的方案为最优方案。

（二）净现值率与现值指数

1.净现值率与现值指数的含义及计算方法

净现值率，是指投资项目的净现值占原始投资现值总和的比率，也可将其理解为单位原始投资的现值所创造的净现值，通常用NPVR表示。其计算公式为：

$$NPVR = \frac{NPV}{A_0}$$

现值指数，是指投产后按基准收益率或设定折现率折算的各年现金净流量的现值合计与原始投资现值总和之比，通常用PI表示。其计算公式为：

$$PI = \frac{\sum_{t=0}^{n} \frac{I_t}{(1+i)^t}}{\sum_{t=0}^{n} \frac{O_t}{(1+i)^t}} = 1 + \frac{NPV}{\sum_{t=0}^{n} \frac{O_t}{(1+i)^t}} = 1 + \frac{NPV}{A_0}$$

现值指数 = 净现值率 + 1

净现值率大于0，现值指数大于1，表明项目的报酬率高于贴现率，存在额外收益；净现值率等于0，现值指数等于1，表明项目的报酬率等于贴现率，收益只能抵补资本成本；净现值率小于0，现值指数小于1，表明项目的报酬率小于贴现率，收益不能抵补资本成本。

2.净现值率与现值指数的优缺点

优点：考虑了资金的时间价值；从动态的角度反映项目投资的资金投入与净产出之间的关系；克服了净现值对于投资额不同时决策不合理的缺陷。

缺点：无法直接反映投资项目的实际收益水平。

【例5-8】承【例5-5】，计算该项目的净现值率和现值指数。

通过计算得知其净现值为7 002.60元，可得：

净现值率 = 7 002.6 ÷ 30 000 ≈ 0.2334

现值指数 = 37 002.6 ÷ 30 000 ≈ 1.2334

或：现值指数 = 净现值率 + 1 = 0.2334 + 1 = 1.2334

现值指数大于1，说明其收益超过成本，即报酬率超过预定的贴现率。如果现值指数小于1，说明其报酬率没有达到预定的贴现率。

（三）内含报酬率

1.内含报酬率的含义

内含报酬率又称为内部收益率，是指投资项目的预期现金流入量现值等于现金流出量现值的贴现率，或者说是使投资项目的净现值等于零时的贴现率，通常用IRR表示。

2.内含报酬率的计算方法

内含报酬率满足如下等式：

$$\sum_{t=1}^{n} NCF_t(P/F, IRR, t) - A_0 = 0$$

用内含报酬率评价项目可行性的必要条件是，内含报酬率大于或等于贴现率（资本成本率或企业要求的最低投资报酬率）。

（1）经营期内各年现金净流量相等。经营期内各年现金净流量相等，且全部投资均于建设起点一次投入，建设期为0，即：

$$\text{年现金净流量} \times \text{年金现值系数} - \text{投资额} = 0$$

内含报酬率计算的步骤如下：

第一步，计算年金现值系数。其计算公式为：

$$\text{年金现值系数} = \frac{\text{投资额}}{\text{年现金净流量}}$$

第二步，根据计算出来的年金现值系数与已知的年限，查“年金现值系数表”确定内含报酬率的范围。

第三步，用插值法求出内含报酬率。

【例5-9】承【例5-5】，计算该项目的内含报酬率。

（P/A，IRR，6）= 30 000 ÷ 9 000 ≈ 3.3333

查表可知：

当贴现率 = 18%时，（P/A，18%，6）= 3.4976

当贴现率 = 20%时，（P/A，20%，6）= 3.3255

$$IRR = 18\% + \frac{3.4976 - 3.3333}{3.4976 - 3.3255} \times (20\% - 18\%) \approx 19.91\%$$

（2）经营期内各年现金净流量不相等。在经营期内各年现金净流量不相等的情况下，采用逐次测试的方法，计算能使净现值等于零的贴现率，即内含报酬率。其计算步骤如下：

第一步，估计一个贴现率，用它来计算净现值。如果净现值为正数，说明方案的实际内含报酬率大于预计的贴现率，应提高贴现率再进一步测试；如果净现值为负数，说明方案本身的报酬率小于估计的贴现率，应降低贴现率再进行测算。

第二步，根据上述相邻的两个贴现率用插入法求出该方案的内含报酬率。

【例5-10】承【例5-6】，计算该项目的内含报酬率。

解析：先按16%估计的贴现率进行测试，净现值为2 854.80元，是正数；将贴现率提高到18%进行测试，净现值为1 090.60元，仍为正数；再将贴现率提高到20%重新测试，净现值为-526.50元，是负数，说明该项目的内含报酬率在18%～20%之间，其具体计算过程见表5-2。

表5-2 内含报酬率的计算过程 单位：万元

年次	年现金净流量	贴现率 = 16%		贴现率 = 18%		贴现率 = 20%	
		现值系数	现值	现值系数	现值	现值系数	现值
0	-3	1	-3	1	-3	1	-3
1	0.8	0.8621	0.68968	0.8475	0.67800	0.8333	0.66664
2	0.8	0.7432	0.59456	0.7182	0.57456	0.6944	0.55552
3	0.9	0.6407	0.57663	0.6086	0.54774	0.5787	0.52083
4	0.9	0.5523	0.49707	0.5158	0.46422	0.4823	0.43407
5	1.0	0.4761	0.4761	0.4371	0.43710	0.4019	0.40190
6	1.1	0.4104	0.45144	0.3704	0.40744	0.3349	0.36839
NPV		—	0.28548	—	0.10906	—	-0.05265

然后，用插值法计算内含报酬率如下：

$$IRR = 18\% + \frac{1\,090.6 - 0}{1\,090.6 - (-526.5)} \times (20\% - 18\%) \approx 19.35\%$$

如果这个方案的内含报酬率超过或等于企业的最低利率，这个方案就可以采用，否则就不能采用。如果N个方案都超过最低利率，则应选择其报酬率最高的方案。

3.内含报酬率的优缺点

优点：①考虑了货币的时间价值；②能从动态的角度直接反映投资项目的实际收益水平。

缺点：①内含报酬率中包括了一个不现实的假设，即假定这项投资每期收到的款项都可以用来再投资，并且收到的利率和内含报酬率一样；②最低内含报酬率不容易确定；③内含报酬率是一个相对值，对企业来说，利率大的方案不一定是最有利的。

【提示】内含报酬率的评价标准：只要投资项目的内含报酬率大于等于基准收益率或资本成本，则投资项目具有财务可行性。

任务四 项目投资决策评价指标的运用

一、独立投资方案决策

独立投资方案，是指在财务管理中一组相互分离、互不排斥的方案。如企业拟进行以下几项投资活动：扩建生产车间、购置一辆运输汽车、新建办公楼等。这些项目之间没有什么关联，相互独立，并不存在互相比较和选择的问题。企业既可以全部不接受，也可以接受其中某一项目，或者接受多个或全部项目。对于单一投资项目，评价其财务可行性也就是对其做出最终决策的过程。

如果评价指标同时满足以下条件：净现值>0，净现值率>0，现值指数>1，内含报酬率>贴现率，则项目是可行的；反之，应放弃投资该项目。而投资回收期与投资收益率可作为辅助指标来评价投资项目的可行性。

【例5-11】某企业购入机器1台，价值为50 000元，预计该机器可使用5年，无残值。每年可生产销售产品6 500件，该产品售价为7元，单位变动成本为4元，固定成本总额为4 500元（不含折旧）。假定贴现率为12%。

要求：计算该项目的净现值、净现值率、现值指数、内含报酬率，并做出决策。

解：$NCF_0 = -50\,000$（元）

$NCF_{1\sim5} = 6\,500 \times (7-4) - 4\,500 = 15\,000$（元）

$NPV = 15\,000 \times (P/A,12\%,5) - 50\,000 = 15\,000 \times 3.6048 - 50\,000 = 4\,072$（元）

$$NPVR = \frac{4\,072}{50\,000} = 0.08144$$

$$PI = \frac{50\,000 + 4\,072}{50\,000} = 1.08144$$

$$年金现值系数 = \frac{50\,000}{15\,000} \approx 3.3333$$

查“年金现值系数表”可知：

$i = 15\%$时，$(P/A,15\%,5) = 3.3522$

$i = 16\%$时，$(P/A,16\%,5) = 3.2743$

计算可得：

$$IRR = 15\% + \frac{3.3522 - 3.3333}{3.3522 - 3.2743} \times (16\% - 15\%) \approx 15.24\%$$

由于净现值（4 072元）>0，内含报酬率（15.24%）>贴现率（12%），所以该项目为可行项目。

二、互斥投资方案决策

互斥投资方案（相互排斥方案），是指在决策时涉及的多个相互排斥、不能同时实施的投资方案。

（1）如果是投资额相同且项目使用期相同的互斥方案比较决策，可选择净现值或内含报酬率大的方案作为最优方案。

（2）如果是投资额不相同而项目使用期相同的互斥方案比较决策，可选择差额净现值法或差额内含报酬率法来判断方案的好坏。

（3）如果是投资额与项目使用期都不相同的互斥方案比较决策，可采用年回收额法，也就是计算年均净现值，哪个方案的年均净现值大，哪个方案就最优。

【例5-12】某企业现有资金50万元可用于固定资产项目投资，有甲、乙、丙三个互相排斥的备选方案可供选择。这三个方案的投资额均为50万元，且都能使用6年，贴现率为10%。三个方案的净现值和内含报酬率如下：

$NPV_{甲} = 6.12$（万元），$IRR_{甲} = 12.3\%$

$NPV_{乙} = 10.25$（万元），$IRR_{乙} = 16.35\%$

$NPV_{丙} = 8.36$（万元），$IRR_{丙} = 14.11\%$

要求：试通过比较确定应该选择哪个方案进行投资。

解析：因为甲、乙、丙三个备选方案的净现值均大于0，且内含报酬率均大于贴现率。所以甲、乙、丙三个方案均符合项目可行性的必要条件。

又因为$NPV_{乙} > NPV_{丙} > NPV_{甲}$，$IRR_{乙} > IRR_{丙} > IRR_{甲}$，所以，乙方案最优，丙方案为次，最差为甲方案。

【例5-13】某企业有甲、乙两项投资方案，其年现金净流量见表5-3。

表5-3 甲、乙两项投资方案各年现金净流量表 单位：万元

年限	甲方案	乙方案
	年现金净流量	年现金净流量
0	-20	-12
1	12	5.6
2	13.2	5.6
3	—	5.6

要求：该企业要求的最低报酬率为12%，请判断哪个方案较好。

解析：因为甲、乙两项方案的投资额不相等且使用年限不相同，所以应采用年回收额法来比较不同方案的优劣，其计算步骤如下：

第一步，计算各方案的净现值。

$$NPV_{甲} = 12 \times (P/F, 12\%, 1) + 13.2 \times (P/F, 12\%, 2) - 20 = 12 \times 0.8929 + 13.2 \times 0.7972 - 20 = 1.23784 \text{（万元）}$$

$$NPV_{乙} = 5.6 \times (P/A, 12\%, 3) - 12 = 5.6 \times 2.4018 - 12 = 1.45008 \text{（万元）}$$

第二步，计算各方案的年回收额即年均净现值。

$$甲方案的年回收额 = \frac{1.23784}{(P/A, 12\%, 2)} = \frac{1.23784}{1.6901} = 0.7324 \text{（万元）}$$

$$乙方案的年回收额=\frac{1.45008}{(P/A,12\%,3)}=\frac{1.45008}{2.4018}=0.6037（万元）$$

甲方案的年回收额高于乙方案，即甲方案为最优方案。

典型案例分析

【资料】中德合资公司现有闲置资金40万元。技术部根据近期收集的一些资料，提供了以下信息来最大效益地利用这40万元资金。

目前国内市场中等水平的小家电紧缺，预计今后25年内总需求为6 000 000台，而国内现有的年生产能力仅为200 000台，并且品种单一、功能不全。恰好该公司具有小家电生产技术，并且能充分保证质量、增加品种。生产小家电需要新建一间车间和购置一条生产线。

新建车间预计投资155 000元，可使用15年，15年后残值约为5 000元。

购建生产线有两个方案可供选择：

（1）从国内购置，投资额为310 000元，预计工期2年，2年后正式投产，年生产能力6 000台，可使用10年，残值为6 000元。

（2）从国外购置，售价折合人民币为150 000元，另外还需支付进口关税、运杂费和安装费等共计96 000元。预计工期1年，年生产能力5 000台，该生产线可使用6年，残值6 000元。

这两种方案均需预先支付投资费用。经市场调查提供的信息基本属实，小家电的生产能保证质量，年销量可达15 000台（350元/台）。

财务科根据以上资料进行了成本预测：如果从国内购置生产线，年固定成本为120 000元（包括厂房、生产线折旧费等，均采用直线折旧法）；如果从国外购置生产线，年固定成本增加4 000元。小家电的单位变动成本均为252元，所得税税率为25%，贴现率为10%。新建车间使用6年后，若不再使用，可转让给其他企业，预计收回95 000元；如使用10年后转让，可取得55 000元。

【要求】根据以上资料，分析该公司经理的决策。

【分析】新建车间折旧额 =（155 000 – 5 000）÷ 15 = 10 000（元）

国内生产线折旧额 =（310 000 – 6 000）÷ 10 = 30 400（元）

国外生产线折旧额 =（150 000 + 96 000 – 6 000）÷ 6 = 40 000（元）

（1）如果采用国内生产线，则：

投资额 = 155 000 + 310 000 = 465 000（元）

两年后投产每年现金净流量=［（350 – 252）× 6 000 – 120 000］×（1 – 25%）+（10 000 + 30 400）= 391 400（元）

该方案各年现金净流量现值= 391 400 ×［（P/A，10%，12）–（P/A，10%，2）］+（55 000 + 6 000）×（P/F，10%，12）– 465 000 = 1 542 042.08（元）

（2）如果采用国外生产线，则：

投资总额 = 155 000 + 150 000 + 96 000 = 401 000（元）

一年后每年现金净流量 = [（350 − 252）× 5 000 −（120 000 + 4 000）] ×（1 − 25%）+（10 000 + 40 000）= 324 500（元）

该方案各年现金流量现值 = 324 500 × [（P/A，10%，7）−（P/A，10%，1）] +（95 000 + 6 000）×（P/F，10%，7）− 401 000 = 935 626.05（元）

因为两个方案的投资额不同，不能简单地用净现值大小进行比较，可以采用净现值率进行分析。

国内生产线方案净现值率 = 1 542 042.08 ÷ 465 000 ≈ 3.32

国外生产线方案净现值率 = 935 626.05 ÷ 401 000 ≈ 2.33

通过以上分析可知，国内生产线要优于国外生产线，因此应选择从国内购置生产线的方案。

项目实训

一、单项选择题

1.下列各项中属于现金流量的具体概念的是（　　）。

A.现金流入量　　B.现金　　C.货币　　D.流量

2.某项目投资需要的固定资产投资额为100万元，无形资产投资额为10万元，流动资金投资额为5万元，建设期资本化利息2万元，则该项目的原始总投资为（　　）万元。

A.117　　B.115　　C.110　　D.100

3.下列各项关于估计现金流量应当考虑的问题中说法错误的是（　　）。

A.必须考虑现金流量的总量　　B.尽量利用现有会计利润数据

C.充分关注机会成本　　D.不能考虑沉没成本

4.在考虑所得税的情况下，计算项目的现金流量时，不需要考虑下列影响的是（　　）。

A.更新改造项目中旧设备的变现收入

B.因项目的投产引起的企业其他产品销售收入的减少

C.固定资产的折旧额

D.以前年度支付的研究开发费

5.某企业投资方案A的年销售收入为200万元，年总成本为100万元，年折旧为10万元，无形资产年摊销额为10万元，所得税税率为25%，则该项目经营现金净流量为（　　）万元。

A.95　　B.92　　C.60　　D.50

6.下列各项中，属于项目投资决策评价指标的辅助指标的是（　　）。

A.静态投资回收期　　B.投资利润率　　C.内部收益率　　D.净现值

7. 已知甲项目的原始投资额为800万元，建设期为1年，投产后第1年至第5年的每年现金净流量为100万元，第6年至第10年的每年现金净流量为80万元，则该项目不包括建设期的静态投资回收期为（　　）年。

A.7.5　　B.9.75　　C.8.75　　D.7.65

8. 某项目投资的原始投资额为100万元，建设期资本化利息为5万元，投产后年均利润为10万元，则该项目的投资收益率为（　　）。

A.9.52%　　B.10%　　C.15%　　D.5%

9. 下列各指标的计算与行业基准收益率无关的是（　　）。

A.净现值　　B.净现值率　　C.投资利润率　　D.内部收益率

10. 某投资项目的项目计算期为5年，没有建设期，投产后每年的现金净流量均为100万元，原始总投资150万元，资本成本为10%，（P/A，10%，5）= 3.7908，则该项目的年等额净回收额约为（　　）万元。

A.100　　B.60.43　　C.37.91　　D.50

二、多项选择题

1. 项目投资与其他形式的投资相比，其具有的特点有（　　）。

A.投资金额大　　B.影响时间长　　C.变现能力差　　D.投资风险小

2. 原始总投资包括（　　）。

A.固定资产投资　　B.开办费投资　　C.资本化利息　　D.流动资金投资

3. 静态投资回收期和投资收益率指标共同的缺点包括（　　）。

A.没有考虑资金的时间价值

B.不能正确反映不同投资方式对项目的影响

C.不能直接利用现金净流量信息

D.不能反映原始投资的返本期限

4. 下列各项中，可以作为计算净现值时的折现率的有（　　）。

A.投资项目的资金成本　　B.投资的机会成本

C.社会平均资金收益率　　D.银行存款利率

5. 净现值计算的一般方法包括（　　）。

A.公式法　　B.列表法　　C.逐步测试法　　D.插入函数法

6. 下列说法正确的有（　　）。

A.在其他条件不变的情况下提高折现率会使得净现值变小

B.在利用动态指标对同一个投资项目进行评价和决策时，会得出完全相同的结论

C.在多个方案的组合排队决策中，如果资金总量受限，则应首先按照净现值的大小进行排队，然后选择使净现值之和最大的组合

D.两个互斥方案的差额内部收益率大于基准收益率，则原始投资额大的方案为较优方案

7. 下列各项属于长期投资决策静态评价指标的有（　　）。

A.净现值　　B.投资回收期　　C.内部收益率　　D.投资收益率

8. 回收额包含的内容有（　　）。

A.营业收入　　B.回收流动资金

C.其他现金流量　　D.回收固定资产余值

9.在一般投资项目中，当一项投资方案的净现值等于零时，下列说法正确的有（　　）。

A.该方案的净现值率等于零

B.该方案不具备财务可行性

C.该方案的净现值率大于1

D.该方案的内部收益率等于设定折现率或行业基准收益率

10.内部收益率指标的含义有（　　）。

A.投资报酬与总投资的比例

B.项目投资者实际期望达到的报酬率

C.投资报酬现值与总投资现值的比率

D.使投资方案净现值之和为零的贴现率

三、判断题

1.财务管理上讲的项目投资，就是固定资产投资。（　　）

2.项目计算期等于建设期与经营期之和。（　　）

3.如果没有特殊说明，均假定回收的流动资金等于原垫支的流动资金。（　　）

4.现金净流量只发生在经营期，建设期没有现金净流量。（　　）

5.建设期的现金净流量均小于零。（　　）

6.经营期内的现金净流量一定大于零。（　　）

7.投资收益率与投资回收期的共同缺陷是均没有考虑资金时间价值。（　　）

8.在对单一投资方案进行评价时，利用净现值法、现值指数法、内部收益率法会得出完全相同的结论，而采用投资回收期法则有可能得出与前述指标相反的结论。（　　）

9.现金净流量是指一定期间现金流入量和现金流出量的差额。（　　）

10.某一投资方案按10%的贴现率计算的净现值大于零，那么该方案的内部收益率大于10%。（　　）

四、计算分析题

1.已知某公司拟于2019年年初用自有资金购置设备一台，需一次性投资100万元。经测算，该设备使用寿命为5年，税法亦准许按5年计提折旧，设备投入运营后每年可新增息税前利润20万元。假定该设备按直线法折旧，预计的净残值率为5%，不考虑设备的建设期和企业所得税。

要求：

（1）计算使用期内各年现金净流量。

（2）计算该设备的静态投资回收期。

（3）计算该投资项目的投资利润率。

（4）如果以10%作为折现率，计算其净现值。

2.某公司准备购入一台设备以扩充生产能力，现有甲、乙两个方案可以选择。甲方案需要投资50 000元，使用寿命5年，采用直线法计提折旧，5年后设备无残值，5年中每年销售收入为20 000元，付现成本为6 000元；乙方案需要投资60 000元，采用直线法计提折旧，使用寿命也是5年，5年后设备残值5 000元，每年销售收入25 000元，付现成本第一年6 000元，以后每年增加1 000元，另外，乙方案需要垫付营运资金10 000元。假设适用的企业所得税税率为25%，平均资本成本为10%。

要求：

（1）计算两个方案的现金流量。

（2）计算两个方案的净现值。

（3）计算两个方案的现值指数。

（4）计算两个方案的投资回收期。

（5）根据计算结果选择投资方案。

3.某企业计划进行某项投资活动，拟有甲、乙两个方案，有关资料如下：

（1）甲方案原始投资为150万元。其中：固定资产投资100万元，流动资金投资50万元，全部资金于建设起点一次投入，该项目经营期5年，到期残值收入5万元，预计投产后每年息税前利润为30万元。

（2）乙方案原始投资为210万元。其中：固定资产投资120万元，无形资产投资25万元，流动资金投资65万元，固定资产和无形资产投资于建设起点一次投入，流动资金投资于完工时投入，固定资产投资所需资金从银行借款取得，年利率为8%，期限为7年，单利计息，利息每年年末支付。该项目建设期为2年，经营期为5年，到期残值收入8万元，无形资产自投产年份起分5年摊销完毕。该项目投产后，预计每年息税前利润为70万元，该企业按照直线法折旧，全部流动资金于终结点一次收回。

假设企业所得税税率为25%，该企业要求的最低投资报酬率为10%。

要求：

（1）计算甲、乙两个方案的净现值。

（2）采用年等额净回收额法确定该企业应选择的投资方案。

答案与解析

项目六

证券投资分析

【学习目标】

1. 了解证券及证券投资的种类；
2. 掌握股票和债券的估价方法；
3. 掌握股票和债券收益率的计算方法；
4. 了解证券投资组合的意义、风险与收益率；
5. 理解证券投资组合的策略和方法。

引导案例

“股神”沃伦·巴菲特股票投资

沃伦·巴菲特——一个聚焦了中外人士目光的人物，以其在股票投资方面的杰出成就，得到全世界投资者的广泛认同，享有“股神”的美誉。在1995—2006年的12年间，他领导的伯克希尔公司的净资产累计增长3 600多倍，年均增长率高达21.4%。长期保持如此高的收益率主要归因于他成功地运用了价值投资策略。

在变幻莫测的股票市场，投资者常常会面临两难选择：不买可能错过，买了可能过错。如何抉择，“股神”一语道破天机：“在别人贪婪时恐惧，在别人恐惧时贪婪。”也就是说，当“市场先生”过于高估一只股票的时候，你可以把你手里的股票高价卖给“市场先生”；当“市场先生”过于低估一只股票的时候，你可以从“市场先生”的手里低价买入，然后等待价格向价值回归，从而获利。这正是价值投资策略的核心要义。通过本项目的学习，有助于掌握股票价值的估算方法，深刻领会“股神”成功的策略。

任务一　证券投资概述

企业除了直接将资金投入生产经营活动进行直接投资外，常常还将资金投放于有价证券，进行证券投资。证券投资相对于项目投资而言，变现能力强，少量资金也能参与投资，便于随时调用和转移资金，这为企业有效利用资金、充分挖掘资金的潜力提供了十分理想的途径，所以证券投资已经成为企业投资的重要组成部分。

一、证券的概念和特点

（一）证券的概念

证券，是指具有一定票面金额，代表财产所有权和债权，可以有偿转让的凭证，如股票、债券等。

（二）证券的特点

证券具有流动性、收益性和风险性三个特点。

（1）流动性。流动性又称变现性，是指证券可以随时抛售取得现金。

（2）收益性。它是指证券持有者凭借证券可以获得相应的报酬。证券收益一般由当前收益和资本利得构成。以股息、红利或利息所表示的收益称为当前收益；由证券价格上升（或下降）而产生的收益（或亏损），称为资本利得或差价收益。

（3）风险性。它是指证券投资者达不到预期的收益或遭受各种损失的可能性。证券投资既有可能获得收益，更有可能带来损失，具有很强的不确定性。

流动性与收益性往往成反比，而风险性则一般与收益性成正比。

二、证券投资的概念和目的

（一）证券投资的概念

证券投资，是指企业为获取投资收益或特定经营目的而买卖有价证券的一种投资行为。

（二）证券投资的目的

不同企业进行证券投资的目的各有不同，但总的来说主要有以下几个方面：

（1）充分利用闲置资金，获取投资收益。企业正常经营过程中有时会有一些暂时多余的资金闲置，为了充分有效地利用这些资金，可购入一些有价证券，在价位较高时抛售，以获取较高的投资收益。

（2）为了控制相关企业，增强企业竞争能力。企业有时从经营战略上考虑需要控制某些相关企业，可通过购买该企业大量股票，从而取得对被投资企业的控制权，以增强企业的竞争能力。

（3）为了积累发展基金或偿债基金，满足未来的财务需求。企业如欲在将来扩建厂房或归还到期债务，可按期拨出一定数额的资金投入一些风险较小的证券，以便到时售出，满足所需的整笔资金的需求。

（4）满足季节性经营对现金的需求。季节性经营的公司在某些月份资金有余，而有些月份则会出现资金短缺，可在资金剩余时购入有价证券，在资金短缺时售出有价证券。

三、证券及证券投资的种类

（一）证券的种类

1.按证券体现的权益关系，可分为所有权证券、信托投资证券和债权证券

所有权证券是一种既不定期支付利息，也无固定偿还期的证券，它代表着投资者在被投资企业所占权益的份额，在被投资企业盈利且宣布发放股利的情况下，才可能分享被投资企业的部分净收益，股票是典型的所有权证券。

信托投资证券是由公众投资者共同筹集、委托专门的证券投资机构投资于各种证券，以获取收益的股份或收益凭证，如投资基金。

债权证券是指证券的持有人是发行单位的债权人的证券，如国库券、企业债券和金融债券等都是债权证券。所有权证券的投资风险要大于债权证券。投资基金的风险低于股票投资而高于债券投资。

2.按证券的收益状况，可分为固定收益证券和变动收益证券

固定收益证券是指在证券票面上规定有固定收益率，投资者可定期获得稳定收益的证券，如优先股股票、债券等。

变动收益证券是指证券票面无固定收益率，其收益情况随企业经营状况而变动的证券。变动收益证券风险大，投资报酬也相对较高；固定收益证券风险低，投资报酬也相对较低。

3.按证券发行主体，可分为政府证券、金融证券和公司证券

政府证券是指中央或地方政府为筹集资金而发行的证券，如国库券等。

金融证券是指银行或其他金融机构为筹集资金而发行的证券。

公司证券又称企业证券，是工商企业发行的证券。

【提示】从风险角度看：政府证券的风险较小；金融证券风险次之；公司证券风险较大，其风险的大小视公司的规模、财务状况等情况而定。

4.按证券到期日的长短，可分为短期证券和长期证券

短期证券，是指一年内到期的有价证券，如银行承兑汇票、商业本票、短期融资券等。长期证券，是指到期日在一年以上的有价证券，如股票、债券等。

（二）证券投资的种类

证券投资分为债券投资、股票投资、组合投资和基金投资等。

1.债券投资

债券投资是指企业将资金投入各种债券，如国债、公司债和短期融资券等，相对于股票投资，债券投资一般风险较小，能获得稳定收益，但要注意投资对象的信用等级。

2.股票投资

股票投资是指企业购买其他企业发行的股票作为投资，如普通股、优先股股票。股票投资风险较大，收益也相对较高。

3.组合投资

组合投资是指企业将资金同时投放于债券、股票等多种证券，这样可分散证券投资风险，组合投资是企业证券投资的常用投资方式。

4.基金投资

基金投资是将投资者的资金和其他许多人的资金合在一起，然后由基金公司的专家负责管理，用来投资多家公司的股票或者债券。基金按受益凭证可否赎回分为封闭式基金与开放式基金。封闭式基金在信托契约期限未满时，不得向发行人要求赎回；开放式基金的投资者可以随时要求基金公司收购所买基金（即赎回），当然目标应该是卖出价高于买入价，同时在赎回的时候，要承担一定的手续费。基金投资者的收益主要来自于基金分红。与封闭式基金普遍采取的年终分红不同，根据行情和基金收益状况的不定期分红是开放式基金的主流分红方式。由于基金投资由专家经营管理，风险相对较小，所以越来越受广大投资者的青睐。

四、证券投资的一般程序

（一）合理选择投资对象

合理选择投资对象是证券投资成败的关键，企业应根据一定的投资原则，认真分析投资对象的收益水平和风险程度，以便合理选择投资对象，将风险降到最低限度，取得较好的投资收益。

（二）委托买卖

由于投资者无法直接进场交易，买卖证券业务需委托证券商代理。企业可通过电话

委托、电脑终端委托、递单委托等方式委托证券商代为买卖有关证券。

（三）成交

证券买卖双方通过证券商的场内交易员分别出价委托，若买卖双方的价位与数量合适，交易即可达成，这个过程叫成交。

（四）交割与清算

企业委托证券商买入某种证券成功后，解交款项、收取证券，即为交割。清算是指证券买卖双方结清价款的过程。

（五）办理证券过户

证券过户只限于记名证券的买卖业务。当企业委托买卖某种记名证券成功后，必须办理证券持有人的姓名变更手续。

任务二 证券投资的收益评价

企业要进行证券投资，首先必须进行证券投资的收益评价，评价证券收益水平主要有两个指标，即证券的价值和收益率。

一、债券投资的收益评价

（一）债券的价值

债券的价值，又称债券的内在价值。根据资产的收入资本化定价理论，任何资产的内在价值都是在投资者预期的资产可获得的现金收入的基础上进行贴现决定的。运用到债券上，债券的价值是指进行债券投资时投资者预期可获得的现金流入的现值。债券的现金流入主要包括利息和到期收回的本金（或出售时获得的现金）两部分。当债券的购买价格低于债券的价值时，才值得购买。

1.债券价值的基本模型

债券价值的基本模型主要是指按复利方式计算的每年定期付息、到期一次还本情况下的债券的估价模型。其基本模型为：

$$V=\sum_{t=1}^{n}\frac{i\times F}{(1+K)^{t}}+\frac{F}{(1+K)^{n}}$$

$$=i\times F\ (P/A,\ K,\ n)+F\times (P/F,\ K,\ n)$$

$$=I\times (P/A,\ K,\ n)+F\times (P/F,\ K,\ n)$$

式中：V为债券价值，i为债券票面利率，I为债券利息，F为债券面值，K为市场利率或投资人要求的必要收益率，n为付息总期数。

【例6-1】凯利公司债券面值为1 000元，票面利率为6%，期限为3年，某企业要对这种债券进行投资，当前的市场利率为8%。

请问：债券价格为多少元时才能进行投资？

解：$V=1\ 000\times 6\%\times(P/A,8\%,3)+1\ 000\times(P/F,8\%,3)=60\times 2.5771+1\ 000\times 0.7938$

≈ 948.43（元）

该债券的价格必须低于948.43元时才能进行投资。

2.一次还本付息单利债券的价值模型

我国很多债券属于一次还本付息、单利计算的存单式债券，其价值模型为：

$$V = \frac{F(1+i\times n)}{(1+K)^n}$$

$$= F\ (1+i\times n)\times (P/F,\ K,\ n)$$

公式中的符号含义同债券价值基本模型。

【例6–2】凯利公司拟购买另一家公司的企业债券作为投资，该债券面值1 000元，期限3年，票面利率5%，单利计息，当前市场利率为6%。

请问：该债券发行价格为多少元时才能购买？

解：$V=1\,000\times(1+5\%\times3)\times(P/F,6\%,3)=1\,000\times1.15\times0.8396=965.54$（元）

该债券的价格必须低于965.54元时才能购买。

3.零息债券的价值模型

零息债券的价值模型是指到期只能按面值收回，期内不计息债券的估价模型。其价值模型为：

$$P = \frac{F}{(1+K)^n} = F\times(P/F,\ K,\ n)$$

公式中的符号含义同债券价值基本模型。

【例6–3】某债券面值为1 000元，期限3年，期内不计息，到期按面值偿还，市场利率6%。

请问：债券价格为多少元时，企业才能购买？

解：$V=1\,000\times(P/F,\ 6\%,\ 3)=1\,000\times0.8396=839.60$（元）

该债券的价格只有低于839.60元时，企业才能购买。

（二）债券的收益率

1.短期债券收益率的计算

短期债券由于期限较短，一般不用考虑货币时间价值因素，只需考虑债券价差及利息，将其与投资额相比，即可求出短期债券收益率。其基本计算公式为：

$$K = \frac{S_1 - S_0 + I}{S_0}\times100\%$$

式中：S_0为债券购买价格，S_1为债券出售价格，I为债券利息，K为债券投资收益率。

【例6–4】某企业于2019年5月8日以920元购进一张面值为1 000元、票面利率为5%、每年付息一次的债券，并于2020年5月8日以970元的市价出售。

请问：该债券的投资收益率是多少？

解：$K=(970-920+1\,000\times5\%)\div920\times100\%\approx10.87\%$

该债券的投资收益率为10.87%。

2.长期债券收益率的计算

对于长期债券来说，由于涉及时间较长，需要考虑货币时间价值，其投资收益率一般是指购进债券后一直持有至到期日可获得的收益率，它是使债券利息的年金现值和债券到期收回本金的复利现值之和等于债券购买价格时的贴现率。

（1）一般债券收益率的计算。

一般债券的价值模型为：

$$V = I \times (P/A, K, n) + F \times (P/F, K, n)$$

式中：V为债券的购买价格，I为每年获得的固定利息，F为债券到期收回的本金或中途出售收回的资金，K为债券的投资收益率，n为投资期限。

由于无法直接计算收益率，所以必须采用逐步测试法及内插法来计算，即先设定一个贴现率代入上式，如计算出的V正好等于债券买价，该贴现率即为收益率；如计算出的V与债券买价不等，则需继续测试，再用内插法求出收益率。

【例6-5】某公司2015年1月1日用平价购买一张面值为1 000元的债券，其票面利率为8%，每年1月1日计算并支付一次利息，该债券于2020年1月1日到期，按面值收回本金。

要求：计算到期收益率。

解：$I = 1\,000 \times 8\% = 80$（元），$F = 1\,000$（元）

设收益率 $i = 8\%$，则：

$V = 80 \times (P/A, 8\%, 5) + 1\,000 \times (P/F, 8\%, 5) = 1\,000$（元）

用8%计算出来的债券价值正好等于债券买价，所以该债券的收益率为8%。可见，平价发行的每年复利计息一次的债券，其到期收益率等于票面利率。

【拓展】如该公司购买该债券的价格为1 100元，即高于面值，则该债券收益率应为多少？

要求出收益率，必须使下式成立：$1\,100 = 80 \times (P/A, i, 5) + 1\,000 \times (P/F, i, 5)$

通过前面计算已知，$i = 8\%$ 时，上式等式右边为1 000元。由于利率与现值呈反向变化，即现值越大，利率越小。而债券买价为1 100元，收益率一定低于8%，降低贴现率进一步试算。

用 $i_1 = 6\%$ 试算：

$$\begin{aligned} V_1 &= 80 \times (P/A, 6\%, 5) + 1\,000 \times (P/F, 6\%, 5) \\ &= 80 \times 4.2124 + 1\,000 \times 0.7473 \\ &\approx 1\,084.29\text{（元）} \end{aligned}$$

由于贴现结果仍小于1 100元，还应进一步降低贴现率试算：

用 $i_2 = 5\%$ 试算：

$$\begin{aligned} V_2 &= 80 \times (P/A, 5\%, 5) + 1\,000 \times (P/F, 5\%, 5) \\ &= 80 \times 4.3295 + 1\,000 \times 0.7835 \\ &= 1\,129.86\text{（元）} \end{aligned}$$

用插值法计算：

$$i = 5\% + \frac{1\,129.86 - 1\,100}{1\,129.86 - 1\,084.29} \times (6\% - 5\%) \approx 5.66\%$$

所以如果债券的购买价格为1 100元时，债券的收益率为5.66%。

（2）一次还本付息的单利债券收益率的计算。

一次还本付息的单利债券价值模型为：

$$V = F \times (1 + i \times n) \times (P/F, K, n)$$

公式中的符号含义同一般债券的价值模型。

【例6-6】某公司2020年1月1日以1 020万元购买一张面值为1 000万元、票面利率为10%、单利计息的债券，该债券期限为5年，到期一次还本付息。

要求：计算该债券到期收益率。

解：$1\,020 = 1\,000 \times (1 + 5 \times 10\%) \times (P/F, K, 5)$

$$(P/F, K, 5) = \frac{1\,020}{1\,500} = 0.68$$

查复利现值表，5年期的复利现值系数等于0.68时，K = 8%。

如此时查表无法直接求得收益率，则可用插值法计算。

债券的收益率是进行债券投资时选购债券的重要标准，它可以反映债券投资按复利计算的实际收益率。如果债券的收益率高于投资人要求的必要报酬率，则可购进债券；否则应放弃此项投资。

【提示】决定债券收益率的因素主要有债券票面利率、期限、面值、持有时间、买入价格和卖出价格等。

（三）债券投资的优缺点

1.债券投资的优点

（1）投资收益稳定。进行债券投资一般可按时获得固定的利息收入，收益稳定。

（2）投资风险较低。相对于股票投资而言，债券投资风险较低。政府债券有国家财力作后盾，通常被视为无风险证券。而企业破产时企业债券的持有人对企业的剩余财产有优先求偿权，因而风险较低。

（3）流动性强。大企业及政府债券很容易在金融市场上迅速出售，流动性较强。

2.债券投资的缺点

（1）无经营管理权。债券投资者只能定期取得利息，无权影响或控制被投资企业。

（2）购买力风险较大。由于债券面值和利率是固定的，如投资期间通货膨胀率较高，债券面值和利息的实际购买力就会降低。

二、股票投资的收益评价

（一）股票的价值

股票的价值又称股票的内在价值，是进行股票投资所获得的现金流入的现值。股票带给投资者的现金流入包括两部分：股利收入和股票出售时的资本利得。因此股票的内在价值由一系列的股利和将来出售股票时售价的现值所构成，通常当股票的市场价格低于股票内在价值时才适宜投资。

1.股票价值的基本模型

股票价值的基本模型为：

$$V=\sum_{t=1}^{n}\frac{d_t}{(1+K)^t}+\frac{V_n}{(1+K)^n}$$

式中：V为股票价值，d_t为第t期的预期股利，K为投资人要求的必要资金收益率，V_n为未来出售时预计的股票价格，n为预计持有股票的期数。

股票价值的基本模型要求无限期的预计历年的股利，如果持有期是个未知数的话，上述模型实际上很难计算。因此应用的模型都是假设股利零增长或固定比例增长时的价值模型。

2.股利零增长、长期持有的股票价值模型

股利零增长、长期持有的股票价值模型为：

$$V=\frac{d}{K}$$

式中：V为股票内在价值，d为每年固定股利，K为投资人要求的资金收益率。

【例6-7】凯利公司拟投资购买并长期持有某公司股票，该股票每年分配股利2元，必要收益率为10%。

请问：该股票价格为多少元时适合购买？

解：$V=\frac{d}{K}=\frac{2}{10\%}=20$（元）

股票价格低于20元时才适合购买。

3.股利固定增长、长期持有的股票价值模型

股利固定增长、长期持有的股票价值模型为：

$$V=\frac{d_0(1+g)}{K-g}=\frac{d_1}{K-g}$$

式中：d_0为上年股利，d_1为本年股利，g为每年股利增长率。

【例6-8】凯利公司拟投资某公司股票，该股票上年每股股利为2元，预计年增长率为2%，必要投资报酬率为7%。

请问：该股票价格为多少元时可以投资？

解：$V=\frac{d_0(1+g)}{K-g}=\frac{2\times(1+2\%)}{7\%-2\%}=40.80$（元）

该股票价格低于40.80元时才可以投资。

4.非固定成长股票的价值

有些公司的股票在一段时间里高速成长，在另一段时间里又正常固定增长或固定不变，这样我们就要分段计算，才能确定股票的价值。

【例6-9】某企业持有A公司股票，其必要报酬率为12%，预计A公司未来3年股利高速增长，成长率为20%，此后转为正常增长，增长率为8%。公司最近支付的股利是2元。

要求：计算该公司的股票价值。

解：首先，计算非正常增长期的股利现值，见表6-1。

表6-1　　非正常增长期的股利现值　　金额单位：元

年份	股利	复利现值系数	现值
1	$2\times1.2=2.4$	0.8929	2.1430
2	$2.4\times1.2=2.88$	0.7972	2.2959
3	$2.88\times1.2=3.456$	0.7118	2.4600
合计（3年股利现值）			6.8989

其次，按固定股利成长模型计算固定增长部分的股票价值。

$$V_3=\frac{d_3\times(1+g)}{K-g}=\frac{3.456\times(1+8\%)}{12\%-8\%}=93.312\text{（元）}$$

由于这部分股票价值是第三年年底以后的股利折算的内在价值，需将其折算为现值。

$V_3\times$（P/F，12%，3）$=93.312\times0.7118\approx66.419$（元）

最后，计算股票目前的内在价值。

$V=6.8989+66.419\approx73.32$（元）

（二）股票的收益率

1.短期股票收益率的计算

如果企业购买的股票在一年内出售，其投资收益主要包括股票投资价差及股利两部分，不须考虑货币时间价值，其收益率计算公式为：

$$K=\frac{S_1-S_0+d}{S_0}\times100\%$$

式中：K为短期股票收益率，S_1为股票出售价格，S_0为股票购买价格，d为股利。

【例6-10】2019年3月10日，凯利公司购买某公司每股市价为20元的股票，2020年1月，凯利公司每股获现金股利1元。2020年3月10日，凯利公司将该股票以每股22元的价格出售。

要求：计算投资收益率。

解：$K=\frac{22-20+1}{20}\times100\%=15\%$

该股票的收益率为15%。

2.股利固定增长、长期持有的股票收益率的计算

将股利固定增长价值模型$V=\frac{d_1}{K-g}$移项整理，求得K，即股利固定增长、长期持有的股票收益率的计算模型为：

$$K=\frac{d_1}{V+g}$$

【例6-11】有一只股票的价格为40元，预计下一期的股利是2元，该股利将以大约

10%的速度持续增长。

要求：计算该股票的预期收益率。

解：$K=\frac{2}{40}+10\%=15\%$

该股票的收益率为15%。

3.一般情况下股票收益率的计算

一般情况下，企业进行股票投资可以取得股利，股票出售时也可收回一定资金，只是股利不同于债券利息，股利是经常变动的，股票投资的收益率是使各期股利及股票售价的复利现值等于股票买价时的贴现率，即：

$$V=\sum_{t=1}^{n}\frac{d_t}{(1+K)^t}+\frac{V_n}{(1+K)^n}$$

式中：V为股票的买价，d_t为第t期的股利，K为投资收益率，V_n为股票出售价格，n为持有股票的期数。

【例6-12】凯利公司于2017年6月1日投资600万元购买某种股票100万股，在2018年、2019年和2020年的5月30日分得每股现金股利分别为0.60元、0.80元和0.90元，并于2020年5月30日以每股8元的价格将股票全部出售。

要求：计算该项投资的收益率。

解：用逐步测试法计算，先用20%的收益率进行测算：

$$V=\frac{60}{1+20\%}+\frac{80}{(1+20\%)^2}+\frac{890}{(1+20\%)^3}$$

$$=60\times0.8333+80\times0.6944+890\times0.5787$$

$$\approx620.59\text{（万元）}$$

由于620.59万元比600万元大，再用24%测试：

$$V=\frac{60}{1+24\%}+\frac{80}{(1+24\%)^2}+\frac{890}{(1+24\%)^3}$$

$$=60\times0.8065+80\times0.6504+890\times0.5245$$

$$\approx567.23\text{（万元）}$$

最后用插值法计算如下：

$$K=20\%+\frac{620.59-600}{620.59-567.23}\times(24\%-20\%)\approx21.54\%$$

（三）股票投资的优缺点

1.股票投资的优点

（1）投资收益高。股票投资风险大，收益也高，只要选择得当，就能取得丰厚的投资收益。

（2）购买力风险低。与固定收益的债券相比，普通股能有效地降低购买力风险。因为通货膨胀率较高时，物价普遍上涨，股份有限公司盈利增加，股利也会随之增加。

（3）拥有经营控制权。普通股股票的投资者是被投资企业的股东，拥有一定的经营控制权。

2.股票投资的缺点

（1）收入不稳定。普通股股利的有无、多少，须视被投资企业经营状况而定，很不稳定。

（2）价格不稳定。股票价格受众多因素影响，极不稳定。

（3）求偿权居后。企业破产时，普通股投资者对被投资企业的资产求偿权居于最后，其投资有可能得不到全额补偿。

【思考】股票投资决策是企业将股票的市价与内在价值比较的结果：当某一股票市价小于内在价值时，公司就买入该股票；当某一股票市价大于内在价值时，公司就不应买入该股票或择机将持有的该股票卖出。

任务三 证券投资的风险与组合

一、证券投资风险

风险性是证券投资的基本特征之一。在证券投资活动中，投资者买卖证券是希望获取预期的收益。在投资者持有证券期间，各种因素的影响可能使预期收益减少甚至使本金遭受损失；持有期间越长，各种因素产生影响的可能性越大。与证券投资活动相关的所有风险统称为总风险。按照是否可以通过投资组合加以回避及消除，总风险可分为系统性风险与非系统性风险。

（一）系统性风险

系统性风险，是指由于政治、经济及社会环境的变动而影响证券市场上所有证券的风险。这类风险的共同特点是：其影响不是作用于某一种证券，而是对整个证券市场发生作用，导致证券市场上所有证券出现风险。对所有证券投资来说，系统性风险总是存在的，并且无法通过投资多样化的方法加以分散、回避与消除，故称为不可分散风险，它包括市场风险、利率风险、购买力风险和自然因素导致的社会风险等。

1.市场风险

市场风险是指由有价证券的空头和多头等市场因素所引起的证券投资收益变动的可能性。

空头市场即熊市，是证券市场价格指数从某个较高点（波峰）下降开始，一直呈下降趋势至某一较低点（波谷）结束。多头市场即牛市，是证券市场价格指数从某一个较低点开始上升，一直呈上升趋势至某个较高点并开始下降时结束。从这一点开始，证券市场又进入空头市场。多头市场和空头市场的这种交替，导致市场证券投资收益发生变动，进而引起市场风险。多头市场的上升和空头市场的下跌都是就市场的总趋势而言，显然，市场风险是无法回避的。

2.利率风险

利率风险是指由于市场利率变动引起证券投资收益变动的可能性。

因为市场利率与证券价格具有负相关性，即当利率下降时，证券价格上升；当利率上升时，证券价格下降。由于市场利率变动引起证券价格变动，进而引起证券投资收益变动，这就是利率风险。市场利率的波动是基于市场资金供求状况与基准利率水平的波动。不同经济发展阶段市场资金供求状况不同，中央银行根据宏观金融调控的要求调节基准利率水平，当中央银行调整利率时，各种金融资产的利率和价格必然做出灵敏的市场反应，所以利率风险是无法回避的。

3.购买力风险

购买力风险又称通货膨胀风险，是指由于通货膨胀所引起的投资者实际收益水平下降的风险。

由于通货膨胀必然会引起企业制造成本、管理成本、融资成本的提高，所以当企业无法通过涨价或内部消化加以弥补时，就会导致企业经营状况与财务状况的恶化，投资者因此会丧失对股票投资的信心，股票价格随之跌落。一旦投资者对通货膨胀的未来态势产生持久的不良预期，股价暴跌风潮就无法制止。世界证券市场发展的历史经验表明，恶性通货膨胀是引发证券市场混乱的祸根。

此外，通货膨胀还会引起投资者本金与收益的贬值，使投资者货币收入增加却并不一定真的获利。通货膨胀是一种常见的经济现象，它的存在必然使投资者承担购买力风险，并且这种风险是不会因为投资者退出证券市场就可以避免的。

（二）非系统性风险

非系统性风险是指由于市场、行业和企业本身等因素影响个别企业证券的风险。它是由单一因素造成的只影响某一证券收益的风险，属于个别风险，能够通过投资多样化来抵消，又称为可分散风险或公司特别风险。它包括行业风险、企业经营风险和企业违约风险等。

1.行业风险

行业风险是指由证券发行企业所处的行业特征所引起的该证券投资收益变动的可能性。有些行业本身包含较多的不确定因素，如高新技术行业；有些行业则包含较少的不确定因素，如电力、煤气等公用事业。

2.企业经营风险

企业经营风险是指由于经营不善导致竞争失败，企业业绩下降而使投资者无法获取预期收益或者亏损的可能性。

3.企业违约风险

企业违约风险是指企业不能按照证券发行契约或发行承诺支付投资者债息、股息、红利及偿还债券本金而使投资者遭受损失的风险。

二、单一证券投资风险的衡量

衡量单一证券的投资风险对于证券投资者具有极为重要的意义，它是投资者选择合适投资对象的基本出发点。投资者在选择投资对象时，如果各种证券具有相同的期望收益率，显然会倾向于风险低的证券。

单一证券投资风险的衡量一般包括算术平均法与概率测定法两种。

(一) 算术平均法

算术平均法是最早产生的单一证券投资风险的测定方法。其计算公式为:

$$平均价差率 = \frac{\sum_{i=1}^{n} 各期价差率}{n}$$

各期价差率 = (该时期最高价 - 最低价) ÷ [(该时期最高价 + 最低价) ÷ 2]

式中:n为计算时期数。

如果将风险理解为证券价格可能的波动,那么平均价差率则是一个衡量证券投资风险的较好指标。证券投资决策可以根据平均价差率的大小来判断该证券的风险大小:平均价差率大,则证券风险也大;平均价差率小,则证券风险也小。

利用算术平均法对证券投资风险进行测定,其优点是简单明了;缺点是测定范围有限,着重于过去的证券价格波动,风险所包含的内容过于狭窄,因此不能准确地反映该证券投资未来风险的可能趋势。

(二) 概率测定法

概率测定法是衡量单一证券投资风险的主要方法,它依据概率分析原理,计算各种可能收益的标准差与标准离差率,以反映相应证券投资的风险程度。

1.标准差

判断实际可能的收益率与期望收益率的偏离程度,一般可采用标准差指标。其计算公式为:

$$\sigma = \sqrt{\sum_{i=1}^{n}(K_i - \bar{K})^2 P_i}$$

式中:$\bar{K}$为期望收益率,K_i为第i种可能结果的收益率,P_i为第i种可能结果的概率,n为可能结果的个数,σ为标准差。

一般来说,标准差越大,说明实际可能的结果与期望收益率偏离越大,实际收益率不稳定,因而该证券投资的风险大;标准差越小,说明实际可能的结果与期望收益率偏离越小,实际收益率比较稳定,因而该证券投资的风险较小。但标准差只能用来比较期望收益率相同的证券投资风险程度,而不能用来比较期望收益率不同的证券投资的风险程度。

2.标准离差率

标准离差率又称标准差系数,可用来比较不同期望收益率的证券投资风险程度。其计算公式为:

$$q = \frac{\sigma}{\bar{K}} \times 100\%$$

标准离差率是通过标准差与期望收益率的对比,以消除期望收益率水平高低的影响,可以比较不同收益率水平的证券投资风险程度的大小。一般来说,标准离差率越小,说明该证券投资风险程度相对越低;标准离差率越大,说明该证券投资风险程度相对越高。

【例6-13】某企业拟对A、B两种证券进行投资,每种证券均可能遭遇繁荣、衰退两种行情，各自的预期收益率及概率见表6-2。

表6-2　　A、B两种证券投资的风险比较

经济趋势	发生概率（P_i）	收益率（K_i）	
		A	B
衰退	50%	-20%	10%
繁荣	50%	70%	30%

要求：比较A、B两种证券投资的风险程度。

解：（1）分别计算A、B证券的期望收益率。

$\bar{K}_A = (-20\%) \times 0.5 + 70\% \times 0.5 = 25\%$

$\bar{K}_B = 10\% \times 0.5 + 30\% \times 0.5 = 20\%$

（2）分别计算A、B证券的标准差。

$\sigma_A = \sqrt{(-20\% - 25\%)^2 \times 0.5 + (70\% - 25\%)^2 \times 0.5} = 45\%$

$\sigma_B = \sqrt{(10\% - 20\%)^2 \times 0.5 + (30\% - 20\%)^2 \times 0.5} = 10\%$

（3）分别计算A、B证券的标准离差率。

$q_A = \frac{45\%}{25\%} = 180\%$

$q_B = \frac{10\%}{20\%} = 50\%$

由此可以判定：尽管A证券的期望收益率高于B证券，但其风险程度也高于B证券。

三、证券投资组合

前已述及，证券投资充满了各种各样的风险，为了规避风险，可采用证券投资组合的方式，即投资者在进行证券投资时，不是将所有的资金都投向单一的某种证券，而是有选择地投向多种证券，这种做法就叫证券的投资组合或者投资的多样化。

【思考】生活中人们常说“不要把鸡蛋放在同一个篮子里”，就是类似证券投资组合可以降低投资风险的道理。一个篮子掉在地上，不会影响其他篮子里的鸡蛋。

（一）证券投资组合的策略与方法

1.证券投资组合的策略

（1）冒险型策略。这种策略认为，只要投资组合科学而有效，就能取得远远高于平均收益水平的收益，这种组合主要选择高风险、高收益的成长性股票，对于低风险、低收益的股票不屑一顾。

（2）保守型策略。这种策略是指购买尽可能多的证券，以便分散掉全部可分散风险，得到市场的平均收益。这种投资组合的优点：能分散掉全部可分散风险；不需要高深的证券投资专业知识；证券投资管理费较低。这种策略收益不高，风险也不大，故称之为保守型策略。

（3）适中型策略。这种策略介于保守型与冒险型策略之间，采用这种策略的投资者一般都善于对证券进行分析。通过分析，选择高质量的股票或债券组成投资组合。他们认为，股票价格是由企业经营业绩决定的，市场上价格一时的沉浮并不重要。这种投资

策略风险不太大，收益却比较高，但采取这种组合策略的投资者必须具备丰富的投资经验及证券投资的各种专业知识。

2.证券投资组合的方法

（1）选择足够数量的证券进行组合。当证券数量增加时，可分散风险会逐步减少；当数量足够多时，大部分可分散风险都能分散掉。

（2）把不同风险程度的证券组合在一起。三分之一资金投资于风险大的证券，三分之一资金投资于风险中等的证券，三分之一资金投资于风险小的证券。这种组合法虽不会获得太高的收益，但也不会承担太大的风险。

（3）把投资收益呈负相关的证券放在一起组合。负相关股票是指一种股票的收益上升而另一种股票的收益下降的两种股票。把收益呈负相关的股票组合在一起，能有效分散风险。

（二）证券组合投资的期望收益率

$$\overline{K}_p = \sum_{i=1}^{n} K_i \cdot W_i \cdot P_i = \sum_{i=1}^{n} \overline{K}_i \cdot W_i$$

式中：$\overline{K}_p$为证券组合投资的期望收益率，$\overline{K}_i$为第i种证券的期望收益率，W_i为第i种证券价值占证券组合投资总价值的比重，n为证券组合中的证券数。

【例6-14】承【例6-13】，如果该企业各投资50%于A、B证券，则组合投资的期望收益率为：

$\overline{K}_p = 25\% \times 0.5 + 20\% \times 0.5 = 22.5\%$

（三）证券组合投资的风险

证券组合投资的期望收益率可由各个证券期望收益率的加权平均而得，但证券组合投资的风险并不是各个证券标准差的加权平均数，即$\sigma_p \neq \sum_{i=1}^{n} \sigma_i \cdot w_i$，证券组合投资理论研究表明，理想的证券组合投资的风险一般要小于单独投资某一证券的风险，通过证券组合投资可以规避各证券本身的非系统性风险。

【例6-15】某企业投资于完全负相关的W、M两种证券组合，投资比重各为50%，2016—2020年各年的收益率及标准差资料见表6-3。

表6-3 完全负相关的W、M两种证券组合

年度	W证券收益率K_W（%）	M证券收益率K_M（%）	W、M证券投资组合收益率K_p（%）
2016	40	-10	15
2017	-10	40	15
2018	35	-5	15
2019	-5	35	15
2020	15	15	15
平均收益率	15	15	15
标准差	22.6	22.6	0.0

由此可见，如果只投资W证券或M证券，它们的风险都很高，但如果将两种证券进行组合投资，则其风险为零（标准差为零）。这种组合之所以风险为零，是因为这两种证券的投资收益率的变动方向正好相反：当W证券的投资收益率上升时，M证券的投资收益率下降；反之，当W证券的投资收益率下降时，M证券的投资收益率上升。这种收益率的反向变动趋势统计学上称之为完全负相关，相关系数$r=-1.0$。如果两种证券的收益率变动方向完全一致，统计学上称之为完全正相关（$r=+1.0$），这样的两种证券进行投资组合，不能抵消风险。大多数证券一般表现为正相关，但又不是完全正相关，所以投资组合可在一定程度上降低投资风险，但不能完全消除投资风险。一个证券组合的风险，不仅取决于组合中各构成证券个别的风险，也决定于它们之间的相关程度。

（四）系统性风险的衡量

系统性风险是由于政治、经济及社会环境的变动影响整个证券市场上所有证券价格变动的风险。它使证券市场平均收益水平发生变化，但是每一种具体证券受系统性风险的影响程度并不相同。β值就是用来测定一种证券的收益随整个证券市场平均收益水平变化程度的指标，它反映了一种证券收益相对于整个市场平均收益水平的变动性或波动性。如果某种股票的β值为1，则说明这种股票的风险情况与整个证券市场的风险情况一致，即：如果市场行情上涨了10%，则该股票也会上涨10%；如果市场行情下跌10%，则该股票也会下跌10%。如果某种股票的β值大于1，则说明其风险大于整个市场的风险；如果某种股票的β值小于1，则说明其风险小于整个市场的风险。

单一证券的β值通常会由一些投资服务机构定期计算并公布，证券投资组合的β值则可由证券组合投资中各组成证券β值加权计算而得，其计算公式为：

$$\beta_p=\sum_{i=1}^{n}w_i\beta_i$$

式中：β_p为证券组合的β值，w_i为证券组合中第i种股票所占的比重，β_i为第i种股票的β值，n为证券组合中股票的数量。

【例6-16】某公司共持有100万元的3种股票，该组合中A股票20万元，B股票40万元，β值均为1.5；C股票40万元，β值为0.8，则该投资组合的β值为：

$\beta_p=20\%\times1.5+40\%\times1.5+40\%\times0.8=1.22$

（五）证券投资组合的风险与收益

1. 证券投资组合的风险收益率

投资者进行证券投资，就要求对承担的风险进行补偿，股票的风险越大，要求的收益率就越高。由于证券投资的非系统性风险可通过投资组合来抵消，投资者要求补偿的风险主要是系统性风险。因此，证券投资组合的风险收益是投资者因承担系统性风险而要求的、超过资金时间价值的那部分额外收益。证券投资组合的风险收益率的计算公式为：

$$R_p=\beta_p\cdot(K_m-R_f)$$

式中：R_p为证券投资组合的风险收益率；β_p为证券组合的β值；K_m为市场收益率，

即证券市场上所有股票的平均收益率；R_f为无风险收益率，一般用政府公债的利率来衡量。

【例6-17】承【例6-16】，如股票的市场收益率为10%，无风险收益率为6%，则确定该证券投资组合的风险收益率为：

$R_p = 1.22\times（10\% - 6\%）= 4.88\%$

在其他因素不变的情况下，风险收益取决于证券投资组合的β值，β值越大，风险收益越大；β值越小，风险收益越小。

2.证券投资的必要收益率

证券投资的必要收益率等于无风险收益率加上风险收益率，也就是资本资产定价模型（CAPM），即：

$$K_i = R_f + \beta（K_m - R_f）$$

式中：K_i为第i种股票或证券组合的必要收益率；β为第i种股票或证券组合的β值；K_m为市场收益率，即证券市场上所有股票的平均收益率；R_f为无风险收益率。

【例6-18】华为公司股票的β值为1.5，无风险利率为4%，市场平均收益率为8%。请问：该股票的必要收益率为多少时，投资者才会购买？

解：$K_i = R_f + \beta（K_m - R_f）= 4\% + 1.5\times（8\% - 4\%）= 10\%$

华为公司的股票的收益率达到或超过10%时，投资者才会购买。

【提示】股票的投资收益取决于股份有限公司的经营业绩和股票市场的价格变化，也与投资者的经验与技巧有很大的关系。

典型案例分析

【资料】万科基金管理有限公司在运营过程中对股票、债券和权证等进行组合投资。为了能够进一步使投资组合趋于合理，尽量减少投资组合的风险，并力图增加投资组合的收益，万科基金管理有限公司需对新上市的股票和新发行的债券进行正确的估价和评价。

目前，市场收益率（最低报酬率）为15%，平均股票的要求收益率为20%，国库券收益率为10%。

【分析】(1) 股票和债券估价。有一只新上市的股票，市价为120元，预计其在最初两年内零增长，而在两年后会以12%的增长率增长。该股票发行公司最近的一次股利支付为4元，此时若想购入该股票，应对该股票进行估价。

$$P = D\times(P/A, 15\%, 2) + \frac{D\times(1+g)}{R_S - g}\times(P/F, 15\%, 2)$$

$$= 4\times(P/A, 15\%, 2) + \frac{4\times(1+12\%)}{15\% - 12\%}\times(P/F, 15\%, 2)$$

$$\approx 119.41（元）$$

通过估价可知，该只股票的价值约为119.41元。当股票价值低于市价时，预测报酬率低于最低报酬率，不可以投资该股票。

另外有一只新发行的5年期债券，面额为1 000元，票面利率为10%，贴现发行价格为800元，每年计算并支付利息1次，支付利息为100元（1 000×10%）。

$$PV=\frac{100}{(1+15\%)^1}+\frac{100}{(1+15\%)^2}+\frac{100}{(1+15\%)^3}+\frac{100}{(1+15\%)^4}+\frac{1\,000+100}{(1+15\%)^5}$$

$$\approx 832.42(元)$$

其贴现价格800元低于债券价值832.42元，所以其预期报酬率应高于15%，因而也可以进行投资。

（2）股票和债券收益率。万科基金管理有限公司旗下的万科平稳增长基金的投资组合主要包括股票和债券两大类，其中也包括甲、乙、丙三只股票和A、B两只债券。三只股票的预期现金股利、当前股价和股利增长率见表6-4。

表6-4　　甲、乙、丙三只股票的预期现金股利、当前股价和股利增长率

股票	预期现金股利（元）	当前股价（元）	股利增长率（%）
甲	2	25	10
乙	3	30	15
丙	3.5	40	13

根据股票收益率的计算公式：$K=\frac{d_1}{V}+g$，分别计算甲、乙、丙三只股票的收益率为：

$$K_{甲}=\frac{2}{25}+10\%=18\%$$

$$K_{乙}=\frac{3}{30}+15\%=25\%$$

$$K_{丙}=\frac{3.5}{40}+13\%=21.75\%$$

另外，在A、B两只债券中，A债券是折价购入的面额为1 000元、票面利率为10%的3年期债券，购入价格为950元；B债券是5年期单利计息、票面利率为12%、票面价格为2 000元的平均价购入的债券。根据债券到期收益的计算公式，求得A、B两只债券的到期收益率分别为：

$950=\frac{100}{(1+i)^1}+\frac{100}{(1+i)^2}+\frac{100}{(1+i)^3}+\frac{1\,000}{(1+i)^3}$，利用逐步测试法求得A债券的到期收益率为12%；

$2\,000=\frac{2\,000\times(1+5\times12\%)}{(1+i)^5}$，求得B债券的到期收益率为10%。

（3）股票和债券β值。由公式$K_i=R_f+\beta(K_m-R_f)$，可以分别求得各只股票和债券的β值。

$18\%=10\%+\beta_{甲}(20\%-10\%)$，求得$\beta_{甲}=0.8$；

$25\%=10\%+\beta_{乙}(20\%-10\%)$，求得$\beta_{乙}=1.5$；

$21.75\%=10\%+\beta_{丙}(20\%-10\%)$，求得$\beta_{丙}\approx1.18$；

$12\%=10\%+\beta_{A}(20\%-10\%)$，求得$\beta_{A}=0.2$；

$10\% = 10\% + \beta_B(20\% - 10\%)$，求得$\beta_B = 0$。

（4）证券投资组合的收益和风险。万科平稳增长基金的投资组合的资金构成比例见表6-5。

表6-5 万科平稳增长基金的投资组合的资金构成比例

证券	甲股票	乙股票	丙股票	A债券	B债券
比例（%）	20	25	15	25	15

万科平稳增长基金的投资组合预期收益率应为：

$R_p = 18\% \times 20\% + 25\% \times 25\% + 21.75\% \times 15\% + 12\% \times 25\% + 10\% \times 15\% \approx 17.61\%$

证券投资组合的预期收益率约为17.61%。

万科平稳增长基金的投资组合β值为：

$\beta_P = 0.8 \times 20\% + 1.5 \times 25\% + 1.18 \times 15\% + 0.2 \times 25\% + 0 \times 15\% \approx 0.76$

证券投资组合的β值约为0.76。

项目实训

一、单项选择题

1.按照证券的性质可将证券分为（ ）。

A.凭证证券和有价证券　　B.所有权证券和债权证券

C.原生证券和衍生证券　　D.固定收益证券和变动收益证券

2.购买力风险是指由通货膨胀所引起的投资者实际收益水平下降的风险，又可称为（ ）。

A.通货膨胀风险　B.利率风险　C.市场风险　D.行业风险

3.长期债券投资的目的是（ ）。

A.合理利用暂时闲置的资金　　B.调节现金余额

C.获得稳定收益　　D.获得企业的控制权

4.关于债券收益率的说法错误的是（ ）。

A.易被赎回的债券的名义收益率比较高　　B.享受税收优惠的债券的收益率比较低

C.流动性低的债券收益率较高　　D.违约风险高的债券收益率比较低

5.下列各项中，企业不能按照证券发行契约或发行承诺支付投资者债息、股息、红利及偿还债券本金而使投资者遭受损失的风险是（ ）。

A.行业风险　B.违约风险　C.市场风险　D.利率风险

6.某公司于2015年1月1日发行5年期、每年12月31日付息的债券，面值为1 000元，票面利率为10%。甲投资者于2019年7月1日以1 020元的价格购买该债券并打算持有至到期日，则该投资者进行该项投资的到期收益率为（ ）。

A.15.69%　B.8.24%　C.4.12%　D.10%

7.某公司发行5年期债券，债券的面值为1 000元，票面利率为5%，每年付息一次，到期还本，投资者要求的必要报酬率为6%，则该债券的价值为（　　）元。

A.784.67　　B.769　　C.1 000　　D.957.92

8.甲公司以10元的价格购入某股票，假设持有一年之后以10.50元的价格售出，在持有期间共获得1.50元的现金股利，则该股票的持有期收益率是（　　）。

A.12%　　B.9%　　C.20%　　D.35%

9.某种股票为固定成长股票，股利年增长率为6%，预计第一年的股利为8元/股，无风险收益率为10%，市场上所有股票的平均收益率为16%，而该股票β值为1.3，则该股票的内在价值为（　　）元。

A.65.53　　B.67.80　　C.55.63　　D.71.86

10.下列各项中，不会影响债券的内在价值的因素是（　　）。

A.票面价值与票面利率　　B.市场利率

C.到期日与付息方式　　D.购买价格

二、多项选择题

1.证券投资组合的策略主要有（　　）。

A.冒险型　　B.保守型　　C.适中型　　D.策略型

2.有效资本市场的前提条件包括（　　）。

A.信息公开的有效性　　B.信息从被公开到被接收的有效性

C.投资者对信息做出判断的有效性　　D.投资者实施投资决策的有效性

3.证券投资与实际投资相比的特点包括（　　）。

A.流动性强　　B.价值不稳定

C.交易成本低　　D.交易过程复杂、手续繁多

4.证券投资的系统风险包括（　　）。

A.流动性风险　　B.利息率风险　　C.再投资风险　　D.购买力风险

5.证券投资收益包括（　　）。

A.证券交易的现价　　B.证券交易的原价

C.证券交易现价与原价的差　　D.定期的股利或利息

6.企业在选择投资对象时应当遵循的原则包括（　　）。

A.安全性原则　　B.流动性原则　　C.重要性原则　　D.收益性原则

7.债券收益率的影响因素包括（　　）。

A.债券的买价　　B.债券的期限　　C.债券的税收待遇　　D.债券的违约风险

8.相对于股票投资来说，债券投资的缺点包括（　　）。

A.市场流动性差　　B.购买力风险大　　C.没有经营管理权　　D.收入不稳定

9.股票收益的影响因素包括（　　）。

A.股份有限公司的经营业绩　　B.股票市价的变化情况

C.股份有限公司的股利政策　　D.投资者的经验与技巧

10.股票投资的优点包括（　　）。

A.能获得较高的投资收益　　B.能适当降低购买力风险

C.投资风险小　　　　　　　　　　　　　D.拥有一定的经营控制权

三、判断题

1.固定收益证券与变动收益证券相比，它能更好地避免购买力风险。（　　）

2.证券投资是企业为获取投资收益或特定经营目的而买卖有价证券的一种投资行为。（　　）

3.普通股与公司债券相比能够更好地避免购买力风险。（　　）

4.从风险角度看，国债的风险较小，金融证券风险次之，公司证券风险较大。（　　）

5.短期债券与长期债券相比，利息率风险大，再投资风险小。（　　）

6.债券的当前收益率和票面收益率一样，不能全面地反映投资者的实际收益。（　　）

7.普通股投资与优先股投资相比，投资风险较大，而收益较低。（　　）

8.企业进行股票投资就是为了控制被投资企业。（　　）

9.企业评价证券收益水平的主要指标是证券的价值和收益率。（　　）

10.人们选用证券投资组合规避风险，就是我们常说的“不要把鸡蛋放在同一个篮子里”的避险道理。（　　）

四、计算分析题

1.某公司发行公司债券，面值为1 000元，票面利率为10%，期限为5年。已知市场利率为8%。计算并回答下列问题：

（1）债券为按年付息、到期还本，发行价格为1 020元，投资者是否愿意购买？

（2）债券为单利计息、到期一次还本付息，发行价格为1 010元，投资者是否愿意购买？

（3）债券为贴现债券，到期归还本金，发行价格为700元，投资者是否愿意购买？

2.甲公司以1 020元的价格购入A债券，A债券是2015年9月1日发行的、5年期债券，其面值为1 000元，票面利率为8%。

要求：

（1）如果该债券每年8月31日付息，计算该债券的本期收益率；

（2）如果该债券到期一次还本付息，甲公司于2019年5月1日购入债券，2019年11月1日以1 060元的价格卖掉，计算该债券的持有期收益率；

（3）如果该债券每年8月31日付息，甲公司于2019年11月1日购入该债券并持有至到期，计算该债券的到期收益率；

（4）如果该债券每年8月31日付息，甲公司于2018年9月1日购入该债券并持有至到期，计算该债券的到期收益率。

3.ABC企业计划进行长期股票投资，企业管理层从股票市场上选择了两种股票：甲公司股票和乙公司股票，ABC企业只准备投资其中一家公司股票。已知甲公司股票现行市价为每股6元，上年每股股利为0.20元，预计以后每年以5%的增长率增长。乙公司股票现行市价为每股8元，每年发放的固定股利为每股0.60元。ABC企业要求的投资必要报酬率为8%。

要求：

（1）利用股票估价模型，分别计算甲、乙公司股票价值并为该企业做出股票投资决策。

（2）计算如果该企业按照当前的市价购入（1）中选择的股票的持有期收益率。

4.某公司年初发行债券，面值为1 000元，10年期，票面利率为8%，每年年末付息一次，到期还本。预计发行时市场利率为9%，债券发行费用为发行额的0.5%，该公司适用的企业所得税税率为25%。

请问：该债券的资本成本是多少？

答案与解析

项目七

营运资金管理

【学习目标】

1. 掌握营运资金的含义及特点；
2. 掌握目标现金余额的确定方法；
3. 掌握应收账款信用标准的确定原理；
4. 掌握经济订货批量模型基本原理和计算方法；
5. 熟悉流动负债管理的主要内容。

引导案例

乐百氏的“果冻漩涡”

当被问及“什么生意最赚钱”时，人们往往会把眼睛盯在利润率上，认为房地产、教育、汽车、能源和IT数码产品等行业最赚钱。事实上，在商品过剩、现金为王的今天，这个问题的正确答案应该是“资金周转快的生意最赚钱”。然而，很多公司的管理者却因为没有认识到这一点，而使公司遭受重创。

何伯权时代的乐百氏，就曾经遭遇过这样的灾难。1997年何伯权决意从果冻市场分一杯羹。1997年8月，乐百氏果冻上市初期市场反应很热烈，销售渠道一片急呼：要货！要货！1998年春节前后，市场似乎到了疯狂的地步，发往一个省区的货物往往要几十个车皮。何伯权头脑一热，决定马上扩大产能，生产线从2条增加到4条、6条、8条。等生产线上的48台机器全部安装完毕待投产之时，终端突然全面宣告滞销！原有的乐百氏果冻全拥挤在渠道里，并没有到消费者手中。正常的资金周转没能形成，乐百氏很快掉进了甜蜜的“果冻漩涡”，市场迅速垮掉，数亿资金，血本无归。

乐百氏果冻的失败，主要在于产能迅速扩大的同时忽略了营运资金的管理，最终导致库存积压，资金周转受阻。

任务一　营运资金管理概述

一、营运资金的概念及特点

（一）营运资金的概念

营运资金是指在企业生产经营活动中占用流动资产的资金。营运资金有广义和狭义之分，广义的营运资金是指一个企业流动资产的总额；狭义的营运资金是指流动资产减去流动负债后的余额。本书指的是狭义的营运资金概念。

（二）营运资金的特点

1.营运资金的来源具有多样性

企业筹集长期资金的方式一般较少，只有吸收直接投资、发行股票、发行债券等方式。与筹集长期资金的方式相比，企业筹集营运资金的方式较为灵活多样，通常有银行短期借款、短期融资券、商业信用、应交税费、应付股利、应付职工薪酬等多种内外部融资方式。

2.营运资金的数量具有波动性

流动资产的数量会随企业内外部条件的变化而变化，时高时低，波动很大。季节性企业如此，非季节性企业也如此。随着流动资产数量的变动，营运资金的数量也会发生相应变动。

3.营运资金的周转具有短期性

企业占用流动资产的资金，通常会在一年或超过一年的一个营业周期内收回，对企业影响的时间比较短。根据这一特点，营运资金可以用商业信用、银行短期借款等短期投资方式来加以解决。

4.营运资金的实物形态具有可转化性

企业营运资金的占用形态是经常变化的，营运资金的每次循环都要经过采购、生产、销售等过程，一般按照“现金—原材料—在产品—产成品—应收账款—现金”的顺序转化。为此，在进行流动资产管理时，必须合理配置各项流动资产的金额，做到结构合理，以促进资金周转顺利进行。交易性金融资产、应收账款和存货等流动资产一般具有较强的变现能力，当企业遇到意外情况（如资金周转不灵、现金短缺）时，便可迅速变卖这些资产以获取现金，这对财务上应付临时性资产需求具有重要意义。

二、营运资金管理的内容及原则

（一）营运资金管理的内容

营运资金是流动资产与流动负债关系的总和，因此营运资金管理的内容包括流动资产和流动负债两个方面的管理。流动资产管理要解决企业应该投放多少资金在流动资产上，即资金使用的管理，主要包括现金管理、应收账款管理和存货管理；流动负债管理主要解决企业流动资产所需资金的问题，也就是资金筹措管理，包括短期借款和商业信用的管理。

（二）营运资金管理的原则

企业的营运资金在全部资金中占有相当大的比重，而且周转期短，形态易变，因此，营运资金管理是企业财务管理工作的一项重要内容。企业进行营运资金管理，应遵循以下原则：

1.满足合理的资金需求

企业应认真分析生产经营状况，合理确定营运资金的需求数量。企业营运资金的需求数量与企业生产经营活动有直接关系。一般情况下，当企业产销两旺时，流动资产会不断增加，流动负债也会相应增加；当企业产销量不断减少时，流动资产和流动负债也会相应减少。因此，企业财务人员应认真分析生产经营状况，采用一定的方法预测资金的需求数量，营运资金的管理必须把满足正常合理的资金需求作为首要任务。

2.提高资金使用效率

营运资金的周转是指企业的营运资金从现金投入生产经营开始，到最终转化为现金的过程。加速资金周转是提高资金使用效率的主要手段之一。提高资金使用效率的关键就是采取有力措施，缩短营业周期，加速变现过程，加快营运资金周转。因此，企业要千方百计地加速存货、应收账款等流动资产的周转，以便用有限的资金服务于更大的产业规模，为企业取得更优的经济效益提供条件。

3. 节约资金使用成本

在营运资金管理中，必须正确处理保证生产经营需要和节约资金使用成本两者之间的关系。要在保证生产经营需要的前提下，尽力降低资金使用成本。一方面，要挖掘资金潜力，加速资金周转，精打细算地使用资金；另一方面，积极拓展融资渠道，合理配置资源，筹措低成本资金，服务于生产经营。

4. 保持足够的短期偿债能力

偿债能力是企业财务风险高低的标志之一。合理安排流动资产与流动负债的比例关系，保持流动资产结构与流动负债结构的适配性，保证企业有足够的短期偿债能力是营运资金管理的重要原则之一。如果一个企业的流动资产比较多，流动负债比较少，说明企业的短期偿债能力比较强；反之，则说明短期偿债能力较弱。但如果企业的流动资产太多，流动负债太少，也不是正常现象，这可能是因为流动资产闲置或流动负债利用不足所致。

三、营运资金管理与现金周转的关系

营运资金的周转是指企业的营运资金在企业再生产过程中不断地循环运动。它包括五个环节：购买材料、支付现金、生产产品、销售产品、收回现金，图7-1为营运资金的周转示意图。

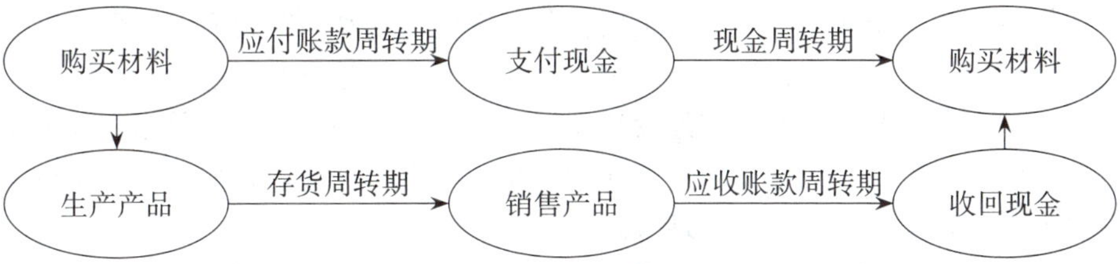

图7-1　营运资金的周转示意图

首先，在“购买材料—支付现金”环节，从企业收到材料到支付购料款有一段延迟时间，称为应付账款周转期；其次，在“生产产品—销售产品”环节，从原材料加工到产成品销售，这段时间称为存货周转期；最后，在“销售产品—收回现金”环节，从产品售出到销售款的收回也有一段时间的延迟，这段期间称为应收账款周转期。

现金周转期指的是从现金投入生产经营开始，到最终销售产品、收回现金为止的过程。用公式表示为：

$$\text{现金周转期} = \text{存货周转期} + \text{应收账款周转期} - \text{应付账款周转期}$$

式中：

$$\text{存货周转期} = \frac{\text{平均存货}}{\text{日销货成本}}$$

$$\text{应收账款周转期} = \frac{\text{平均应收账款}}{\text{日销货收入}}$$

$$\text{应付账款周转期} = \frac{\text{平均应付账款}}{\text{日购货成本}}$$

可见营运资金周转通常与现金周转密切相关。一般来说，存货周转期和应收账款周转期越长，应付账款周转期越短，现金周转期就越长，现金滞留在营运资金上的数额就越大；相反，存货周转期和应收账款周转期越短，应付账款周转期越长，现金周转期就会越短，现金滞留在营运资金数额就越小。此外，营运资金周转的数额还受到偿债风险、收益要求和成本约束等因素的制约。

【提示】企业的现金流入主要是账款的回收。为了提高现金的使用效率，加速现金的周转，企业应尽快地收回账款。

任务二　现金管理

一、现金的含义

现金有广义、狭义之分。广义的现金是指在生产经营过程中以货币形态存在的资金，包括库存现金、银行存款和其他货币资金等。狭义的现金仅指库存现金。这里所讲的现金是指广义的现金。

一般而言，企业持有现金是为了满足三种需求：交易性需求、预防性需求和投机性需求。交易性需求是企业为了维持日常周转及正常商业活动所需持有的现金额。企业每日都会发生许多支出和收入，这些支出和收入在数额上不相等及时间上不匹配使企业需要持有一定现金来调节，以使生产经营活动能持续进行。预防性需求是指企业为了防止某些意外事件的发生影响正常生产经营活动而需要持有的现金。投机性需求是企业为了抓住突然出现的获利机会而持有的现金。

尽管上述三种需求要求企业持有现金，但是库存现金是唯一不创造价值的资产，对其持有量不是越多越好，这就要求企业确定最佳的现金持有量，即目标现金余额。

二、目标现金余额的确定

（一）成本模型

成本模型是通过分析现金相关成本，测算持有现金总成本达到最低时现金持有量的一种方法。该模型认为持有现金的相关成本包括如下项目：

1.相关成本项目

（1）机会成本。现金的机会成本，是指企业因为持有一定现金余额丧失的再投资收益。再投资收益是企业不能同时用该现金进行有价证券投资所产生的机会成本，这种成本在数额上等于资本成本。例如：某企业的资本成本为10%，年均持有现金100万元，则该企业每年持有现金的机会成本为10万元（100 × 10%）。放弃的再投资收益即机会成本属于变动成本，它与现金持有量的多少密切相关，即现金持有量越大，机会成本越大；反之越小。

（2）管理成本。现金的管理成本，是指企业持有一定数量的现金而发生的管理费用。例如，现金管理人员工资、安全措施费用等。一般认为这是一种固定成本，这种固定成本在一定范围内和现金持有量之间没有明显的比例关系。

（3）短缺成本。现金的短缺成本，是指在现金持有量不足，又无法及时通过有价证券变现加以补充给企业造成的损失，包括直接损失与间接损失。现金的短缺成本随现金持有量的增加而下降，随现金持有量的减少而上升，即与现金持有量负相关。

2.成本模型公式及应用

该模型认为现金持有总成本等于机会成本、管理成本和短缺成本之和，其计算公式为：

最佳现金持有量下的现金相关成本 = min（管理成本 + 机会成本 + 短缺成本）

该公式可以用几何图形的方式表示，图7-2为成本模型示意图。

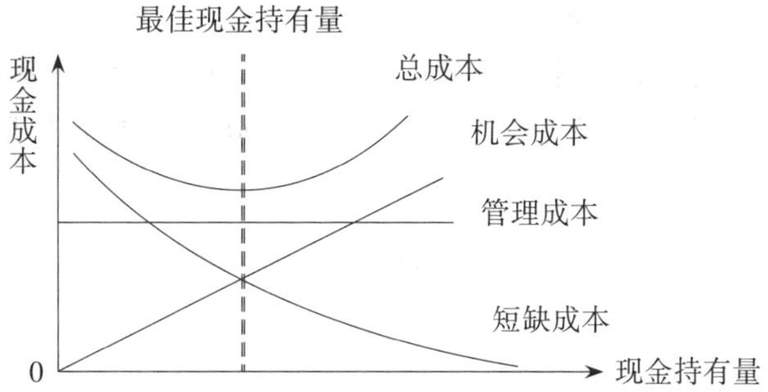

图7-2　成本模型示意图

纵向代表现金成本，横向代表现金持有量。管理成本作为固定成本，一定范围内不随现金持有量的增加而增加，可视为一条水平的直线；机会成本是正相关成本，随现金持有量的多少而增减，可将其视为一条随现金持有量增加而斜向上的直线；短缺成本是负相关成本，可将其视为一条随现金持有量增加而斜向下的直线。因此，当机会成本与短缺成本相交时，现金的持有成本达到最低，此时对应的现金持有量就是最佳现金持有量，即我们要确定的目标现金余额。

由成本模型可知，如果现金持有量减少，则短缺成本增加；如果现金持有量增加，则机会成本增加。为了平衡上述关系，企业一般的做法是：当拥有多余现金时，将现金转换为有价证券；当现金不足时，将有价证券转换为现金。但现金和有价证券之间的转换，也会产生成本，如买卖佣金、手续费、证券过户费、印花税、实物交割费等，我们把这种由现金与有价证券的相互转换而产生的成本称为现金的转换成本。在成本模型下，认为短缺成本是现金持有的相关成本，即便出现余额不足，企业一般也不会轻易将有价证券转换为现金，因此，采用成本模型确定目标现金余额时不考虑转换成本。

在实际工作中，运用成本模型确定最佳现金持有量的具体步骤如下：

第一步，根据不同现金持有量测算并确定有关成本数值；

第二步，按照不同现金持有量及其相关成本资料编制最佳现金持有量测算表；

第三步，在测算表中找出总成本最低时的现金持有量，即最佳现金持有量。

【例7-1】甲企业有A、B、C、D四种现金持有方案，它们各自的现金持有量、机会成本、管理成本、短缺成本见表7-1。假设甲企业的资本成本为12%。

表7-1　甲企业现金持有方案　单位：元

方案项目	A	B	C	D
现金持有量	25 000	50 000	75 000	100 000
机会成本	3 000	6 000	9 000	12 000
管理成本	20 000	20 000	20 000	20 000
短缺成本	12 000	6 750	2 500	0

要求：确定最佳现金持有量。

解析：这四种方案总成本计算结果见表7-2，通过比较四个方案的现金持有总成本，可以发现，C方案的总成本最低，因此75 000元是该企业目前最佳的现金持有量。

表7-2　甲企业现金持有成本计算表　单位：元

方案项目	A	B	C	D
现金持有量	25 000	50 000	75 000	100 000
机会成本	3 000	6 000	9 000	12 000
管理成本	20 000	20 000	20 000	20 000
短缺成本	12 000	6 750	2 500	0
总成本	35 000	32 750	31 500	32 000

（二）存货模型

存货模型认为，企业未来的现金需求是可以测定的，当企业持有现金不足时，可随时通过出售有价证券换回现金（或从银行借入现金），来满足自身经营的需要，不存在现金短缺的情况。因此，该模型在确定目标现金余额时，只考虑持有现金的机会成本和转换成本。

现金的转换成本与现金转换次数、每次的转化量有关。假定现金每次的转化成本是固定的，在企业一定时期现金需求总量确定的前提下，企业平时持有的现金量越高，每次以有价证券转换回现金的金额越大，转换的次数便越少，现金的交易成本就越低；反之，企业平时持有的现金量越低，每次转换回现金的金额越低，转换的次数会越多，现金的交易成本就越高。可见，现金交易成本与持有量成反比。现金的交易成本与现金的机会成本所组成的相关总成本曲线如图7-3所示。

在图7-3中，现金的机会成本和交易成本是两条随现金持有量呈不同方向发展的曲线，两条曲线交叉点相应的现金持有量，即是相关的总成本最低的现金持有量。

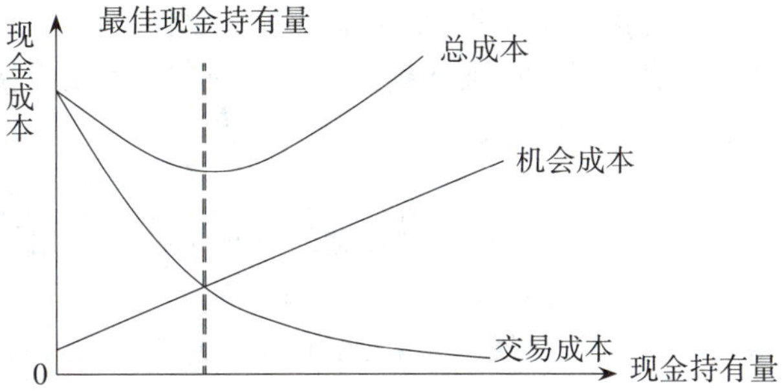

图7-3　总成本、机会成本与交易成本关系示意图

企业需要确定最佳现金持有量（用C^*表示），以使现金的相关总成本最低。解决这一问题先要明确三点：

（1）一定期间内的现金需求量，用T表示。

（2）每次出售有价证券以补充现金所需求的交易成本，用F表示。一定时期内出售的有价证券的交易成本为：

$$交易成本=\frac{T}{C^*}\times F$$

（3）持有现金的机会成本率，用K表示。一定时期内持有现金的机会成本为：

$$机会成本=\frac{C^*}{2}\times K$$

相关总成本为：

$$相关总成本=机会成本+交易成本=\frac{C^*}{2}\times K+\frac{T}{C^*}\times F$$

从图7-3可知，最佳现金持有量C^*是机会成本线与交易成本线交叉点所对应的现金持有量，因此C^*应当满足：机会成本＝交易成本，即$\frac{C^*}{2}\times K=\frac{T}{C^*}\times F$，整理可知：

$$C^*=\sqrt{\frac{2T\times F}{K}}$$

【例7-2】甲企业每月现金需求总量为5 200 000元，每次现金转换的交易成本为1 000元，持有现金的机会成本率约为10%，则该企业的最佳现金持有量可以计算如下：

$$C^*=\sqrt{\frac{2\times 5\ 200\ 000\times 1\ 000}{10\%}}\approx 322\ 490（元）$$

该企业最佳现金持有量约为322 490元。现金持有量超过322 490元时会降低现金的投资收益率；低于322 490元时会加大企业正常现金支付的风险。

三、现金收支日常管理

（一）收款管理

1.收款成本

一个高效率的收款系统能够使收款成本和收款浮动期达到最小，同时能够保证与客户汇款及其他现金流入来源相关的信息的质量。

收款成本包括浮动期成本、管理收款系统的相关费用（如银行手续费）及第三方处理费用或清算相关费用。在获得资金之前，收款在途项目使企业无法利用这些资金，也会产生机会成本。要求信息及时、准确地到达收款人一方，以便收款人及时处理资金，做出发货安排。

2.收款浮动期

收款浮动期是指从支付开始到企业收到资金的时间间隔。收款浮动期主要是由直接支付工具导致的，有下列三种类型：

（1）邮寄浮动期。它是指从付款人寄出支票到收款人或收款人的处理系统收到支票的时间间隔。

（2）处理浮动期。它是指接收方处理支票和将支票存入银行收回现金所花的时间。

（3）结算浮动期。它是指通过银行系统进行支票结算所需要的时间。

（二）付款管理

付款管理的主要任务是尽可能延缓现金的支出时间。当然，这种延缓必须是合理合法的。控制现金支出的目标是在不损害企业信誉条件下，尽可能推迟现金的支出。

1.使用现金浮游量

现金浮游量是指由于企业提高收款效率和延长付款时间所产生的企业账户上的现金余额和银行账户上的企业存款余额之间的差额。

2.推迟应付款的支付

推迟应付款的支付，是指企业在不影响自己信誉的前提下，充分运用供货方所提供的信用优惠，尽可能地推迟应付款的支付期。

3.汇票代替支票

汇票分为商业承兑汇票和银行承兑汇票，与支票不同的是，承兑汇票并不是见票即付。这一方式的优点是它推迟了企业调入资金支付汇票实际所需要的时间，企业只需在银行中保持较少的现金金额。它的缺点是某些供应商可能并不喜欢用汇票付款，银行也不喜欢处理汇票，他们通常需要耗费更多的人力。同支票相比，银行会收取汇票较高的手续费。

4.改进员工工资支付模式

企业可以为支付工资专门设立一个工资账户，通过银行向职工支付工资。为了最大限度地减少工资账户存款余额，企业需合理预测开出支付工资的支票到职工去银行兑现的具体时间。

5.透支

透支是指企业开出支票的金额大于活期存款的金额。它实际上是银行向企业提供的信用。透支的限额，由银行和企业共同商定。

6.争取现金流出和现金流入同步

企业应尽量使现金流出与现金流入同步，这样可以降低交易性现金余额，同时可以减少有价证券转换为现金的次数，提高现金的利用效率，节约转换成本。

7.使用零余额账户

企业与银行合作，保持一个主账户和一系列子账户。企业只需在主账户保持一定的安全储备，而在一系列子账户不需要保持安全储备。当从某个子账户签发的支票需要现金时，所需要的资金立即从主账户划拨过来，从而使更多的资金可以挪作他用。

任务三　应收账款管理

一、应收账款的成本

企业通过提供商业信用，采取赊销、分期付款等方式可以扩大销售，增强竞争力，获得利润。应收账款作为企业扩大销售和盈利的一项投资，也会发生一定的成本。应收账款的成本主要有机会成本、管理成本、坏账成本和现金折扣成本等。

（一）机会成本

应收账款会占用企业一定量的资金，而企业若不把这部分资金投放于应收账款，便可以用于其他投资并可能获得收益，如投资债券获得利息收入。这种因投放于应收账款而放弃其他投资所带来的收益，即为应收账款的机会成本。其计算公式为：

应收账款机会成本 = 应收账款占用资金 × 资本成本

应收账款占用资金 = 应收账款平均余额 × 变动成本率

应收账款平均余额 = 日销售额 × 平均收账期

（二）管理成本

管理成本主要是指在进行应收账款管理时所增加的费用，主要包括调查顾客信用状况的费用、收集各种信息的费用、账簿的记录费用和收账费用等。

（三）坏账成本

在赊销交易中，债务人由于种种原因无力偿还债务，债权人就有可能无法收回应收账款而发生损失，这种损失就是坏账成本。可以说，企业发生坏账成本是不可避免的，而此项成本一般与应收账款发生的数量成正比。其计算公式为：

坏账成本 = 应收账款 × 预计坏账损失率

（四）现金折扣成本

企业为使客户早日付款，在提供的信用条件中常包括现金折扣条款，它是企业为及早收回款项，降低机会成本、管理成本及坏账成本而付出的一定代价，称为现金折扣成本。其计算公式为：

现金折扣成本 = 折扣期内付款额 × 该折扣期内现金折扣率

二、信用政策

由于企业发生应收账款的主要原因是为扩大销售，增强竞争力，那么其管理目标就是求得利润。应收账款是企业的一项现金投放，是为了扩大销售和盈利而进行的投资。而投资肯定会发生成本，这就需要在应收账款信用政策所增加的盈利和这种政策的成本之间做出权衡。只有当应收账款所增加的盈利大于所增加的成本时，才应当放宽信用政策，增加应收账款赊销量。因此，从财务管理角度看，企业应收账款管理很重要的一个方面就是确定信用政策。企业的信用政策一般包括信用标准和信用条件。

（一）信用标准

信用标准是企业决定授予客户信用所要求的最低标准，也是企业对于可接受风险提供的一个基本判别标准。如果企业执行的信用标准过于严格，可能会降低对符合可接受信用风险标准客户的赊销额，因此会限制企业的销售机会；如果企业执行的信用标准过于宽松，可能会对不符合可接受信用风险标准的客户提供赊销，因此会增加随后还款的风险并增加坏账费用。

确定信用标准时，一是采用定性的分析法，二是采用定量的评分法。依据企业具体情况和市场环境等因素综合地进行分析。

1.信用的定性分析

信用的定性分析是指对申请人在质的方面的分析。常用的信用定性分析法是“5C”信用评价系统，即评估申请人信用品质的五个方面：品质、能力、资本、抵押和条件。

（1）品质（character）。它是指个人申请人或企业申请人的诚信和正直表现。品质反映了个人或企业在过去的还款中所表现的还款意图和愿望，这是“5C”中最主要的因素。根据过去记录结合现状调查来进行分析，包括企业申请人的年龄、文化、技术结构、遵纪守法情况、开拓进取及领导能力、有无获得荣誉奖励或纪律处分，以及团结协作精神及组织管理能力等。

（2）能力（capacity）。它是指经营能力，通常通过分析申请人的生产经营能力及获利情况、管理制度是否健全、管理手段是否先进、产品生产销售是否正常、在市场上有无竞争力，以及经营规模和经营实力是否逐年增长等来评估。

（3）资本（capital）。它是指当企业或个人当前的现金流不足以还债时，他们在短期或长期内可供使用的财务资源。企业资本雄厚，说明企业具有强大的物质基础和抗风险能力。因此，信用分析必须调查了解企业资本规模和负债比率，反映企业资本或资本对于负债的保障程度。

（4）抵押（collateral）。它是指当企业或个人不能满足还款条件时，可以用作债务担保的物资或其他担保物。信用分析必须分析担保抵押手续是否齐全、抵押品的估价和出售有无问题，以及担保人的信誉是否可靠。

（5）条件（condition）。它是指影响申请人还款能力和还款意愿的经济环境。经济环境对企业发展前途具有一定的影响，是影响企业信用的一项重要的外部因素。企业的经济环境，包括企业的发展前景、行业发展趋势，以及市场需求变化等。信用分析必须对经济环境进行分析，预测其对企业经济效益的影响。

2.信用的定量分析

进行商业信用的定量分析可以从考察信用申请人的财务报表开始。通常使用比率分析法评价申请人的财务状况。常用的指标有：流动性和营运资本比率（如流动比率、速动比率和现金对负债总额比率）、债务管理和支付比率（利息保障倍数、长期债务对资本比率、带息债务对资产总额比率，以及负债总额对资产总额比率）和盈利能力指标（销售回报率、总资产回报率和净资产收益率）。

将这些指标和信用评级机构及其他协会发布的行业标准进行比较可以洞察申请人的信用状况。定量信用评价法常被像百货店这样的大型零售信用提供商使用。信用评分包括以下四个步骤：

（1）根据信用申请人的月收入、尚未偿还的债务和过去受雇佣的情况将申请人划分为标准的客户和高风险的客户；

（2）对符合某一类型申请人的特征值进行加权平均以确定信誉值；

（3）确定明确的同意或拒绝给予信用的门槛值；

（4）对落在同意给予信用的门槛值或拒绝给予信用的门槛值之间的申请人进行进一步分析。

这些定量分析方法符合成本效益原则，并且也符合消费者信用方面的法律规定。判断分析是一种规范的统计分析方法，可以有效确定区分按约付款和违约付款顾客的因素。

（二）信用条件

信用条件是指销货企业要求赊购客户支付货款的条件，由信用期间和折扣条件两个要素组成。

1.信用期间

信用期间是企业允许顾客从购货到付款的时间，或者说是企业给予顾客的付款期间，一般简称为信用期。信用期的确定，主要是分析改变现行的信用期对收入和成本的影响。延长信用期，会使销售额增加，会产生有利影响。与此同时，应收账款、应收费用和坏账损失增加，会产生不利影响。当前者大于后者，可以延长信用期，否则不宜延长。如果缩短信用期，则情况与此相反。

【例7-3】甲公司目前采用30天按发票金额（即无现金折扣）付款的信用政策，拟将信用期放宽至60天，仍按发票金额付款即不给折扣。假设风险投资的最低报酬率为15%，其他有关的数据见表7-3。

表7-3　信用期决策数据

项目	信用期间（30天）	信用期间（60天）
全年销售量（件）	100 000	120 000
全年销售额（单价5元）	500 000	600 000
全年销售成本（元）：		
变动成本（每件4元）	400 000	480 000
固定成本（元）	50 000	50 000
毛利（元）	50 000	70 000
可能发生的收账费用（元）	3 000	4 000
可能发生的坏账损失（元）	5 000	9 000

要求：确定甲公司是否应采用60天的信用期。

解：(1) 计算因放宽信用政策增加的收益。

收益的增加 = 销售量的增加 × 单位边际贡献 = (120 000 − 100 000) × (5 − 4) = 20 000（元）

(2) 计算应收账款占用资金利息的增加。

改变信用期间导致的应计利息增加 = 60天信用期应计利息 − 30天信用期应计利息 =

$$\frac{600\,000}{360} \times 60 \times \frac{480\,000}{600\,000} \times 15\% - \frac{500\,000}{360} \times 30 \times \frac{400\,000}{500\,000} \times 15\% = 12\,000 - 5\,000 = 7\,000\text{（元）}$$

(3) 计算收账费用和坏账损失的增加。

收账费用增加 = 4 000 − 3 000 = 1 000（元）

坏账损失增加 = 9 000 − 5 000 = 4 000（元）

(4) 计算改变信用期间的税前损益。

改变信用期间的税前损益 = 收益增加 − 成本费用增加 = 20 000 − 7 000 − 1 000 − 4 000 = 8 000（元）

由于收益的增加大于成本增加，故应采用60天信用期。

【例7–4】承【例7–3】，假设上述30天信用期变为60天后，因销售量增加，年平均存货水平从9 000件上升到20 000件，每件存货按变动成本4元计算，其他情况不变。

要求：确定甲公司是否仍可采用60天的信用期。

解：由于增添了新的存货增加因素，需要在原来分析的基础上，再考虑存货增加而多占资金所带来的影响，重新计算放宽信用期的损益。

存货增加而多占用资金的应计利息 = (20 000 − 9 000) × 4 × 15% = 6 600（元）

改变信用期间的税前损益 = 收益增加 − 成本费用增加 = 20 000 − 7 000 − 1 000 − 4 000 − 6 600 = 1 400（元）

通过计算可知，由于仍然可以获得税前收益，所以尽管会增加平均存货，还是应该采用60天的信用期。

如果再进一步分析，还应考虑存货增加引起的应付账款的增加。这种负债的增加会节约企业的营运资金，减少营运资金的“应计利息”。因此，信用期变动的分析，一方面要考虑对利润表的影响（包括收入、成本和费用）；另一方面要考虑对资产负债表的影响（包括应收账款、存货、应付账款），并且要将对资金占用的影响用“资本成本”转化为“应计利息”，以便进行统一的得失比较。此外，还有一个值得注意的细节，就是“应收账款占用资金”应当按“应收账款平均余额乘以变动成本率”计算确定。

2. 折扣条件

折扣条件包括现金折扣和折扣期两个方面。如果企业给顾客提供现金折扣，那么顾客在折扣期支付时少付的金额所产生的“成本”将影响企业的收益。当顾客利用了企业提供的现金折扣，而现金折扣又没有促使销售额增长时，企业的净收益则会下降。当然上述收入方面的损失可能会全部或部分地由应收账款持有成本的下降来补偿。

现金折扣是企业对顾客在商品价格上的扣减。向顾客提供这种价格上的优惠，主要目的在于吸引顾客为享受优惠而提前付款，缩短企业的平均收款期。另外，现金折扣也能招揽一些视折扣为减价出售的顾客前来购货，借此扩大销售量。

现金折扣的表达方式常如“5/10、3/20、n/30”。其中：“5/10”表示10天内付款，可享受5%的优惠价格，即只需要支付原价的95%；“3/20”表示20天内支付，可享受3%的价格优惠，即只需要支付原价的97%；“n/30”表示支付款的最后期限为30天，此时货款无优惠。

企业采用什么程度的现金折扣，要与信用期间结合起来考虑。比如，要求顾客最晚不超过30天付款，若希望顾客20天、10天付款，能给予多大折扣？或者给予5%、3%的折扣，能吸引顾客在多少天内付款？不论是信用期间还是现金折扣，都可能给企业带来收益，但也会增加成本（即价格折扣损失）。当企业给予顾客某种现金折扣时，应当考虑折扣所能带来的收益与成本孰高孰低，权衡利弊。

因为现金折扣是与信用期间结合使用的，所以确定折扣程度的方法与程序实际上与前述确定信用期间的方法与程序一致，只不过要把提供的延期付款时间和折扣综合起来，计算各方案的延期与折扣能取得多大的收益增量，再计算各方案带来的成本变化，最终确定最佳方案。

【例7-5】承【例7-3】，假设该企业在放宽信用期的同时，为了吸引顾客尽早付款，提出“0.8/30、n/60”的现金折扣条件，估计会有一半的顾客（按60天信用期所能实现的销售量计算）将享受现金折扣优惠。

要求：确定甲公司是否应放宽信用期、提供现金折扣。

解：（1）增加的收益。

增加的收益 = 增加的销售量 × 单位边际贡献 =（120 000 − 100 000）×（5 − 4）

= 20 000（元）

（2）增加的应收账款占用资金的应计利息。

$$30\text{天信用期应计利息} = \frac{500\,000}{360} \times 30 \times \frac{400\,000}{500\,000} \times 15\% = 5\,000\text{（元）}$$

$$\text{提供现金折扣的应计利息} = \frac{600\,000 \times 50\%}{360} \times 60 \times \frac{480\,000 \times 50\%}{600000 \times 50\%} \times 15\% + \frac{600\,000 \times 50\%}{360} \times 30 \times \frac{480\,000 \times 50\%}{600\,000 \times 50\%} \times 15\% = 6\,000 + 3\,000 = 9\,000\text{（元）}$$

增加的应收账款占用资金的应计利息 = 9 000 − 5 000 = 4 000（元）

（3）增加的收账费用和坏账损失。

增加的收账费用 = 4 000 − 3 000 = 1 000（元）

增加的坏账损失 = 9 000 − 5 000 = 4 000（元）

（4）估计现金折扣成本的变化。

$$\text{增加的现金折扣成本} = \text{新的销售水平} \times \text{新的现金折扣率} \times \text{享受现金折扣的顾客比例} - \text{旧的销售水平} \times \text{旧的现金折扣率} \times \text{享受现金折扣的顾客比例}$$

$$= 600\,000 \times 0.8\% \times 50\% - 500\,000 \times 0 \times 0 = 2\,400\text{（元）}$$

（5）提供现金折扣后增加的税前损益。

增加的收益 − 增加的成本费用 = 20 000 −（4 000 + 1 000 + 4 000 + 2 400）= 8 600（元）

由于可获得税前收益，故应当放宽信用期，提供现金折扣。

三、应收账款的监控

实施信用政策时，企业应当监督和控制每一笔应收账款和应收账款总额。因为应收账款的增加会影响企业资金的流动性，还可能导致额外融资。此外，应收账款总体水平的显著变化可能表明业务方面发生了改变，这可能影响公司的融资需要和现金水平。企业管理部门需要分析这些变化和起因，并采取纠正措施。可能发生的重大变化，包括销售量的变化、季节性销售的影响、信用标准和信用政策的改变、经济状况的波动和竞争对手采取的促销活动等。对应收账款总额进行分析还有助于预测未来现金流入的金额和时间。

（一）应收账款周转天数

应收账款周转天数或平均收账期是衡量应收账款管理状况的一种方法。应收账款周转天数的计算方法为：将期末在外的应收账款平均余额除以该期间的平均日赊销额。应收账款周转天数为应收账款管理提供了一个简单的指标，将企业当前的应收账款周转天数与规定的信用期限、历史趋势以及行业正常水平进行比较可以反映企业整体的收款效率。然而，应收账款周转天数可能会被销售量的变动趋势、销售的剧烈波动和季节性销售所破坏。

【例7-6】某企业2019年3月底应收账款平均余额为285 000元，信用条件为在60天内按全额付清货款。过去三个月的赊销情况如下：1月份为90 000元；2月份为105 000元；3月份为11 500元。

（1）应收账款周转天数的计算：

$$平均日赊销额=\frac{90\,000+105\,000+115\,000}{90}\approx 3\,444.44（元）$$

$$应收账款周转天数=\frac{平均余额}{平均日赊销额}=\frac{285\,000}{3\,444.44}\approx 83（天）$$

（2）平均逾期天数的计算：

$$平均逾期天数=应收账款周转天数-平均信用期天数=83-60=23（天）$$

（二）账龄分析法

账龄分析法将应收账款划分为未到信用期的应收账款和以30天为间隔的逾期应收账款，这是衡量应收账款管理状况的另一种方法。企业既可以按应收账款总额进行账龄分析，也可以按顾客进行账龄分析。账龄分析法可以确定逾期应收账款，随着逾期时间的增加，应收账款收回的可能性变小。假定信用期限为30天，表7-4中的账龄分析表反映出30%的应收账款为逾期收款。

账龄分析法比应收账款周转天数更能揭示应收账款的变化趋势。通过账龄分析法，可以看出应收账款的分布情况，而不仅仅是一个平均数；应收账款周转天数有可能与信用期限相一致，但它不能明确地反映应收账款拖欠的时间，可能有一些账户拖欠得很严重。当各月的销售额变化很大时，账龄分析法和应收账款周转天数都可能发出类似的错误信号。

表 7-4　账龄分析表

账龄（天）	应收账款金额（元）	占应收账款总额的百分比（%）
0~30	1 750 000	70
31~60	375 000	15
61~90	250 000	10
91 以上	125 000	5
合计	2 500 000	100

（三）应收账款账户余额的模式

账龄分析法可以用于建立应收账款账户余额的模式，这是重要的现金流预测工具。应收账款账户余额的模式反映一定期间（如一个月）的赊销额在发生赊销的当月月末及随后的各月仍未偿还的百分比。企业收款的历史决定了其正常的应收账款账户余额的模式。企业管理部门通过将当前的模式和过去的模式进行对比来评价应收账款账户余额模式的任何变化。企业还可以运用应收账款账户余额的模式来进行应收账款金额水平的计划，衡量应收账款的收账效率和预测未来的现金流。

【例 7-7】有关数据见表 7-5。1 月份的销售在 3 月末应收账款为 50 000 元。

表 7-5　各月份销售及收款情况　金额单位：元

项目	收款情况	销售情况
1 月份销售	—	250 000
1 月份收款（销售额的 5%）	0.05 × 250 000 = 12 500	—
2 月份收款（销售额的 40%）	0.40 × 250 000 = 100 000	—
3 月份收款（销售额的 35%）	0.35 × 250 000 = 87 500	—
合计	200 000	250 000

计算未收回应收账款的另一个方法是将销售三个月后未收回销售额的百分比（20%）乘以销售额 250 000 元，即 50 000 元（20% × 250 000）。

实际上，有一定比例的应收账款会逾期或者会发生坏账，对应收账款账户余额的模式稍作调整可以反映这些项目。

【例 7-8】为了计算简便，假设没有坏账损失。各月份应收账款账户余额模式见表 7-6。

表 7-6　各月份应收账款账户余额模式

月份	销售额（元）	月销售中于 3 月底未收回的金额（元）	月销售中于 3 月底未收回的百分比（%）
1 月	250 000	50 000	20
2 月	300 000	165 000	55
3 月	400 000	380 000	95
4 月	500 000	—	—

（1）销售的当月收回销售额的5%；

（2）销售后的第一个月收回销售额的40%；

（3）销售后的第二个月收回销售额的35%；

（4）销售后的第三个月收回销售额的20%。

要求：计算3月末应收账款余额及4月份现金流入的金额。

解：3月末应收账款余额合计 = 50 000 + 165 000 + 380 000 = 595 000（元）

4月份现金流入估计 = 4月份销售额的5% + 3月份销售额的40% + 2月份销售额的35% + 1月份销售额的20% = (0.05 × 500 000) + (0.40 × 400 000) + (0.35 × 300 000) + (0.20 × 250 000) = 340 000（元）

（四）ABC分析法

ABC分析法是现代经济管理中广泛应用的一种“抓重点、照顾一般”的管理方法，又称重点管理法，它是将企业的所有欠款客户按其金额的多少进行分类排队，然后分别采用不同的收账策略的一种方法。它一方面能加快应收账款收回，另一方面能将收账费用与预期收益联系起来。

【例7-9】某企业应收账款逾期金额为260万元，为了及时收回逾期货款，企业采用ABC分析法来加强应收账款回收的监控。具体数据见表7-7。

表7-7　欠款客户ABC分析法（共50家客户）

顾客	逾期金额（万元）	逾期期限	逾期金额所占比重（%）	类别
A	85	4个月	32.69	A
B	46	6个月	17.69	
C	34	3个月	13.08	
小计	165		63.46	
D	24	2个月	9.23	B
E	19	3个月	7.31	
F	15.5	2个月	5.96	
G	11.5	55天	4.42	
H	10	40天	3.85	
小计	80		30.77	
I	6	30天	2.31	C
J	4	28天	1.54	
…	…	…	…	
小计	15		5.77	
合计	260		100	

先按所有客户应收账款逾期金额的多少分类排队，并计算出逾期金额所占比重。从表7–7中可以看出，应收账款逾期金额在25万元以上的有3家，占客户总数的6%，逾期总额为165万元，占应收账款逾期金额总额的63.46%，我们将其划入A类，这类客户是催款的重点对象。应收账款逾期金额在10万～25万元的客户有5家，占客户总数的10%，其逾期金额占应收账款逾期金额总额的30.77%，我们将其划入B类。欠款在10万元以下的客户有42家，占客户总数的84%，但其逾期金额仅占应收账款逾期金额总额的5.77%，我们将其划入C类。

对这三类不同的客户，应采取不同的收款策略。例如，对A类客户，可以发出措辞较为严厉的信件催收，或派专人催收，或委托收款代理机构处理，甚至可通过法律途径解决；对B类客户则可以多发几封信函催收，或打电话催收；对C类客户只需要发出通知其付款的信函即可。

四、应收账款的日常管理

应收账款的管理难度比较大，在确定合理的信用政策之后，还要做好应收账款的日常管理工作，包括客户信用调查、客户信用评价、应收账款的催收和应收账款的保理等。

（一）客户信用调查

客户信用调查是指收集和整理反映客户信用状况的有关资料的工作。信用调查是企业应收账款日常管理的基础，是正确评价客户信用的前提条件。企业对顾客进行信用调查主要有直接调查和间接调查两种方法。

1.直接调查

直接调查是指调查人员通过与被调查单位进行直接接触，通过当面采访、询问、观察等方式获取信用资料的一种方法。直接调查可以保证收集资料的准确性和及时性，但也有一定的局限，获得的往往是感性资料，若不能得到被调查单位的合作，则会使调查工作难以开展。

2.间接调查

间接调查是以被调查单位以及其他单位保存的有关原始记录和核算资料为基础，通过加工整理获得被调查单位信用资料的一种方法。这些资料主要来自以下几个方面：

（1）财务报表。通过财务报表分析，可以基本掌握一个企业的财务状况和信用状况。

（2）信用评估机构。专门的信用评估部门，因为它们的评估方法先进，评估调查细致，评估程序合理，所以可信度较高。

（3）银行。银行是信用资料的一个重要来源，许多银行都设有信用部，为其顾客服务，并负责对其顾客信用状况进行记录、评估。但银行的资料一般仅愿意在内部及同行间进行交流，而不愿向其他单位提供。

（4）其他途径。如财税部门、工商行政管理部门、消费者协会等机构都可能提供相关的信用状况资料。

（二）客户信用评价

收集好信用资料以后，就需要对这些资料进行分析、评价。企业一般采用“5C”系统来评价，并对客户信用进行等级划分。客户信用等级的划分目前主要有两种方法：一种是三类九等，即将企业的信用状况分为AAA、AA、A、BBB、BB、B、CCC、CC、C九等，其中AAA为信用最优等级，C为信用最低等级；另一种是三级制，即分为AAA、AA、A三个信用等级。

（三）应收账款的催收

应收账款发生后，企业应采取各种措施，尽量争取按期收回款项，否则会因拖欠时间过长而发生坏账，使企业蒙受损失。因此，企业必须在对收账的收益与成本进行比较分析的基础上，制定切实可行的收账政策。通常企业可以采取寄发账单、电话催收、派人上门催收、法律诉讼等方式进行催收应收账款，然而催收应收账款要发生费用，某些催款方式的费用还会很高。一般说来，收账的花费越大，收账措施越有力，可收回的应收账款应越多，坏账损失也就越小。因此在制定收账政策时，要在收账费用和所减少坏账损失之间做出权衡。制定有效、得当的收账政策很大程度上靠有关人员的经验，从财务管理的角度讲，也有一些数量化的方法可以参照。根据应收账款总成本最小化的原则，可以通过比较各收账方案成本的大小对其加以选择。

（四）应收账款的保理

保理是保付代理的简称，是指供应商（债权人）与保理商签订协议，转让其对应收账款的部分或全部权利与义务，并收取一定费用的过程。根据协议，供应商（债权人）将其现在或将来的基于其与购货商（债务人）订立的货物销售（服务）合同所产生的应收账款转让给保理商，由保理商提供下列服务中的至少两项：贸易融资、销售分户账管理、应收账款的催收、信用风险控制与坏账担保。可见，保理是一项综合性的金融服务方式，其同单纯的融资或收账管理有本质区别。

应收账款保理是企业将赊销形成的未到期应收账款在满足一定条件的情况下，转让给保理商，以获得银行的流动资金支持，加快资金的周转。保理可以分为有追索权保理（非买断型）和无追索权保理（买断型）、明保理和暗保理、折扣保理和到期保理。

有追索权保理是指供应商将债权转让给保理商，供应商向保理商融通资金后，如果购货商拒绝付款或无力付款，保理商有权向供应商要求偿还预付的现金，如购货商破产或无力支付，只要有关款项到期未能收回，保理商都有权向供应商进行追索，因而保理商具有全部“追索权”，这种保理方式在我国采用较多。无追索权保理是指保理商将销售合同完全买断，并承担全部的收款风险。

明保理是指保理商和供应商需要将销售合同被转让的情况通知购货商，并签订保理商、供应商、购货商之间的三方合同。暗保理是指供应商为了避免让客户知道自己因流动资金不足而转让应收账款，不将债权转让情况通知客户，货款到期时仍由销售商出面催款，再向银行偿还借款。

折扣保理又称为融资保理，即在销售合同到期前，保理商将剩余未收款部分先预付给销售商，一般不超过全部合同额的70%～90%。到期保理是指保理商并不提供预付账款融资，而是在赊销到期时才支付，届时不管货款是否收到，保理商都必须向销售商支付货款。

应收账款保理对于企业而言，其理财作用主要体现在：

（1）融资功能。应收账款保理，其实质也是利用未到期应收账款这种流动资产作为抵押从而获得银行短期借款的融资方式。对于那些规模小、销售业务少的公司来说，向银行贷款将会受到很大的限制，而自身的原始积累又不能支撑企业的高速发展，通过保理业务进行融资可能是企业较为明智的选择。

（2）减轻企业应收账款的管理负担。推行保理业务是市场分工思想的运用，面对市场的激烈竞争，企业可以把应收账款让与专门的保理商进行管理，使企业从应收账款的管理之中解脱出来，由专业的保理公司对销售企业的应收账款进行管理，他们具备专业技术人员和业务运行机制，会详细地对销售客户的信用状况进行调查，建立一套有效的收款政策，及时收回账款，使企业减轻财务管理负担，提高财务管理效率。

（3）减少坏账损失、降低经营风险。企业只要有应收账款就有发生坏账的可能性，以往应收账款的风险都是由企业单独承担，而采用应收账款保理后，一方面可以提供信用风险控制与坏账担保，帮助企业降低其客户违约的风险，另一方面可以借助专业的保理商去催收账款，能够在很大程度上降低坏账发生的可能性，有效地控制坏账风险。

（4）改善企业的财务结构。应收账款保理业务是将企业的应收账款与货币资金进行置换。企业通过出售应收账款，将流动性稍差的应收账款置换为具有高度流动性的货币资金，增强了企业资产的流动性，提高了企业的债务清偿能力和盈利能力。

改革开放以后，我国开始试行保理服务业务，然而从整体上看，应收账款保理业务的发展在我国仍处于起步阶段，目前只有少数银行（如中国银行、交通银行、光大银行和中信银行等）公开对外宣称提供保理业务。随着市场的需要和竞争的加剧，保理业务在我国将会得到更好的发展。

【例7-10】M公司主要生产和销售中央空调、手机芯片和等离子电视机。2019年全年实现的销售收入为14.44亿元，由于货款回收出现严重问题，公司资金周转陷入困境。M公司2019年应收账款账龄分析见表7-8。

表7-8　M公司2019年应收账款账龄分析　单位：亿元

项目	中央空调	手机芯片	等离子电视机	合计
年初应收账款总额	2.93	2.09	3.52	8.54
年末应收账款总额	3.06	2.80	5.60	11.46
其中：6个月以内	1.46	0.80	0.58	2.84
6个月至12个月	1.26	1.56	1.04	3.86
1年至2年	0.20	0.24	3.26	3.70
2年至3年	0.08	0.12	0.63	0.83
3年以上	0.06	0.08	0.09	0.23

上述应收账款中，中央空调的欠款单位主要是机关和大型事业单位；手机芯片的欠款单位均是国内知名手机生产厂家；等离子电视机的主要欠款单位是美国Y公司。

2020年M公司销售收入预算为18亿元，公司为了摆脱资金周转困境，采用借款等措施后，仍有6亿元资金缺口。M公司决定对应收账款采取以下措施：

（1）较大幅度地提高现金折扣率，在其他条件不变的情况下，预计可使应收账款周转率由2019年的1.44提高至2020年的1.74，从而加快回收应收账款。

（2）成立专门催收机构，加大应收账款催收力度，预计可提前收回资金0.4亿元。

（3）将6个月至12个月的应收账款转售给有关银行，提前获得周转所需货币资金。据分析，M公司销售中央空调和手机芯片发生的6个月至12个月应收账款可平均以九二折转售银行（且可无追索权）；销售等离子电视机发生的6个月至12个月应收账款可平均以九折转售银行（但必须附追索权）。

（4）2020年以前，M公司给予Y公司一年期的信用政策；2020年，Y公司要求将信用期限延长两年。考虑到Y公司信誉好，且M公司资金紧张时应收账款可转售银行（但必须附追索权），为了扩大外销，M公司接受了Y公司的条件。

要求：分析并评价M公司对应收账款采取的上述措施。

解析：根据上述资料，可以计算分析如下：

（1）2020年末应收账款 = （18 ÷ 1.74）× 2 − 11.46 ≈ 9.23（亿元）

采取第（1）项措施2020年增收的资金数额 = 11.46 − 9.23 = 2.23（亿元）

（2）采取第（3）项措施2020年增收的资金数额 = （1.26 + 1.56）× 0.92 + 1.04×0.9 ≈ 3.53（亿元）

（3）采取第（1）至（3）项措施预计2020年增收的资金总额 = 2.23 + 0.4 + 3.53 = 6.16（亿元）

（4）M公司2020年所采取的各项措施评价：

措施（1）：大幅度提高现金折扣，虽然可以提高公司货款回收速度，但也可能导致企业盈利水平降低甚至使企业陷入亏损。因此公司应当在仔细分析计算后，适当提高现金折扣水平。

措施（2）：成立专门机构催款，必须充分考虑成本效益原则，防止得不偿失。

措施（3）：公司选择将收账期在一年以内的中央空调和手机芯片的应收账款出售给有关银行，提前获得企业周转所需货币资金，应考虑折扣水平的高低；同时注意防范所附追索权带来的风险。

措施（4）：销售等离子电视机的应收账款，虽可转售银行，但由于必须附追索权，风险仍然无法控制或转移，因此应尽量避免延长信用期限方式进行销售。

任务四　存货管理

存货是企业在生产经营过程中为生产、销售而储备的物资，包括库存商品、原材料、在产品、包装物等。存货在企业流动资产中所占比重较大，存货管理得好坏、存货量的多少，直接影响企业的财务状况，对整个企业的经济效益产生重大影响。存货量过大，导致存货积压，某些成本增加；存货量过小，导致缺货脱销或者停工待料，影响企业的经济效益。因此，加强存货的管理，使存货保持“最优水平”，是管理会计中决策与规划部分的一项重要内容。存货决策就是要在保证生产、销售顺利进行的前提下，选择存货相关成本低、效率高的方案。本任务主要介绍经济进货批量决策和ABC控制法。

一、存货成本

存货成本，是指企业为保持一定量的存货而付出的代价，通常按一年计算，主要包括购置成本、进货成本、储存成本和缺货成本等四个部分。

（一）购置成本

购置成本，是指存货本身的价值，企业年购置存货总成本等于存货单价与存货全年需求量的乘积。在存货全年需求量一定的情况下，若存货单价不变且无进货数量折扣，则无论企业进货次数、每次进货数量如何变化，存货的年购置总成本不变，是存货经济进货批量决策的无关成本，在决策分析时无须考虑。

【提示】若存在进货数量折扣，则每次进货数量不同，年购置总成本会发生变化，此时年购置总成本是相关成本。

（二）进货成本

进货成本，也称进货费用，是指企业为组织进货而支付的费用。按其与进货次数是否有关，进货成本又分为固定性进货成本和变动性进货成本。固定性进货成本与进货次数无关，属于无关成本，在经济进货批量决策分析中无须考虑，如常设采购机构的基本开支等。变动性进货成本与进货次数成正比例变动，属于相关成本，在经济进货批量决策分析中必须考虑，如采购人员差旅费、邮资等。

（三）储存成本

储存成本，是指为储存存货而发生的各项费用。按其与存货储存数量是否有关，储存成本又分为固定性储存成本和变动性储存成本。固定性储存成本与存货储存数量的多少无关，属于无关成本，在经济进货批量决策分析中无须考虑，如仓库的折旧费、仓库职工的固定工资等。变动性储存成本与存货储存数量的多少有关，属于相关成本，在经济进货批量决策分析中必须考虑，如存货在储存过程中发生的仓储费、保险费、存货占用资金的机会成本、存货陈旧变质损失等。

（四）缺货成本

缺货成本，是指由于存货量不足，不能及时满足销售或生产需要而造成的损失。它包括由于缺货引起的停工损失，延期交货而支付的罚金、信誉损失，丧失良好销售机会的损失等。

二、经济进货批量决策

（一）经济进货批量的含义

进货批量，是指每次进货的数量。经济进货批量是指一定时期内（通常指1年），存货的相关总成本达到最低时的进货批量。

（二）经济进货批量的基本模型

构建经济进货批量基本模型的假设条件有：

（1）存货全年需求量能够而且已经确定；

（2）存货价格稳定，且不考虑数量折扣；

（3）存货的耗用或销售比较均衡；

（4）当存货量降为零时，下批存货刚好到货，即存货最高库存量是每批进货数量，最低库存量为零；

（5）所需存货市场供应充足，不允许出现缺货情形；

（6）仓储条件及所需资金不受限制。

在上述假设下，存货成本中购置总成本为常数，缺货成本为零，均不必考虑。因此，决定存货经济进货批量的相关成本因素只是变动性进货成本和变动性储存成本。在存货全年需求量一定的情况下，降低进货批量，必然增加进货次数。一方面，变动性进货成本随进货次数的增加而增加；另一方面，变动性储存成本随存货平均储存量的下降而下降。反之亦然，两者是此消彼长的关系。存货决策的目的，就是确定使变动性进货成本与变动性储存成本之和最低的进货批量，即经济进货批量。存货相关总成本的公式为：

存货相关总成本 = 变动性进货成本 + 变动性储存成本

= 年进货次数 × 每次进货成本 + 年平均库存量 × 单位存货年储存成本

根据微分原理，当存货相关总成本的一阶导数等于零时，此时变动性进货成本等于变动性储存成本，且存货相关总成本最低。对存货相关总成本求导，并整理得出经济进货批量的基本模型：

$$Q^* = \sqrt{\frac{2DF}{C}}$$

式中：Q^*为经济进货批量，D为存货全年需求量，F为每次进货成本，C为单位存货年储存成本。

由经济进货批量的基本模型，可推导出下列公式：

$$TC(Q^*) = \sqrt{2DFC}$$

$$N = \frac{D}{Q^*}$$

$$T = \frac{360}{N}$$

经济进货批量下的变动性进货成本 = N × F

式中：$TC(Q^*)$为经济进货批量下的相关总成本，N为年度最佳进货次数，T为最佳进货周期。

【例7-11】恒达公司全年耗用A材料360 000千克，A材料单位采购成本100元，单位存货年储存成本4元，平均每次进货成本200元。

要求：（1）计算经济进货批量；（2）计算经济进货批量下的相关总成本；（3）计算年度最佳进货次数；（4）计算最佳进货周期；（5）计算经济进货批量下的变动性进货成本。

解：（1）经济进货批量：$Q^* = \sqrt{\frac{2DF}{C}} = \sqrt{\frac{2 \times 360\,000 \times 200}{4}} = 6\,000$（千克）

（2）经济进货批量下的相关总成本：TC（Q^*）$= \sqrt{2DFC} = \sqrt{2 \times 360\,000 \times 200 \times 4}$

$= 24\,000$（元）

（3）年度最佳进货次数：$N = \frac{D}{Q^*} = \frac{360\,000}{6\,000} = 60$（次）

（4）最佳进货周期：$T = \frac{360}{N} = \frac{360}{60} = 6$（天）

（5）经济进货批量下的变动性进货成本 $= N \times F = 60 \times 200 = 12\,000$（元）

或：经济进货批量下的变动性进货成本 $= \frac{TC(Q^*)}{2} = \frac{24\,000}{2} = 12\,000$（元）

（三）基本模型的扩展

上述基本模型是建立在一系列假设条件下的。为了使模型更接近于实际，具有较高的实用性，就需要放宽假设条件。

1. 订货提前期与再订货点

在通常情况下，企业的存货不能做到随用随时补充，因此不能等存货用完再去订货，而需在存货没有用完时提前订货。在提前订货的情况下，企业再次发出订单时，尚有存货的库存量，称为再订货点。

再订货点 = 交货时间（L）×日平均需用量（d）

2. 存货陆续供应和使用

存货陆续供应和使用的情况下，经济订货量应按下列公式计算：

$$Q^* = \sqrt{\frac{2DF}{C}\left(\frac{P}{P-d}\right)}$$

式中：P为每日存货进货量。

存货陆续供应和使用的经济订货量总成本：

$$TC\left(Q^*\right) = \sqrt{2DFC\left(1 - \frac{d}{P}\right)}$$

3. 保险储备

按照某一订货批量和再订货点发出订单后，如果需求增大或送货延迟，就会发生缺货或供货中断。为防止由此造成的损失，就必须建立保险储备。建立保险储备会增加储存成本，而缺货又会发生缺货损失。研究保险储备的目的，就是要找出最佳的保险储备量，以使缺货成本和储存成本之和最小。

最佳保险储备量的确定方法是，先计算出各不同保险储备量下的总成本，然后将其进行对比，以总成本最低的保险储备量作为最佳的保险储备量。

某保险储备量下的总成本 = 年缺货成本 + 年储存成本

$$= \frac{\text{一次订货}}{\text{缺货量}} \times \frac{\text{年订货}}{\text{次数}} \times \frac{\text{单位缺货}}{\text{成本}} + \frac{\text{保险}}{\text{储备量}} \times \frac{\text{单位储存}}{\text{成本}}$$

以上解决了由于需求量变化引起的缺货问题。至于由于延迟交货而引起的缺货，可以通过建立保险储备量的方法来解决，只要将延长的天数折算为增加的需求量即可，其计算原理与前述相同。

三、ABC控制法

（一）ABC控制法基本原理

ABC控制法基本原理就是按照金额比重和品种数比重标准，将企业的全部存货分为A、B、C三类，其中金额比重是最基本的标准。A类存货的特点是金额较大，而品种数却少；B类存货的特点是金额一般，而品种数相对较多；C类存货的特点是品种数多，而金额很小。

一般而言，A类存货品种只占全部存货总品种数的10%左右，而这类存货的金额要占到全部存货总金额的70%左右。C类存货品种数要占到全部存货总品种数的70%左右，而这类存货的金额只占全部存货总金额的10%左右。B类存货则介于这两者之间，从品种数和金额看，都只占全部存货总数的20%左右。ABC控制法分类标准见表7-9。

表7-9 ABC控制法分类标准

类别	金额比重	品种数比重
A类	70%左右	10%左右
B类	20%左右	20%左右
C类	10%左右	70%左右
合计	100%	100%

（二）分类方法

（1）把各种存货全年用量分别乘以它们的单价，计算出各种存货的金额。

（2）按照各种存货金额的大小顺序重新排列，然后计算累计金额。

（3）按照从大到小的顺序，计算逐项累计金额占总金额的比重，即百分比。当累计金额占总金额的百分比达到70%左右时，所对应的存货即为A类；当累计金额占总金额的百分比达到90%左右时，所对应的存货即为B类；剩余的为C类。

（三）控制方法

在A、B、C三类存货中，由于各类存货的重要程度不同，所采用的控制方法也不同。

（1）对金额高的A类存货，按品种重点控制。要计算每种存货的经济进货批量，尽可能适当增加订购次数，以减少存货积压，也就是减少其昂贵的存储费用和大量的资金占用；同时，还可以为该类存货分别设置永续盘存卡片，以加强日常控制。

（2）对B类存货，按类别实施一般控制。可事先为每种存货计算经济进货批量，同时也可以分别设置永续盘存卡片来反映库存动态，但不必像A类存货那样严格，只需定期进行概括性检查，以节省存储和管理成本。

（3）对C类存货的控制，由于它们为数众多，而且单价又很低，存货成本也较低，因此，可以适当增加每次订货数量，减少全年的订货次数。对这类物资的日常控制方法，一般可以采用一些较为简化的方法，常用的是“双箱法”。所谓“双箱法”，就是将某项库存物资分装两个货箱，第一箱的库存量是达到订货点的耗用量，当第一箱用完时，就意味着必须马上提出订货申请，以补充生产中已经领用和即将领用的部分。

【提示】对于大宗材料、大型备品、备件则要实行招标采购，杜绝暗箱操作和采购黑洞。

任务五　流动负债管理

流动负债主要有三种主要来源，即短期借款、短期融资券和商业信用，各种来源具有不同的获取速度、灵活性、成本和风险。

一、短期借款

企业的借款通常按其流动性或偿还时间的长短，划分为短期借款和长期借款。短期借款是指企业向银行或其他金融机构借入的期限在一年（含一年）以内的各种借款。短期借款通常规定以下内容：

（一）信贷额度

信贷额度亦即贷款限额，是借款企业与银行在协议中规定的借款最高限额，信贷额度的有效期限通常为一年。一般情况下，在信贷额度内，企业可以随时按需要支用借款。但是，银行并不承担必须贷款的义务。如果企业信誉恶化，即使在信贷限额内，企业也可能得不到借款。此时，银行不会承担法律责任。

（二）周转信贷协定

周转信贷协定是银行具有法律义务地承诺提供不超过某一最高限额的贷款协定。在协定的有效期内，只要企业借款总额未超过最高限额，银行必须满足企业任何时候提出的借款要求。企业要享用周转信贷协定，通常要对贷款限额的未使用部分付给银行一笔承诺费用。

【例 7-12】某企业与银行商定的周转信贷额度为 5 000 万元，年度内实际使用了 2 800 万元，承诺费率为 0.5%，企业应向银行支付的承诺费为：

信贷承诺费 = (5 000 − 2 800) × 0.5% = 11（万元）

（三）补偿性余额

补偿性余额是银行要求借款企业在银行中保持按贷款限额或实际借用额一定比例计算的最低存款余额。对于银行来说，补偿性余额有助于降低贷款风险，补偿其可能遭受的风险；对借款企业来说，补偿性余额则提高了借款的实际利率，加重了企业的负担。

【例 7-13】某企业向银行借款 800 万元，利率为 6%，银行要求保留 10% 的补偿性余额，则企业实际可动用的贷款为 720 万元，该借款的实际利率为：

$$借款实际利率 = \frac{800 \times 6\%}{800 \times (1 - 10\%)} = \frac{6\%}{1 - 10\%} \approx 6.67\%$$

（四）贴现法计息

银行借款利息的支付方式一般为利随本清法，又称收款法，即在借款到期时向银行支付利息。但有时银行要求采用贴现法，即银行向企业发放贷款时，先从本金中扣除利息，而到期时借款企业再偿还全部本金。采用贴现法，企业可利用的贷款额只有本金扣除利息后的差额部分，从而提高了贷款的实际利率。

【例7-14】某企业从银行取得借款200万元，期限1年，利率6%，利息12万元。按贴现法付息，企业实际可动用的贷款为188万元，该借款的实际利率为：

$$借款实际利率=\frac{200\times6\%}{200\times(1-6\%)}=\frac{6\%}{1-6\%}\approx6.38\%$$

二、短期融资券

（一）短期融资券及其分类

短期融资券，是由企业依法发行的无担保短期本票。在我国，短期融资券是指企业依照中国人民银行制定的《短期融资券管理办法》的条件和程序在银行间债券市场发行和交易的、约定在期限不超过一年内还本付息的有价证券。中国人民银行对短期融资券的发行、交易、登记、托管、结算和兑付进行监督管理。短期融资券按不同标准可不同分类：

（1）按发行人分类，短期融资券分为金融企业的短期融资券和非金融企业的短期融资券。在我国，目前发行和交易的是非金融企业的短期融资券。

（2）按发行方式分类，短期融资券分为经纪人承销的短期融资券和直接销售的短期融资券。非金融企业发行短期融资券一般采用经纪人承销方式进行，金融企业发行短期融资券一般采用直接销售方式进行。

（二）短期融资券的发行条件

（1）发行人为非金融企业，发行企业均应经过在中国境内工商注册且具备债券评级能力的评级机构的信用评级，并将评级结果向银行间债券市场公示；

（2）发行和交易的对象是银行间债券市场的机构投资者，不向社会公众发行和交易；

（3）短期融资券的发行由符合条件的金融机构承销，企业不得自行销售短期融资券，发行短期融资券募集的资金用于本企业的生产经营；

（4）短期对企业发行的短期融资券施行余额管理，待偿还短期融资券余额不超过企业净资产的40%；

（5）短期融资券采用实名记账方式在中央国债登记结算有限公司（简称中央结算公司）登记托管，中央结算公司负责提供有关服务；

（6）短期融资券在债权债务登记日的次一工作日，即可以在全国银行间债券市场的机构投资人之间流通转让。

（三）短期融资券的发行程序

（1）公司做出发行短期融资券的决策；

（2）办理发行短期融资券的信用评级；

（3）向有关审批机构（中国人民银行）提出发行申请；

（4）审批机构对企业提出的申请进行审查和批准；

（5）正式发行短期融资券，取得资金。

（四）发行短期融资券筹资的特点

（1）短期融资券的筹资成本较低。相对于发行公司债券筹资而言，发行短期融资券的筹资成本较低。

（2）短期融资券筹资数额比较大。相对于银行借款筹资而言，短期融资券一次性的筹资数额比较大。

（3）发行短期融资券的条件比较严格。必须是具备一定信用等级的实力强的企业，才能发行短期融资券筹资。

三、商业信用

商业信用是指企业在商品或劳务交易中，以延期付款或预收货款方式进行购销活动而形成的借贷关系，是企业之间的直接信用行为，也是企业短期资金的重要来源。商业信用产生于企业生产经营的商品、劳务交易之中，是一种“自动性筹资”。

（一）商业信用的形式

1.应付账款

应付账款是供应商给企业提供的一个商业信用。由于购买者往往在到货一段时间后才付款，商业信用就成为企业短期资金来源。如企业规定对所有账单均见票后若干日付款，商业信用就成为随生产周转而变化的一项内在的资金来源。当企业扩大生产规模时，其进货和应付账款相应增加，商业信用就提供了增产需要的部分资金。

商业信用条件常包括以下两种：一是有信用期，但无现金折扣。如“n/30”表示30天内按发票金额全数支付。二是有信用期和现金折扣，如“2/10、n/30”表示10天内付款享受现金折扣2%，若买方放弃折扣，30天内必须付清款项。

供应商在信用条件中规定有现金折扣，目的主要在于加速资金回收。企业在决定是否享受现金折扣时，应仔细考虑。通常，放弃现金折扣的成本是高昂的。

（1）放弃现金折扣的信用成本。倘若买方企业购买货物后在卖方规定的折扣期内付款，则可以获得免费信用，在这种情况下企业没有因为取得延期付款信用而付出代价。例如，某应付账款规定付款信用条件为“2/10、n/30”，是指买方在10天内付款，可获得2%的付款折扣，若在10天至30天内付款，则无折扣；允许买方付款期限最长为30天。

【例7-15】某企业按“2/10、n/30”的付款条件购入货物60万元。如果企业在10天以后付款，便放弃了现金折扣1.2万元（60×2%），信用额为58.8万元（60－1.2）。放弃现金折扣的信用成本为：

$$\text{放弃现金折扣的信用成本}=\frac{\text{折扣率}}{1-\text{折扣率}}\times\frac{360}{\text{付款期}-\text{折扣期}}$$

$$=\frac{2\%}{1-2\%}\times\frac{360}{30-10}\approx 36.73\%$$

放弃现金折扣的信用成本与折扣大小、折扣期和付款期的长短有关系，与货款额和折扣额没有关系。如果企业在放弃折扣的情况下，推迟付款的时间越长，则其信用成本便会越小，但展期信用的结果是企业信誉恶化导致信用度的严重下降，可能招致日后更加苛刻的信用条件。

（2）放弃现金折扣的信用决策。企业放弃应付账款现金折扣的原因，可能是企业资金暂时的缺乏，也可能是基于将应付的账款用于临时性短期投资，以获得更高的投资收益。如果企业将应付账款用于短期投资，所获得的投资报酬率高于放弃折扣的信用成本率，则应当放弃现金折扣。

【例7-16】公司采购一批材料，供应商报价1万元，付款条件为“3/10、2.5/30、1.8/50、n/90”。目前公司用于支付账款的资金需要在90天时才能周转回来，如果在90天内付款，则只能通过银行借款解决。假设银行利率为12%。

要求：确定公司材料采购款的付款时间和价格。

解：根据放弃折扣的信用成本计算公式得出：10天付款，放弃折扣的信用成本为13.92%；30天付款，放弃折扣的信用成本为15.38%；50天付款，放弃折扣的信用成本为16.50%。由于各种方案放弃折扣的信用成本率均高于借款利息率，因此初步结论是要取得现金折扣，借入银行借款以偿还货款。

10天付款：得折扣300元，用资9 700元，借款80天，利息258.67元，净收益41.33元；

30天付款：得折扣250元，用资9 750元，借款60天，利息195元，净收益55元；

50天付款：得折扣180元，用资9 820元，借款40天，利息130.93元，净收益49.07元。

总结论：第30天付款是最佳方案，其净收益最大。

2.应计未付款

应计未付款是企业在生产经营和利润分配过程中已经计提但尚未以货币支付的款项。主要包括应付职工薪酬、应交税费、应付利润或应付股利等。以应付职工薪酬为例，企业通常以半月或月为单位支付工资，在应付职工薪酬已计但未付的这段时间，就会形成应计未付款。它相当于职工给企业的一个信用。应交税费、应付利润或应付股利也有类似的性质。应计未付款随着企业规模的扩大而增加，企业使用这些自然形成的资金无须付出任何代价。但企业不是总能控制这些款项，因为其支付是有一定期限的，企业不能总拖欠这些款项。所以，企业尽管可以充分利用应计未付款，但并不能控制这些账目的水平。

3.预收货款

预收货款，是指销货单位按照合同和协议规定，在发出货物之前向购货单位预先收取部分或全部货款的信用行为。购买单位对于紧俏商品往往乐于采用这种方式购货；销货方对于生产周期长、造价较高的商品，往往采用预收货款方式销货，以缓和本企业资金占用过多的矛盾。

（二）商业信用筹资的优缺点

1.商业信用筹资的优点

（1）商业信用容易获得。商业信用的载体是商品购销行为，企业总有一批既有供需关系又有相互信用基础的客户，所以对大多数企业而言，应付账款和预收货款是自然的、持续的信贷形式。商业信用的提供方一般不会对企业的经营状况和风险严格的考量，企业无须办理像银行借款那样复杂的手续便可取得商业信用，有利于应对企业生产经营之急需。

（2）企业有较大的机动权。企业能够根据需要，选择决定筹资的金额大小和期限长短，同样要比银行借款等其他方式灵活得多。甚至如果在期限内不能付款或交货时，一般还可以通过与客户的协商，请求延长时限。

（3）企业一般不用提供担保。通常，商业信用筹资不需要第三方担保，也不会要求筹资企业用资产进行担保。这样，在出现逾期付款或交货的情况时，可以避免像银行借款那样面临的抵押资产被处置的风险，企业的生产经营能力在相当长的一段时间内不会受到限制。

2.商业信用筹资的缺点

（1）商业信用筹资成本高。尽管商业信用的筹资成本是一种机会成本，但由于商业信用筹资属于临时性筹资，其筹资成本比银行信用要高。

（2）容易恶化企业的信用水平。商业信用的期限短，还款压力大，对企业现金流量管理的要求很高。如果长期和经常性地拖欠账款，会造成企业的信誉恶化。

（3）受外部环境影响较大。商业信用筹资受外部环境影响较大，稳定性较差，即使不考虑机会成本，也是不能无限利用的。一是受商品市场的影响，如当求大于供时卖方可能停止提供信用；二是受资金市场的影响，当市场资金供应紧张或有更好的投资方向时，商业信用筹资就可能遇到障碍。

四、流动负债经营的利弊

理解流动负债（期限在一年或一年以内）和长期负债（期限在一年以上）的经营优势和劣势相当重要。除了成本和风险的不同，为流动资产融资时使用流动负债或长期负债还存在经营上的不同。

（一）流动负债的经营优势

流动负债的主要经营优势包括：容易获得，具有灵活性，能有效地为季节性信贷需要进行融资。这创造了需要融资和获得融资之间的同步性。另外，短期借款一般比长期借款具有更少的约束性条款。如果仅是短期内需要资金，那么企业使用短期借款，就可以维持未来借款决策的灵活性。如果企业签订了长期借款协议，该协议规定了约束性条款、大量的预付成本和（或）信贷合约的初始费用，那么就不具有那种灵活性了。

流动负债的经营主要是为季节性行业的流动资产进行融资。为了满足增长的需要，一个季节性企业必须增加存货和（或）应收账款。流动负债是为流动资产中的临时性的、季节性的增长进行融资的主要工具。

（二）流动负债的经营劣势

流动负债的经营劣势是需要持续地重新谈判或滚动安排负债。贷款人由于企业财务状况的变化，或整体经济环境的变化，可能在到期日不愿滚动贷款，或重新设定信贷额度。提供信贷额度的贷款人一般要求，用于为短期营运资金缺口而筹集的贷款，必须每年支付至少1至3个月的全额款项，这1至3个月被称为结清期。贷款人之所以这么做，是为了确认企业是否在长期负债是合适的融资来源时仍然使用流动负债。许多企业的实践说明，使用短期贷款来为永久性流动资产融资是一件危险的事情。

典型案例分析

【资料】沃尔玛百货有限公司（以下简称沃尔玛）作为世界上最大的商业零售企业，2004年的全球销售额高达2 852亿美元，并连续多年荣登《财富》杂志“世界500强企业”和“最受尊敬企业”排行榜。其所属几千家商店和购物广场遍布美国、墨西哥、加拿大、巴西、阿根廷、南非、中国等国家。它在短短几十年中有如此迅猛的发展，不得不说是零售业的一个奇迹。

沃尔玛秉承“帮顾客节省每一分钱”的宗旨，实现了价格最便宜的承诺。顾客之所以能在沃尔玛以最低价格买到最优的产品，在很大程度上依赖于其库存管理的效率。以中国为例，沃尔玛中国公司目前在深圳和天津一南一北分别建有两大配送中心，分别负责沃尔玛在南部和北部的商品配送工作。正是依靠这两大配送中心的集中配送，沃尔玛有效控制了商品的成本、交货时间和供应商的订单满足率。通过对供应链的有效整合，沃尔玛可以实现每个商店的现货最大化和多余库存最小化，从而加快了流通速度，降低了资金积压的额度。

【分析】沃尔玛高效率的存货管理，使公司能迅速掌握销售情况和市场需求趋势，为顾客提供优质低价的商品。这种低价策略，以薄利多销的方式增加了销量，从而加大了现金回收速度，以较少的资金投入创造了更多的销售收入。

存货管理是营运资金管理的重要内容，沃尔玛的业务之所以能够迅速增长，是因为沃尔玛在存货管理方面取得了巨大的成就。

项目实训

一、单项选择题

1. 下列关于营运资金管理的说法中不正确的是（　　）。

A. 营运资金的管理既包括流动资产的管理，也包括流动负债的管理

B. 流动资产是指可以在一年以内或超过一年的一个营业周期内变现或运用的资产

C. 流动资产的数量会随着企业内外条件的变化而变化，时高时低，波动很大

D. 企业占用流动资产的资金，会在一年内收回

2. 下列各项中，企业制定信用标准时可以不予考虑的因素是（　　）。

A.同行业竞争对手的情况 B.企业自身的资信程度
C.客户的资信程度 D.企业承担违约风险的能力

3.下列各项不属于营运资金特点的是（ ）。
A.来源具有灵活多样性 B.数量具有波动性
C.实物形态具有一致性和易变现性 D.周转具有短期性

4.某企业按年利率5%向银行借款1 080万元，银行要求保留8%的补偿性余额，同时要求按照贴现法计息，则这项借款的实际利率约为（ ）。
A.6.50% B.6.38% C.5.75% D.5%

5.在集团企业资金集中管理模式中，有利于企业集团实现全面收支平衡、提高资金的周转效率、减少资金沉淀、监控现金收支、降低资金成本的是（ ）。
A.统收统支模式 B.拨付备用金模式
C.结算中心模式 D.财务公司模式

6.某企业年销售收入为1 000万元，信用条件为“1/10、n/50”时，预计有20%的客户选择享受现金折扣，其余客户在信用期付款，变动成本率为60%，资本成本率为8%，则应收账款机会成本为（ ）元。（1年按360天计算）
A.78 000 B.65 000 C.56 000 D.93 333.33

7.在应收账款管理中，下列说法不正确的是（ ）。
A.应收账款的主要功能是增加销售和减少存货
B.应收账款的成本主要包括机会成本、管理成本和坏账成本
C.监管逾期账款和催收坏账的成本会影响公司的利润
D.信用期的确定，主要是分析改变现行信用期对成本的影响

8.甲企业使用“5C”信用评价系统，其中对客户的流动比率和现金流预测特别关注。这说明其特别关注的是（ ）。
A.客户的品质 B.客户的资本 C.客户的抵押 D.客户的能力

9.下列关于应收账款日常管理的表述中，错误的是（ ）。
A.应收账款的日常管理工作包括对客户的信用调查和分析评价、应收账款的催收工作等
B.企业对顾客进行信用调查的主要方法是直接调查法和间接调查法
C.应收账款的保理可以分为有追索权保理、无追索权保理、明保理和暗保理
D.到期保理是指保理商并不提供预付账款融资，而是在赊销到期时才支付，届时不管货款是否收到，保理商都必须向销售商支付货款

10.下列各项中，由于存货量不足，不能及时满足销售或生产需要而造成的损失是（ ）。
A.缺货成本 B.进货成本 C.储存成本 D.购置成本

11.下列各项属于固定储存成本的是（ ）。
A.仓库折旧 B.存货资金的应计利息
C.存货的破损和变质损失 D.存货的保险费用

12.在现金管理中，下列说法不正确的是（ ）。

A.拥有足够的现金对于降低企业风险，增强企业资产的流动性和债务的可清偿性有着重要的意义

B.企业持有现金的目的是应付日常的业务活动

C.一个希望尽可能减少风险的企业倾向于保留大量的现金余额，以应付其交易性需求和大部分预防性资金需求

D.除了交易性需求、预防性需求和投机性需求外，许多公司持有现金是作为补偿性余额

13.某企业年销售收入为108万元，信用条件为“1/10、n/30”时，预计有20%的客户选择享受现金折扣，其余客户在信用期付款，变动成本率为50%，资本成本为10%，则应收账款机会成本为（　　）元。（1年按360天计算）

A.78 000　　B.39 000　　C.3 900　　D.7 800

14.某企业按年利率6%向银行借款1 000万元，银行要求保留10%的补偿性余额，同时要求按照贴现法计息，则这项借款的实际利率约为（　　）。

A.6.67%　　B.6.38%　　C.7.14%　　D.6%

15.某企业按照“2/10、n/60”的信用条件购进一批商品。若企业放弃现金折扣，在信用期内付款，则放弃现金折扣的机会成本约为（　　）。

A.20.41%　　B.12.24%　　C.14.70%　　D.20%

二、多项选择题

1.企业持有现金是为了满足下列各项需求的有（　　）。

A.交易性需求　　B.预防性需求

C.投资性需求　　D.补偿性需求

2.下列各项关于商业信用筹资特点的说法正确的有（　　）。

A.商业信用容易获得　　B.企业一般不用提供担保

C.商业信用筹资成本较低　　D.容易恶化企业的信用水平

3.信用条件是指销货企业要求赊购客户支付货款的条件，其构成要素包括（　　）。

A.折扣期　　B.信用标准　　C.现金折扣　　D.信用期间

4.对于企业而言，应收账款保理的理财作用主要表现在（　　）。

A.融资功能　　B.使企业应收账款的管理负担加重

C.减少坏账损失，降低经营风险　　D.改善企业的财务结构

5.现金折扣是企业对顾客在商品价格上的扣减。向顾客提供这种价格上的优惠，可以达到的目的有（　　）。

A.缩短企业的平均收款期　　B.扩大销售量

C.增加收益　　D.减少成本

6.经济订货模型是建立在一系列严格假设基础之上的，这些假设包括（　　）。

A.存货总需求量是已知常数

B.订货提前期是常数

C.货物是一次性入库

D.单位货物成本为常数，批量折扣率是已知常数

7. 现金支出管理的主要任务是尽可能延缓现金的支出时间，下列各项属于延缓现金支出时间的方法有（　　）。

A. 使用现金浮游量　　B. 透支

C. 使用零余额账户　　D. 推迟应付款的支付

8. 下列各项关于信用政策的说法，正确的有（　　）。

A. 如果企业执行的信用标准过于严格，可能会限制公司的销售机会

B. 如果企业执行的信用标准过于宽松，可能会增加随后还款的风险并增加坏账费用

C. 公司的信用条件决定了其应收账款的水平

D. 企业现金折扣的确定，要与信用期间结合起来考虑

9. 成本模型中考虑的现金持有成本包括（　　）。

A. 机会成本　　B. 管理成本　　C. 短缺成本　　D. 交易成本

10. 下列各项关于营运资金管理原则的说法，不正确的有（　　）。

A. 营运资金的管理必须把提高资金使用效率作为首要任务

B. 加速资金周转是提高资金使用效率的主要手段之一

C. 企业要千方百计加速存货、应收账款等流动资产的周转

D. 保持足够的偿债能力是营运资金的管理原则之一

三、判断题

1. 在存货管理中，与持有存货有关的成本，包括取得成本和储存成本。（　　）

2. 如果企业信誉恶化，即使在信贷额度内，企业也可能得不到借款，此时，银行不会承担法律责任。（　　）

3. 在“5C”信用评价系统中，能力是指如果企业或个人当前的现金流不足以还债，他们在短期和长期内可供使用的财务资源。（　　）

4. 在流动资产的三种融资战略中，使用短期融资最多的是激进融资战略。（　　）

5. 如果某企业存货周转期为40天，应收账款周转期为30天，应付账款周转期为35天，则现金周转期 = 40 + 30 − 35 = 35（天）。（　　）

6. 应收账款具有增加销售和减少存货的功能。（　　）

7. 企业发生坏账成本是不可避免的，而此项成本一般与应收账款发生的数量呈正比。（　　）

8. 在应收账款管理中，信用政策必须明确地规定三个内容，即信用标准、信用期间和折扣条件。（　　）

9. 现金浮游量是指由于企业提高收款效率和缩短付款时间所产生的企业账户上的现金余额和银行账户上的企业存款余额之间的差额。（　　）

10. 如果企业执行的信用标准过于严格，可能会限制公司的销售机会。如果企业执行的信用标准过于宽松，可能会增加随后还款的风险并增加坏账费用。（　　）

四、计算题

1. 东风有限公司每年需要耗用甲种原材料10 816千克，单位材料年储存成本为10元，平均每次订货费用为500元，该材料全年平均单价为1 000元。假设不存在数量折

扣，不会出现陆续到货和缺货的现象。

要求：（1）计算甲材料的经济订货批量；（2）计算甲材料的年度订货批数；（3）计算甲材料的相关储存成本；（4）计算甲材料的相关订货成本；（5）计算甲材料的经济订货批量平均占用资金；（6）计算经济订货量相关总成本。（计算结果保留整数）

2. 华强股份有限公司欲购进原材料1 000千克，每千克价格为1 000元。该公司有以下方案解决本次购货所需资金问题：

（1）与客户商定的付款条件为“1/10、n/50”。

（2）从A银行贷款，利率为8%，银行要求保留10%的补偿性余额。

（3）从B银行贷款，利率为7%，银行要求按贴现法付息。

要求：通过计算确定华强股份有限公司应选择的方案。

答案与解析

项目八

利润分配管理

【学习目标】

1. 了解利润分配的基本原则和一般程序；
2. 了解股利无关论和股利相关论的有关内容；
3. 熟悉股利分配政策和制定股利分配政策时应考虑的因素；
4. 熟悉股票分割和股票回购的相关内容。

引导案例

iPhone利润分配大曝光：苹果公司独占58.5%

2011年11月《现代快报》报道，苹果公司的iPhone手机只要一上市便出现消费者排长龙的景象，堪称史上销售最疯狂的手机，但除了苹果公司，恐怕谁都笑不出来。根据加州大学和雪城大学三位教授合写的论文《捕捉苹果全球供应网络利润》分析，2010年苹果公司每卖出一台iPhone，就独占58.5%的利润。分析说，拿走iPhone第二大块利润的，是塑胶、金属等原料供应国，占21.9%。韩国凭借技术输出，享有的利润排名第三，不过也只有4.7%。虽然iPhone的零部件和组装主要还是靠中国台湾的企业，但台湾享有的利润比中国大陆还少，只有0.5%。即使是iPad供应链，台湾也只分得2%的利润。台湾中华电信行动分公司总经理石木标苦笑说："电信公司是负责提供一条管线，让客户直接到苹果商店买东西，中间都跟我们无关，赚不到钱。但是另一方面，当iPhone卖得呱呱叫的同时，网络就要再建，频宽要更大，我们付的成本更高。"

资料来源 佚名.iPhone利润分配大曝光：苹果公司独占58.5%［EB/OL］.［2011-11-21］. http：//life.yxlady.com/consume/201206/91466.shtml.

从这个案例中，你得到怎样的启示呢？

任务一 利润分配概述

一、利润分配的概念和基本原则

（一）利润的概念和作用

1.利润的概念

利润是指企业在一定期间内的经营成果，综合反映了一定期间的经营业绩和获利能力。按计量的顺序，会计利润有以下几个层次：

第一层次：息税前利润（EBIT），即扣除利息及企业所得税之前的利润。

第二层次：税前利润，即息税前利润扣除利息费用后的余额，是计算企业所得税的依据。

第三层次：税后利润，即净利润，是指税前利润扣除企业所得税后的余额。

第四层次：可供所有者分配的利润。当年税后利润在弥补亏损、提取各种盈余公积后的余额与年初未分配利润的总计。

第五层次：未分配利润，即可供所有者分配的利润减去给所有者分配的利润后的余额。

从我国目前有关企业利润分配方面的法律和企业会计准则的要求来看，我国企业的利润分配，大部分指会计利润的分配，而且主要是税后利润的分配。

企业管理层进行收益分配管理必须解决两个问题：一是分配的对象是什么，即分什么；二是向谁分配。

2.利润的作用

利润的作用主要有以下几点：①利润是衡量企业生产经营水平的一项综合性指标；②利润是国家财政收入的重要来源；③利润是企业实现财务目标的基础；④利润是企业扩大再生产的资金保障。

（二）利润分配的概念

利润分配就是根据企业所有权的归属及各权益者占有的比例，对企业生产经营成果进行划分，是一种利用财务手段确保生产经营成果的合理归属和正确分配的管理过程。简单地讲，利润分配就是对企业一定生产经营成果的分配。

企业年度决算后实现的利润总额，要在国家、企业的所有者和企业之间进行分配。利润分配关系着国家、企业、职工及所有者各方面的利益，是一项政策性较强的工作，必须严格按照国家的法规和制度执行。利润分配的结果形成了国家的所得税收入、投资者的投资报酬和企业的留用利润等不同的项目。其中，企业的留用利润是指盈余公积和未分配利润。由于税法具有强制性和严肃性，缴纳税款是企业必须履行的义务，从这个意义上看，财务管理中的利润分配主要指企业的净利润分配，利润分配的实质就是确定给投资者分红与企业留用利润的比例。

（三）利润分配的基本原则

利润分配应遵循以下三项基本原则：

1.依法分配原则

为规范企业的利润分配行为，国家制定和颁布了若干法规，这些法规规定了企业利润分配的基本要求、一般程序和重大比例。企业的利润分配必须依法进行，这是正确处理企业各项财务关系的关键。

2.分配与积累并重原则

企业的利润分配，要正确处理长期利益和近期利益这两者的关系，坚持分配与积累并重。企业除按规定提取法定公积金以外，可适当留存一部分利润作为积累，这部分未分配利润仍归企业所有者所有。这部分积累的净利润不仅可以为企业扩大生产筹措资金，增强企业发展能力和抵抗风险的能力，同时，还可以供未来年度进行分配，起到以丰补歉、平抑利润分配数额波动、稳定投资报酬率的作用。

3.投资与收益对等原则

企业利润分配应当体现“谁投资谁收益”、收益大小与投资比例相适应，即投资与收益对等原则，这是正确处理企业与投资者利益关系的立足点。投资者因投资行为，以出资额依法享有利润分配权，就要求企业在向投资者分配利润时，要遵守公开、公平、公正的“三公”原则，不搞幕后交易，不帮助大股东侵蚀小股东利益，一视同仁地对待所有投资者，任何人不得以在企业中的其他特殊地位谋取私利，这样才能从根本上保护投资者的利益。

【提示】利润分配是对投资者投入资本的增值部分所进行的分配，而不是投入资本的返还。对企业资本金的分配是一种清算行为，而不是利润分配。

二、利润分配的一般程序

利润分配程序是指公司制企业根据适用法律、法规或规定，对企业一定期间实现的净利润进行分配必须经过的先后步骤。

（一）非股份制企业的利润分配程序

根据《中华人民共和国公司法》等有关规定，非股份制企业当年实现的利润总额应按国家有关税法的规定作相应的调整，然后依法缴纳所得税。缴纳所得税后的净利润按下列顺序进行分配：

1.弥补以前年度亏损

按我国财务和税务制度的规定，企业的年度亏损，可以由下一年度的税前利润弥补，下一年度税前利润尚不足于弥补的，可以由以后年度的利润继续弥补，但用税前利润弥补以前年度亏损的连续期限不超过5年。5年内弥补不足的，用本年税后利润弥补。本年净利润加上年初未分配利润为企业可供分配的利润，只有可供分配的利润大于零时，企业才能进行后续分配。

2.提取法定公积金

可供分配的利润大于零是计提法定公积金的必要条件。法定公积金以净利润扣除以前年度亏损为基数，按10%提取。当企业年初未分配利润为借方余额时，法定公积金计提基数为：本年净利润减年初未分配利润（借方）余额；当企业年初未分配利润为贷方余额时，法定公积金计提基数为本年净利润。未分配利润贷方余额在计算可供投资者分配的净利润时计入。当企业法定公积金达到注册资本的50%时，可不再提取。法定公积金主要用于弥补企业亏损和按规定转增资本金，但转增资本金后的法定公积金一般不低于注册资本的25%。

3.提取任意公积金

《中华人民共和国公司法》第166条第3款规定："公司从税后利润中提取法定公积金后，经股东会或者股东大会决议，还可以从税后利润中提取任意公积金。"任意公积金的提取与否及提取比例由股东会根据公司发展的需要和盈余情况决定，法律不作强制规定。任意公积金属于股东的合法权益，计提的目的是为了减少以后年度可供分配的利润，其主要用途是为了扩大再生产。任意公积金计提标准由股东会确定，如确因需要，经股东会同意后，也可用于分配。

4.向投资者分配利润

企业本年净利润扣除弥补以前年度亏损、提取法定公积金和任意公积金后的余额，加上年初未分配利润贷方余额，即为企业本年可供投资者分配的利润，按照分配与积累并重原则，确定应向投资者分配的利润数额。

【提示】在实施利润分配的几个具体环节过程中，只有在上一个环节得到足额分配的基础上，才可以转入下一个环节。

【例8-1】某公司2012年年初"未分配利润"账户的贷方余额为37万元，2012年发生亏损100万元，2013年至2017年的每年税前利润均为10万元，2018年税前利润为12万元，2019年税前利润为40万元。企业所得税税率为25%，公积金（含任意公积金）

计提比例为15%。

请问：(1) 2018年是否缴纳企业所得税？是否计提公积金？(2) 2019年可供投资者分配的利润是多少万元？

解：(1) 2018年年初未分配利润 = 37 − 100 + 10 × 5 = −13（万元）（为以后年度税后利润应弥补的亏损）

2018年应缴纳企业所得税 = 12 × 25% = 3（万元）

本年税后利润 = 12 − 3 = 9（万元）

企业可供分配的利润 = 9 − 13 = −4（万元），不能计提公积金。

(2) 2020年税后利润 = 40 × (1 − 25%) = 30（万元）

可供分配的利润 = 30 − 4 = 26（万元）

计提公积金（含任意公积金）= 26 × 15% = 3.9（万元）

可供投资者分配的利润 = 26 − 3.9 = 22.1（万元）

分配给投资者的利润，是投资者从企业获得的投资回报。向投资者分配利润应遵循纳税在先、企业积累在先、无盈余不分利的原则，其分配顺序在利润分配的最后阶段，这体现了投资者对企业的权利、义务，以及投资者所承担的风险。

（二）股份制企业的利润分配程序

(1) 弥补以前年度亏损。

(2) 提取法定公积金。

(3) 支付优先股股息。一般地，优先股按事先约定的股息率取得股息，不受企业盈利与否或多少的影响。

(4) 提取任意公积金。任意公积金是根据企业发展的需要自行提取的公积金，其提取基数与计提法定公积金的基数相同，计提比例由股东大会根据需要决定。

(5) 支付普通股股利。

从上述利润分配程序看，股利来源于企业的税后利润，但净利润不能全部用于发放股利，股份制企业必须按照有关法规和公司章程规定的顺序、比例，在提取了法定公积金后，才能向优先股股东支付股息，在提取了任意公积金之后，才能向普通股股东发放股利。如股份有限公司当年无利润或出现亏损，原则上不得分配股利。但为维护公司信誉，经股东大会特别决议，可按股票面值较低比率用公积金支付股利，支付股利后留存的法定公积金不得低于注册资本的25%。

任务二 股利支付程序

一、股利支付的程序

（一）决策程序

上市公司股利分配的基本程序是：首先由公司董事会根据公司盈利水平和股利政

策，制订股利分派方案，提交股东大会审议，通过后方能生效。然后，由监事会依股利分配方案向股东宣布，并在规定的股利发放日以约定的支付方式派发。在经过上述决策程序之后，公司方可对外发布股利分配公告、具体实施分配方案。我国股利分配决策权属于股东大会。我国上市公司的现金分红一般是按年度进行，也可以进行中期现金分红。

（二）分配信息披露

根据有关规定，股份有限公司利润分配方案、公积金转增股本方案须经股东大会批准，董事会应当在股东大会召开后两个月内完成股利派发或股份转增事项。在此期间，董事会必须对外发布股利分配公告，以确定分配的具体程序与时间安排。

股利分配公告一般在股权登记前3个工作日发布。如果公司股东较少，股票交易又不活跃，公告日可以与股利支付日在同一天。公告内容包括：

（1）利润分配方案；

（2）股利分配对象，为股权登记日当日登记在册的全体股东；

（3）股利发放方法，我国上市公司的股利分配程序应当按登记的证券交易所的具体规定进行。

此外，为提高上市公司现金分红的透明度，《关于修改上市公司现金分红若干规定的决定》要求上市公司在年度报告、半年度报告中分别披露利润分配预案，在报告期实施的利润分配方案执行情况的基础上，还要求在年度报告、半年度报告以及季度报告中分别披露现金分红政策在本报告期的执行情况。同时，要求上市公司以列表方式明确披露前三年现金分红的数额与净利润的比率。如果本报告期内盈利但公司年度报告中未提出现金利润分配预案，应详细说明未分红的原因、未用于分红的资金留存公司的用途。

（三）分配程序

以深圳证券交易所（以下简称深交所）的规定为例：对于流通股份，其现金股利由上市公司于股权登记日前划入深交所账户，再由深交所于登记日后第3个工作日划入各托管证券经营机构账户，托管证券经营机构于登记日后第5个工作日划入股东资金账户。红股则于股权登记日后第3个工作日直接计入股东的证券账户，并自即日起开始上市交易。

（四）股利支付过程中的重要日期

公司股利的发放必须遵守相关的要求，按照日程安排来进行。一般情况下，先由董事提出分配预案，然后提交股东大会决议通过才能进行分配。股东大会决议通过分配预案后，要向股东宣布发放股利的方案，并确定股权登记日、除息日和股利发放日。

（1）股利宣告日，即股东大会决议通过并由董事会将股利支付情况予以公告的日期。在公告中将宣布每股应支付的股利、股权登记日、除息日和股利支付日。

（2）股权登记日，即有权领取本期股利的股东资格登记截止日期。凡是在此指定日期收盘之前取得公司股票，成为公司在册股东的投资者都可以作为股东享受公司分派的股利。在这一天之后取得股票的股东则无权领取本次分派的股利。

（3）除息日，即领取股利的权利与股票分离的日期。在除息日之前购买的股票才能领取本次股利，而在除息日当天或是以后购买的股票，则不能领取本次股利。由于失去了“付息”的权利，除息日的股票价格会下跌。

（4）股利支付日，即公司按照公布的分红方案向股权登记日在册的股东实际支付股利的日期。

【例8-2】某上市公司于2020年4月10日公布2019年度的最后分红方案，其公告如下：“2020年4月9日在北京召开的股东大会，通过了董事会关于每股分派0.15元的2019年股息分配方案。股权登记日为4月25日，除息日为4月26日，股东可在5月10日至25日之间通过深圳证券交易所按交易方式领取股息。特此公告。”

该公司的股利支付程序如图10-1所示。

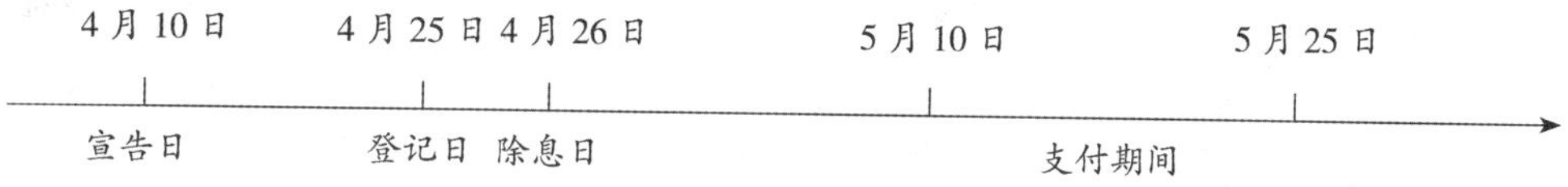

图10-1 股利支付程序

【例8-3】长江实业集团股份有限公司于2020年5月27日公布2019年度的股利分配方案，即每10股派发现金2元（含税），同时转增10股。2020年6月4日为股权登记日，6月5日为除息日，6月8日为新增股份上市流通日，6月10日为现金股利支付日。

二、股利支付的方式

股利支付形式可以分为不同的种类，主要有现金股利和股票股利两种。

（一）现金股利

现金股利是以现金支付的股利，它是股利支付的最常见的方式。公司选择发放现金股利除了要有足够的留存收益外，还要有足够的现金，而现金充足与否往往会成为公司发放现金股利的主要制约因素。

（二）股票股利

股票股利，是公司以增发股票的方式所支付的股利，我国实务中通常也称其为“红股”。股票股利对公司来说，并没有现金流出企业，也不会导致公司的财产减少，而只是将公司的留存收益转化为股本和资本公积。但股票权利会增加流通在外的股票数量，同时降低股票的每股价值。它不改变公司股东权益总额，但会改变股东权益的构成。

【例8-4】某上市公司在2020年发放股票股利前，其资产负债表上的股东权益账户情况见表8-1。

表8-1 股票股利发放前股东权益账户情况 单位：万元

项目	金额
普通股（面值1元，发行在外2 000万股）	2 000
资本公积	3 000
盈余公积	2 000
未分配利润	3 000
股东权益合计	10 000

假设该公司宣布发放10%的股票股利，现有股东每持有10股，即可获赠1股普通股。若该股票当时市价为5元，那么随着股票股利的发放，需从“未分配利润”项目划转出的资金为：

$2\,000 \times 10\% \times 5 = 1\,000$（万元）

由于股票面值（1元）不变，发放200万股，“普通股”项目只应增加200万元，其余的800万元（1 000–200）应作为股票溢价转至“资本公积”项目，而公司的股东权益总额并未发生改变，仍是10 000万元，股票股利发放后的资产负债表上的股东权益账户情况见表8-2。

表8-2 股票股利发放后股东权益账户情况 单位：万元

项目	金额
普通股（面值1元，发行在外2 200万股）	2 200
资本公积	3 800
盈余公积	2 000
未分配利润	2 000
股东权益合计	10 000

假设某股东在公司派发股票股利之前持有公司的普通股10万股，那么他所拥有的股权比例为：

10万股 ÷ 2 000万股 = 0.5%

派发股利之后，他所拥有的股票数量和股份比例为：

$10 \times (1 + 10\%) = 11$（万股）

11万股 ÷ 2 200万股 = 0.5%

可见，发放股票股利，不会对公司股东权益总额产生影响，但会引起资金在各股东权益项目间的再分配。而股票股利派发前后每一位股东的持股比例也不会发生变化。

【提示】需要说明的是，例题中股票股利以市价计算价格的做法，是很多西方国家所通行的，但我国股票股利价格是按照股票面值来计算的。

发放股票股利虽不直接增加股东的财富，也不增加公司的价值，但对股东和公司都有特殊意义。

对股东来讲，股票股利的优点主要有：（1）派发股票股利后，理论上每股市价会成比例下降，但实务中这并非必然结果。因为市场和投资者普遍认为，发放股票股利往往预示着公司会有较大的发展和成长，这样的信息传递会稳定股价或使股价下降比例减少甚至不降反升，股东便可以获得股票价值相对上升的好处。（2）由于股利收入和资本利得税率的差异，如果股东把股票股利出售，还会给他带来资本利得纳税上的好处。

对公司来讲，股票股利的优点主要有：（1）发放股票股利不需要向股东支付现金，在再投资机会较多的情况下，公司就可以为再投资提供成本较低的资金，从而有助于公司的发展。（2）发放股票股利可以降低公司股票的市场价格，既有利于促进股票的交易和流通，又有利于吸引更多的投资者成为公司股东，进而使股权更为分散，有效地防止公司被恶意控制。(3) 股票股利的发放可以传递公司未来发展前景良好的信息，从而增强投资者的信心，在一定程度上稳定股票价格。

任务三 股利理论和股利分配政策

一、股利理论

股利分配的核心问题是如何权衡公司股利支付决策与未来长期增长之间的关系，以实现公司价值最大化的财务管理目标。围绕着公司股利政策是否影响公司价值这一问题，主要有两类不同的股利理论，即股利无关论和股利相关论。

(一) 股利无关论

股利无关论认为，在一定的假设条件限制下，股利政策不会对公司的价值或股票的价格产生任何影响，投资者不关心公司股利的分配。公司市场价值的高低，是由公司所选择的投资决策的获利能力和风险组合所决定，而与公司的利润分配政策无关。

由于公司对股东的分红只是盈利减去投资之后的差额部分，且分红只能采取派现或股票回购等方式，因此，一旦投资政策已定，那么在完全的资本市场上，股利政策的改变就仅仅意味着收益在现金股利与资本利得之间分配上的变化。如果投资者按理性行事的话，这种改变不会影响公司的市场价值以及股东的财富。该理论是建立在完全资本市场理论之上的，假定条件包括：第一，市场具有强式效率；第二，不存在任何公司或个人所得税；第三，不存在任何筹资费用；第四，公司的投资决策与股利决策彼此独立。

(二) 股利相关论

与股利无关论相反，股利相关论认为，企业的股利政策会影响股票价格和公司价值。主要观点有以下几种：

1.“一鸟在手”理论

该理论认为，用留存收益再投资给投资者带来的收益具有较大的不确定性，并且投资的风险随着时间的推移会进一步加大。因此，厌恶风险的投资者会偏好确定的股利收益，而不愿将收益留存在公司内部，去承担未来的投资风险。该理论认为公司的股利政策与公司的股票价格是密切相关的，即当公司支付较高的股利时，公司的股票价格会随之上升，公司价值将得到提高。

2.信号传递理论

该理论认为，在信息不对称的情况下，公司可以通过股利政策向市场传递有关公司未来获利能力的信息，从而会影响公司的股价。一般来讲，预期未来获利能力强的公司，往往愿意通过相对较高的股利支付水平吸引更多的投资者。对于市场上的投资者来讲，股利政策的差异或许是反映公司预期获利能力的有价值的信号。如果公司连续保持较为稳定的股利支付水平，那么投资者会对公司未来的盈利能力与现金流量抱有乐观的预期。

如果公司的股利支付水平突然发生变动，那么股票市价也会对这种变动做出反应。

3.所得税差异理论

该理论认为，由于普遍存在的税率和纳税时间的差异，资本利得收入比股利收入更有助于实现收益最大化目标，公司应当采用低股利政策。一般来说，对资本利得收入征收的税率低于对股利收入征收的税率；再者，即使两者没有税率上的差异，由于投资者对资本利得收入的纳税时间选择更具有弹性，投资者仍可以享受延迟纳税带来的收益差异。

4.代理理论

该理论认为，股利政策有助于减缓管理者与股东之间的代理冲突，即股利政策是协调股东与管理者之间代理关系的一种约束机制。该理论认为，股利的支付能够有效地降低代理成本。首先，股利的支付减少了管理者对自由现金流量的支配权，这在一定程度上可以抑制公司管理者的过度投资或在职消费行为，从而保护外部投资者的利益；其次，较多的现金股利发放，减少了内部融资，导致公司进入资本市场寻求外部融资，从而公司将接受资本市场上更多的、更严格的监督，这样便通过资本市场的监督减少了代理成本。因此，高水平的股利政策降低了企业的代理成本，但同时增加了外部融资成本，理想的股利政策应当使两种成本之和最小。

二、股利分配政策

支付给股东的盈余与留在企业的保留盈余，存在此消彼长的关系。所以，股利分配既决定给股东分配多少红利，也决定有多少净利留在企业。减少股利分配，会增加保留盈余，相当于把股东投资的报酬作为对企业的再投资，从而减少了外部筹资需求。股利决策也是内部筹资决策。

企业的股利分配政策一般包括以下几个方面：一是股利支付形式。决定是以现金股利、股票股利还是其他某种形式支付股利。二是股利支付率。股利支付率是指股利与净利润的比率。按年度计算的股利支付率非常不可靠。由于累计的以前年度盈余也可以用于股利分配，有时股利支付率会大于100%。作为一种财务政策，股利支付率应当是若干年度的平均值。三是股利政策的类型。决定采取固定股利政策，还是稳定增长股利政策，或是剩余股利政策等。四是股利支付程序。确定股利宣告日、股权登记日、除息日和股利支付日等具体事宜。在进行股利分配的实务中，公司经常采用的股利政策如下：

（一）剩余股利政策

剩余股利政策是指公司在有良好的投资机会时，根据目标资本结构，测算出投资所需的权益资本额，先从盈余中留用，然后将剩余的盈余作为股利来分配，即净利润首先满足公司的资金需求，如果还有剩余，就派发股利；如果没有，则不派发股利。剩余股利政策的理论依据是股利无关论。根据股利无关论，在完全理想状态下的资本市场中，公司的股利政策与普通股每股市价无关，故而股利政策只需随着公司投资、融资方案的制订而自然确定。因此，采用剩余股利政策时，公司要遵循如下四个步骤：

（1）设定目标资本结构，在此资本结构下，公司的加权平均资本成本将达到最低水平；

（2）确定公司的最佳资本预算，并根据公司的目标资本结构预计资金需求中所需增加的权益资本数额；

（3）最大限度地使用留存收益来满足资金需求中所需增加的权益资本数额；

（4）留存收益在满足公司权益资本增加需求后，若还有剩余再用来发放股利。

【例 8-5】某公司 2019 年税后净利润为 1 000 万元，2020 年的投资计划需要资金 1 200 万元，公司的目标资本结构为权益资本占 60%，债务资本占 40%。

按照目标资本结构的要求，公司投资方案所需的权益资本数额为 720 万元（1 200×60%）。公司当年全部可用于分派的盈利为 1 000 万元，除了满足上述投资方案所需的权益资本数额外，还有剩余可用于发放股利。2019 年公司可以发放的股利为 280 万元（1 000−720）。假设该公司当年流通在外的普通股为 1 000 万股，那么每股股利为 0.28 元/股（280÷1 000）。

剩余股利政策的优点：留存收益优先保证再投资的需要，有助于降低再投资的资金成本，保持最佳的资本结构，实现企业价值的长期最大化。

剩余股利政策的缺点：若完全遵照执行剩余股利政策，股利发放额就会每年随着投资机会和盈利水平的波动而波动。在盈利水平不变的前提下，股利发放额与投资机会的多寡呈反方向变动；在投资机会维持不变的情况下，股利发放额将与公司盈利呈同方向波动。剩余股利政策不利于投资者安排收入与支出，也不利于公司树立良好的形象，一般适用于公司初创阶段。

（二）固定或稳定增长的股利政策

固定或稳定增长的股利政策是指公司将每年派发的股利额固定在某一特定水平或是在此基础上维持某一固定比率逐年稳定增长。公司只有在确信未来不会发生逆转时才会宣布实施固定或稳定增长的股利政策。在这一政策下，应首先确定股利分配额，而且该分配额一般不随资金需求的波动而波动。

固定或稳定增长的股利政策的优点：（1）由于股利政策本身的信息含量，稳定的股利向市场传递着公司正常发展的信息，有利于树立公司的良好形象，增强投资者对公司的信心，稳定股票的价格；（2）稳定的股利额有助于投资者安排股利收入和支出，有利于吸引那些打算进行长期投资并对股利有很高依赖性的股东；（3）稳定的股利政策可能会不符合剩余股利理论，但考虑到股票市场会受多种因素影响（包括股东的心理状态和其他要求），为了将股利维持在稳定的水平上，即使推迟某些投资方案或暂时偏离目标资本结构，也可能比降低股利或股利增长率更为有利。

固定或稳定增长股利政策的缺点：股利的支付与企业的盈利脱节，即不论公司盈利多少，均要支付固定的或按固定比率增长的股利，这可能会导致企业资金紧缺，财务状况恶化。此外，在企业无利可分的情况下，若依然实施固定或稳定增长的股利政策，也是违反法律规定的行为。

因此，采用固定或稳定增长的股利政策，要求公司对未来的盈利和支付能力能够做出准确判断。一般来说，公司确定的固定股利额不宜太高，以免陷入无力支付的被动局面。固定或稳定增长的股利政策通常适用于经营比较稳定或正处于成长期的企业，且很难被长期采用。

（三）固定股利支付率政策

固定股利支付率政策是指公司将每年净利润的某一固定百分比作为股利分派给股东。这一百分比通常称为股利支付率，股利支付率一经确定，一般不得随意变更。在这一股利政策下，只要公司的税后利润一经计算确定，所派发的股利也就相应确定了。固定股利支付率越高，公司留存的净利润越少。

固定股利支付率的优点：（1）采用固定股利支付率政策，股利与公司盈余紧密地配合，体现了“多盈多分、少盈少分、无盈不分”的股利分配原则。（2）由于公司的获利能力在年度间是经常变动的，因此，每年的股利也应当随着公司收益的变动而变动。采用固定股利支付率政策，公司每年按固定的比例从税后利润中支付现金股利，从企业的支付能力的角度看，这是一种稳定的股利政策。

固定股利支付率的缺点：（1）大多数公司每年的收益很难保持稳定不变，采用固定股利支付率会导致年度间的股利额波动较大。由于股利的信号传递作用，波动的股利很容易给投资者带来经营状况不稳定、投资风险较大的不良印象，这对公司是不利的。（2）容易使公司面临较大的财务压力。这是因为公司实现的盈利多，并不能代表公司有足够的现金流用来支付较多的股利额。（3）确定合适的固定股利支付率的难度比较大。

由于公司每年面临的投资机会、筹资渠道都不同，而这些都可以影响到公司的股利分派，所以一成不变地奉行固定股利支付率政策的公司在实际中并不多见，固定股利支付率政策只是比较适用于那些处于稳定发展且财务状况也较稳定的公司。

【例 8-6】某公司长期以来用固定股利支付率政策进行股利分配，确定的股利支付率为30%。2019年税后净利润为1 500万元，如果仍然继续执行固定股利支付率政策，公司本年度将要支付的股利为450万元（1 500×30%）。但公司下一年度有较大的投资需求，因此本年度准备采用剩余股利政策。如果公司下一年度的投资预算为2 000万元，目标资本结构为权益资本占60%。按照目标资本结构的要求，公司投资方案所需的权益资本额为1 200万元（2 000×60%），公司2019年度可以发放的股利为300万元（1 500-1 200）。

（四）低正常股利加额外股利政策

低正常股利加额外股利政策，是指公司事先设定一个较低的正常股利额，每年除了按正常股利额向股东发放股利外，还在公司盈余较多、资金较为充裕的年份向股东发放额外股利。但是，额外股利不固定化，不意味着公司永久地提高了股利支付率。

低正常股利加额外股利可以用以下公式表示：

$$Y = a + bX$$

式中：Y为每股股利，X为每股收益，a为低正常股利，b为股利支付比率。

低正常股利加额外股利政策的优点：（1）赋予公司较大的灵活性，使公司在股利发放上留有余地，并具有较大的财务弹性。公司可根据每年的具体情况，选择不同的股利发放水平，以稳定和提高股价，进而实现公司价值的最大化。（2）使那些依靠股利度日的股东每年至少可以得到虽然较低但比较稳定的股利收入，从而吸引这部分股东。

低正常股利加额外股利政策的缺点：（1）由于年份之间公司盈利的波动使得额外

股利不断变化，造成分派的股利不同，容易给投资者造成公司收益不稳定的感觉。(2) 当公司在较长时间持续发放额外股利后，可能会被股东误认为“正常股利”，一旦取消，传递出的信号可能会使股东认为这是公司财务状况恶化的表现，进而导致股价下跌。

相对来说，对那些盈利随着经济周期波动较大的公司或者当盈利与现金流量很不稳定时，低正常股利加额外股利政策也许是一种不错的选择。

三、利润分配制约因素

企业的利润分配涉及企业相关各方的切身利益，受众多不确定因素的影响，在确定分配政策时，应当考虑各种相关因素的影响，主要包括法律因素、公司因素、股东因素及其他因素。

（一）法律因素

为了保护债权人和股东的利益，法律对公司的利润分配做出如下规定：

（1）资本保全约束。规定公司不能用资本（包括实收资本或股本和资本公积）发放股利，目的在于维持企业资本的完整性，保护企业完整的产权基础，保障债权人的利益。

（2）资本积累约束。规定公司必须按照一定的比例和基数提取各种公积金，股利只能从企业的可供分配利润中支付。此处可供分配利润包含公司当期的净利润按照规定提取各种公积金后的余额和以前累积的未分配利润。另外，在进行利润分配时，一般应当贯彻“无盈不分”的原则，即当企业出现年度亏损时，一般不进行利润分配。

（3）超额累积利润约束。由于资本利得与股利收入的税率不一致，如果公司为了避税而使得盈余的保留大大超过了公司目前及未来的投资需要时，将被加征额外的税款。

（4）偿债能力约束。要求公司考虑现金股利分配对偿债能力的影响，确定在分配后仍能保持较强的偿债能力，以维持公司的信誉和借贷能力，从而保证公司的正常资金周转。

（二）公司因素

基于短期经营和长期发展的考虑，公司在确定利润分配政策时，需要关注以下因素：

（1）现金流量。由于会计规范的要求和核算方法的选择，公司盈余与现金流量并非完全同步，净收益的增加不一定意味着可供分配的现金流量的增加。公司在进行利润分配时，要保证正常的经营活动对现金的需求，以维持资金的正常周转，使生产经营得以有序进行。

（2）资产的流动性。企业现金股利的支付会减少其现金持有量，降低资产的流动性，而保持一定的资产流动性是企业正常运转的必备条件。

（3）盈余的稳定性。一般来讲，公司的盈余越稳定，其股利支付水平也就越高。

（4）投资机会。如果公司的投资机会多，对资金的需求量大，那么它就很可能会考虑采用低股利支付水平的分配政策；相反，如果公司的投资机会少，对资金的需求量小，那么它就很可能倾向于采用较高股利支付水平的分配政策。此外，如果公司将留存收益用于再投资所得报酬低于股东个人单独将股利收入投资于其他投资机会所得的报酬时，公司就不应多留存收益，而应多发股利，这样有利于股东价值的最大化。

（5）筹资因素。如果公司具有较强的筹资能力，随时能筹集到所需资金，那么它会具有较强的股利支付能力。另外，留存收益是企业内部筹资的一种重要方式，它同发行新股或举债相比，不需花费筹资费用，同时增加了公司权益资本的比重，降低了财务风险，便于低成本取得债务资本。

（6）其他因素。由于股利的信号传递作用，公司不宜经常改变其利润分配政策，应保持一定的连续性和稳定性。此外，利润分配政策还会受到其他公司的影响，比如不同发展阶段、不同行业的公司股利支付比例会有差异，这就要求公司在进行政策选择时要考虑发展阶段以及所处行业状况。

（三）股东因素

股东在控制权、收入和税负方面的考虑也会对公司的利润分配政策产生影响。

（1）控制权。现有股东往往将股利政策作为维持其控制地位的工具。企业支付较高的股利导致留存收益减少，当企业为有利可图的投资机会筹集所需资金时，发行新股的可能性增大，新股东的加入必然稀释公司的控制权。所以，股东会倾向于较低的股利支付水平，以便从内部的留存收益中取得所需资金。

（2）稳定的收入。如果股东以现金股利来维持生活，他们往往要求企业能够支付稳定的股利，而反对过多的留存。

（3）避税。由于股利收入的税率要高于资本利得的税率，一些高股利收入的股东出于避税的考虑而往往倾向于较低的股利支付水平。

（四）其他因素

（1）债务契约。一般来说，股利支付水平越高，留存收益越少，企业的破产风险越大，就越有可能损害到债权人的利益。因此，为了保证自己的利益不受侵害，债权人通常都会在债务契约、租赁合同中加入关于借款企业股利政策的限制条款。

（2）通货膨胀。通货膨胀会带来货币购买力水平下降，导致固定资产重置资金不足，此时，企业往往不得不考虑留用一定的利润，以便弥补由于购买力下降而造成的固定资产重置资金缺口。因此，在通货膨胀时期，企业一般会采取偏紧的利润分配政策。

任务四　股票分割与股票回购

一、股票分割

（一）股票分割的概念

股票分割又称拆股，即将一股股票拆分成多股股票的行为。股票分割一般只会增加发行在外的股票总数，但不会对公司的资本结构产生任何影响。股票分割与股票股利非常相似，都是在不增加股东权益的情况下增加了股份的数量，所不同的是股票股利虽不会引起股东权益总额的改变，但股东权益的内部结构会发生变化，而股票分割之后，股东权益总额及其内部结构都不会发生任何变化，变化的只是股票面值。

（二）股票分割的作用

（1）降低股票价格。股票分割会使每股市价降低，买卖该股票所需资金量减少，从而可以促进股票的流通和交易。流通性的提高和股东数量的增加，会在一定程度上加大对公司股票恶意收购的难度。此外，降低股票价格还可以为公司发行新股做准备，因为股价太高会使许多潜在投资者力不从心而不敢轻易对公司股票进行投资。

（2）向市场和投资者传递“公司发展前景良好”的信号，有助于提高投资者对公司股票的信心。

（三）股票反分割

与股票分割相反，如果公司认为其股票价格过低，不利于其在市场上的声誉和未来的再筹资时，为提高股票的价格，就会采取反分割措施。股票反分割又称股票合并或逆向分割，是指将多股股票合并为一股股票的行为。反分割显然会降低股票的流通性，提高公司股票投资的门槛，它向市场传递的信息通常都是不利的。

【例8-7】某上市公司在2019年年末资产负债表上的股东权益账户情况见表8-3。

表8-3　2019年年末资产负债表上的股东权益账户　单位：万元

项目	金额
普通股（面值10元，发行在外1 000万股）	10 000
资本公积	10 000
盈余公积	5 000
未分配利润	8 000
股东权益合计	33 000

请问：

（1）假设股票市价为20元，该公司宣布发放10%的股票股利，即现有股东每持有10股即可获赠1股普通股。发放股票股利后，股东权益有何变化？每股净资产是多少？

（2）假设该公司按照1∶2的比例进行股票分割。股票分割后，股东权益有何变化？每股净资产是多少？

解：根据上述资料，计算分析如下：

（1）发放股票股利后股东权益情况见表8-4。

表8-4　发放股票股利后股东权益账户　单位：万元

项目	金额
普通股（面值10元，发行在外1 100万股）	11 000
资本公积	11 000
盈余公积	5 000
未分配利润	6 000
股东权益合计	33 000

每股净资产 = 33 000 ÷ (1 000 + 100) = 30（元/股）

（2）股票分割后股东权益情况见表8-5。

表8-5　股票分割后股东权益账户　单位：万元

项目	金额
普通股（面值5元，发行在外2 000万股）	10 000
资本公积	10 000
盈余公积	5 000
未分配利润	8 000
股东权益合计	33 000

每股净资产 = 33 000 ÷ (1 000 × 2) = 16.50（元/股）

二、股票回购

（一）股票回购的概念及方式

股票回购是指上市公司出资将其发行在外的普通股以一定价格购买回来予以注销或作为库存股的一种资本运作方式。公司不得随意收购本公司的股份，只有满足相关法律规定的情形才允许股票回购。

股票回购的方式主要包括公开市场回购、要约回购和协议回购三种。其中：公开市场回购，是指公司在公开交易市场上以当前市价回购股票；要约回购，是指公司在特定期间向股东发出的以高于当前市价的某一价格回购既定数量的股票；协议回购，是指公司以协议价格直接向一个或几个主要股东回购股票。

（二）股票回购的动机

在证券市场上，股票回购的动机多种多样，主要有以下几点：

（1）现金股利的替代。现金股利政策会对公司产生未来的派现压力，而股票回购不会。当公司有富余资金时，通过回购股东所持股票将现金分配给股东，股东就可以根据自己的需要选择继续持有股票或出售获得现金。

（2）改变公司的资本结构。无论是现金回购还是举债回购股份，都会提高公司的财务杠杆水平，改变公司的资本结构。公司认为权益资本在资本结构中所占比例较大时，为了调整资本结构而进行股票回购，可以在一定程度上降低整体资金成本。

（3）传递公司信息。由于信息不对称和预期差异，证券市场上的公司股票价格可能被低估，而过低的股价将会对公司产生负面影响。一般情况下，投资者会认为股票回购意味着公司认为其股票价值被低估而采取的应对措施。

（4）基于控制权的考虑。控股股东为了保证其控制权，往往采取直接或间接的方式回购股票，从而巩固既有的控制权。另外，股票回购使流通在外的股份数变少，股价上升，从而可以有效地防止恶意收购。

（三）股票回购的影响

股票回购对上市公司的影响主要表现在以下几个方面：

（1）股票回购需要大量资金支付回购成本，容易造成资金紧张，降低资产流动性，影响公司的后续发展。

（2）股票回购无异于股东退股和公司资本的减少，可能会使公司的发起股东更注重利润的实现，从而不仅在一定程度上削弱了对债权人利益的保护，而且忽视了公司的长远发展，损害了公司的根本利益。

（3）股票回购容易导致公司操纵股价。公司回购股票容易导致其利用内幕消息进行炒作，加剧公司行为的非规范化，损害投资者的利益。

典型案例分析

【资料】南方公司是一家中型皮革公司，公司业绩一直很稳定，其盈余的长期成长率为12%。2019年公司税后盈利为1 000万元，当年发放股利共250万元。2020年，公司面临一个投资机会，预计其税后盈利可达到1 200万元，该公司投资总额为900万元，预计2021年以后仍会恢复12%的增长率。公司目标资本结构负债与权益之比为4∶5。现在公司面临股利分配政策的选择，可供选择的股利分配政策有固定股利支付率政策、剩余股利政策以及稳定增长的股利政策。如果你是该公司的财务分析人员，请你计算2020年公司实行不同股利政策时的股利水平，并比较不同的股利政策，做出你认为正确的选择。

【分析】（1）维持固定股利支付率政策时：

2019年股利支付率 = 250 ÷ 1000 = 25%

2020年支付股利 = 1 200 × 25% = 300（万元）

（2）采用剩余股利政策时：

需内部权益融资额 = 900 × 5 ÷ (5 + 4) = 500（万元）

2020年支付股利 = 1 200 − 500 = 700（万元）

（3）实行稳定增长的股利政策时：

2020年支付股利 = 250 × (1 + 12%) = 280（万元）

（4）固定股利支付率政策：由于按固定比率支付，股利会随每年盈余的变动而变动，使公司股利支付极不稳定，不利于公司市值最大化目标的实现。

剩余股利政策：在股利分配时，优先考虑投资机会的选择，其股利额会随着所面临的投资机会而变动。因为公司每年面临不同的投资机会，所以会造成股利较大的变动，不利于公司股价稳定。

稳定增长的股利政策：股利发放额稳定增长，有利于树立公司良好的形象，使公司股价稳定，有利于公司长期发展，但是实行这一政策的前提是公司的收益必须稳定且能正确地预计其增长率。

根据上述分析，南方公司应选择稳定增长的股利政策。

项目实训

一、单项选择题

1. 公司制定股利分配政策时，需要考虑股东的要求。下列股东中，往往希望公司采取低股利政策的是（　　）。

A. 以股利为主要收入来源的股东　　B. 收入较低的股东

C. 中小股东　　D. 控股权股东

2. 公司的经营情况和经营能力，会影响其股利政策。下列说法不正确的是（　　）。

A. 盈余相对稳定的公司具有较高的股利支付能力

B. 为了保持一定资产的流动性，应较多地支付现金股利

C. 举债能力弱的公司往往采取低股利政策

D. 处于成长中的公司多采取低股利政策，处于经营收缩中的公司多采取高股利政策

3. 按照《中华人民共和国公司法》的规定，下列关于利润分配顺序的表述中，不正确的是（　　）。

A. 可供分配的利润如果为负数，则不能进行后续分配

B. 如果年初不存在累计亏损，则：法定公积金=本年净利润×10%

C. 提取法定公积金的基数是本年的税后利润

D. 可供股东分配的利润=可供分配的利润-从本年净利润中提取的公积金

4. 下列各项中，不可以用于支付股利的是（　　）。

A. 资本公积　　B. 盈余公积　　C. 未分配利润　　D. 净利润

5. 某公司2019年利润总额为125万元，所得税费用为25万元。年初累计亏损为40万元，其中有25万元属于2013年的亏损，计提法定公积金的比例为10%，则本年计提的法定公积金为（　　）万元。

A.6　　B.7.5　　C.8.5　　D.10

6. 某公司目前的普通股股数为1 100万股，每股市价8元，每股收益2元。该公司准备按照目前的市价回购100万股并注销，如果回购前后净利润不变、市盈率不变，则下列表述不正确的是（　　）。

A. 回购后每股收益为2.20元　　B. 回购后每股市价为8.80元

C. 回购后股东权益减少800万元　　D. 回购后股东权益不变

7. 下列关于发放股票股利和股票分割的说法不正确的是（　　）。

A. 都不会对公司股东权益总额产生影响　　B. 都会导致股数增加

C. 都会导致每股面额降低　　D. 都可以达到降低股价的目的

8. 下列各项中，通常适用于经营比较稳定或正处于成长期的企业，且很难被长期采用的股利政策是（　　）。

A. 固定或稳定增长　　B. 固定股利支付率

C.剩余股利　　　　　　　　　　　D.低正常股利加额外股利

9.有权领取股利的股东资格登记截止日期是（　　）。

A.股利宣告日　　B.股权登记日　　C.除息日　　D.股利支付日

10.下列关于股利理论的表述不正确的是（　　）。

A.股利无关论认为，股利的支付率不影响公司价值

B.信号传递理论认为，股利支付率增加，会导致股票价格上升

C.“一鸟在手”理论认为，股东更偏好现金股利而非资本利得，倾向于选择股利支付率较高的股票

D.剩余股利政策的理论依据是代理理论

11.股利无关论认为股利分配对公司的市场价值不会产生影响。下列各项不属于这一理论假设条件的是（　　）。

A.公司的投资政策已确定并且已经为投资者所理解

B.任何股票购买者都能以无风险利率借得任何数量的资金

C.不存在信息不对称

D.经理与外部投资者之间不存在代理成本

12.下列关于股利分配政策的说法错误的是（　　）。

A.采用剩余股利分配政策，可以保持理想的资本结构，使加权平均资本成本最低

B.采用固定股利支付率分配政策，可以使股利和公司盈余紧密配合，但不利于稳定股票价格

C.采用固定股利分配政策，当盈余较低时，容易导致公司资金短缺，增加公司风险

D.采用低正常股利加额外股利政策，股利和盈余不匹配，不利于增强股东对公司的信心

13.某公司2019年税后利润2 000万元，2020年需要增加投资资本2 800万元，公司的目标资本结构是权益资本占60%，债务资本占40%，2020年继续保持。按法律规定，至少要提取10%的公积金。公司采用剩余股利政策，2019年度公司应分配的股利为（　　）万元。

A.120　　B.320　　C.880　　D.420

14.企业采用剩余股利分配政策的根本理由是（　　）。

A.最大限度地用收益满足筹资的需要

B.向市场传递企业不断发展的信息

C.使企业保持理想的资本结构，使加权平均资本成本最低

D.使企业在资金使用上有较大的灵活性

15.下列关于股票股利的说法正确的是（　　）。

A.股票股利会导致股东财富增加

B.股票股利会引起所有者权益各项目的结构发生变化

C.股票股利会导致公司资产流出

D.股票股利会引起负债增加

二、多项选择题

1.下列说法遵循了利润分配原则的有（　　）。

A.缴纳企业所得税后的净利润，企业对此有权自主分配

B.企业在分配中不能侵蚀资本

C.企业必须在利润分配之前偿清所有债权人到期的债务

D.企业分配利润的时候必须兼顾投资者、经营者、职工等多方面的利益

2.下列制定股利分配政策应考虑的因素中，属于公司因素的有（　　）。

A.盈余的稳定性　　B.投资机会

C.资本成本　　D.无力偿付的限制

3.下列各项中，会采取低股利政策的有（　　）。

A.正处于通货膨胀时期　　B.公司偿债能力较差

C.公司的举债能力较弱　　D.公司处于经营收缩阶段

4.下列各项属于利润分配基本原则的有（　　）。

A.依法分配原则　　B.资本保值原则

C.充分保护债权人利益原则　　D.多方及长短期利益兼顾原则

5.股票股利的意义主要有（　　）。

A.使股票的交易价格保持在合理的范围之内，从而吸引更多投资者

B.以较低的成本向市场传达利好信号

C.通过增加股票股数降低每股市价，从而吸引更多的投资者

D.能直接增加股东的财富

6.下列关于股票回购的表述正确的有（　　）。

A.股票回购对股东利益具有不确定的影响

B.股票回购可以避免股利波动带来的负面影响

C.股票回购可以发挥财务杠杆作用

D.股票回购可以在一定程度上降低公司被收购的风险

7.下列股利支付方式中，目前在我国公司实务中很少使用，但并非法律所禁止的有（　　）。

A.现金股利　　B.财产股利　　C.负债股利　　D.股票股利

8.下列有关我国上市公司的表述正确的有（　　）。

A.在除息日当日及以后买入的股票不再享有本次股利分配的权利

B.股权登记日在公司股东名册上登记的股东，才有权分享股利

C.在股权登记日当天购买股票的股东，无权分享股利

D.在股权登记日的下一个交易日购买股票的股东，有权分享股利

9.下列关于股利无关论的说法正确的有（　　）。

A.股利分配对公司的市场价值不会产生影响

B.投资者并不关心公司股利的分配

C.股利的支付比率不影响公司的价值

D.股利政策会影响公司的价值

10.股份制企业的利润分配程序包括（ ）。

A.提取法定公积金
B.支付优先股股息
C.提取任意公积金
D.支付普通股股利

11.下列各项股利分配额的确定正确的有（ ）。

A.剩余股利政策下，股利分配额=净利润-新增投资需要的权益资金，结果为正数表示发放的现金股利额，结果为负数表明需要从外部筹集的权益资金

B.固定股利政策下，本年股利分配额=上年股利分配额

C.固定股利支付率政策下，股利分配额=可供分配利润×股利支付率

D.低正常股利加额外股利政策下，股利分配额=固定低股利+额外股利

12.下列关于股利政策的表述中，正确的有（ ）。

A.公司奉行剩余股利政策的目的是保持理想的资本结构

B.采用固定股利政策有利于稳定股价

C.固定股利支付率政策将股利支付与公司当年经营业绩紧密相连

D.低正常股利加额外股利政策使公司在股利支付中较具灵活性

13.企业的股利分配方案一般包括（ ）。

A.股利支付形式
B.股利支付率
C.股利政策的类型
D.股利支付程序

三、判断题

1.为了保护投资者的利益，我们国家不允许发放负债股利。（ ）

2.在特殊情况下，可以用资本公积发放股利。（ ）

3.依靠股利维持生活的股东，往往要求公司支付较高的股利。（ ）

4.处于成长中的公司多采取低股利政策；陷于经营收缩中的公司多采取高股利政策。（ ）

5.负债资金较多、资金结构不健全的企业在选择筹资渠道时，往往将留用利润作为首选，以降低筹资的外在成本。（ ）

四、计算分析题

某公司本年实现的净利润为250万元，年初累计未分配利润为500万元。上年实现净利润200万元，分配的股利为120万元。

要求：计算回答下列互不关联的问题：

（1）如果预计明年需要增加投资资本200万元，公司的目标资本结构为权益资本占60%，债务资本占40%。公司采用剩余股利政策，公司本年应发放多少股利？并简要说明采用剩余股利政策的理由。

（2）如果公司采用固定股利政策，公司本年应发放多少股利？并简要说明这种股利政策的优缺点。

（3）如果公司采用固定股利支付率政策，公司本年应发放多少股利？并简要说明采用该股利政策的优缺点。

（4）如果公司采用低正常股利加额外股利政策，规定每股正常股利为0.10元，按净

利润超过正常股利部分的30%发放额外股利，该公司普通股股数为400万股，公司本年应发放多少股利？并简要说明采用该股利政策的优点。

答案与解析

项目九

财务控制

【学习目标】

1. 了解财务控制的概念和实施方式；
2. 掌握责任控制的三大责任中心及评价方法；
3. 掌握标准成本控制的内容及评价。

引导案例

华联三鑫的警示

企业管理的中心是财务管理，而财务控制是财务管理活动得以顺利实施的保障。一个企业如果在财务控制上出了问题，就可能面临灭顶之灾。

2005年3月，华联三鑫第一期年产60万吨的PTA生产线完工并投入生产，成为当时世界上单线投资规模最大、建设工期最短的PTA项目。由于市场需求量巨大，华联三鑫的生产线一直处于满负荷运行状态。2005年12月，华联三鑫再次增资3亿元上马第二期PTA生产线。但是华联三鑫的高层忽视了PTA生产的主要原料是PX（对二甲苯）这一关键信息。由于PX与原油有着极强的关联性，随着原油价格从2008年1月24日的84.59美元/桶持续上升至最高的146.68美元/桶，PX价格从年初的1 100元/吨涨至1 660元/吨。由于PX价格的上涨，造成华联三鑫净利润下滑将近15亿元。华联三鑫不可避免地遭遇成本价格上涨迅速和销售价格增长缓慢的“剪刀差”，生产经营的整体外部环境严峻。加上华联三鑫在2008年7月间，逆市做多PTA期货0809合约的主力。此后PTA价格并未如其所愿上涨，华联三鑫被迫接下巨量期货实盘，被套资金多达十几亿元。

从上述案例中不难发现，华联三鑫陷入困境的一个重要原因就是没有做好财务控制。财务控制的目的是使企业的财务资源的保存和运用达到最佳。当华联三鑫因原材料价格上涨陷入负利润的境地时，作为主营业务为PTA的生产型企业，去做巨量期货实盘，无疑是诉求转机的又一个“败笔”而已。

任务一　财务控制基本知识

一、财务控制的概念

财务控制是指对企业的资金投入及收益过程和结果进行衡量与校正，目的是确保企业目标以及为达到此目标而制订的财务计划得以实现。财务控制总体目标是在确保法律法规和规章制度贯彻执行的基础上，优化企业整体资源综合配置效益，是企业理财活动的关键环节，也是确保实现理财目标的根本保证，所以财务控制将服务于企业的理财目标。

财务控制作为现代企业管理水平的重要标志，是运用特定的方法、措施和程序，通过规范化的控制手段，对企业的财务活动进行控制和监督。

【提示】经济活动通常划分为授权、签发、核准、执行和记录五个步骤。如果每一步骤由相对独立的人员或部门实施，就能够保证不相容职务的分离，便于财务控制发挥作用。

二、财务控制的特征

第一，它是按照一定的程序与方法，确保企业及其内部机构和人员全面落实和实现财务预算的过程。它以价值形式为控制手段，以不同岗位、部门和层次的不同经济业务为综合控制对象，以控制日常现金流量为主要内容。

第二，它是内部控制的一个重要组成部分，是内部控制的核心，是内部控制在资金和价值方面的体现。从工业化国家发展的经验来看，企业的控制存在着宏观和微观两种不同模式。其中财务的宏观控制主要借助于金融、证券或资本市场对被投资企业直接实施影响来完成，或者通过委托注册会计师对企业实施审计来进行。前者主要反映公司治理制度、资本结构以及市场竞争等对企业的影响，后者实际是外部审计控制。

第三，财务控制必须以确保单位经营的效率性和效果性、资产的安全性、经济信息和财务报告的可靠性为目的。其作用主要有以下三个方面：一是有助于实现公司经营方针和目标，它既是工作中的实时监控手段，也是评价标准；二是保护单位各项资产的安全和完整，防止资产流失；三是保证业务经营信息和财务会计资料的真实性和完整性。

三、财务控制的方式

（一）制度控制

根据财务控制的要求，单位在确定和完善组织结构的过程中，必须建立严格的财务控制制度，具体包括：

（1）不相容职务分离制度。控制企业按照不相容职务互相分离的原则，合理设置财务会计及相关工作岗位，明确职责权限，形成互相制衡机制。

（2）授权批准的范围。包括权限、程序和责任等内容，单位内部的各级管理层必须在授权的范围内行使职权和承担责任，经办人也必须在授权范围内办理业务。

（3）会计系统控制制度。会计系统控制制度要求企业根据《中华人民共和国会计法》和国家统一的会计制度，制定适合本单位的会计制度，明确会计工作流程，实行岗位责任制，充分发挥会计的监督职能。

（二）成本控制

企业从原材料的采购到产品的最终售出，都要采取有效的成本控制方法，同时通过改善生产产品的工艺来降低成本。中小企业应对比“产出”和“投入”，研究成本增减与收益增减的关系，以确定最有利于提高效益的成本控制方案。

（三）预算控制

预算控制是财务控制的一个重要方面，包括筹资、融资、采购、生产、销售、投资、管理等经营活动的全过程。其基本过程是：第一，编制的预算必须体现单位的经营管理目标，并明确责任；第二，预算在执行中，应当允许经过授权批准对预算进行调整，以便预算更加切合实际；第三，应当及时或定期反馈预算的执行情况。

（四）风险控制

风险控制就是尽可能地防止和避免出现不利于企业经营目标实现的各种风险。在这些风险中，经营风险和财务风险显得尤为重要。经营风险是指因生产经营方面的原因给企业盈利带来的不确定性，而财务风险又称筹资风险，是指由于举债而给企业财务带来的不确定性。由于经营风险和财务风险对企业的发展具有很大的影响，所以企业在进行各种决策时，必须尽力规避这两种风险。如企业举债经营，尽管可以缓解企业运转资金短缺的困难，但由于借入的资金需还本付息，到期一旦企业无力偿还债务，必然使企业陷入财务困难。

任务二　责任控制方法

责任控制是以责任中心为主体进行的控制。责任中心是指承担一定经济责任，并享有一定权利的企业内部（责任）单位。责任中心就是将企业整体分割成拥有独自产品或市场的几个绩效责任单位，然后将总和的管理责任授权给予这些责任单位，将各责任单位单独置于市场竞争环境之下，透过客观性的利润计算，实施必要的业绩衡量与奖惩，以期实现企业设定的经营成果的一种管理制度。责任中心按其责任对象可划分为成本中心、利润中心和投资中心三大类。

【提示】一般来讲，责任中心的责任层次越高，其可控项目的范围也就越大，不可控的项目不在责任中心的责、权、利范围之内。

一、成本中心

成本中心是指只对成本或费用承担责任的责任中心。成本中心往往不形成或不考核收入，而是考核其所发生的成本和费用，其职责是用一定的成本去完成规定的任务。

（一）成本中心的类型

成本中心有两种类型：标准成本中心和费用中心。

1.标准成本中心

标准成本中心是以实际产出量为基础，按照标准成本进行成本控制，必须使所生产的产品稳定而明确，并且知道单位产品所需要的投入量的责任中心。通常制造业工厂、车间、工段和班组等是标准成本中心的典型代表。在生产制造活动中，每个产品都可能有明确的原材料、人工和制造费用的数量标准和价格标准。实际上，任何一种重复性的活动都可以建立标准成本中心，只要这种活动能够计量产出的实际数量，能够建立起投入与产出的函数关系，都可以作为标准成本中心。

2.费用中心

费用中心，是指那些产出物不能用财务指标来衡量，或者投入和产出没有密切关系的单位。这些单位包括一般行政管理部门（如会计部、人事部）、研究开发部门（如新产品研制部）和某些销售部门（如广告部、宣传部）。一般行政管理部门的产出难以度量，研究开发和销售活动的投入量与产出量之间没有密切的联系。

（二）成本中心的责任成本

责任成本是以各单位承担的责任为范围所归集的成本，也就是特定责任中心的全部可控成本。

1.可控成本和不可控成本

可控成本是指人们可以通过一定的方法、手段，使其按人们所希望的状态发展的成本。不可控成本是与之相对应的概念。两者的关系如下：

（1）可控成本和不可控成本的区分是相对的，可控成本和不可控成本的区分与成本责任中心所处的管理层次的高低、管理权限的大小及控制范围的大小有关。例如，从整个企业的角度来看，所有的成本都是可控成本，但对于企业内部的分厂、车间、班组来说，则各有其专属的可控成本。较低层次的成本责任中心的可控成本一定是较高层次的成本责任中心的可控成本，而较高层次的成本责任中心的可控成本却不一定是较低层次的成本责任中心的可控成本。

（2）可控成本与不可控成本的区分同成本发生的空间有关。有些成本，即使是处于同一层次的成本责任中心，对有些中心是可控的，对有些中心则是不可控的。例如，材料采购成本的高低对于负责采购工作的供应部门来说是可控的，而耗用材料的生产车间却无法控制材料价格的高低，其只对材料单耗负责。

（3）区分成本的可控与不可控，目的是为了区分成本责任。成本责任中心只对自己可以控制的成本负责。

2.责任成本计算的原则和方法

企业事后的评价与考核都要求核算责任成本。计算责任成本的关键是判断每一项成本费用支出的责任归属。

（1）判别成本费用支出责任归属的原则：如果某责任中心可以通过自己的行为有效地影响一项成本的数额，那么该中心对这项成本负责；责任中心对其有权决定是否使用的某种资产或劳务的成本负责；某些管理人员虽然不直接决定某项成本，但是上级要求其参与有关事项，从而对该项成本的支出施加了重要影响，则其对该项成本也要承担责任。

（2）制造费用的归属和分摊一般依照以下步骤处理：

第一步，将可以直接判别责任归属的费用项目直接列入应负责的成本中心。例如，机物料消耗、低值易耗品的领用等，在发生时可判别耗用的成本中心，不需要采用其他标准进行分配。

第二步，对不能直接归属个别责任中心的费用，优先采用责任基础分配。有些费用虽然不能直接归属特定成本中心，但其数额受成本中心的控制，能找到合理依据来分配，如动力费、维修费等。如果成本中心能自己控制使用量，可以根据其用量来分配。

第三步，按受益基础分配。有些费用不是专属某个责任中心的，也不宜按责任基础分配，但与各中心的受益多少有关，可按收益基础分配，如按照生产工时分配电费等。

第四步，归入某一特定的责任中心。当有些费用既不能按责任基础分配，也不能按受益基础分配时，可以考虑有无可能将其归属于一个特定的责任中心。例如，车间的运输费用和试验检验费用，难以分配到某一班组，不如建立专门的成本中心，由其控制此项成本，不向各班组分配。

第五步，不能归属于任何责任中心的固定成本，不进行分摊。例如，车间厂房的折旧是以前决策的结果，短期无法改变，可暂时不加控制，作为不可控费用。

3.成本中心的考核指标

成本中心的考核指标主要采用成本（费用）变动额和成本（费用）变动率两个指标，其计算公式为：

$$成本（费用）变动额 = 实际责任成本（费用）- 预算责任成本（费用）$$

$$成本（费用）变动率 = \frac{成本(费用)变动额}{预算责任成本(费用)} \times 100\%$$

【例9-1】甲公司一车间为成本中心，生产A产品，预计产量5 000件、单位成本120元，实际产量5 500件、单位成本110元。

要求：计算甲公司一车间成本变动额与变动率。

解：成本变动额 = 110 × 5 500 − 120 × 5 000 = 5 000（元）

$$成本变动率 = \frac{5\,000}{120 \times 5\,000} \times 100\% \approx 0.83\%$$

【提示】对于具体的成本中心来讲，只有同时满足成本可以预计、可以计量、可以施加影响、可以落实责任等四个条件，才能确定为可控成本，否则为不可控成本。

二、利润中心

利润中心是对成本、收入和利润都承担责任的单位。由于利润等于收入减去成本和费用，所以利润中心实际上是对利润负责的责任中心。这类责任中心往往处于企业中较高的层次，一般指有产品或劳务生产经营决策权的部门。利润中心的权利和责任都大于成本中心。

（一）利润中心的类型

利润中心可以是自然的，也可以是人为的，通常将利润中心分为自然利润中心和人为利润中心。

1.自然利润中心

自然利润中心是指外界市场上销售产品或提供劳务取得实际收入，给企业带来利润的利润中心。这类利润中心一般是企业内部独立单位，具有材料采购权、生产决策权、价格制定权、产品销售权，有很大的独立性，如分公司、分厂等。它可以直接与外部市场发生业务上的联系，销售其最终产品和半成品或提供劳务。

2.人为利润中心

人为利润中心是指不能直接对外销售产品或提供劳务，只能在企业内部各责任中心之间按照内部转移价格相互提供产品或劳务而形成的利润中心。这类利润中心的产品主要在本企业内部转移，只有少量对外销售。

【提示】成为人为利润中心必须具备两个条件：第一，可以向其他中心提供劳务；第二，能为该中心的产品确定合理的内部转移价格以实现公平交易、等价交换。

（二）利润中心的成本计算

利润中心的成本计算，通常有以下两种方式：

（1）只计算可控成本，不分担不可控成本，即不分摊共同成本。这种方式主要适用于不可控成本难以合理分摊或无须进行共同分摊的场合。企业各利润中心按这种方式计算出的利润相当于“边际贡献总额”，减去未分担的共同成本后才是企业利润总额。按这种方式计算的“利润中心”，实际上更适合叫作边际贡献中心，人为利润中心适合采取这种计算方式。

（2）不只计算可控成本，也计算不可控制成本。这种方式适用于共同成本易于分摊或不存在共同成本的场合。各利润中心的税前利润之和，就是整个企业的利润总额，自然利润中心适合采取这种计算方式。

（三）利润中心的考核指标

在评价利润中心业绩时，主要的考核指标有边际贡献、可控边际贡献和部门税前经营利润。其计算公式为：

边际贡献 = 销售收入 − 变动成本总额

可控边际贡献 = 边际贡献 − 可控固定成本

部门税前经营利润 = 可控边际贡献 − 不可控固定成本

【例 9–2】甲公司内部二车间为一个利润中心，本期实现内部销售收入 80 万元，销售变动成本 55 万元，可控固定成本 5 万元，该中心不可控且应由该中心负担的固定成本 7 万元。

要求：计算该中心的边际贡献、可控边际贡献和部门税前经营利润。

解：该中心边际贡献 = 80 − 55 = 25（万元）

该中心可控边际贡献 = 25 − 5 = 20（万元）

该中心部门税前经营利润 = 20 − 7 = 13（万元）

三、投资中心

（一）投资中心的内容

投资中心是指既要对成本、利润负责，又要对投资效果负责的责任中心。

其与利润中心的区别是：利润中心没有投资决策权，需要在企业确定投资方向后组织具体的经营，而投资中心则不仅在产品生产和销售上享有较大的自主权，而且具有投资决策权，能够相对独立地运用其所掌握的资金，有权购置或处理固定资产，扩大或削减现有的生产能力。投资中心是最高层次的责任中心，它具有最大的决策权，也承担最大的责任。投资中心的经理不仅能控制除公司分摊管理费用外的全部成本和收入，而且能控制占用的资产。因此，投资中心不仅要衡量其利润，而且要衡量其资产并把利润与其所占有的资产联系起来。

【提示】从组织形式看，成本中心一般不是独立法人；利润中心可以是也可以不是独立法人；投资中心一般是独立法人。

（二）投资中心考核指标

投资中心评价与考核的内容主要有投资报酬率和剩余收益。

1. 投资报酬率

这是最常见的考核投资中心业绩的指标。投资报酬是投资中心的部门利润总额除以该中心所拥有的资产总额，可以反映投资中心的盈利能力。其计算公式为：

$$投资报酬率=\frac{利润}{资产总额}$$

该指标优点：数据从会计资料中获得，比较客观；是相对指标，可用于不同部门之间以及不同行业之间的比较；用它来评价每个部门的业绩，促使提高本部门的投资报酬率，有助于提高整个公司的投资报酬率。

该指标缺点：会促使部门经理放弃高于资本成本而低于目前部门投资报酬率的机会，损害公司整体的利益，不利于长期目标的实现。

2.剩余收益

剩余收益是指会计资料中获得的利润，扣减其投资额（或净资产占有额）按规定（或预期）的最低收益率计算的投资收益后的余额，是一个部门的营业利润超出其预期最低收益的部分。其计算公式为：

$$剩余收益=利润总额-投资额\times预期最低投资报酬率$$

剩余收益可以使业绩评价与企业的目标协调一致，引导部门经理采纳高于企业资本成本的决策，使个别投资中心的利益与整个企业的利益统一起来。用剩余的收益标准时，允许使用不同的风险调整资本成本，可以对不同的部门或者不同资产规定不同的资产成本百分数，使剩余收益这个指标更加灵活。投资报酬率评价方法并不区别不同资产，无法分别处理风险不同的资产。

【例9-3】广丰公司下设A、B两个投资中心，公司的预期最低投资报酬率为12%。公司打算从A和B两个投资中心中选取一个投资中心向其追加投资30万元，有关数据见表9-1。

表9-1　　A、B投资中心相关数据计算表　　金额单位：万元

项目		投资额（a）	利润（b）	投资报酬率	剩余收益=b−a×12%
追加投资前	A	30	3	10%	−0.6
	B	50	7	14%	1
	合计	80	10	12.5%	0.4
向A投资中心追加投资后	A	60	6.6	11%	−0.6
	B	50	7	14%	1
	合计	110	13.6	12.55%	0.4
向B投资中心追加投资后	A	30	3	10%	−0.6
	B	80	11	13.75%	1.4
	合计	110	14	12.73%	0.8

要求：计算广丰公司下设A、B两个投资中心的投资报酬率和剩余收益，并对其进行评价。

解：（1）用投资报酬率来衡量业绩。追加投资后，A投资中心的投资报酬率由10%

上升到11%，而B投资中心的投资报酬率由14%下降到13.75%。根据该指标来判断向A投资中心投资比向B投资中心投资要好。

（2）用剩余收益指标来衡量业绩。追加投资后，A投资中心的剩余收益没有变化，而B投资中心的剩余收益由1万元上升到1.4万元，根据该指标来判断向B投资中心投资比向A投资中心投资要好。

（3）如果从整个公司角度进行评价。向A投资中心追加投资后，投资报酬率由12.5%上升到12.55%，剩余收益没有发生变化；向B投资中心追加投资后，投资报酬率由12.5%上升到12.73%，剩余收益由0.4万元上升到0.8万元。由此可知，剩余收益的评价符合公司总体目标。

任务三　标准成本控制方法

标准成本控制是为了克服市价成本计算不能提供有助于成本控制的确切信息的缺点而研究出来的一种会计信息和成本控制系统。

一、标准成本的含义及分类

（一）标准成本的含义

标准成本是指通过精确的计算、分析、技术测定而制成的，用来评论实际成本，衡量工作效率的一种预计成本的会计信息和成本控制系统。

（二）标准成本的分类

1.标准成本按其制定所根据的生产技术和经营水平，分为理想标准成本和正常标准成本

（1）理想标准成本。它是指在最优的生产条件下，利用现有的规模和设备能够达到的最低成本。确定理想标准成本的依据，是理论上的业绩标准生产要素的理想价格和可能实现的最高生产经营能力利用水平。这里说的理论上的业绩标准，是指在生产过程中毫无技术浪费的生产要素消耗量、最熟练的工人全力以赴、不存在废品损失和停工时间等条件下可能实现的最优业绩。这里所说的理想价格，是指原材料、劳动力等生产要素在计划期间最低的价格水平。这里所说的最高生产经营能力利用水平，是指理论上可能达到的设备利用程度，只扣除不可避免的机器修理、改换品种、调整设备等时间，不考虑产品销路不佳、生产成本等影响。

（2）正常标准成本。它是指在效率良好的条件下，根据下一期应该发生的生产要素消耗量，预计价格和预计生产经营能力利用程度制造出来的标准成本。在制定这种标准成本时，考虑了生产经营活动中难以避免的损耗和低效率等，该成本是要经过努力才能达到的一种标准，因而可以调动职工的积极性。在实际工作中，正常的标准成本得到广泛使用。该成本具有客观性、科学性、激励性和稳定性的特点。

2.标准成本按其适应期，分为现行标准成本和基本标准成本

（1）现行标准成本。它是指根据其适应期间应该发生的价格、效率和生产经营能力

利用程度等预计的标准成本。在这些决定因素变化时，需要按照改变了的情况加以修订。这种标准成本可以成为评价实际成本的依据，也可以用来对存货和销货成本计价。

（2）基本标准成本。它是指一经制定，只要生产的基本条件无重大变化，就不予变化的一种标准成本。生产的基本条件的重大变化，是指产品的物理结构变化、重要原材料和劳动力价格的重要变化，以及生产技术和工艺的根本变化等。其他的变化，如由于市场供求变化导致的售价变化、生产经营能力利用程度的变化，以及由于工作方法改变而引起的效率变化等，不属于生产的基本条件变化。基本标准成本可反映成本变动的趋势，但由于其不按各期实际修订，不用来直接评价工作效率和成本控制的有效性。

二、标准成本的制定

标准成本的制定，包括确定直接材料和直接人工的标准成本，确定制造费用的标准成本和确定单位产品的标准成本。在制定标准成本时，对每一个成本项目都要分别确定用量标准和价格标准。用量标准包括单位产品材料消耗量，单位产品直接人工工时等，主要由生产技术部门负责；价格标准包括原材料单价、小时工资率、小时制造费用分配等，由会计部门和有关其他部门共同负责制定。

（一）直接材料标准成本

直接材料标准成本的计算公式为：

直接材料标准成本 = 直接材料标准消耗量 × 直接材料价格标准

式中：直接材料标准消耗量是在现在技术条件下单位产品所需的材料费用，包括必不可少的消耗和各种难以避免的损失；直接材料价格标准是取得材料的采购成本。

【例9-4】甲公司生产A产品需要耗用甲、乙两种直接材料。其中：甲材料价格标准为6元/千克，每件产品用量标准为4千克；乙材料价格标准为8元/千克，每件产品用量标准为5千克。

要求：计算甲公司A产品直接材料标准成本。

解：甲公司A产品直接材料标准成本计算表见表9-2。

表9-2 甲公司A产品直接材料标准成本计算表

项目	甲材料	乙材料
用量标准	4千克/件	5千克/件
价格标准	6元/千克	8元/千克
成本标准	24元/件	40元/件
单位产品直接材料标准成本	64元/件	

（二）直接人工标准成本

直接人工标准成本的计算公式为：

直接人工标准成本 = 直接人工用量标准 × 直接人工价格标准

式中：直接人工用量标准为单位产品标准工时，即在现在生产条件下生产单位产品所需要的时间；直接人工价格标准为标准工资率，可采用预计工资率或者正常工资率。

【例9-5】甲公司A产品每月标准总工时为12 000小时，标准总工资为132 000元，单位产品耗时为2小时。

要求：计算甲公司A产品直接人工标准成本。

解：甲公司A产品直接人工标准成本计算表见表9-3。

表9-3　甲公司A产品直接人工标准成本计算表

项目	标准
标准总工时（月）	12 000小时
标准总工资（月）	132 000元
标准工资率	11元/小时
单位产品工时用量标准	2小时/件
直接人工标准成本	22元/件

（三）制造费用标准成本

制造费用标准成本按照部门编制，将同一产品涉及的各部门单位制造费用标准加以汇总，得出整个产品制造费用标准成本。制造费用标准成本分为变动制造费用标准成本和固定制造费用标准成本两部分。

1.变动制造费用标准成本

变动制造费用用量标准，一般采用单位产品直接人工工时标准；变动制造费用的价格标准，是指每一工时变动制造费用的标准分配率。其计算公式为：

$$\begin{matrix}\text{变动制造费用}\\\text{标准成本}\end{matrix}=\begin{matrix}\text{单位产品直接人工的}\\\text{标准工时}\end{matrix}\times\begin{matrix}\text{每小时变动制造费用}\\\text{标准分配率}\end{matrix}$$

$$\begin{matrix}\text{每小时变动制造费用}\\\text{标准分配率}\end{matrix}=\frac{\text{变动制造费用预算总数}}{\text{直接人工标准总工时}}$$

确定各车间变动制造费用标准成本后，进行汇总可得出单位产品的变动制造费用标准成本。

2.固定制造费用标准成本

一般情况下，企业采用变动成本法或完全成本法计算产品成本。企业采用变动成本法时，固定制造费用不计入产品成本，固定制造费用的控制由预算管理来进行，不需要制定固定制造费用的标准成本；企业采用完全成本法时，固定制造费用计入产品成本，需要确定标准成本。

固定制造费用用量标准同变动制造费用用量标准，其价格标准为每小时固定制造费用的标准分配率。其计算公式为：

$$\begin{matrix}\text{固定制造费用}\\\text{标准成本}\end{matrix}=\begin{matrix}\text{单位产品}\\\text{直接人工的标准}\end{matrix}\times\begin{matrix}\text{每小时固定制造费用}\\\text{标准分配率}\end{matrix}$$

$$\begin{matrix}\text{每小时固定制造费用}\\\text{标准分配率}\end{matrix}=\frac{\text{固定制造费用预算总数}}{\text{直接人工标准总工时}}$$

【例9-6】承【例9-5】，甲公司的标准变动制造费用总额每月60 000元，标准固定制造费用总额每月84 000元。

要求：计算甲公司A产品单位制造费用标准成本。

解：甲公司A产品制造费用的标准成本计算表见表9-4。

表9-4 甲公司A产品制造费用的标准成本计算表

项目	标准
标准总工时（月）	12 000小时
标准总工资（月）	132 000元
标准工资率	11元/小时
单位产品工时用量标准	2小时/件
变动制造费用标准分配率	5元/小时（60 000÷12 000）
变动制造费用标准成本	10元/件
固定制造费用标准分配率	7元/小时（84 000÷12 000）
固定制造费用标准成本	14元/件
单位制造费用标准成本	24元/件

三、标准成本差异分析

实际成本与标准成本之间的差额，称为标准成本的差异。对产生的成本差异进行分析，找出产品的实际成本脱离标准成本的原因和对策，以便采取措施加以纠正。

（一）变动成本差异的分析

变动成本差异的分析，是找出直接材料、直接人工和变动制造费用等变动成本的价格脱离标准造成的价格差异与用量脱离标准造成的数量差异。其计算公式为：

$$\begin{aligned}\text{成本差异} &= \text{实际成本} - \text{标准成本}\\ &= \text{实际数量}\times\text{实际价格} - \text{标准数量}\times\text{标准价格}\\ &= \text{实际数量}\times\text{实际价格} - \text{实际数量}\times\text{标准价格} + \text{实际数量}\times\text{标准价格} - \text{标准数量}\times\text{标准价格}\\ &= \text{实际数量}\times(\text{实际价格}-\text{标准价格}) + (\text{实际数量}-\text{标准数量})\times\text{标准价格}\end{aligned}$$

1.直接材料成本差异分析

直接材料成本差异，是指直接材料实际成本与标准成本之间的差额。该差异由价格差异和数量差异组成。其计算公式为：

$$\text{材料价格差异} = \text{实际数量}\times(\text{实际价格} - \text{标准价格})$$

$$\text{材料数量差异} = (\text{实际数量} - \text{标准数量})\times\text{标准价格}$$

材料价格差异是在采购的过程中形成的，由采购部门负责。采购部门采购的实际价格脱离标准价格的原因主要有供应厂家价格变动、未经经济采购批量进货、未能及时订货造成的紧急订货、采购时舍近求远使运费和途耗增加、不必要的快递运输方式、违反合同被罚款，以及承接紧急订货造成额外采购等。

材料数量差异是在材料使用过程中形成的，由生产部门负责。材料数量差异形成的具体原因主要有操作疏忽造成废品和废物增加、操作技术改进而节省材料、新工人上岗造成多用料，以及机器或工具不适合而造成用料增加等。有时购入材料质量低劣、规格不符、工艺变更、检查过严等也会产生材料数量差异，但并非生产部门的责任。因此，要进行具体的调查明确责任归属。

【例9-7】甲公司本月生产A产品2 000件，领用乙材料12 000千克，实际价格为35元/千克，乙材料的用量标准为5千克/件，标准价格40元/千克。

要求：计算A产品的材料成本差异。

解：直接材料成本差异=直接材料实际成本-直接材料标准成本=12 000×35-2 000×5×40=20 000（元）

材料数量差异=（12 000-2 000×5）×40=80 000（元）

材料价格差异=（35-40）×12 000=-60 000（元）

2.直接人工成本差异分析

直接人工成本差异，是指直接人工实际成本与标准成本之间的差异，包括价差和量差两部分。差价是指实际工资率脱离标准工资率的差额，又称为工资率差异；量差是指实际工时脱离标准工时形成的差额，又称人工效率差异。其计算公式为：

工资率差异 = 实际工时 ×（实际工资率 - 标准工资率）

人工效率差异 =（实际工时 - 标准工时）× 标准工资率

工资率差异形成的原因复杂而且难以控制，一般由人事劳动部门管理，具体原因会涉及生产部门或其他部门。例如，直接生产工人升级或降级使用、工资率调整、加班或使用临时工，以及出勤率变化等会形成工资率的差异。

直接人工效率差异的形成主要是生产部门的责任。工作环境不良、工人经验不足、劳动情绪不佳、设备故障较多，以及作业计划安排不当等都会形成人工效率差异。但这也不是绝对的，材料质量差异也会影响生产效率。

【例9-8】甲公司本月生产A产品2 000件，实际用工3 000小时，实际支付工人工资36 000元。A产品标准工时为2小时/件，标准工资率为11元/小时，直接人工成本为22元/件。

要求：计算A产品的直接人工成本差异。

解：直接人工成本差异 = 36 000 - 22 × 2 000 = -8 000（元）

工资率差异 = 3 000 ×(36 000 ÷ 3 000 - 11)= 3 000（元）

人工效率差异 =(3 000 - 2 000 × 2)× 11 = -11 000（元）

3.变动制造费用的差异分析

变动制造费用的差异，是指实际变动制造费用与标准变动制造费用之间的差额，包括价差和量差两部分。价差是指变动制造费用的实际小时分配率脱离标准分配率形成的差额；量差是指实际工时脱离标准工时形成的差额，也称为效率差异。其计算公式为：

$$\text{变动制造费用耗费差异} = \text{实际工时} \times (\text{变动制造费用实际小时分配率} - \text{变动制造费用标准分配率})$$

变动制造费用效率差异=（实际工时-标准工时）×变动制造费用标准分配率

【例9-9】承【例9-7】、【例9-8】，甲公司本月生产A产品21 000件，A产品标准工时为2小时/件，变动制造费用标准分配率为5元/小时，变动制造费用标准成本为10元/件。

要求：计算A产品变动制造费用成本差异。

解：变动制造费用成本差异 = 21 000 − 2 000 × 10 = 1 000（元）

耗费差异 = 3 000 ×(21 000 ÷ 3 000 − 5) = 6 000（元）

效率差异 =(3 000 − 2 000 × 2)× 5 = −5 000（元）

（二）固定制造费用差异分析

固定制造费用差异分析的分析方法有二因素分析法和三因素分析法两种。

1.二因素分析法

二因素分析法，是将固定制造费用成本差异分为耗费差异和能量差异。

（1）耗费差异是指固定制造费用的实际金额与固定制造费用预算金额之间的差额，固定费用不因业务量而变，在考核时不考虑业务量的变动，以原来的预算数作为标准，实际数超过预算数即视为耗费过多。其计算公式为：

$$\text{固定制造费用耗费差异} = \text{固定制造费用实际数} - \text{固定制造费用预算数}$$

$$= \text{固定制造费用实际数} - \text{预算产量} \times \text{标准工时} \times \text{固定制造费用标准分配率}$$

（2）能量差异是指固定制造费用预算与固定制造费用标准成本的差额，或者说是实际业务量的标准工时与生产能量的差额用标准分配计算的金额。它反映实际产量标准工时未达到生产能量而造成的损失。其计算公式为：

$$\text{固定制造费用能量差异} = \text{固定制造费用预算数} - \text{固定制造费用标准成本}$$

$$= \text{固定制造费用标准分配率} \times \text{生产能量} - \text{固定制造费用标准分配率} \times \text{实际产量标准工时}$$

$$= (\text{生产能量} - \text{实际产量标准工时}) \times \text{固定制造费用标准分配率}$$

【例9-10】承【例9-9】，假如曙光公司A产品预算产量4 000件，实际固定制造费用为30 000元。标准工时为2小时/件，固定制造费用标准分配率为7元/小时。

要求：计算公司A产品的固定制造费用成本差异。

解：固定制造费用的成本差异 = 30 000 − 2 000 × 2 × 7 = 2 000（元）

耗费差异 = 30 000 − 4 000 × 2 × 7 = −26 000（元）

能量差异 =(4 000 × 2 − 2 000 × 2)× 7 = 28 000（元）

2.三因素分析法

三因素分析法，是将固定制造费用成本差异分为耗费差异、效率差异和闲置能量差异三部分。耗费差异的计算与二因素分析法相同。对二因素分析法中的能量差异进一步分两部分：一部分是实际工时为达到生产能量而形成的闲置能量差异，即产量差异；另一部分是实际工时脱离标准工时而形成的效率差异。其计算公式为：

$$\text{固定制造费用闲置能量差异} = \text{固定制造费用预算} - \text{实际工时} \times \text{固定制造费用标准分配率}$$

$$=\left(\frac{\text{预算产量}}{\text{标准工时}}-\frac{\text{实际产量}}{\text{实际工时}}\right)\times\frac{\text{固定制造费用}}{\text{标准分配率}}$$

$$\frac{\text{固定制造费用}}{\text{效率差异}}=\left(\frac{\text{实际产量}}{\text{实际工时}}-\frac{\text{实际产量}}{\text{标准工时}}\right)\times\frac{\text{固定制造费用}}{\text{标准分配率}}$$

【例9-11】承【例9-10】，利用三因素分析法计算甲公司A产品的固定制造费用成本差异。

固定制造费用的成本差异 = 30 000 − 2 000 × 2 × 7 = 2 000（元）

耗费差异 = 30 000 − 4 000 × 2 × 7 = −26 000（元）

闲置能量差异 =（4 000 × 2 − 3 000）× 7 = 35 000（元）

效率差异 =（3 000 − 2 000 × 2）× 7 = −7 000（元）

典型案例分析

【资料】远大公司使用标准成本法控制成本，甲产品每月的正常生产量为4 000件，每件产品直接材料的标准用量是0.6千克，每千克的标准价格为200元；每件产品标准耗用工时3小时，每小时标准工资率为20元；制造费用预算总额为36 000元，其中变动制造费用12 000元，固定制造费用24 000元。本月实际生产了3 750件，实际材料价格为210元/千克，全月实际领用2 400千克；本月实际耗用总工时12 000小时，每小时支付的平均工资为19.60元；制造费用实际发生额为37 800元（其中变动制造费用为13 800元，固定制造费用为24 000元）。

【要求】（1）编制甲产品标准成本卡；（2）计算和分析直接材料、直接人工、制造费用的成本差异。

【分析】（1）编制甲产品的标准成本卡，见表9-5。

表9-5 甲产品标准成本卡 金额单位：元

项目	用量标准	价格标准	单位标准成本
直接材料	0.6千克/件	200	120
直接人工	3小时/件	20	60
变动制造费用	3小时/件	1（12 000÷（3×4 000））	3
固定制造费用	3小时/件	2（24 000÷（3×4 000））	6
单位标准成本	—	—	189

（2）计算成本差异。

①甲产品实际单位成本的计算见表9-6。

②直接材料成本差异 = 134.40 × 3 750 − 120 × 3 750 = 54 000（元）

用量差异 =（2 400 − 3 750 × 0.6）× 200 = 30 000（元）

价格差异 =（210 − 200）× 2 400 = 24 000（元）

通过以上计算，可以看出甲产品本月耗用直接材料发生54 000元超支差异。由于生产部门耗用材料超过标准，导致超支30 000元；材料价格超支的24 000元，应从采购部门查找原因。

表9-6　　甲产品实际单位成本　　单位：元

项目	实际用量	实际价格	实际单位成本
直接材料	0.64（2 400÷3 750）	210	134.40
直接人工	3.2（12 000÷3 750）	19.60	62.72
变动制造费用	3.2	1.15（13 800÷12 000）	3.68
固定制造费用	3.2	2（24 000÷12 000）	6.40
单位成本	—	—	207.20

③直接人工成本差异 = 62.72 × 3 750 − 60 × 3 750 = 10 200（元）

效率差异 =(12 000 − 3 × 3 750) × 20 = 15 000（元）

工资率差异 =(19.60 − 20) × 12 000 = −4 800（元）

通过以上计算，可以看出该产品的直接人工成本超支10 200元。其中：工资率差异节约4 800元，对劳动人事部门的工作成绩应给予肯定；效率差异超支15 000元，主要责任还是在生产部门。

④变动制造费用成本差异 = 13 800 − 3 × 3 750 = 2 550（元）

效率差异 =(12 000 − 3 750 × 3) × 1 = 750（元）

耗费差异 =(1.15 − 1) × 12 000 = 1 800（元）

通过以上计算，可以看出甲产品变动制造费用超支2 550元，其中：效率差异为750元，耗费差异为1 800元，应该查明具体原因。

⑤固定制造费用成本差异 = 24 000 − 6 × 3 750 = 1 500（元）

耗费差异 = 24 000 − 6 × 4 000 = 0

闲置能量差异 =(4 000 × 3 − 12 000) × 2 = 0

效率差异 =(12 000 − 3 750 × 3) × 2 = 1 500（元）

通过以上计算，可以看出甲产品固定制造费用超支1 500元，全部是效率差异，应该查明具体原因以便改进工作。

项目实训

一、单项选择题

1. 下列说法错误的是（　　）。

A. 责任中心是一个责、权、利的结合体

B. 技术性成本可以通过弹性预算予以控制

C. 投资中心只需要对投资效果负责

D. 企业职工培训费属于酌量性成本

2. 可控成本需要具备的条件不包括（　　）。

A. 可以预计　　B. 可以计量　　C. 可以控制　　D. 可以对外披露

3. 关于成本的可控与否，下列说法正确的是（　　）。

A. 较低层次责任中心的不可控成本，对于较高层次的责任中心来说一定是可控的

B. 某一责任中心的不可控成本可能是另一责任中心的可控成本

C. 对于一个企业来说，变动成本大多是可控成本，固定成本大多是不可控成本

D. 直接成本都是可控成本

4. 某企业的一个成本中心生产某产品，预算产量1 000件，单位成本80元；实际产量1 200件，单位成本75元。该成本中心的成本变动率为（　　）。

A. –7.5%　　B. –12.5%　　C. –6.25%　　D. –5%

5. 下列关于利润中心可控利润总额的计算公式错误的是（　　）。

A. 利润中心负责人可控利润总额–利润中心负责人不可控固定成本

B. 利润中心边际贡献总额–利润中心固定成本

C. 利润中心销售收入总额–利润中心变动成本总额–利润中心固定成本

D. 利润中心边际贡献总额–利润中心负责人不可控固定成本

6. 下列说法正确的是（　　）。

A. 引起某投资中心投资利润率提高的投资，不一定会引起整个企业投资利润率的提高

B. 引起某投资中心剩余收益提高的投资，不一定会引起整个企业剩余收益的提高

C. 通常使用公司的最高利润率作为计算剩余收益时使用的规定或预期的最低报酬率

D. 使用投资利润率指标考核投资中心业绩时，投资中心不可能采取减少投资的行为

7. 某投资中心投资额为100 000元，企业加权平均的最低投资利润率为18%，剩余收益为15 000元，则该中心的投资利润率为（　　）。

A. 30%　　B. 36.75%　　C. 33%　　D. 45%

8. 企业进行固定制造费用差异分析时可以使用三因素分析法。下列关于三因素分析法的说法中，正确的是（　　）。

A. 固定制造费用耗费差异=固定制造费用实际成本–固定制造费用标准成本

B. 固定制造费用闲置能量差异=（生产能量–实际工时）×固定制造费用标准分配率

C. 固定制造费用效率差异=（实际工时–标准产量标准工时）×固定制造费用标准分配率

D. 三因素分析法中的闲置能量差异与二因素分析法中的能量差异相同

9. 在成本差异分析中，数量差异的大小是（　　）。

A. 由用量脱离标准的程度以及实际价格高低所决定的

B. 由用量脱离标准的程度以及标准价格高低所决定的

C.由价格脱离标准的程度以及实际用量高低所决定的

D.由价格脱离标准的程度以及标准数量高低所决定的

10.下列关于固定制造费用差异的表达式中，不正确的是（　　）。

A.能量差异=（预算产量下标准工时-实际产量下标准工时）×标准分配率

B.产量差异=（预算产量下标准工时-实际产量下实际工时）×标准分配率

C.效率差异=（实际产量下实际工时-实际产量下标准工时）×标准分配率

D.标准分配率=$\frac{\text{固定制造费用预算总额}}{\text{实际产量下标准总工时}}\times 100\%$

11.本月生产甲产品1 000件，实际耗用A材料2 000千克，其实际价格为每千克20元。该产品A材料的用量标准为2.5千克，标准价格为每千克18元，其直接材料用量差异为（　　）元。

A.-9 000　　B.-10 000　　C.90 000　　D.10 000

12.下列各项不属于投资中心特征的是（　　）。

A.拥有决策权　　B.一般为独立的法人

C.处于责任中心的最高层　　D.只需要对投资效果负责

13.投资中心的投资额为100 000元，最低投资利润率为20%，剩余收益为10 000元，则该中心的投资利润率为（　　）。

A.10%　　B.20%　　C.30%　　D.60%

14.对成本或费用承担责任而不对收入、利润或投资负责的责任中心是（　　）。

A.成本中心　　B.利润中心　　C.投资中心　　D.预算中心

15.具有独立或相对独立的收入和生产经营决策权，并对成本、收入和利润负责的责任中心是（　　）。

A.成本中心　　B.利润中心　　C.投资中心　　D.预算中心

二、多项选择题

1.在进行标准成本差异分析时，通常把变动成本差异分为价格脱离标准造成的价格差异和用量脱离标准造成的数量差异两种类型。下列标准成本差异中，通常应由生产部门负责的有（　　）。

A.直接材料的价格差异　　B.直接人工的数量差异

C.变动制造费用的价格差异　　D.变动制造费用的数量差异

2.下列各项属于财务控制特征的有（　　）。

A.以价值形式为控制手段　　B.以不同经济业务为控制对象

C.以控制日常现金流量为主要内容　　D.以做出最终财务决策为目标

3.下列各项中，应纳入责任中心广义业绩考核指标的有（　　）。

A.价值指标的完成情况　　B.非价值责任指标的完成情况

C.成本和利润指标的完成情况　　D.服务质量指标的完成情况

4.下列各项中，可以考核成本中心业绩的有（　　）。

A.责任成本降低额　　B.标准成本降低额

C.责任成本降低率　　D.变动成本降低额

5.下列各项说法正确的有（　　）。

A.高层责任中心的不可控成本，对于较低层次的责任中心来说，一定是不可控的

B.低层次责任中心的不可控成本，对于较高层次责任中心来说，一定是可控的

C.某一责任中心的不可控成本，对另一个责任中心来说则可能是可控的

D.某些从短期看属于不可控的成本，从较长的期间看，可能又成为可控成本

6.下列各项中，不适合作为考核利润中心负责人业绩的指标有（　　）。

A.利润中心边际贡献总额　　B.公司利润总额

C.利润中心可控利润　　D.利润中心负责人可控利润

7.关于变动制造费用标准成本，下列说法正确的有（　　）。

A.变动制造费用的数量标准通常采用单位产品直接人工工时标准

B.变动制造费用的价格标准是每一工时变动制造费用的标准分配率

C.变动制造费用的价格标准是根据实际的变动制造费用和直接人工总工时计算求得

D.用变动制造费用的数量标准和价格标准相乘，即可得出变动制造费用标准成本

8.本月生产产品400件，使用材料2 500千克，材料单价为0.55元/千克；直接材料的单位产品标准成本为3元，每件产品耗用6千克直接材料，每千克材料的标准价格为0.50元。下列各项正确的有（　　）。

A.直接材料价格差异为120元　　B.直接材料价格差异为125元

C.直接材料标准成本为1 200元　　D.直接材料用量差异为55元

9.在进行标准成本差异分析时，通常把变动成本差异分为价格脱离标准造成的价格差异和用量脱离标准造成的数量差异两种类型。下列标准成本差异中，通常应由生产部门负责的有（　　）。

A.直接材料的价格差异　　B.直接人工的数量差异

C.变动制造费用的效率差异　　D.变动制造费用的数量差异

10.下列各项属于固定制造费用三因素分析法下的差异的有（　　）。

A.耗费差异　　B.能量差异

C.效率差异　　D.闲置能量差异

二、判断题

1.实际上任何一种重复的活动都可以建立标准成本中心，只要这种活动能够计量产出实际数量，并且能够说明投入与产出之间可望达到的函数关系。（　　）

2.在对成本进行分类，以便归集责任中心的成本时，所确定的不可控成本都是固定成本。（　　）

3.因为企业内部的个人不能构成责任实体，所以不能作为责任中心。（　　）

4.利润中心必然是成本中心，投资中心必然是利润中心，所以投资中心首先是成本中心，但利润中心并不一定都是投资中心。（　　）

5.有收入的中心不一定就是利润中心。（　　）

6.成本中心对所有的成本都承担责任。（　　）

7.二因素分析法下，固定制造费用的差异包括耗费差异、效率差异和闲置能量

差异。（　　）

8. 不论利润中心是否计算共同成本或不可控成本，都必须考核的指标是该中心的边际贡献总额。（　　）

9. 对于一个企业来说，变动成本大多是可控成本，固定成本大多是不可控成本。（　　）

10. 直接成本都是可控成本。（　　）

四、计算题

1. 甲企业的A部门为利润中心，利润中心销售收入110万元；利润中心销售产品变动成本和变动销售费用50万元；利润中心负责人可控固定成本20万元；利润中心负责人不可控而应由该中心负担的固定成本12万元。

要求：

（1）计算该利润中心的边际贡献总额；

（2）计算该利润中心负责人可控利润总额；

（3）计算该利润中心可控利润总额。

2. 某企业甲产品单位工时标准为2小时/件，标准变动制造费用分配率为5元/小时，标准固定制造费用分配率为8元/小时。本月预算产量为10 000件，实际产量为12 000件，实际工时为21 600小时，实际变动制造费用与固定制造费用分别为110 160元和250 000元。

要求：

（1）计算单位产品的变动制造费用标准成本；

（2）计算单位产品的固定制造费用标准成本；

（3）计算变动制造费用效率差异；

（4）计算变动制造费用耗费差异；

（5）计算二因素分析法下的固定制造费用耗费差异和能量差异；

（6）计算三因素分析法下固定制造费用的耗费差异、闲置能量差异和效率差异。

答案与解析

项目十

财务报表分析

【学习目标】

1. 财务报表分析的目的和方法；
2. 熟悉财务报表分析方法；
3. 能够运用比率分析法对企业的偿债能力、营运能力、盈利能力和现金流量进行分析；
4. 能够对上市公司财务报表进行简单分析。

引导案例

如何“透视”企业财务报表中的“辉煌”业绩

财务报表是浓缩企业某一特定日期财务状况和某一时期经营成果、现金流量的报告文件，是国家实施宏观调控和企业加强内部经营管理的重要依据，也是投资者和债权人进行决策的重要参考。因此，财务报表的真实性显得尤为重要。然而，一些企业置法律法规及社会责任于不顾，玩弄“数字游戏”，编制虚假财务报告，给企业及相关利益主体造成了巨大的损失。这种现象在世界各国都不同程度地存在，也曾创造了许多“辉煌”的企业。但靠虚假财务报表支撑的“辉煌”终难持久，如美国的安然、日本的奥林巴斯等大公司的财务丑闻让全世界都感到震惊；中国的银广夏、蓝田等上市公司绩优股神话的破灭，也让人们心有余悸，最典型的案例是郑州百文股份有限公司（集团）的衰亡。

郑州百文股份有限公司（集团）（以下简称“郑百文”）是一家于1996年4月在上海证券交易所挂牌上市的股份有限公司。“郑百文”在上市后短短的一年间（1996年4月至1997年5月），其股价便从8元升至22.7元。就在此时，有一位S市刚刚退休的老工人，在听信了某些人对其财务报表中的经营业绩的介绍后，将其毕生积蓄6万元中的一半，以每股近20元的价格，购入了1 000多股。此后，尽管“郑百文”的价格不断回落调整，又经过了除权和填权，其股价在1997年年底还是收市于15元左右。这位老工人对“郑百文”的会计业绩一直坚信不疑。1998年年初，“郑百文”1997年年报闪亮登场，年报中的数据显示，“郑百文”1997年的销售额继1996年之后再次翻一番。在深沪800多家上市公司中，“郑百文”以70.46亿元的销售额排名第五。身居中原腹地的“郑百文”能够在商贸类上市公司中拔得头筹已属不易，竟然还能与“四川长虹”“上海石化”等股市巨霸相争，于是投资者们毫不犹豫地将其列入了绩优股的行列。这位老工人在庆幸自己当初决策正确之余，毅然将自己另一半的积蓄也投了进去，期待更为丰厚的回报。

然而事实却与老工人的愿望截然相反。1998年间，“郑百文”的股价开始大幅下降，年末的收盘价仅为每股6.97元。随后，“郑百文”1998年年报证实了投资者们的忧虑，回报不再是丰厚的股利，而是巨额的亏损。

时至今日，“郑百文”已经退市。而那位老工人在遭受巨额损失、痛心疾首之余，不禁要对“郑百文”的会计报表产生疑虑：“郑百文”是如何在短短一年时间从绩优股沦落为ST股，甚至退市呢？

从财务分析的角度来看，我们应如何分析它的财务报告，又可以从中吸取什么教训、得到什么启示呢？

任务一　财务报表概述

一、财务报表分析的目的

财务报表分析是以企业基本活动为对象、以财务报表为主要信息来源、以分析和综合为主要方法，系统认识企业的过程，其目的是将财务报表数据转换成有用的信息，以帮助报表使用人改善决策。具体体现在以下几个方面：

（一）判断企业的财务实力

通过对资产负债表和利润表有关资料进行分析，计算相关指标，了解企业的资产结构和负债水平是否合理，从而判断企业的偿债能力、营运能力及获利能力等财务实力，揭示企业在财务状况方面可能存在的问题。

（二）找出经营管理中存在的问题

评价和考核企业的经营业绩，揭示财务活动存在的问题。通过指标的计算、分析和比较，能够评价和考核企业的盈利能力和资产周转状况，揭示其经营管理的各个方面和各个环节问题，找出差距，得出分析结论。

（三）提出解决问题的策略和措施

挖掘企业潜力，寻求提高企业经营管理水平和经济效益的途径。企业进行财务报表分析的目的不仅仅是发现问题，更重要的是分析问题和解决问题。通过财务报表分析，应保持和进一步发挥生产经营管理中成功的经验，对存在的问题提出解决的策略和措施，以达到扬长避短、提高经营管理水平和经济效益的目的。

（四）评价企业的发展趋势

通过各种财务报表分析，判断企业的发展趋势，预测其生产经营的前景及偿债能力，从而为企业领导层进行生产经营决策、投资者进行投资决策和债权人进行信贷决策提供重要的依据，避免因决策错误给其带来重大的损失。

二、财务报表的使用人

财务报表的使用人主要包括股权投资人、债权人、经理人员、供应商、客户和政府等。不同主体出于不同的利益考虑，对财务分析信息有着各自不同的要求。

（一）股权投资人

为决定是否投资，需要分析企业的盈利能力；为决定是否转让股份，需要分析盈利状况、股价变动和发展前景；为考察经营者业绩，需要分析资产盈利水平、破产风险和竞争能力；为决定股利分配政策，需要分析筹资状况。

（二）债权人

为决定是否给企业贷款，需要分析贷款的报酬和风险；为了解债务人的短期偿债能力，需要分析其流动状况；为了解债务人的长期偿债能力，需要分析其盈利状况和资本结构。

（三）经理人员

为改善经营决策，需要进行内容广泛的财务分析，几乎包括外部使用人关心的所有问题。

（四）供应商

为决定是否建立长期合作关系，需要分析企业的长期盈利能力和偿债能力；为决定采用何种信用政策，需要分析短期偿债能力和营运能力。

（五）客户

为决定是否建立长期合作关系，需要分析企业经营风险和破产风险。

（六）政府

为履行政府职能，需要了解企业纳税情况、遵守法律法规和市场秩序以及职工收入和就业状况。

三、财务报表分析的内容

财务报表分析主要包括偿债能力分析、营运能力分析、盈利能力分析和现金流量分析等四个方面的内容。

（一）偿债能力分析

偿债能力是指企业如期偿付债务的能力，它包括短期偿债能力和长期偿债能力。由于短期债务是企业日常经营活动中弥补营运资金不足的一个重要来源，通过分析有助于判断企业短期资金的营运能力以及营运资金的周转状况。通过对长期偿债能力的分析，不仅可以判断企业的经营状况，还可以促使企业提高融通资金的能力，因为长期负债是企业资本化资金的重要组成部分，也是企业的重要融资途径。从债权人的角度看，通过偿债能力分析，有助于了解其贷款的安全性，以保证其债务本息能够及时、足额地得以偿还。

（二）营运能力分析

营运能力分析主要是对企业所运用的资产进行全面分析。分析企业各项资产的使用效果、资金周转的快慢以及挖掘资金的潜力，提高资金的使用效果。

（三）盈利能力分析

盈利能力分析主要是将资产、负债、所有者权益与经营成果结合起来分析企业的各项报酬率指标，从而从不同角度判断企业的获利能力。

（四）现金流量分析

现金流量分析主要通过现金流量的结构分析、流动性分析、获取现金能力分析、财务弹性分析和收益质量分析等五个方面来评价企业资金的来龙去脉、投融资能力和财务弹性。

在以上四个方面的财务分析指标中，偿债能力是财务目标实现的稳健保证，营运能力与现金流量是财务目标实现的物质基础，盈利能力是三者共同作用的结果，同时也对三者的增强起着推动作用，四者相辅相成，共同构成企业财务分析的基本内容。

四、财务报表分析的局限性

财务报表分析对于了解企业的财务状况和经营业绩、评价企业的偿债能力和经营能力、帮助制定经济决策有着显著的作用。但由于种种因素的影响，财务报表分析也存在着一定的局限性。在分析中，应注意这些局限性的影响，以保证分析结果的正确性。

（一）资料来源的局限性

（1）报表数据的时效性问题。财务报表中的数据，均是企业过去经济活动的结果和总结，用于预测未来发展趋势，只有参考价值，并非绝对合理。

（2）报表数据的真实性问题。在企业形成其财务报表之前，信息提供者往往对信息使用者所关注的财务状况以及对信息的偏好进行仔细分析与研究，并尽力满足信息使用者对企业财务状况和经营成果信息的期望。其结果极有可能使信息使用者看到的报表信息与企业实际状况相距甚远，从而误导信息使用者的决策。

（3）报表数据的可靠性问题。财务报表虽然是按照会计准则编制的，但不一定能准确地反映企业的客观实际。例如，报表数据未按通货膨胀进行调整；某些资产以成本计价，并不代表其现在真实价值；许多支出在记账时存在灵活性，既可以作为当期费用，也可以作为资本项目在以后年度摊销；很多资产以估计值入账，但未必正确；偶然事件可能歪曲本期的损益，不能反映盈利的正常水平。

（4）报表数据的可比性问题。根据会计准则的规定，不同的企业或同一个企业的不同时期都可以根据情况采用不同的会计政策和会计处理方法，使得报表上的数据在企业不同时期和不同企业之间的对比在很多时候失去意义。

（5）报表数据的完整性问题。由于报表本身的原因，其提供的数据是有限的。对报表使用者来说，可能不少需要的信息在报表或附注中根本找不到。

（二）财务分析方法的局限性

对于比较分析法来说，在实际操作时，比较的双方必须具备可比性才有意义。

对于比率分析法来说，比率分析是针对单个指标进行分析，综合程度较低，在某些情况下无法得出令人满意的结论。比率指标的计算一般都是建立在以历史数据为基础的财务报表之上的，这使比率指标提供的信息与决策之间的相关性大打折扣。

对于因素分析法来说，在计算各因素对综合经济指标的影响时，主观假定各因素的变化顺序而且规定每次只有一个因素发生变化，这些假定往往与事实不符。

无论何种分析法均是对过去经济事项的反映。随着环境的变化，这些比较标准也会发生变化。在分析时，分析者往往只注重数据的比较，而忽略经营环境的变化，这样得出的分析结论也是不全面的。

（三）财务分析指标的局限性

（1）财务指标体系不严密。每一个财务指标只能反映企业的财务状况或经营状况的某一方面，每一类指标都过分强调本身所反映的方面，导致整个指标体系不严密。

（2）财务指标所反映的情况具有相对性。在判断某个具体财务指标是好还是坏，或根据一系列指标形成对企业的综合判断时，必须注意财务指标本身所反映情况的相对性。因此，在利用财务指标进行分析时，必须掌握好对财务指标的“信任度”。

（3）财务指标的评价标准不统一。比如，对流动比率，人们一般认为指标值为2比较合理，速动比率则认为1比较合适，但许多成功企业的流动比率都低于2，不同行业的速动比率也有很大差别，如采用大量现金销售的企业，几乎没有应收账款，速动比率大大低于1是很正常的。相反，一些应收账款较多的企业，速动比率可能要大于1。因此，在不同企业之间用财务指标进行评价时没有一个统一标准，不便于不同行业间的对比。

（4）财务指标的计算口径不一致。比如，对反映企业营运能力指标，分母的计算可用年末数，也可用平均数，而平均数的计算又有不同的方法，这些都会导致计算结果不一样，不利于评价比较。

任务二 财务报表分析方法

财务报表分析的方法非常多样，不同的人出于不同的目的，使用不同的财务分析方法。一般来讲，主要有比较分析法、比率分析法和因素分析法三种。

一、比较分析法

比较分析法是按照特定的指标体系将客观事物加以比较，从而认识事物的本质和规律并进行正确的评价。根据比较对象的不同，比较分析法分为趋势分析法、横向比较法和预算差异分析法。趋势分析法是与本企业历史比，即不同时期（2~10年）指标相比；横向比较法是与同类企业比，即与行业平均数或竞争对手比较；预算差异分析法是与计划预算比，即实际执行结果与计划指标比较。

财务报表的比较分析法，是指对两个或几个有关的可比数据进行对比，从而找出企业财务状况、经营成果中的差异和问题的一种方法。在财务报表分析中，最常用的比较分析法是趋势分析法，这种方法可以分析引起变化的主要原因、变动的性质，并预测企业未来的发展方向。下面以趋势分析法为例进一步阐述比较分析法的具体运用方式。

（一）重要财务指标的比较

这种方法是指将不同时期财务报告中的相同指标或比率进行纵向比较，直接观察其增减变动情况及变动幅度，考察其发展趋势，预测其发展前景。不同时期财务指标的比较主要有以下两种方法：

1.定基动态比率

定基动态比率是以某一时期的数额为固定的基期数额而计算出来的动态比率。其计算公式为：

$$定基动态比率=\frac{分析期数额}{固定基期数额}\times 100\%$$

2.环比动态比率

环比动态比率是以每一分析期的数据与上期数据相比较计算出来的动态比率。其计算公式为：

$$\text{环比动态比率}=\frac{\text{分析期数额}}{\text{前期数额}}\times 100\%$$

（二）会计报表的比较

这是指将连续数期的会计报表的金额并列起来，比较各指标不同期间的增减变动金额和幅度，据以判断企业财务状况和经营成果发展变化的一种方法。具体包括资产负债表比较、利润表比较和现金流量表比较等。

（三）会计报表项目构成的比较

这种方法是在会计报表比较的基础上发展而来的，是以会计报表中的某个总体指标作为100%，再计算出各组成项目占该总体指标的百分比，从而比较各个项目百分比的增减变动，以此来判断有关财务活动的变化趋势。

（四）采用比较分析法时，应当注意的问题

（1）用于对比的各个时期的指标，其计算口径必须保持一致；

（2）应剔除偶发性项目的影响，使分析所利用的数据能反映正常的生产经营状况；

（3）应运用例外原则对某项有显著变动的指标作重点分析，研究其产生的原因，以便采取对策，趋利避害。

二、比率分析法

比率分析法是通过计算各种比率指标来确定财务活动变动程度的一种方法。比率指标的类型主要有构成比率、效率比率和相关比率三类。

（一）构成比率

构成比率又称结构比率，是某项财务指标的各组成部分数值占总体数值的百分比，反映部分与总体的关系。利用构成比率，可以考察总体中某个部分的形成和安排是否合理，以便协调各项财务活动。其计算公式为：

$$\text{构成比率}=\frac{\text{某个组成部分数值}}{\text{总体数值}}\times 100\%$$

比如，企业资产中流动资产、固定资产和无形资产占资产总额的百分比（资产构成比率），企业负债中流动负债和长期负债占负债总额的百分比（负债构成比率）等。

（二）效率比率

效率比率，是某项财务活动中所费与所得的比率，反映投入与产出的关系。利用效率比率指标，可以进行得失比较，考察经营成果，评价经济效益。

比如，将利润项目分别与销售成本、销售收入和资本金等项目加以对比，可以计算出成本利润率、销售利润率和资本金利润率指标，从不同角度考察比较企业获利能力的高低及其增减变化情况。

（三）相关比率

相关比率，是以某个项目和与其有关但又不同的项目加以对比所得的比率，反映有关经济活动的相互关系。利用相关比率指标，可以考察企业相互关联的业务安排得是否合理，以保障经营活动顺畅进行。

比如，将流动资产与流动负债进行对比，计算出流动比率，可以判断企业的短期偿

债能力；将负债总额与资产总额进行对比，可以判断企业长期偿债能力。

（四）采用比率分析法时，应当注意的问题

（1）对比项目的相关性；

（2）对比口径的一致性；

（3）衡量标准的科学性。

三、因素分析法

因素分析法是依据分析指标与其影响因素的关系，从数量上确定各因素对分析指标影响方向和影响程度的一种方法。

因素分析法具体有两种：连环替代法和差额分析法。

（一）连环替代法

连环替代法，是将分析指标分解为各个可以计量的因素，并根据各个因素之间的依存关系，顺次用各因素的比较值（通常为实际值）替代基准值（通常为标准值或计划值），据以测定各因素对分析指标的影响。

【例10-1】某企业2016年9月某种原材料费用的实际数是4 620元，而其计划数是4 000元。实际比计划增加620元。由于原材料费用是由产品产量、单位产品材料消耗量和材料单价三个因素的乘积组成，因此就可以把材料费用这一总指标分解为三个因素，然后逐个来分析它们对材料费用总额的影响程度。现假设这三个因素的数值见表10-1。

表10-1 产品产量、单位产品材料消耗量和材料单价情况

项目	单位	计划数	实际数
产品产量	件	100	110
单位产品材料消耗量	千克	8	7
材料单价	元	5	6
材料费用总额	元	4 000	4 620

根据表10-1中资料，材料费用总额实际数较计划数增加620元。运用连环替代法，可以计算各因素变动对材料费用总额的影响。

计划指标：$100 \times 8 \times 5 = 4\,000$（元）　①

第一次替代：$110 \times 8 \times 5 = 4\,400$（元）　②

第二次替代：$110 \times 7 \times 5 = 3\,850$（元）　③

第三次替代：$110 \times 7 \times 6 = 4\,620$（元）　④

实际指标：

② − ① = $4\,400 - 4\,000 = 400$（元）　产量增加的影响

③ − ② = $3\,850 - 4\,400 = -550$（元）　材料节约的影响

④ − ③ = $4\,620 - 3\,850 = 770$（元）　价格提高的影响

$400 - 550 + 770 = 620$（元）　全部因素的影响

（二）差额分析法

差额分析法是连环替代法的一种简化形式，是利用各个因素的比较值与基准值之间的差额，来计算各因素对分析指标的影响。

【例 10–2】承【例 10–1】，仍用表 10–1 中的资料。可采用差额分析法计算确定各因素变动对材料费用的影响。

（1）由于产量增加对材料费用的影响为：（110–100）×8 × 5 = 400（元）

（2）由于材料消耗节约对材料费用的影响为：（7–8）×110 × 5 = –550（元）

（3）由于价格提高对材料费用的影响为：（6–5）×110 × 7 = 770（元）

（三）采用因素分析法时，应当注意的问题

（1）因素分解的关联性。构成经济指标的因素，必须是客观上存在着的因果关系，要能够反映形成该项指标差异的内在构成原因，否则就失去了应用价值。

（2）因素替代的顺序性。确定替代因素时，必须根据各因素的依存关系，遵循一定的顺序并依次替代，不可随意加以颠倒，否则就会得出不同的计算结果。

（3）顺序替代的连环性。因素分析法在计算每一因素变动的影响时，都是在前一次计算的基础上进行，并采用连环比较的方法确定因素变化影响结果。

（4）计算结果的假定性。由于因素分析法计算的各因素变动的影响数，会因替代顺序不同而有差别，因而计算结果不免带有假定性，即它不可能使每个因素计算的结果，都达到绝对的准确。为此，分析时应力求使这种假定合乎逻辑，具有实际经济意义。这样，计算结果的假定性，才不至于妨碍分析的有效性。

【提示】财务分析的方法是多种多样的，既可以采用会计方法、统计方法，也可以采用数学方法。在具体运用时，可以根据分析对象的特征和资料的来源情况采用不同的分析方法。财务分析必须具备两大要素：一是分析所需的数据资料，二是所选用的特定方法。

任务三　财务比率分析

一、财务比率分析的概念及作用

（一）财务比率分析的概念

财务比率分析是通过财务报表数据的相对关系来揭示同一张财务报表中不同项目之间或不同财务报表的有关项目之间所存在的内在联系的一种分析方法。

（二）财务比率分析的作用

财务比率分析在企业财务分析中具有重要作用，具体表现在以下三个方面：

（1）财务比率分析可以恰当地反映企业过去或当前的财务活动和财务状况。例如，企业当期实现的利润总额并不能说明企业的最终经济效益，只有将利润总额和为实现利润总额而垫支的资金或发生的成本费用相比较，确定资金利润率和成本费用利润率后，才能做出更恰当的判断。又如，企业持有现金和可立即变现的流动资产数也不足以说明

企业是否有充足的偿债能力，只有将其和当期的流动负债相比较，计算流动比率和速动比率，才能预期企业的短期支付能力。

（2）财务比率分析可以超出本企业规模和行业间的差别进行观察比较。企业的生产经营规模有大有小，所获得的财务成果及所发生的耗费也会随规模的大小而变化，因此，财务绝对数指标不具有企业间比较的基础。如采用财务比率，就可以排除规模上的差异，使企业前后期指标以及不同企业的指标之间具有广泛的可比性。

（3）财务比率指标分析有利于具体分析企业财务业绩和财务状况。财务比率是相对数，这就决定了影响该指标的因素至少有两个。通过对财务比率的逐步分析，可以分析影响企业财务业绩和财务状况的具体原因。

二、财务比率分析的内容

尽管不同利益主体进行财务分析有着各自的侧重点，但就企业总体而言，财务比率分析的内容主要包括短期偿债能力比率、长期偿债能力比率、营运能力比率、盈利能力比率和市价比率等。为便于说明财务比率的计算和分析方法，下面将以ABC股份有限公司（以下简称ABC公司）的财务报表数据为例。该公司资产负债表和利润表（注：本书均使用已执行新金融准则、新收入准则和新租赁准则的一般企业财务报表格式）见表10-2和表10-3。为简化计算，这些数据都是假设的。

表10-2　　资产负债表　　会企01表

编制单位：ABC公司　　2019年12月31日　　单位：万元

资产	期末余额	年初余额	负债和所有者权益（或股东权益）	期末余额	年初余额
流动资产：			流动负债：		
货币资金	250	125	短期借款	300	225
交易性金融资产	30	60	交易性金融负债		
应收票据	40	55	应付票据	25	20
应收账款	1 990	995	应付账款	500	545
预付款项	60	20	预收款项	50	20
其他应收款	110	110	合同负债		
存货	595	1 630	应付职工薪酬	10	5
合同资产			应交税费	25	20
持有待售资产			其他应付款	285	220
一年内到期的非流动资产	225	0	持有待售负债		
其他流动资产	200	55	一年内到期的非流动负债	250	0
流动资产合计	3 500	3 050	其他流动负债	55	45

续表

资产	期末余额	年初余额	负债和所有者权益（或股东权益）	期末余额	年初余额
非流动资产：			流动负债合计	1 500	1 100
债权投资			非流动负债：		
其他债权投资			长期借款	2 250	1 225
长期应收款			应付债券	1 200	1 300
长期股权投资	150	225	租赁负债		
其他权益工具投资			长期应付款	350	375
其他非流动金融资产			预计负债		
投资性房地产			递延收益		
固定资产	6 190	4 775	递延所得税负债		
在建工程	90	175	其他非流动负债		
生产性生物资产			非流动负债合计	3 800	2 900
油气资产			负债合计	5 300	4 000
无形资产	30	40	所有者权益（或股东权益）：		
开发支出			实收资本（或股本）	3 000	3 000
商誉			其他权益工具		
长期待摊费用			资本公积	80	50
递延所得税资产	25	75	减：库存股		
其他非流动资产	15	0	其他综合收益		
非流动资产合计	6 500	5 350	专项储备		
			盈余公积	370	200
			未分配利润	1 250	1 150
			所有者权益（或股东权益）合计	4 700	4 400
资产总计	10 000	8 400	负债和所有者权益（或股东权益）总计	10 000	8 400

表10-3　　　　　　　　　　　　　利润表　　　　　　　　　　　　　会企02表

编制单位：ABC公司　　　　　　　2019年度　　　　　　　　　　　单位：万元

项　目	本期金额	上期金额
一、营业收入	15 100	14 430
减：营业成本	13 220	12 515
税金及附加	140	140
销售费用	110	100
管理费用	230	200
研发费用		
财务费用	550	480
其中：利息费用	550	480
利息收入		
加：其他收益		
投资收益（损失以"-"号填列）	200	120
其中：对联营企业和合营企业的投资收益		
以摊余成本计量的金融资产终止确认收益（损失以"-"号填列）		
净敞口套期收益（损失以"-"号填列）		
公允价值变动收益（损失以"-"号填列）		
信用减值损失（损失以"-"号填列）		
资产减值损失（损失以"-"号填列）		
资产处置收益（损失以"-"号填列）		
二、营业利润（亏损以"-"号填列）	1 050	1 115
加：营业外收入	50	85
减：营业外支出	100	25
三、利润总额（亏损总额以"-"号填列）	1 000	1 175
减：所得税费用	320	375
四、净利润（净亏损以"-"号填列）	680	800
五、其他综合收益的税后净额	（略）	
（一）不能重分类进损益的其他综合收益		
（二）将重分类进损益的其他综合收益		
六、综合收益总额	（略）	
七、每股收益：	（略）	
（一）基本每股收益		
（二）稀释每股收益		

三、偿债能力分析

偿债能力是指公司偿还各种到期债务的能力。偿债能力分析主要分为短期偿债能力分析和长期偿债能力分析。

（一）短期偿债能力分析

短期偿债能力是指公司偿付流动负债的能力。通常，评价公司短期偿债能力的财务比率主要有流动比率、速动比率、现金比率、现金流量比率和到期债务本息偿付比率等。

1.流动比率

流动比率的计算公式为：

$$流动比率=\frac{流动资产}{流动负债}$$

流动资产主要包括库存现金、银行存款、交易性金融资产、应收及预付款项、存货和一年内到期的非流动资产等，一般用资产负债表中的期末流动资产总额表示；流动负债主要包括短期借款、交易性金融负债、应付及预收款项、各种应交款项、一年内到期的非流动负债等，通常用资产负债表中的期末流动负债总额表示。

流动比率是衡量公司短期偿债能力的一个重要财务指标，这个比率越高，说明公司偿还流动负债的能力越强，流动负债得到偿还的保障越大。但是，过高的流动比率也并非好现象，因为流动比率过高，可能是由于公司滞留在流动资产上的资金过多，未能有效地加以利用，进而会影响公司的获利能力。根据西方的经验，流动比率在2∶1左右比较合适。

运用流动比率进行分析时，要注意以下两个问题：

（1）流动比率高，一般认为偿债保证程度较强，但并不一定有足够的库存现金或银行存款偿债，因为流动资产除了货币资金以外，还有存货、应收账款等项目，有可能出现流动比率虽高，但真正用来偿债的库存现金和银行存款却严重短缺的现象，所以分析流动比率时，还须进一步分析流动资产的构成项目。

（2）计算出来的流动比率，只有和同行业平均流动比率、本公司历史流动比率进行比较，才能知道这个比率是高还是低。这种比较通常并不能说明流动比率为什么这么高或低，要找出过高或过低的原因还必须分析流动资产和流动负债所包括的内容以及经营上的因素。一般情况下，营业周期、流动资产中的应收账款和存货的周转速度是影响流动比率的主要因素。

【例10-3】根据表10-2的资料，ABC公司2019年年初与年末的流动资产分别为3 050万元、3 500万元，流动负债分别为1 100万元、1 500万元，则该公司流动比率为：

$$年初流动比率=\frac{3\,050}{1\,100}\approx 2.77$$

$$年末流动比率=\frac{3\,500}{1\,500}\approx 2.33$$

ABC公司年初和年末流动比率均大于2，说明该企业具有较强的短期偿债能力。

流动比率虽然可以用来评价流动资产总体的变现能力，但流动资产中包含像存货这类变现能力较差的资产，如能将其剔除，其所反映的短期偿债能力更加令人可信，这个指标就是速动比率。

2. 速动比率

流动比率在评价公司短期偿债能力时，存在一定的局限性。一般来说，流动资产扣除存货后的资产称为速动资产，主要包括货币资金、交易性金融资产、应收票据、应收账款等。速动资产与流动负债的比率称为速动比率，也称为酸性试验。其计算公式为：

$$速动比率=\frac{速动资产}{流动负债}=\frac{流动资产-存货}{流动负债}$$

通过速动比率来判断公司短期偿债能力比流动比率更进了一步，因为它撇开了变现力较差的存货。速动比率越高，说明公司的短期偿债能力越强。根据西方的经验，一般认为速动比率为1∶1时比较合适。速动比率过低，公司面临偿债风险；速动比率过高，会因占用现金及应收账款过多而增加公司的机会成本。在实际分析时，应该根据公司性质和其他因素来综合判断，不可一概而论。

【例10-4】根据表10-2的资料，ABC公司2019年年初速动资产为1 365万元（125+60+55+995+20+110），年末速动资产为2 480万元（250+30+40+1 990+110+60）。ABC公司的速动比率为：

$$年初速动比率=\frac{1\,365}{1\,100}\approx 1.24$$

$$年末速动比率=\frac{2\,480}{1\,500}\approx 1.65$$

ABC公司2019年年初和年末的速动比率都比公认标准高，一般认为其短期偿债能力较强，但进一步分析可以发现，在ABC公司的速动资产中应收账款比重很高（分别占73%和80%），而应收账款不一定能按时收回，所以我们还必须计算分析第三个重要比率——现金比率。

3. 现金比率

现金比率是公司的现金类资产与流动负债的比率。现金类资产包括货币资金和交易性金融资产。其计算公式为：

$$现金比率=\frac{货币资金+交易性金融资产}{流动负债}$$

现金比率一般认为在20%以上为好。现金比率可以反映公司的直接支付能力，因为现金是公司偿还债务的最终手段。如果公司现金缺乏，就可能会发生支付困难，将面临财务危机，因而现金比率高，说明公司有较好的支付能力，对偿还债务是有保障的。但是，如果这个比率过高，可能意味着公司拥有过多的获利能力较低的现金类资产，公司的资产未能得到有效的运用。

【例10-5】根据表10-2的资料，ABC公司的现金比率为：

$$年初现金比率=\frac{125+60}{1\,100}\approx 0.168$$

$$年末现金比率 = \frac{250 + 30}{1\,500} \approx 0.187$$

ABC公司虽然流动比率和速动比率都较高，而现金比率偏低，说明该公司短期偿债能力还是有一定风险，应缩短收账期，加大应收账款催账力度，以加速应收账款资金的周转。

（二）长期偿债能力分析

长期偿债能力是指公司偿还长期负债的能力，公司的长期负债主要有长期借款、应付长期债券、长期应付款等。反映公司长期偿债能力的财务比率主要有资产负债率、股东权益比率、权益乘数、产权比率、有形净值债务率、偿债保障比率、利息保障倍数和现金利息保障倍数等。

1.资产负债率

资产负债率是公司负债总额与资产总额的比率，也称为负债比率或举债经营比率，它反映了公司的资产总额中有多少是通过举债而得到的。其计算公式为：

$$资产负债率 = \frac{负债总额}{资产总额} \times 100\%$$

资产负债率反映公司偿还债务的综合能力，这个比率越高，说明公司偿还债务的能力越差；反之，偿还债务的能力越强。

对于资产负债率，公司债权人、公司股东和公司经营者往往从不同的角度来评价。

（1）从公司债权人角度来看，他们最关心的是其贷给公司资金的安全性。债权人总是希望公司的负债比率低一些。

（2）从公司股东的角度来看，其关心的主要是投资收益的高低，公司借入的资金与股东投入的资金在生产经营中可以发挥同样的作用，如果公司负债所支付的利息率低于资产报酬率，股东就可以利用举债经营取得更多的投资收益。因此，股东所关心的往往是全部资产报酬率是否超过了借款的利息率。在财务分析中，资产负债率也因此被人们称作财务杠杆。

（3）站在公司经营者的立场，他们既要考虑公司的盈利，又要顾及公司所承担的财务风险。至于资产负债率为多少才是合理的，并没有一个确定的标准。不同的行业、不同类型的公司都有较大差异。一般而言，处于高速成长时期的公司，其负债比率可能会高一些，这样所有者会得到更多的杠杆利益。但是，作为财务管理者在确定公司的负债比率时，一定要审时度势，充分考虑公司内部各种因素和公司外部的市场环境，在收益与风险之间权衡利弊得失，然后才能做出正确的财务决策。

【例10-6】根据表10-2的资料，ABC公司的资产负债率为：

$$年初资产负债率 = \frac{4\,000}{8\,400} \times 100\% \approx 47.62\%$$

$$年末资产负债率 = \frac{5\,300}{10\,000} \times 100\% = 53\%$$

ABC公司年初资产负债率为47.62%，低于50%，而年末资产负债率为53%，虽然偏高，但在合理的范围内，说明ABC公司有一定的偿债能力和负债经营能力。

但是，并非企业所有的资产都可以作为偿债的物质保证。长期待摊费用、递延所得税资产等不仅在清算状态下难以作为偿债的保证，即便在持续经营期间，上述资产的摊销价值等也需要依靠存货等资产的价值才能得以补偿和收回，其本身并无直接的变现能力，相反还会削弱其他资产的变现能力；无形资产能否用于偿债，也存在极大的不确定性。有形资产负债率相对于资产负债率而言更稳健。

$$\text{有形资产负债率}=\frac{\text{负债总额}}{\text{有形资产总额}}\times 100\%$$

其中：有形资产总额=资产总额-（无形资产+递延所得税资产+长期待摊费用）

【例10-7】根据表10-2的资料，ABC公司的有形资产负债率为：

$$\text{年初有形资产负债率}=\frac{4\,000}{8\,400-(40+75+0)}\times 100\%=\frac{4\,000}{8\,285}\times 100\%\approx 48.28\%$$

$$\text{年末有形资产负债率}=\frac{5\,300}{10\,000-(30+25+0)}\times 100\%=\frac{5\,300}{9\,945}\times 100\%\approx 53.29\%$$

相对于资产负债率来说，有形资产负债率指标将企业偿债安全性的分析建立在更加切实可靠的物质保障基础之上。

2.股东权益比率与权益乘数

股东权益比率是股东权益与资产总额的比率，该比率反映了公司资产中有多少是所有者投入的。其计算公式为：

$$\text{股东权益比率}=\frac{\text{股东权益总额}}{\text{资产总额}}$$

从上述公式可知，股东权益比率与负债比率之和等于1。因此，这两个比率是从不同的侧面来反映公司长期财务状况的，股东权益比率越大，负债比率就越小，公司的财务风险也越小，偿还长期债务的能力就越强。

股东权益比率的倒数称作权益乘数，即资产总额是股东权益的多少倍。该乘数越大，说明股东投入的资本在资产中所占比重越小。其计算公式为：

$$\text{权益乘数}=\frac{\text{资产总额}}{\text{股东权益总额}}$$

3.产权比率与有形净值债务率

产权比率是负债总额与股东权益总额的比率，也称为负债股权比率。其计算公式为：

$$\text{产权比率}=\frac{\text{负债总额}}{\text{股东权益总额}}\times 100\%$$

从公式中可以看出，这个比率实际上是负债比率的另一种表现形式。它反映了债权人所提供的资金与股东所提供的资金的对比关系，因此它可以揭示公司的财务风险以及股东权益对债务的保障程度。该比率越低，说明公司长期财务状况越好，债权人贷款的安全性越有保障，公司财务风险越小。

【例10-8】根据表10-2的资料，ABC公司的产权比率为：

$$\text{年初产权比率}=\frac{4\,000}{4\,400}\times 100\%\approx 90.91\%$$

$$\text{年末产权比率}=\frac{5\,300}{4\,700}\times 100\%\approx 112.77\%$$

由计算可知，ABC公司年初的产权比率不是很高，而年末的产权比率偏高，表明年末该公司举债经营程度偏高，财务结构不很稳定。

为了进一步分析股东权益对负债的保障程度，可以保守地认为无形资产不宜用来偿还债务（虽然实际上未必如此），故将其从上式的分母中扣除，这样计算出的财务比率称为有形净值债务率。其计算公式为：

$$有形净值债务率=\frac{负债总额}{股东权益-无形资产净值}\times 100\%$$

从公式中可见，有形净值债务率实际上是负债股权比率的延伸，它更为保守地反映了在公司清算时债权人投入的资本受到股东权益的保障程度。

【例10-9】根据表10-2的资料，ABC公司的有形净值债务率为：

$$年初有形净值债务率=\frac{4\,000}{4\,400-40}\times 100\%\approx 91.74\%$$

$$年末有形净值债务率=\frac{5\,300}{4\,700-30}\times 100\%\approx 113.49\%$$

4.利息保障倍数

利息保障倍数也称为利息所得倍数，是税前利润加利息费用之和与利息费用的比率。其计算公式为：

$$利息保障倍数=\frac{税前利润+利息费用}{利息费用}$$

利息保障倍数反映了公司的经营所得支付债务利息的能力。如果这个比率太低，说明公司难以保证用经营所得来按时按量支付债务利息，这会引起债权人的担心。一般来说，公司的利息保障倍数至少要大于1，否则，就难以偿付债务及利息，若长此以往，甚至会导致公司破产倒闭。

【例10-10】根据表10-3的资料，假定表中财务费用全部为利息费用，资本化利息为0，则ABC公司利息保障倍数为：

$$上年利息保障倍数=\frac{1\,175+480}{480}\approx 3.45$$

$$本年利息保障倍数=\frac{1\,000+550}{550}\approx 2.82$$

从以上计算结果看，ABC公司这两年的利息保障倍数虽不太高，但都大于1，说明有一定的偿债能力，但还需要与其他企业特别是本行业平均水平进行比较来分析评价。从稳健角度看，还要比较本企业连续几年的该项指标进行分析评价。

（三）影响公司偿债能力的其他因素

在分析公司偿债能力时，除了使用上述指标以外，还应考虑以下因素对公司偿债能力的影响，这些因素既可影响公司的短期偿债能力，也可影响公司的长期偿债能力。

1.或有负债

或有负债是公司在经营活动中有可能会发生的债务。或有负债在资产负债表日还不能确定未来的结果如何，一旦将来成为公司现实的负债，则会对公司的财务状况产生重大影响，尤其是金额巨大的或有负债项目。在进行财务分析时不能不考虑这一因素的影响。

2.担保责任

在经济活动中，公司可能会发生以本公司的资产为其他公司提供法律担保的情况。例如，为其他公司的银行借款担保、为其他公司履行有关经济合同提供法律担保等。这种担保责任，在被担保人没有履行合同时，就有可能会成为公司的负债，增加公司的债务负担，但这种担保责任在会计报表中并未得到反映。因此，在进行财务分析时，必须要考虑到公司是否有巨额的法律担保责任。

3.租赁活动

公司在生产经营活动中，可以通过财产租赁的方式解决急需的设备。经营租赁的资产，其租赁费用并未包含在负债之中，如果经营租赁的业务量较大、期限较长或者具有经常性，则其租金虽然不包含在负债之中，但对公司的偿债能力也会产生较大的影响。在进行财务分析时，也应考虑这一因素。

4.可动用的银行贷款指标

可动用的银行贷款指标是指银行已经批准而公司尚未办理贷款手续的银行贷款限额。这种贷款指标可以随时使用，增加公司的现金，这样可以提高公司的支付能力，缓解公司目前的财务困难。

四、营运能力分析

公司的经营活动离不开对各项资产的运用，对公司营运能力的分析，实质上就是对各项资产的周转使用情况进行分析。一般而言，资金周转速度越快，说明公司的资金管理水平越高，资金利用效率越高。公司营运能力分析主要包括流动资产周转情况分析、固定资产周转率和总资产周转率三个方面。

（一）流动资产周转情况分析

反映流动资产周转情况的指标主要有应收账款周转率、存货周转率和流动资产周转率。

1.应收账款周转率

应收账款在流动资产中有着举足轻重的地位，及时收回应收账款，不仅能增强公司的短期偿债能力，也能反映出公司管理应收账款的效率。

应收账款周转率（次数）是指一定时期内应收账款平均收回的次数，是一定时期内商品或产品销售收入净额与应收账款平均余额的比值。其计算公式为：

$$应收账款周转率=\frac{销售收入净额}{应收账款平均余额}$$

$$销售收入净额=销售收入-销售折扣与折让$$

$$应收账款平均余额=（期初应收账款+期末应收账款）\div 2$$

$$应收账款周转天数=\frac{计算期天数}{应收账款周转率}=\frac{计算期天数\times 应收账款平均余额}{销售收入净额}$$

公式中的应收账款包括资产负债表中“应收账款”和“应收票据”等全部赊销账款在内，且其金额应为扣除坏账后的金额。计算期天数如果以年度来衡量的话，一般看作360天。

应收账款周转率反映了公司应收账款周转速度的快慢及公司对应收账款管理效率的高低。在一定时期内，周转率高、周转天数少表明：①公司收账迅速，信用销售管理严格；②应收账款流动性强，从而增强公司的短期偿债能力；③可以减少收账费用和坏账损失，相对增加公司流动资产的投资收益；④通过比较应收账款周转天数及公司信用期限，可以评价客户的信用程度，调整公司信用政策。

【例 10-11】根据表 10-2、表 10-3 的资料，ABC 公司 2019 年度销售收入净额 15 100 万元，2019 年年末应收账款、应收票据净额为 2 030 万元（1 990+40），年初数为 1 050 万元（995+55）。2019 年该公司应收账款周转率指标计算如下：

$$应收账款周转率 = \frac{15\,100}{(2\,030 + 1\,050) \div 2} \approx 9.81（次）$$

$$应收账款周转天数 = \frac{360}{9.81} \approx 37（天）$$

在评价应收账款周转率（次数）指标时，应将计算出的指标与该公司前期、行业平均水平或其他类似公司相比较来判断该指标的高低。

2. 存货周转率

在流动资产中，存货所占比重较大，存货的流动性将直接影响公司的流动比率。因此，必须特别重视对存货的分析。存货流动性的分析一般通过存货周转率来进行。

存货周转率（次数）是指一定时期内公司销货成本与存货平均资金占用额的比率，是衡量和评价公司购入存货、投入生产、销售收回等各环节管理效率的综合性指标。其计算公式为：

$$存货周转率 = \frac{销货成本}{存货平均余额}$$

$$存货平均余额=（期初存货+期末存货）\div 2$$

$$存货周转天数 = \frac{计算期天数}{存货周转率} = \frac{计算期天数 \times 存货平均余额}{销货成本}$$

【例 10-12】根据表 10-2、表 10-3 的资料，ABC 公司 2019 年度销货成本为 13 220 万元，期初存货 1 630 万元，期末存货 595 万元，该公司存货周转率指标为：

$$存货周转率 = \frac{13\,220}{(1\,630 + 595) \div 2} \approx 11.88（次）$$

$$存货周转天数 = \frac{360}{11.88} \approx 30（天）$$

一般来讲，存货周转速度越快，存货占用水平越低，流动性越强，存货转化为现金或应收账款的速度就越快，这样会增强公司的短期偿债能力及获利能力。通过存货周转速度分析，有利于找出存货管理中存在的问题，尽可能降低资金占用水平。

3. 流动资产周转率

流动资产周转率是反映公司流动资产周转速度的指标。流动资产周转率（次数）是一定时期销售收入净额与公司流动资产平均占用额之间的比率。其计算公式为：

$$流动资产周转率 = \frac{销售收入净额}{流动资产平均余额}$$

$$流动资产周转天数=\frac{计算期天数}{流动资产周转率}=\frac{计算期天数\times 流动资产平均余额}{销售收入净额}$$

流动资产平均余额=（期初流动资产+期末流动资产）÷2

在一定时期内，流动资产周转率越高，表明以相同的流动资产完成的周转额越大，流动资产利用效果越好。流动资产周转天数越少，表明流动资产经历生产销售各阶段所占用的时间越短，可相对节约流动资产，增强公司盈利能力。

【例10-13】根据表10-2、表10-3的资料，ABC公司2019年销售收入净额15 100万元，2019年流动资产年初数为3 050万元，年末数为3 500万元，则该公司流动资产周转率指标计算为：

$$流动资产周转率=\frac{15\,100}{(3\,050+3\,500)\div 2}\approx 4.61（次）$$

$$流动资产周转天数=\frac{360}{4.61}\approx 78（天）$$

（二）固定资产周转率

固定资产周转率是指企业年销售收入净额与固定资产平均净值的比率。它是反映企业固定资产周转情况，从而衡量固定资产利用效率的一项指标。其计算公式为：

$$固定资产周转率=\frac{销售收入净额}{固定资产平均净值}$$

固定资产平均净值=（期初固定资产净值+期末固定资产净值）÷2

固定资产周转率高，说明企业固定资产投资得当，结构合理，利用效率高；反之，如果固定资产周转率不高，则表明固定资产利用效率不高，提供的生产成果不多，企业的营运能力不强。

【例10-14】根据表10-2、表10-3的资料，ABC公司2018年、2019年的销售收入净额分别为14 430万元、15 100万元，2019年年初固定资产净值为4 775万元，2019年年末为6 190万元。假设2018年年初固定资产净值为4 000万元，则固定资产周转率计算如下：

$$2018年固定资产周转率=\frac{14\,430}{(4\,000+4\,775)\div 2}\approx 3.29（次）$$

$$2019年固定资产周转率=\frac{15\,100}{(4\,775+6\,190)\div 2}\approx 2.75（次）$$

通过以上计算可知，2019年固定资产周转率为2.75次，2018年固定资产周转率为3.29次，说明2019年度周转速度比上年慢，其主要原因在于固定资产净值增加幅度要大于销售收入净额增长幅度，说明企业营运能力有所减弱，这种减弱幅度是否合理，还要视公司目标及同行业水平而定。

（三）总资产周转率

总资产周转率是企业销售收入净额与企业资产平均总额的比率。其计算公式为：

$$总资产周转率=\frac{销售收入净额}{资产平均总额}$$

如果企业各期资产总额比较稳定，波动不大，则：

资产平均总额=（期初资产总额+期末资产总额）÷2

如果资金占用的波动性较大，企业应采用更详细的资料进行计算，如按照各月份的资金占用额计算，则：

月平均资产总额=（月初资产总额+月末资产总额）÷2

季平均资产总额=（1/2季初+第一月末+第二月末+1/2季末）÷3

年平均资产总额=（1/2年初+第一季末+第二季末+第三季末+1/2年末）÷4

计算总资产周转率时分子分母在时间上应保持一致。

这一比率用来衡量企业全部资产的使用效率，如果该比率较低，说明企业全部资产营运效率较低，可采用薄利多销或处理多余资产等方法，加速资产周转，提高运营效率；如果该比率较高，说明资产周转快，销售能力强，资产运营效率高。

【例 10-15】根据表10-2、表10-3的资料，2018年和2019年ABC公司销售收入净额分别为14 430万元和15 100万元，2019年年初和年末资产总额分别为8 400万元和10 000万元。假设2018年年初资产总额为7 500万元，则该公司2018年、2019年总资产周转率计算如下：

$$2018\text{年总资产周转率}=\frac{14\,430}{(7\,500+8\,400)\div 2}\approx 1.82\text{（次）}$$

$$2019\text{年总资产周转率}=\frac{15\,100}{(8\,400+10\,000)\div 2}\approx 1.64\text{（次）}$$

从以上计算可知，ABC公司2019年总资产周转率比上年减慢，这与前面计算分析固定资产周转速度减慢结论一致，该公司应扩大销售额，处理闲置资产，以提高资产使用效率。

五、盈利能力分析

不论是投资人、债权人还是经理人员，都会非常重视和关心企业的盈利能力。盈利能力就是企业获取利润、资金不断增值的能力。反映企业盈利能力的指标主要有销售毛利率、销售净利率、总资产净利率和净资产收益率等。

（一）销售毛利率

销售毛利率是销售毛利与销售收入之比，其计算公式为：

$$\text{销售毛利率}=\frac{\text{销售毛利}}{\text{销售收入}}\times 100\%$$

销售毛利=主营业务收入（销售收入）-主营业务成本（销售成本）

【例 10-16】根据表10-3资料，可计算ABC公司销售毛利率如下：

$$2018\text{年销售毛利率}=\frac{14\,430-12\,515}{14\,430}\times 100\%\approx 13.27\%$$

$$2019\text{年销售毛利率}=\frac{15\,100-13\,220}{15\,100}\times 100\%\approx 12.45\%$$

（二）销售净利率

销售净利率是净利润与销售收入之比，其计算公式为：

$$\text{销售净利率}=\frac{\text{净利润}}{\text{销售收入}}\times 100\%$$

【例10-17】根据表10-3的资料，计算销售净利率：

$$2018年销售净利率 = \frac{800}{14\,430} \times 100\% \approx 5.54\%$$

$$2019年销售净利率 = \frac{680}{15\,100} \times 100\% \approx 4.50\%$$

从上述计算分析可以看出，2019年销售利润率指标均比上年有所下降，说明企业盈利能力有所下降，企业应查明原因，采取相应措施，提高盈利水平。

（三）总资产净利率

总资产净利率指净利润与平均总资产的比率，反映每一元资产创造的净利润。其计算公式为：

$$总资产净利率 = \frac{净利润}{平均总资产} \times 100\%$$

总资产净利率主要用来衡量企业资产的盈利能力。总资产净利率越高，表明企业资产的利用效果越好。

【例10-18】根据表10-2、表10-3的资料，ABC公司2018年净利润为800万元，年末总资产8 400万元；2019年净利润为680万元，年末总资产10 000万元。假设2018年年初总资产额7 500万元，则ABC公司总资产净利率为：

$$2018年总资产净利率 = \frac{800}{(7\,500 + 8\,400) \div 2} \times 100\% \approx 10.06\%$$

$$2019年总资产净利率 = \frac{680}{(8\,400 + 10\,000) \div 2} \times 100\% \approx 7.39\%$$

由以上计算结果可知，总资产净利率下降明显，表明企业盈利能力减弱。

（四）净资产收益率

净资产收益率又叫自有资金利润率或权益报酬率，是净利润与平均所有者权益的比值，它反映企业自有资金的投资收益水平。其计算公式为：

$$净资产收益率 = \frac{净利润}{平均所有者权益} \times 100\%$$

该指标是企业盈利能力指标的核心，也是杜邦财务指标体系的核心，更是投资者关注的重点。

【例10-19】根据表10-2、表10-3的资料，ABC公司2018年净利润为800万元，年末所有者权益为4 400万元；2019年净利润为680万元，年末所有者权益为4 700万元。假设2018年年初所有者权益为4 000万元，则ABC公司净资产收益率为：

$$2018年净资产收益率 = \frac{800}{(4\,000 + 4\,400) \div 2} \times 100\% \approx 19.05\%$$

$$2019年净资产收益率 = \frac{680}{(4\,400 + 4\,700) \div 2} \times 100\% \approx 14.95\%$$

由于该公司所有者权益的增长快于净利润的增长，2019年净资产收益率要比上年低了4.1个百分点，盈利能力明显降低。

六、现金流量分析

现金流量分析一般包括现金流量的结构分析、流动性分析、获取现金能力分析、收益质量分析和财务弹性分析。这里将主要介绍获取现金能力分析和收益质量分析。

（一）获取现金能力分析

获取现金的能力可通过经营活动现金流量净额与投入资源之比来反映。投入资源可以是销售收入、资产总额、营运资金净额、净资产或普通股股数等。

1.销售现金比率

销售现金比率是指企业经营活动现金流量净额与企业销售额的比值。其计算公式为：

$$销售现金比率=\frac{经营活动现金流量净额}{销售收入}$$

【例10-20】如果A公司销售收入（含增值税）为15 000万元，经营活动现金流量净额为5 716.50万元，则：

$$销售现金比率=\frac{5\,716.50}{15\,000}\approx 0.38$$

该比率反映每一元销售收入得到的现金流量净额，其数值越大越好。

2.每股营业现金净流量

每股营业现金净流量是通过企业经营活动现金流量净额与普通股股数之比来反映的。其计算公式为：

$$每股营业现金净流量=\frac{经营活动现金流量净额}{普通股股数}$$

【例10-21】承【例10-20】，假设A公司有普通股40 000万股，则：

$$每股营业现金净流量=\frac{5\,716.50}{40\,000}\approx 0.14（元/股）$$

该指标反映企业最大的分派股利能力，超过此限度，可能就要借款分红。

3.全部资产现金回收率

全部资产现金回收率是通过企业经营活动现金流量净额与企业资产总额之比来反映的，它说明企业全部资产产生现金的能力。其计算公式为：

$$全部资产现金回收率=\frac{经营活动现金流量净额}{企业资产总额}\times 100\%$$

【例10-22】承【例10-20】，假设A公司全部资产总额为85 000万元，则：

$$全部资产现金回收率=\frac{5\,716.50}{85\,000}\times 100\%\approx 6.73\%$$

如果同行业平均全部资产现金回收率为7%，说明A公司资产产生现金的能力较弱。

（二）收益质量分析

收益质量是指会计收益与公司业绩之间的相关性。如果会计收益能如实反映公司业绩，则其收益质量高；反之，则收益质量不高。收益质量分析，主要包括净收益营运指数分析和现金营运指数分析。

1.净收益营运指数

净收益营运指数是指经营净收益与净利润之比，计算公式为：

$$净收益营运指数=\frac{经营净收益}{净利润}$$

$$经营净收益=净利润-非经营净收益$$

【例10-23】假设A公司有关收益质量的现金流量补充资料见表10-4。

表10-4　A公司有关收益质量的现金流量补充资料　单位：万元

将净利润调整为经营现金流量	金额	说明
净利润	3 568.50	
加：资产减值准备	13.50	非付现费用共3 913.50万元，少提取这类费用，可增加会计收益却不会增加现金流入，会使收益质量下降
固定资产折旧	1 500	
无形资产摊销	900	
长期待摊费用摊销	1 500	
处置固定资产损失（收益以“–”号填列）	–750	非经营净收益604.50万元，不代表正常的收益能力
固定资产报废损失（收益以“–”号填列）	295.50	
财务费用（收益以“–”号填列）	322.50	
投资损失（收益以“–”号填列）	–472.50	
递延所得税资产减少（增加以“–”号填列）	0	
递延所得税负债增加（减少以“–”号填列）	0	
存货的减少（增加以“–”号填列）	79.50	经营资产净增加655.50万元，如收益不变而现金减少，收益质量下降（收入未收到现金），应查明应收项目增加的原因
经营性应收项目的减少（增加以“–”号填列）	–735	
经营性应付项目增加（减少以“–”号填列）	–790.50	无息负债净减少505.50万元，收益不变而现金减少，收益质量下降
其他	285	
经营活动产生的现金流量净额	5 716.50	

A公司净收益营运指数计算如下：

A公司经营活动净收益=3 568.50–604.50=2 964（万元）

$$净收益营运指数=\frac{2\,964}{3\,568.50}\approx 0.83$$

净收益营运指数越小，非经营收益所占比重越大，收益质量越差，因为非经营收益不反映公司的核心能力及正常的收益能力，可持续性较低。

2.现金营运指数

现金营运指数反映企业经营活动现金流量净额与企业经营所得现金的比值，其计算公式为：

$$现金营运指数=\frac{经营活动现金流量净额}{经营所得现金}$$

式中：经营所得现金是经营净收益与非付现费用之和。

【例 10-24】根据表10-4的资料，A公司现金营运指数计算如下：

经营所得现金 = 经营活动净收益 + 非付现费用 = 2 964 + 3 913.50 = 6 877.50（万元）

$$现金营运指数=\frac{5\,716.50}{6\,877.50}\approx 0.83$$

现金营运指数小于1，说明收益质量不够好，A公司每一元的经营活动收益，只收回约0.83元。现金营运指数小于1，一方面说明一部分收益尚没有取得现金，停留在实物或债权形态，而实物或债权资产的风险大于现金，应收账款不一定能足额变现，存货也有贬值的风险，所以未收现的收益质量低于已收现的收益；另一方面说明营运资金增加了，反映企业为取得同样的收益占用了更多的营运资金，取得收益的代价增加了，同样的收益代表着较差的业绩。

任务四 上市公司基本财务分析

一、上市公司特殊财务分析指标

（一）每股收益

每股收益是综合反映企业获利能力的重要指标，可以用来判断和评价管理层的经营业绩。

1.基本每股收益

基本每股收益的计算公式为：

$$基本每股收益=\frac{归属于公司普通股股东的利润}{发行在外的普通股加权平均数}$$

【例 10-25】某上市公司2019年度归属于普通股股东的净利润为25 000万元。2018年年末的股本为8 000万股，2019年2月8日，经公司2018年度股东大会决议，以截至2018年年末公司总股本为基础，向全体股东每10股送10股，工商注册登记变更完成后公司总股本变为16 000万股。2019年11月29日发行新股6 000万股。

$$基本每股收益=\frac{25\,000}{8\,000+8\,000+6\,000\times\frac{1}{12}}\approx 1.52（元/股）$$

公司2018年度向全体股东每10股送10股导致股本增加8 000万股，由于送红股是将公司以前年度的未分配利润转为普通股，转化与否都一直作为资本使用，因此新增的8 000万股不需要按照实际增加的月份加权计算，可以直接计入分母；而公司发行新股6 000万股，这部分股份是在11月底增加的，对全年的利润贡献只有1个月，因此应该按照$\frac{1}{12}$的权数进行加权计算。

2. 稀释每股收益

企业存在稀释性潜在普通股的，应当计算稀释每股收益。潜在普通股主要包括：可转换公司债券、认股权证和股份期权等。

（1）可转换公司债券

对于可转换公司债券，计算稀释每股收益时，分子的调整项目为可转换公司债券当期已确认为费用的利息等的税后影响额；分母的调整项目为假定可转换公司债券当期期初或发行日转换为普通股的股数加权平均数。

（2）认股权证和股份期权

认股权证和股份期权等的行权价格低于当期普通股平均市场价格时，应当考虑其稀释性。计算稀释每股收益时，作为分子的净利润金额一般不变；分母的调整项目为增加的普通股股数，同时还应考虑时间权数。

行权价格和拟行权时转换的普通股股数，按照有关认股权证合同和股份期权合约确定。当期普通股平均市场价格，通常按照每周或每月具有代表性的股票交易价格进行简单算术平均计算。在股票价格比较平稳的情况下，可以采用每周或每月股票的收盘价作为代表性价格；在股票价格波动较大的情况下，可以采用每周或每月股票最高价与最低价的平均值作为代表性价格。无论采用何种方法计算平均市场价格，一经确定，不得随意变更，除非有确凿证据表明原计算方法不再适用。当期发行认股权证或股份期权的，普通股平均市场价格应当自认股权证或股份期权的发行日起计算。

【例 10–26】某上市公司 2019 年 7 月 1 日按面值发行年利率为 3% 的可转换公司债券，面值 10 000 万元，期限为 5 年，每年年末支付一次利息，发行结束一年后可以转换股票，转换价格为每股 5 元，即每 100 元债券可转换为 1 元面值的普通股 20 股。2019 年该公司归属于普通股股东的净利润为 30 000 万元，2019 年发行在外的普通股加权平均数为 40 000 万股，债券利息不符合资本化条件，直接计入当期损益，企业所得税税率为 25%。假设不考虑可转换公司债券在负债成分和权益成分之间的分拆，且债券票面利率等于实际利率。稀释每股收益计算如下：

$$基本每股收益 = \frac{30\,000}{40\,000} = 0.75（元）$$

假设可转换公司债券全部转股，则：

$$所增加的净利润 = 10\,000 \times 3\% \times \frac{6}{12} \times \frac{10\,000}{100} \times（1-25\%）=112.50（万元）$$

$$所增加的年加权平均普通股股数 = \frac{6}{12} \times 20 \times 100 = 1\,000（万股）$$

$$增量股的每股收益 = \frac{112.50}{1\,000} = 0.1125（元）$$

增量股的每股收益小于原每股收益，可转换债券具有稀释作用。

$$稀释每股收益 = \frac{30\,000 + 112.50}{40\,000 + 1\,000} \approx 0.73（元）$$

在分析每股收益指标时，应注意企业利用回购库存股的方式减少发行在外的普通股股数，使每股收益增加。另外，如果企业将盈利用于派发股票股利或配售股票，就会使企业流通在外的股票数量增加，这样将会大量稀释每股收益。在分析上市公司公布的信息时，投资者应注意区分公布的每股收益是按原始股股数还是按完全稀释后的股数计算的，以免受到误导。

对投资者来说，每股收益是一个综合性的盈利概念，能比较恰当地说明收益的增长或减少。人们一般将每股收益视为企业能否成功达到其利润目标的计量标志，也可以将其看成一家企业管理效率、盈利能力和股利来源的标志。

每股收益这一财务指标在不同行业、不同规模的上市公司之间具有相当大的可比性，因而在各上市公司间的业绩比较中被广泛使用。此指标越大，盈利能力就越好，股利分配来源越充足，资产增值能力越强。

（二）每股股利

每股股利是企业股利总额与企业流通股数的比值。其计算公式为：

$$每股股利 = \frac{股利总额}{流通股数}$$

【例10-27】某上市公司2019年度发放普通股股利3 600万元，年末发行在外的普通股股数为12 000万股。每股股利计算如下：

$$每股股利 = \frac{3\,600}{12\,000} = 0.30（元）$$

每股股利反映的是上市公司每股普通股获取股利的大小。每股股利越大，企业股本获利能力就越强；每股股利越小，企业股本获利能力就越弱。

【提示】上市公司每股股利发放多少，除了受上市公司获利能力大小影响以外，还取决于企业的股利发放政策。如果企业为了增强发展后劲而增加公积金，则当前的每股股利必然会减少；反之，则当前的每股股利会增加。

反映每股股利和每股收益之间关系的一个重要指标是股利发放率，即每股股利分配额与当期的每股收益之比。借助于该指标，投资者可以了解一家上市公司的股利发放政策。

（三）市盈率

市盈率是股票每股市价与每股收益的比率，其计算公式为：

$$市盈率 = \frac{每股市价}{每股收益}$$

【例10-28】假定某上市公司2019年年末每股市价30.40元，每股收益为1.52元，则该公司2019年年末市盈率为：

$$市盈率 = \frac{30.40}{1.52} = 20（倍）$$

市盈率越高，意味着企业未来成长的潜力越大，即投资者对该股票的评价越高，投资于该股票的风险越大；市盈率越低，表明投资者对该股票评价越低，投资于该股票的风险也越小。

影响企业股票市盈率有三个因素：一是上市公司盈利能力的成长性。如果上市公司预期盈利能力不断提高，说明企业具有较好的成长性，虽然目前市盈率较高，也值得投资者进行投资。二是投资者所获取报酬率的稳定性。如果上市公司经营效益良好且相对稳定，则投资者获取的收益也较高且稳定，投资者就愿意持有该企业的股票，则该企业的股票市盈率会由于众多投资者的普遍看好而相应提高。三是市盈率也受到利率水平变动的影响。当市场利率水平变化时，市盈率也应相应调整。在股票市场的实务操作中，市场利率与市盈率之间的关系常用公式表示为：

$$市场平均市盈率 = \frac{1}{市场利率}$$

上市公司的市盈率一直是广大股票投资者进行中长期投资的重要决策指标。

对于因送红股、公积金转增资本、配股造成股本总数比上一年年末数增加的公司，其每股税后利润按变动后的股本总数予以相应的摊薄。

（四）每股净资产

每股净资产，又称每股账面价值，是指企业净资产与发行在外的普通股股数之间的比率。其计算公式为：

$$每股净资产 = \frac{股东权益总额}{发行在外的普通股股数}$$

【例 10-29】某上市公司 2019 年年末股东权益为 15 600 万元，全部为普通股，年末普通股股数为 12 000 万股，则每股净资产为：

$$每股净资产 = \frac{15\,600}{12\,000} = 1.30（元）$$

每股净资产显示了发行在外的每股普通股所能分配的企业账面净资产的价值。这里所说的账面净资产是指企业账面上的总资产减去负债后的余额，即股东权益总额。每股净资产指标反映了在会计期末每一股份在企业账面上到底值多少钱，它与股票面值、发行价值、市场价值乃至清算价值等往往有较大差距。

利用该指标进行横向和纵向对比，可以衡量上市公司股票的投资价值。如在企业性质相同、股票市价相近的条件下，某一企业股票的每股净资产越高，则企业发展潜力与其股票的投资价值越大，投资者所承担的投资风险越小。但是也不能一概而论，在市场投机气氛较浓的情况下，每股净资产指标往往不太受重视。投资者，特别是短线投资者注重股票市价的变动，有的企业股票市价低于其账面价值，投资者会认为这个企业没有前景，从而失去对该企业股票的兴趣；如果市价高于其账面价值，而且差距较大，投资者会认为企业前景良好，有潜力，因而甘愿承担较大的风险购进该企业股票。

（五）市净率

市净率是每股市价与每股净资产的比率，是投资者用以衡量、分析个股是否具有投资价值的工具之一。其计算公式为：

$$市净率 = \frac{每股市价}{每股净资产}$$

【例 10-30】承【例 10-29】，假定该上市公司 2019 年年末每股市价为 3.90 元，则该公司 2019 年年末市净率为：

$$市净率 = \frac{3.90}{1.30} = 3（倍）$$

净资产代表的是全体股东共同享有的权益，是股东拥有公司财产和公司投资价值最基本的体现，它可以用来反映企业的内在价值。一般来说，市净率较低的股票，投资价值较高；反之，则投资价值较低。但有时较低市净率反映的可能是投资者对公司前景的不良预期，而较高市净率则相反。因此，在判断某股票的投资价值时，还要综合考虑当时的市场环境以及公司经营情况、资产质量和盈利能力等因素。

二、管理层讨论与分析

管理层讨论与分析是上市公司定期报告中管理层对于本企业过去经营状况的评价分析以及对企业和未来发展趋势的前瞻性判断，是对企业财务报表中所描述的财务状况和经营成果的解释，是对经营中固有风险和不确定性的揭示，同时也是对企业未来发展前景的预期。

管理层讨论与分析是上市公司定期报告的重要组成部分。要求上市公司编制并披露管理层讨论与分析的目的在于，使公众投资者能够有机会了解管理层自身对企业财务状况与经营成果的分析评价，以及企业未来一定时期内的计划。这些信息在财务报表及附注中并没有得到充分揭示，对投资者的投资决策却相当重要。

管理层讨论与分析信息大多涉及“内部性”较强的定性型软信息，无法对其进行详细的强制规定和有效监控，因此，西方国家的披露原则是强制与自愿相结合，企业可以自主决定如何披露这类信息。我国也基本实行这种原则，如中期报告中的“管理层讨论与分析”部分以及年度报告中的“董事会报告”部分，都是规定某些管理层讨论与分析信息必须披露，而另一些管理层讨论与分析信息鼓励企业自愿披露。

上市公司“管理层讨论与分析”主要包括两部分：报告期间经营业绩变动的解释与企业未来发展的前瞻性信息。

（一）报告期间经营业绩变动的解释

（1）分析企业主营业务及其经营状况。

（2）概述企业报告期内总体经营情况，列示企业主营业务收入、主营业务利润、净利润的同比变动情况，说明引起变动的主要影响因素。企业应当对前期已披露的企业发展战略和经营计划的实现或实施情况、调整情况进行总结，若企业实际经营业绩较曾公开披露过的本年度盈利预测或经营计划低10%以上或高20%以上，应详细说明产生差异的原因。企业可以结合自身业务发展规模、经营区域、产品等情况，介绍与业务相关的宏观经济层面或外部经营环境的发展现状和变化趋势、企业的行业地位或区域市场地位，分析企业存在的主要优势和困难，分析企业经营和盈利能力的连续性和稳定性。

（3）说明报告期企业资产构成、企业销售费用、管理费用、财务费用、所得税费用等财务数据同比发生重大变动的情况及发生变化的主要影响因素。

（4）结合企业现金流量表相关数据，说明企业经营活动、投资活动和筹资活动产生的现金流量的构成情况，若相关数据发生重大变动，应当分析其主要影响因素。

（5）企业可以根据实际情况对企业设备利用情况、订单的获取情况、产品的销售或积压情况、主要技术人员变动情况等与企业经营相关的重要信息进行讨论和分析。

（6）企业主要控股企业及参股企业的经营情况及业绩分析。

（二）企业未来发展的前瞻性信息

（1）企业应当结合以往的情况，分析所处行业的发展趋势及企业面临的市场竞争格局。产生重大影响的，应给予管理层基本判断的说明。

（2）企业应当向投资者提示管理层所关注的未来企业发展机遇和挑战，披露企业发展战略，以及拟开展的新业务、拟开发的新产品、拟投资的新项目等。若企业存在多种业务的，还应当说明各项业务的发展规划。同时，企业应当披露新年度的经营计划，包括（但不限于）收入、费用成本计划以及新年度的经营目标，如销售额的提升、市场份额的扩大、成本升降、研发计划等，为达到上述经营目标拟采取的策略和行动。企业可以编制并披露新年度的盈利预测，该盈利预测必须经过具有证券期货相关业务资格的会计师事务所审核并发表意见。

（3）企业应当披露为实现未来发展战略所需的资金需求及使用计划，以及资金来源情况，说明维持企业当前业务完成在建投资项目的资金需求，未来重大的资本支出计划等，包括未来已知的资本支出承诺、合同安排、时间安排等。同时，对企业资金来源的安排、资金成本及使用情况进行说明。企业应当区分债务融资、表外融资、股权融资、衍生产品融资等项目对企业未来资金来源进行披露。

（4）所有风险因素（包括宏观政策风险、市场或业务经营风险、财务风险、技术风险等），企业应当针对自身特点进行风险揭示，披露的内容应当充分、准确、具体。同时企业可以根据实际情况，介绍已采取或拟采取的对策和措施，对策和措施应当内容具体，具备可操作性。

典型案例分析

【资料】AB公司2019年财务报表资料见表10-5、表10-6。

表10-5　　资产负债表　　会企01表

编制单位：AB公司　　2019年12月31日　　单位：元

资产	期末余额	年初余额	负债和所有者权益（或股东权益）	期末余额	年初余额
流动资产：			流动负债：		
货币资金	37 000	33 680	短期借款	131 000	142 000
交易性金融资产	42 000	1 600	交易性金融负债		
应收票据			应付票据		
应收账款	134 080	96 775	应付账款	70 000	29 750
预付款项			预收款项		
其他应收款			合同负债		
存货	153 320	90 825	应付职工薪酬		
合同资产			应交税费	2 000	1 250
持有待售资产			其他应付款	32 000	21 000

续表

资产	期末余额	年初余额	负债和所有者权益（或股东权益）	期末余额	年初余额
一年内到期的非流动资产			持有待售负债		
其他流动资产			一年内到期的非流动负债		
流动资产合计	366 400	222 880	其他流动负债		
非流动资产：			流动负债合计	235 000	194 000
债权投资			非流动负债：		
其他债权投资			长期借款	157 000	48 400
长期应收款			应付债券		
长期股权投资	100 000	119 800	租赁负债		
其他权益工具投资			长期应付款		
其他非流动金融资产			预计负债		
投资性房地产			递延收益		
固定资产	123 900	97 000	递延所得税负债		
在建工程	30 700	26 800	其他非流动负债		
生产性生物资产			非流动负债合计		
油气资产			负债合计	392 000	242 400
无形资产	11 000	8 500	所有者权益（或股东权益）：		
开发支出			实收资本（或股本）	202 000	202 000
商誉			其他权益工具		
长期待摊费用			资本公积	22 080	22 080
递延所得税资产			减：库存股		
其他非流动资产			其他综合收益		
非流动资产合计	265 600	252 100	专项储备		
			盈余公积	15 920	8 500
			未分配利润		
			所有者权益（或股东权益）合计	240 000	232 580
资产总计	632 000	474 980	负债和所有者权益（或股东权益）总计	632 000	474 980

表10-6 利润表 会企02表

编制单位：AB公司 2019年度 单位：元

项 目	本期金额	上期金额
一、营业收入	787 000	650 000
减：营业成本	681 000	558 720
税金及附加	44 600	36 870
销售费用	1 200	1 000
管理费用	22 800	20 000
研发费用		
财务费用	1 500	1 100
其中：利息费用	1 500	1 100
利息收入		
加：其他收益		
投资收益（损失以“-”号填列）	11 800	13 000
其中：对联营企业和合营企业的投资收益		
以摊余成本计量的金融资产终止确认收益（损失以“-”号填列）		
净敞口套期收益（损失以“-”号填列）		
公允价值变动收益（损失以“-”号填列）	12 200	8 500
信用减值损失（损失以“-”号填列）		
资产减值损失（损失以“-”号填列）		
资产处置收益（损失以“-”号填列）		
二、营业利润（亏损以“-”号填列）	59 900	53 810
加：营业外收入	3 000	2 120
减：营业外支出	16 000	18 500
三、利润总额（亏损总额以“-”号填列）	46 900	37 430
减：所得税费用	11 725	9 357.5
四、净利润（净亏损以“-”号填列）	35 175	28 072.5
五、其他综合收益的税后净额		
（一）不能重分类进损益的其他综合收益		
（二）将重分类进损益的其他综合收益		
六、综合收益总额		
七、每股收益：		
（一）基本每股收益		
（二）稀释每股收益		

AB公司2018年年初存货为85 456元，假设企业所得税税率为25%。

【要求】计算AB公司2018年和2019年的流动比率、速动比率、存货周转率、营业利润率和资产负债率，并进行评价。

【分析】(1) 流动比率。

$$流动比率=\frac{流动资产}{流动负债}$$

$$2018年流动比率=\frac{222\,880}{194\,000}\approx1.15$$

$$2019年流动比率=\frac{366\,400}{235\,000}\approx1.56$$

评价：流动比率的数值反映了企业流动资产与流动负债的对比关系。AB公司2018年年末流动比率为1.15，2019年年末流动比率为1.56，表明该公司短期偿债能力有所改善和增强。流动比率的数值也并不是越大越好，应维持在一个合理限度，以使企业的流动资产在清偿流动负债后仍有能力应付经营活动中其他资金需要。

(2) 速动比率。

$$速动比率=\frac{速动资产}{流动负债}$$

$$2018年速动比率=\frac{222\,880-90\,825}{194\,000}\approx0.68$$

$$2019年速动比率=\frac{366\,400-153\,320}{235\,000}\approx0.91$$

评价：速动比率比流动比率更能准确反映企业的偿债能力。一般来说，正常速动比率为1，即速动资产恰好抵付短期的债务。因此，AB公司两年的速动比率均可认为是低于可接受的正常值。在比较比率时，还要注意分析绝对值的大小，比如这个公司流动比率和速动比率的情况不是很好，那么就需要分析一下流动资产和流动负债绝对值的大小，以及组成流动资产和流动负债的项目的绝对值的大小。该公司2018年流动资产是222 880元，流动负债是194 000元，总资产是474 980元，可见流动资产在总资产中所占的比例很高，速动比率和流动比率具有比较大的重要性，流动资产的质量决定了公司的短期偿债能力。所以有必要对公司的流动资产和流动负债的组成项目进行细致的分析。

该公司流动资产中存货和应收账款占到很大比例，它们的质量直接决定了公司的偿债能力，结合附注中的存货核算和计价方式进行分析，如果可以得到存货的组成，可以进行更深入的研究。对于应收账款，报表附注中有账龄分析表，要结合账龄分析表，估计可以收回的应收账款的金额。这样才能真正了解企业短期偿债能力的状况。

(3) 存货周转率。

$$存货周转率=\frac{销货成本}{存货平均余额}$$

$$存货平均周转天数=\frac{360}{存货周转率}$$

2019年情况：

$$存货周转率=\frac{681\,000}{(153\,320+90\,825)\div 2}=\frac{681\,000}{122\,072.50}\approx 5.58（次）$$

$$存货平均周转天数=\frac{360}{5.58}\approx 65（天）$$

2018年情况：

$$存货周转率=\frac{558\,720}{(85\,456+90\,825)\div 2}=\frac{558\,720}{88\,140.50}\approx 6.34（次/年）$$

$$存货平均周转天数=\frac{360}{6.34}\approx 57（天）$$

评价：一般来讲，在企业存货每周转一次可以为企业带来利润的情况下，存货的周转速度越快，企业的盈利越多。存货周转率既反映企业经营管理效率水平，也反映企业资金利用效率状况。从上面计算结果看，AB公司2019年的存货周转速度比2018年有所降低。

（4）营业利润率。

$$营业利润率=\frac{营业利润}{营业收入}\times 100\%$$

$$2019年营业利润率=\frac{59\,900}{787\,000}\times 100\%\approx 7.61\%$$

$$2018年营业利润率=\frac{53\,810}{650\,000}\times 100\%\approx 8.28\%$$

评价：营业利润率反映营业利润与营业收入的比值。计算结果表明，该企业2019年营业利润率低于2018年营业利润率。

（5）资产负债率。

$$资产负债率=\frac{负债总额}{资产总额}\times 100\%$$

$$2019年资产负债率=\frac{392\,000}{632\,000}\times 100\%\approx 62.03\%$$

$$2018年资产负债率=\frac{242\,400}{474\,980}\times 100\%\approx 51.03\%$$

评价：从债权人的角度来看，企业的资产负债率越低，资产对债务的保证程度越高，企业的潜在融资能力也就越强；从所有者的角度来看，在企业盈利状况较好的条件下，较高的资产负债率能给企业的所有者带来较多的利润，企业也就有较好的盈利水平。计算结果表明，AB公司2019年的资产负债率比2018年有所提高。

项目实训

一、单项选择题

1.某公司2019年经营活动现金流量净额为2 000万元，流动负债1 000万元，负债总额3 000万元，股东权益6 000万元，下列说法正确的是（　　）。

A.该公司产权比率为33%　　　　B.长期资本负债率为22%

C.权益乘数为1.5　　D.现金流量债务比为100%

2.假设ABC公司有优先股10万股，目前清算价值为每股12元，累计拖欠股利为每股3元；2019年12月31日普通股每股市价为30元，2019年年末流通在外普通股加权平均股数80万股，2019年流通在外普通股股数100万股，年末所有者权益总额为850万元，则该公司的市净率约为（　　）。

A.4.29　　B.4.35　　C.3.48　　D.3.43

3.营运资本之所以能够成为流动负债的“缓冲垫”，是因为（　　）。

A.营运资本是短期资本中用于流动资产的部分

B.营运资本是短期资本中用于非流动资产的部分

C.营运资本是长期资本中用于流动资产的部分

D.营运资本是长期资本中用于非流动资产的部分

4.某企业2019年年末营运资本的配置比率为0.5，则该企业此时的流动比率为（　　）。

A.1　　B.0.5　　C.2　　D.3.33

5.下列各项中，有助于提高企业短期偿债能力的是（　　）。

A.利用短期借款增加对流动资产的投资

B.为扩大营业面积，与租赁公司签订一项新的长期房屋租赁合同

C.补充长期资本，使长期资本的增加量超过长期资产的增加量

D.提高流动负债中的无息负债比率

6.A公司2018年总资产净利率为15%，权益乘数为2；2019年总资产净利率为18%，权益乘数为1.8。使用因素分析法依次分析总资产净利率和权益乘数变动对于权益净利率的影响，下列说法中正确的是（　　）。

A.2018年权益净利率为7.5%

B.2019年权益净利率为10%

C.总资产净利率提高使得权益净利率提高6%

D.权益乘数下降使得权益净利率下降3%

7.企业如果采用积极的收账政策，可能会（　　）应收账款投资，（　　）坏账损失，（　　）收账成本。

A.增加，增加，减少　　B.减少，减少，增加

B.增加，减少，减少　　D.减少，增加，增加

8.甲公司上年年末的营运资本配置比率为60%，流动负债为120万元，由此可知，甲公司上年年末的流动资产为（　　）万元。

A.300　　B.200　　C.72　　D.48

9.假设业务发生前速动比率大于1，偿还应付账款若干，将会（　　）。

A.增大流动比率，不影响速动比率

B.增大速动比率，不影响流动比率

C.增大流动比率，也增大速动比率

D.降低流动比率，也降低速动比率

10.市净率是投资者用以衡量、分析个股是否具有投资价值的工具之一，其计算公式为（ ）。

A. $\frac{每股市价}{每股净资产}$ B. $\frac{每股净资产}{每股市价}$ C. $\frac{1}{市场利率}$ D. 1-市场利率

11.某公司有优先股10万股，普通股1 000万股，则下列对于该公司指标的计算正确的是（ ）。

A.每股收益=净利润/流通在外普通股加权平均股数

B.每股净资产=股东权益/流通在外普通股年末股数

C.每股销售收入=销售收入/流通在外普通股加权平均股数

D.每股净资产=股东权益/流通在外普通股加权平均股数

二、多项选择题

1.假定企业的长期资本不变，下列说法中正确的有（ ）。

A.增加长期资产会降低财务状况的稳定性

B.增加长期资产会提高财务状况的稳定性

C.减少长期资产会降低财务状况的稳定性

D.减少长期资产会提高财务状况的稳定性

2.如果发生长期债权投资变现，下列有关说法不正确的有（ ）。

A.对流动比率的影响大于对速动比率的影响

B.对速动比率的影响大于对流动比率的影响

C.影响速动比率但不影响流动比率

D.影响流动比率但不影响速动比率

3.关于利息保障倍数，下列说法中正确的有（ ）。

A.如果利息保障倍数小于1，表明企业自身产生的经营收益不能支持现有的债务规模

B.利息保障倍数越小，公司拥有的偿还利息的缓冲资金越多

C.利息保障倍数等于1，说明企业的发展很稳定

D.现金流量利息保障倍数比利息保障倍数更可靠

4.下列关于长期偿债能力的说法中，正确的有（ ）。

A.利息保障倍数可以反映长期偿债能力

B.产权比率和权益乘数是两种常用的财务杠杆比率

C.利息保障倍数比现金流量利息保障倍数更可靠

D.长期租赁中的经营租赁是影响长期偿债能力的表外因素

5.已知甲公司年末负债总额为200万元，资产总额为500万元，无形资产净值为50万元，流动资产为240万元，流动负债为160万元，年利息费用为20万元，净利润为100万元，所得税费用为30万元，则下列说法正确的有（ ）。

A.年末资产负债率为40%

B.年末产权比率约为66.67%

C.年利息保障倍数为7.5

D.年末长期资本负债率约为11.76%

6.在其他条件不变的情况下，会引起总资产周转次数指标上升的经济业务有（　　）。

A.用现金偿还负债　　B.借入一笔短期借款

C.用银行存款购入一台设备　　D.用银行存款支付一年的电话费

7.当企业的长期资本不变时，增加长期资产会（　　）。

A.降低营运资本　　B.降低财务状况的稳定性

C.增强企业资产的流动性　　D.增强企业资产的收益性

三、判断题

1.存货周转率高，未必说明存货管理得好。（　　）

2.权益乘数与资产负债率之和为1。（　　）

3.获利能力强的企业，其偿债能力也强。（　　）

4.长期偿债能力取决于企业远期的现金流入量，与企业的获利能力无关。（　　）

5.某企业年末速动比率为0.5，则该企业可能仍具有短期偿债能力。（　　）

6.利息保障倍数是税前利润与债务利息的比值。（　　）

7.如果期末存货少计，则会引起存货周转率偏低。（　　）

8.一般而言，变现能力与盈利能力之间往往存在着矛盾。（　　）

9.应收账款周转率无助于对企业速动比率的分析。（　　）

10.一般而言，已获利息倍数越大，表明企业可以偿还的可能性越大。（　　）

11.产权比率反映企业投资者权益对债权人权益的保障程度，该比率越高，表明企业的长期偿债能力越强。（　　）

四、计算分析题

1.某公司财务报表中部分资料见表10-7。

表10-7　财务报表中部分资料

项目	期末数
货币资金（元）	150 000
固定资产（元）	425 250
销售收入（元）	1 500 000
净利润（元）	75 000
速动比率	2
流动比率	3
应收账款周转天数	40

要求：（1）计算应收账款平均占用资金；（2）计算流动负债；（3）计算流动资产；（4）计算总资产；（5）计算总资产净利率。

2.某企业有关资料见表10-8，该企业流动资产等于速动资产加存货。

表10-8 某企业有关资料 金额单位：万元

项目	期初数	期末数	本期数或平均数
存货	2 400	3 200	
流动负债	2 000	3 000	
速动比率	0.8		
流动比率		1.8	
总资产周转次数			1.5
总资产			12 000

要求：（1）计算该企业流动资产的期初数与期末数；（2）计算该企业本期销售收入；（3）计算该企业本期流动资产平均余额和流动资产周转次数（计算结果保留两位小数）。

答案与解析

项目十一

计划与预算

【学习目标】

1. 了解计划的类型、作用和编制方法；
2. 掌握预算的概念与分类；
3. 掌握预算的编制方法；
4. 掌握业务预算编制原理；
5. 熟悉专门决策预算与财务预算的编制流程。

引导案例

沃尔玛以成本为中心的预算管理模式

中国人很早就有“凡事预则立，不预则废”的预算管理思想，这一思想在零售巨鳄——沃尔玛百货有限公司（以下简称沃尔玛）更是得到了实践性的证实。沃尔玛是美国一家世界性连锁企业，其营业额为全球之首，控股人为沃尔顿家族，总部位于美国阿肯色州的本顿维尔。沃尔玛主要涉足零售业，是世界上雇员最多的企业，连续五年在美国《财富》杂志世界500强企业中居首。

沃尔玛之所以能够成为世界零售业的巨头，与其完善的预算管理密不可分。每年从8月份开始，沃尔玛集团内部便开始着手编制下年的预算。企业的高管层，根据战略发展目标的要求，以及对市场的判断来确定年度目标。这个年度目标确定的时候，需要听取各方面意见，要对市场进行分析判断，尤其要听取职工内部的一些反映。长此以往，如今的沃尔玛已经形成了一套与自身战略目标相配套的预算管理模式——以成本为中心的预算管理模式。

沃尔玛的计划与预算成功实施，给企业带来怎样的启示呢?财务预算为何如此行之有效，其奥秘何在?

首先，加强资金的收支预算管理。财务部要求各二级单位在年度生产计划和成本费用预算的基础上，编制年度资金收支预算，在年度资金预算计划确定的基础上，编制季度、月度的资金使用计划，做到年计划、月平衡、周安排。其次，实行现金流量周报制度，及时反映企业的营运、投资和融资状况。再次，完善成本核算体制，强化目标成本管理。以目标利润倒推成本，对成本发生要做到心中有数，事前有预算、事中有控制、事后有考核。最后，在建立预算管理制度的同时，建立各项费用的授权管理制度。这样才能使公司成本大大降低，收到了较好效果。

任务一　计划

一、计划的概念

在管理学中，计划具有两重含义：一是计划工作，是指根据对组织外部环境与内部条件的分析，提出在未来一定时期内要达到的组织目标以及实现目标的方案途径；二是计划形式，是指用文字和指标等形式所表述的组织以及组织内不同部门和不同成员，在未来一定时期内关于行动方向、内容和方式安排的管理事件。无论是计划工作还是计划形式，计划都是根据社会的需要以及组织的自身能力，通过计划的编制、执行和检查，确定组织在一定时期内的奋斗目标，有效地利用组织的人力、物力和财力等资源，协调安排好组织的各项活动，取得最佳的经济效益和社会效益。

可以把计划的内容简要地概括为八个方面，被称为“5W2H1E”，即：

What（什么）——计划的目的、内容；
Who（谁）——计划的相关人员；
Where（何处）——计划的实施场所；
When（何时）——计划实施的时间范围；
Why（为什么）——计划的缘由、前景；
How（如何）——计划的方法和运转实施；
How much（多少）——计划的预测；
Effect（效果）——预测计划实施的结果、效果。

二、计划的类型

计划的种类很多，可以按不同的标准进行分类。主要分类标准有：计划的重要性、时期界限、明确性和抽象性等。但是依据这些分类标准进行划分，所得到的计划类型并不是相互独立的，而是密切联系的。比如，短期计划和长期计划，战略计划和作业计划等。

（一）按计划的重要性划分

从计划的重要性程度上来看，可以将计划分为战略计划和作业计划。

应用于整体组织的，为组织设立总体目标和寻求组织在环境中的地位的计划，称为战略计划。规定总体目标如何实现的细节的计划称为作业计划。战略计划与作业计划在时间框架上、在范围上和在是否包含已知的一套组织目标方面是不同的。战略计划趋向于包含持久的时间间隔，通常为五年甚至更长，它们覆盖较宽的领域和不规定具体的细节。此外，战略计划的一个重要的任务是设立目标；而作业计划假定目标已经存在，只是提供实现目标的方法。

（二）按计划的时期界限划分

财务人员习惯于将投资回收期分为长期、中期和短期。长期通常指五年以上，短期一般指一年以内，中期则介于两者之间。管理人员也采用长期、中期和短期来描述计划。

长期计划描述了组织在较长时期（通常五年以上）的发展方向和方针，规定了组织的各个部门在较长时期内从事某种活动应达到的目标和要求，绘制了组织长期发展的蓝图。短期计划具体地规定了组织的各个部门在目前到未来的各个较短的时期阶段，特别是最近的时段中，应该从事何种活动，从事该种活动应达到何种要求，因而为各组织成员在近期内的行动提供了依据。

（三）按计划内容的明确性划分

根据计划内容的明确性指标，可以将计划分为具体性计划和指导性计划。

具体性计划具有明确规定的目标，不存在模棱两可。比如，企业销售部经理打算使企业销售额在未来6个月中增长15%，他会制定明确的程序、预测方案和日程进度表，这便是具体性计划。指导性计划只规定某些一般的方针和行动原则，给予行动者较大自由处置权，它指出重点但不把行动者限定在具体的目标或特定的行动方案上。比如，一项增加销售额的具体计划可能规定未来6个月内销售额要增加15%，而指导性计划则可能只规定未来6个月内销售额要增加12%～16%。相对于指导性计划而言，具体性计划虽然更易于执行、考核及控制，但缺少灵活性，它要求的明确性和可预见性条件往往很难满足。

（四）按计划由抽象到具体的层次划分

哈罗德·孔茨和海因·韦里克从抽象到具体，把计划划分为：目的或使命、目标、战略、政策、程序、规则、方案或规划，以及预测。

1. 目的或使命

它指明一定的组织机构在社会上应起的作用和所处的地位。它决定组织的性质，决定此组织区别于彼组织的标志。各种有组织的活动，如果要使它有意义的话，至少应该有自己的目的或使命。比如，大学的使命是教书育人和科学研究，研究所的使命是科学研究，医院的使命是治病救人，法院的使命是解释和执行法律，企业的目的是生产和分配商品或服务。

2. 目标

组织的目的或使命往往太抽象、太原则化，它需要进一步具体为组织一定时期的目标和各部门的目标。组织的使命支配着组织各个时期的目标和各个部门的目标，而且组织各个时期的目标和各部门的目标是围绕组织存在的使命所制定的，并为完成组织使命而努力。虽然教书育人和科学研究是一所大学的使命，但一所大学在完成自己使命时会进一步具体化不同时期的目标和各院系的目标，比如最近3年要培养多少人才、发表多少论文等。

3. 战略

战略是为了达到组织总目标而采取的行动和利用资源的总计划，其目的是通过一系列的主要目标和政策去决定和传达一个组织期望自己成为什么样的组织。战略并不打算确切地概述组织怎样去完成它的目标，这是无数主要的和次要的支持性计划的任务。

4. 政策

政策是指导或沟通决策思想的全面的陈述书或理解书。但不是所有政策都是陈述书，政策也常常会从主管人员的行动中含蓄地反映出来。比如，主管人员处理某问题的习惯方式往往会被下属作为处理该类问题的模式，这也许是一种含蓄的、潜在的政策。政策能够帮助人们事先决定问题处理方法，这一方面减少对某些例行问题时间上处理的成本，另一方面把其他计划统一起来。政策支持了分权，同时也支持了上级主管对该项分权的控制。政策允许对某些事情处理的自由，一方面我们切不可把政策当作规则，另一方面我们又必须把这种自由限制在一定的范围内。自由处理的权限大小一方面取决于政策本身，另一方面取决于主管人员的管理艺术。

5. 程序

程序是制定处理未来活动的一种必需方法的计划。它详细列出必须完成某类活动的切实方式，并按时间顺序对必要的活动进行排列。它与战略不同，它是行动的指南，而非思想指南。它与政策不同，它没有给行动者自由处理的权利。出于理论研究的考虑，我们可以把政策与程序区分开来，但在实践工作中，程序往往表现为组织的政策。比如，一家制造企业的处理订单程序、财务部门批准给客户信用的程序、会计部门记载往来业务的程序等，都表现为企业的政策。组织中每个部门都有程序，在基层程序更加具体化、数量更多。

6.规则

规则没有酌情处理的余地。它详细、明确地阐明必须行动或无须行动，其本质是一种管理决策。规则通常是最简单形式的计划。

规则不同于程序。其一，规则指导行动但不说明时间顺序；其二，可以把程序看作是一系列的规则，但是一条规则可能是也可能不是程序的组成部分。比如，“禁止吸烟”是一条规则，但和程序没有任何联系；而一个规定为顾客服务的程序可能表现为一些规则，如在接到顾客需要服务的信息后30分钟内必须给予答复。

规则也不等于政策。政策的目的是指导行动，并给执行人员留有酌情处理的余地；而规则虽然也起指导作用，但是在运用规则时，执行人员没有自行处理之权。

【提示】规则和程序均旨在约束思想，只有在不需要组织成员使用自行处理权时，才使用规则和程序。

7.方案或规划

方案是一个综合的计划，它包括目标、政策、程序、规则、任务分配、要采取的步骤、要使用的资源，以及为完成既定行动方针所需要的其他因素。一项方案可能很大，也可能很小。在通常情况下，一项主要方案或规划可能需要很多支持计划。在主要计划进行之前，必须要把这些支持计划制订出来，并付诸实施。所有这些计划都必须加以协调和安排时间。

8.预测

预测是一份用数字表示预期结果的报表。预测通常是为规划服务的，其本身可能也是一项规划。

上述计划的层次关系（计划的层次体系）如图11–1所示。

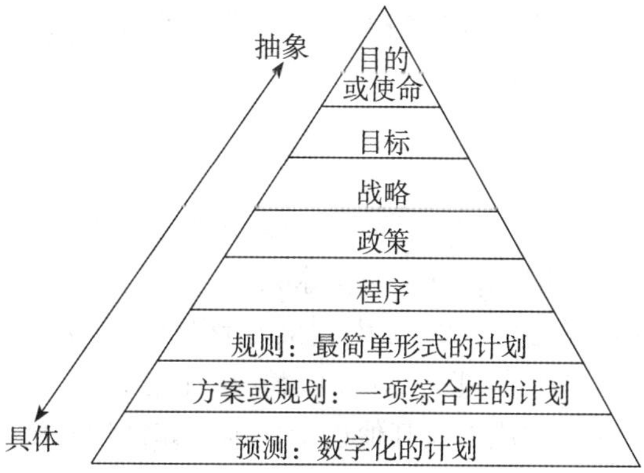

图11–1　计划的层次关系

三、计划的性质

计划的根本目的，在于保证管理目标的实现。从事计划工作并使之有效地发挥作用，就必须把握计划的性质。计划的性质主要表现在普遍性、首位性、科学性和有效性四个方面。

（一）计划的普遍性

与计划的概念相对应，计划的普遍性也有两层含义。一是指社会各部门、各环节、各单位和各岗位为有效实现管理目标，都必须具有相应的计划。上至国家，下至一个班组，甚至个人，无不如此。二是指所有管理者，从最高管理人员到第一线的基层管理人员都必须从事计划工作。计划是任何管理人员的一个基本职能，也许他们各自计划工作的范围不同、特点不同，但凡是管理者都要做计划工作，都必须在上级规定的政策许可范围内做好自己的计划工作。如果管理人员没有计划任务，那倒值得怀疑了，他还算不算是一个管理者。在管理科学研究中，人们发现基层管理者责任感的最重要因素，就是他们从事计划工作的能力。

（二）计划的首位性

把计划放在管理职能的首位，不仅因为从管理过程的角度看，计划先行于其他管理职能，而且因为在某些场合，计划是付诸实施的唯一管理职能。计划的结果可能得出一个决策，即无须进行随后的组织、领导、协调及控制工作等。例如，对于一个是否要建立新工厂的计划研究工作来说，如果得出的结论是新工厂在经济上是不合算的，那也就没有筹建、组织、领导和控制一个新工厂的问题了。

计划具有首位性的原因，还在于计划影响和贯穿于组织、领导、协调和控制等各项管理职能当中。

（三）计划的科学性

无论做什么计划都必须遵循事物本身发展的规律，不能脱离了现实条件任意杜撰、随意想象。从事计划工作，就是通过管理者的精心规划和主观能动作用的发挥，使那些本来不可能发生的事成为可能，使那些可能发生的事成为现实。因此，从事计划工作，一是必须要有求实的科学态度，一切从实际出发，量力而行；二是必须有可靠的科学依据，包括准确的信息、完整的数据资料等；三是必须有正确的科学方法，如科学预测、系统分析、综合平衡、方案优化等。这样才能使整体计划建立在科学的基础上，既富有创造性，又具有可行性。

（四）计划的有效性

计划不仅要确保组织目标的实现，而且要从众多的方案中选择最优的方案，以求得合理利用资源和提高效率。因此，计划要追求效率。计划的效率，可以用计划对组织的目标的贡献来衡量。贡献是指实现的组织目标及所得到的利益，扣除制订和实施这个计划所需要的费用和其他因素后，能得到的剩余。在计划所要完成的目标确定的情况下，同样可以用制订和实施计划的成本及其他连带成本（如计划实施带来的损失、计划执行的风险等）来衡量效率。如果计划能得到最大的剩余，或者如果计划按合理的代价实现目标，这样的计划是有效率的。特别要注意的是，在衡量代价时，不仅要用时间、金钱或者生产来衡量，而且还要衡量个人和集体的满意程度。

四、计划的作用

在管理实践中，计划是其他管理职能的前提和基础，并且还渗透到其他管理职能之中。列宁曾指出："任何计划都是尺度、准则、灯塔、路标。"它是管理过程的中心环节，因此，计划在管理活动中具有特殊重要的地位和作用。

（一）计划是组织生存与发展的纲领

我们正处在一个经济、政治、技术、社会变革与发展的时代。在这个时代里，变革与发展既给人们带来了机遇，也给人们带来了风险，特别是在争夺市场、资源、势力范围的竞争中更是如此。如果管理者在看准机遇和利用机遇的同时，又能最大限度地减少风险，即在朝着目标前进的道路上架设一座便捷而稳固的桥梁，那么组织就能立于不败之地，在机遇与风险的纵横选择中，得到生存与发展。如果计划不周，或根本没计划，那就会遭遇灾难性的后果。

（二）计划是组织协调的前提

现代社会的各行各业的组织以及它们内部的各个组成部分之间，分工越来越精细，过程越来越复杂，协调关系更趋严密。要把这些繁杂的有机体科学地组织起来，让各个环节和部门的活动都能在时间、空间和数量上相互衔接、互相协调，既围绕整体目标，又各行其是，就必须要有一个严密的计划。管理中的组织、协调、控制等如果没有计划，那就好比汽车总装厂事先没有流程设计一样不可想象。

（三）计划是指挥实施的准则

计划的实质是确定目标以及规定达到目标的途径和方法。因此，如何朝着既定的目标步步逼进，最终实现组织目标，计划无疑是管理活动中人们一切行为的准则。它指导不同空间、不同时间、不同岗位上的人们，围绕一个总目标，秩序井然地去实现各自的分目标。行为如果没有计划指导，被管理者必然表现为无目的的盲动，管理者则表现为决策朝令夕改，随心所欲，自相矛盾。结果必然是组织秩序的混乱，事倍功半，劳民伤财。在现代社会里，可以这样说，几乎每项事业，每个组织，乃至每个人的活动都不能没有计划蓝图。

（四）计划是控制活动的依据

计划不仅是组织、指挥、协调的前提和准则，而且与管理控制活动紧密相联。计划为各种复杂的管理活动确定了数据、尺度和标准，它不仅为控制指明了方向，而且还为控制活动提供了依据。经验告诉我们，未经计划的活动是无法控制的，也无所谓控制。因为控制本身是通过纠正偏离计划的偏差，使管理活动保持与目标的要求一致。如果没有计划作为参数，管理者就没有"罗盘"，没有"尺度"，也就无所谓管理活动的偏差，那又何来控制活动呢？

综上所述，我们说计划是管理职能中的首要职能，不仅仅是一个次序问题，而且是管理职能在实际管理活动的相互关系问题、位置问题，这是不能含糊的。

五、计划的编制方法

在实践中计划编制行之有效的方法主要有目标管理、滚动计划法和网络计划技术等。

（一）目标管理

目标管理是以泰罗的科学管理和行为科学管理理论为基础形成的一套管理制度，其概念是管理专家彼得·德鲁克（Peter Drucker）1954年在其名著《管理实践》中最先提出的，其后他又提出了“目标管理和自我控制”的主张。

德鲁克认为，并不是有了工作才有目标，而是相反，有了目标才能确定每个人的工作。所以“企业的使命和任务，必须转化为目标”，如果一个领域没有目标，这个领域的工作必然被忽视。因此管理者应该通过目标对下级进行管理，当组织最高层管理者确定了组织目标后，必须对其进行有效分解，转变成各个部门以及每个人的分目标，管理者根据分目标的完成情况对下级进行考核、评价和奖惩。

（二）滚动计划法

滚动计划法是按照“近细远粗”的原则制订一定时期内的计划，然后按照计划的执行情况和环境变化，调整和修订未来的计划，并逐期向前移动，把短期计划和中期计划结合起来的一种计划方法。

在计划工作中很难准确地预测将来影响组织生存与发展的经济、政治、文化、技术、产业、顾客等各种变化因素，而且随着计划期的延长，这种不确定性越来越大。因此，如果机械地按照几年以前编制的计划实施，或机械地、静态地执行战略性计划，则可能导致巨大的错误和损失，滚动计划法可以避免这种不确定性带来的不良后果。

（三）网络计划技术

网络计划技术是20世纪50年代后期在美国产生和发展起来的。这种方法包括各种以网络为基础判定的方法，如关键路径法、计划评审技术、组合网络法等。

网络计划技术是一种科学的计划管理方法，它是随着现代科学技术和工业生产的发展而产生的。20世纪50年代，为了适应科学研究和新的生产组织管理的需要，国外陆续出现了一些计划管理的新方法。1956年，美国杜邦公司研究创立了网络计划技术的关键线路方法（CPM），并试用于一个化学工程上，取得了良好的经济效果。1958年美国海军武器部在研制“北极星”导弹计划时，应用了计划评审方法（PERT）进行项目的计划安排、评价、审查和控制，获得了巨大成功。20世纪60年代初期，网络计划技术在美国得到了推广，一切新建工程全面采用这种计划管理新方法，并开始将该方法引入日本和西欧其他国家。随着现代科学技术的迅猛发展、管理水平的不断提高，网络计划技术也在不断发展和完善。目前，它已广泛地应用于世界各国的工业、国防、建筑、运输和科研等领域，已成为发达国家盛行的一种现代生产管理的科学方法。

六、计划的程序

任何计划工作都要遵循一定的程序或步骤。无论是简单的小型计划，还是复杂的大型计划，管理人员在编制计划时，其工作步骤都是相似的，依次包括以下内容：

（一）认识机会

认识机会先于实际的计划工作开始以前，严格来讲，它不是计划的一个组成部分，但却是计划工作的一个真正起点。因为它预测到了未来可能出现的变化，清晰而完整地认识到组织发展的机会，认清了组织的优势、弱点及所处的地位，认识到组织利用机会的能力，意识到不确定因素对组织可能发生的影响程度等。

认识机会，对做好计划工作十分关键。一位经营专家说过："认识机会是战胜风险求得生存与发展的诀窍。"诸葛亮"草船借箭"的故事流传百世，其高明之处就在于他抓住了"三天后江上会起雾，而曹军又不习水性不敢迎战"的机会，神奇般地实现了自己的战略目标。企业经营中也不乏这样的例子。

（二）确定目标

制订计划的第二个步骤是在认识机会的基础上，为整个组织及其所属的下级单位确定目标，目标是指期望达到的成果，它为组织整体、各部门和各成员指明了方向，描绘了组织未来的状况，并且作为标准可用来衡量实际的绩效。计划的主要任务，就是将组织目标进行层层分解，以便落实到各个部门、各个活动环节，形成组织的目标结构，包括目标的时间结构和空间结构。

（三）确定前提条件

所谓计划工作的前提条件就是计划工作的假设条件，简言之，即计划实施时的预期环境。负责计划工作的人员对计划前提了解得愈细愈透彻，并能始终如一地运用它，则计划工作也将做得越协调。

按照组织的内外环境，可以将计划工作的前提条件分为外部前提条件和内部前提条件；还可以按可控程度，将计划工作前提条件分为不可控的、部分可控的和可控的三种前提条件。外部前提条件大多为不可控的和部分可控的，而内部前提条件大多数是可控的。不可控的前提条件越多，不确定性越大，就越需要通过预测工作确定其发生的概率和影响程度的大小。

（四）拟订可供选择的可行方案

编制计划的第四个步骤是寻求、拟订、选择可行的行动方案。"条条道路通罗马"，描述了实现某一目标的方案途径是多种的。通常，最显眼的方案不一定就是最好的方案，对过去方案稍加修改和略加推演也不会得到最好的方案，一个不引人注目的方案或通常人提不出的方案，效果却往往是最佳的，这里体现了方案创新性的重要。此外，方案也不是越多越好。编制计划时没有可供选择的合理方案的情况是不多见的，更加常见的不是寻找更多的可供选择的方案，而是减少可供选择方案的数量，以便可以分析最有希望的方案。即使用数学方法和计算机，我们还是要对可供选择方案的数量加以限制，以便把主要精力集中在对少数最有希望的方案的分析方面。

（五）评价可供选择的方案

在找出了各种可供选择的方案和检查了它们的优缺点后，下一步就是根据前提条件和目标，权衡它们的轻重优劣，对可供选择的方案进行评价。评价实质上是一种价值判断，它一方面取决于评价者所采用的评价标准，另一方面取决于评价者对各个标准所赋予的权重。例如，有三个方案：第一个方案看起来可能是最有利可图的，但是需要投入大量现金，而回收资金很慢；第二个方案看起来可能获利较少，但是风险较小；第三个方案眼前看没有多大的利益，但可能更适合公司的长远目标。应该用运筹学中较为成熟的矩阵评价法、层次分析法和多目标评价法进行评价和比较。

如果唯一的目标是要在某项业务里取得最大限度的当前利润，如果将来不是不确定的，如果无须为现金和资本可用性焦虑，如果大多数因素可以分解成确定数据，这样条件下的评价将是相对容易的。但是，由于计划工作者通常都面对很多不确定因素，如资本短缺问题以及各种各样无形因素，评估工作通常很困难，甚至比较简单的问题也是这样。一家公司主要为了声誉想生产一种新产品，预测结果表明，这样做可能造成财务损失，但声誉的收获是否能抵消这种损失，仍然是一个没有解决的问题。因为在多数情况下，存在很多可供选择的方案，而且有很多应考虑的可变因素和限制条件，评价会极其困难。

评价可供选择的方案，要注意考虑以下几点：第一，认真考察每一个计划的制约因素和隐患；第二，要用总体的效益观点来衡量计划；第三，既要考虑到每一个计划的有形的可以用数量表示出来的因素，又要考虑到无形的、不能用数量表示出来的因素；第四，要动态地考察计划的效果，不仅要考虑计划执行所带来的利益，还要考虑计划执行所带来的损失，特别注意那些潜在的、间接的损失。

（六）选择方案

计划工作的第六步是选择方案。这是在前五步工作的基础上，做出的关键一步，也是决策的实质性阶段——抉择阶段。有时可能会遇到有两个以上可取方案的情况，在这种情况下，必须确定出首先采取哪个方案，而将其他方案也进行细化和完善，以作为后备方案。

（七）制订派生计划

基本计划还需要派生计划的支持。比如，一家公司年初制订了“当年销售额比上年增长15%”的销售计划，与这一计划相连的有许多计划，如生产计划、促销计划等。再如，当一家公司决定开拓一项新的业务时，这个决策需要制订很多派生计划作为支撑，如雇用和培训各种人员的计划、筹集资金计划和广告计划等。

（八）编制预算

在做出决策和确定计划后，计划工作的最后一步就是把计划转变成预算，使计划数字化。编制预算，一方面是为了使计划的指标体系更加明确，另一方面是使企业更易于对计划执行进行控制。定性的计划往往在可比性、可控性和进行奖惩方面比较困难，而定量的计划具有较强的约束力。

上述计划的基本步骤（计划工作的程序）如图11-2所示。

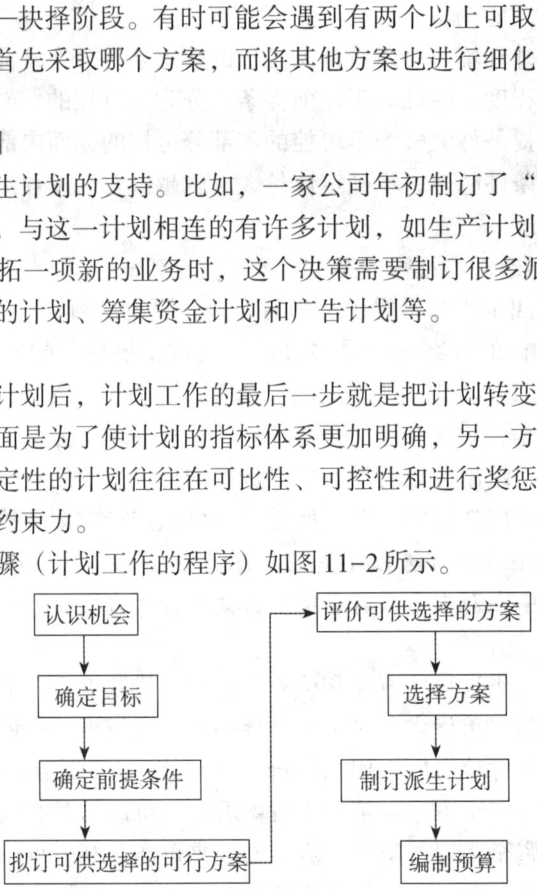

图11-2　计划的基本步骤

任务二　预算管理基础

一、预算的概念与作用

（一）预算的概念

预算是企业在预测、决策的基础上，以数量和金额的形式反映企业未来一定时期内经营、投资、财务等活动的具体计划，是为实现企业目标而对各种资源和企业活动的详细安排。

正确理解预算的含义要注意预算的两个特征：第一，预算是为实现企业目标而对各种资源和企业活动所做的详细安排，其预测与企业的战略或目标保持一致；第二，预算作为一种数量化的详细计划，它是对未来活动的详细、周密安排，是未来经营活动的依据，它是数量化的且具有可执行性。

（二）预算的作用

1.预算通过引导和控制经济活动，使企业经营达到预期目标

通过预算指标可以控制经济活动过程，随时发现问题，采取必要的措施，纠正不良偏差，避免经营活动的漫无目的、随心所欲，通过有效的方式实现预期目标。因此，预算具有规划、控制、引导企业经济活动有效进行、以最经济有效的方式实现预定目标的功能。

2.预算可以实现企业内部各个部门之间的协调

从系统论的观点看，局部计划的最优化，对全局来说不一定是最合理的。为了使各个职能部门向着共同的战略目标前进，他们的经济活动必须密切配合，互相协调，统筹兼顾，搞好综合平衡。各部门预算的综合平衡，能促使各部门管理人员清楚地了解本部门在全局中的地位和作用，尽可能地做好部门之间的协调工作。各级各部门因其职责不同，往往会出现相互冲突的现象。各部门之间只有协调一致，才能最大限度地实现企业整体目标。例如，企业的销售、生产、财务等各部门可以分别编制出对自己来说是最好的计划，但该计划在其他部门却不一定能行得通。销售部门根据市场预测提出了一个庞大的销售计划，生产部门可能没有那么大的生产能力；生产部门可能编制一个充分利用现有生产能力的计划，但销售部门可能无力将这些产品销售出去；销售部门和生产部门都认为应该扩大生产能力，财务部门却认为无法筹到必要的资金。全面预算经过综合平衡后可以提供解决各级各部门冲突的最佳方法，代表企业的最优方案，可以使各级各部门的工作在此基础上协调地进行。

3.预算可以作为业绩考核的标准

预算作为企业财务活动的行为标准，使各项活动的实际执行有章可循。预算标准可以作为各部门任务考核的依据。经过分解落实的预算规划目标能和部门、职责人的业绩考评结合起来，成为奖勤罚懒、评估优劣的准绳。

【提示】全面预算经过综合平衡后可以提供解决各级各部门冲突的最佳办法，代表

公司的最优方案，可以使各级各部门的工作在此基础上协调地进行。

二、预算的分类

（一）按预算内容划分

根据内容不同，企业预算可以分为业务预算（或称经营预算）、专门决策预算和财务预算。

1.业务预算

业务预算是指企业日常经营活动直接相关的经营业务的各种预算。它主要包括销售预算、生产预算、直接材料预算、直接人工预算、制造费用预算、产品成本预算、销售费用预算和管理费用预算等。

2.专门决策预算

专门决策预算是指企业不经常发生的、一次性的重要决策预算，其编制依据可以追溯到决策之前搜集到的有关资料，只不过预算比决策估算更精细、更精确一些。例如，企业对一切固定资产的购置都必须在事先做好可行性分析的基础上编制预算，具体反映投资额需要多少、何时进行投资、资金从何筹得、投资期限多长、何时可以投资、未来每年的现金流量是多少。

3.财务预算

财务预算是指企业在计划期内反映有关预计现金收支、财务状况和经营成果的预算，主要包括现金预算和预计财务报表。财务预算作为全面预算体系的最后环节，它是从价值方面总括地反映企业业务预算与专门决策预算的结果。也就是说，业务预算和专门决策预算中的资料都可以用货币金额反映在财务预算内，这样一来，财务预算就成为各项业务预算和专门决策预算的整体计划，故亦称为总预算，其他预算则相应称为辅助预算或分预算。显然，财务预算在全面预算中占有举足轻重的地位。

（二）按预算期间的长短划分

通常将预算期在一年以内（含一年）的预算称为短期预算，预算期在一年以上的预算称为长期预算。预算的编制时间可以视预算的内容和实际需要而定，可以是一周、一个月、一个季度、一年或是若干年等。在预算编制过程中，往往应结合各项预算的特点，将长期预算和短期预算结合使用。一般情况下，企业的业务预算和财务预算多为一年期的短期预算，年内再按季或月细分，而且预算期间往往与会计期间保持一致。

三、预算工作的组织

预算工作的组织涉及决策层、管理层、执行层和考核层。

（一）决策层

企业董事会或类似机构应当对企业预算的管理工作负责。企业董事会或者经理办公会可以根据情况设立预算委员会或指定财务管理部门负责预算管理事宜，并对企业法定代表负责。

（二）管理层

预算委员会或财务管理部门主要拟定预算的目标、政策，制定预算管理的具体措施和办法，审议、平衡预算方案，组织下达预算，协调解决预算编制和执行中的问题，组织审计、考核预算的执行情况，督促企业完成预算目标。

（三）执行层

企业内部生产、投资、物资、人力资源、市场营销等职能部门具体负责涉及本部门业务的预算编制、执行、分析等工作，并配合预算委员会或财务管理部门做企业总预算的综合平衡、协调、分析、控制与考核等工作。其主要负责人参与企业预算委员会的工作，并对本部门预算执行结果承担责任。在预算管理的组织工作中还应当注意，企业所属基层单位是企业预算的基本单位，在企业财务管理部门的指导下，负责本单位现金流量、经营成果和各项成本费用预算的编制、控制、分析工作，接受企业的检查、考核，其主要负责人对本单位财务预算的执行结果承担责任。

（四）考核层

企业财务管理部门具体负责企业预算的跟踪管理，监督预算的执行情况，分析预算与实际执行的差异及原因，提出改进管理的意见与建议。

任务三　预算编制方法

常见的预算编制方法主要包括增量预算法与零基预算法、固定预算法与弹性预算法、定期预算法与滚动预算法，企业可以根据不同的预算项目选用恰当的预算编制方法。

一、增量预算法与零基预算法

按照预算编制出发点的特征不同，编制预算的方法可分为增量预算法和零基预算法。

（一）增量预算法

增量预算法，简称增量预算，是指以基础成本费用水平为基础，结合预算期业务量水平及有关低成本的措施，通过调整有关费用项目而编制预算的方法。增量预算法以过去的费用发生水平为基础，其编制遵循如下假定：

（1）企业现有业务活动是合理的，不需要进行调整；

（2）企业现有各项业务的开支水平是合理的，在预算期予以保持；

（3）以现有业务活动和各项活动的开支水平，确定预算期各项活动的预算数。

基于以上假定基础上的增量预算，最大的优点就是编制工作简单，但其缺陷也是显而易见的：其一，可能导致无效费用开支项目无法得到有效控制，因为不加分析地保留或接受原有的成本费用项目，可能使原来不合理的费用继续开支而得不到控制，形成不必要开支合理化，造成预算上的浪费；其二，按照该方法编制成本费用预算，易使那些未来实际需要开支的项目因忽视未来情况的变化而造成预算不足。

（二）零基预算法

零基预算法的全称为“以零为基础的编制计划和预算的方法”，它不考虑以往会计期间所发生的费用项目或费用数额，而是一切以零为出发点，根据实际需要逐项分析预算期内各项费用的内容及开支标准是否合理，在综合平衡的基础上编制费用预算。该方法是20世纪60年代末，美国德州仪器公司彼得·派尔为了克服增量预算的缺陷而提出的。

零基预算法的编制程序如下：

（1）企业内部各级部门的员工，根据企业的生产经营目标，详细讨论计划期内应该发生的费用项目，并对每一费用项目编写一套方案，提出费用开支的目的以及需要开支的费用数额。

（2）划分不可避免费用项目和可避免费用项目。在编制预算时，对不可避免费用项目必须保证资金供应；对可避免费用项目，则需要逐项进行成本与效益分析，尽量控制可避免项目纳入预算中。

（3）划分不可延缓费用项目和可延缓费用项目。在编制预算时，应把预算期内可供支配的资金在各费用项目之间分配，应优先安排不可延缓费用项目的支出，再根据需要按照费用项目的轻重缓急确定可延缓项目的开支。

零基预算的优点主要表现为：不受现有费用项目的限制；不受现有预算的束缚；能调动各方面节约费用的积极性；有利于促使各基层单位精打细算，合理使用资金。其缺点是编制工作量大。

二、固定预算法与弹性预算法

按照编制预算业务量基础的数量特征不同可分为固定预算法和弹性预算法。

（一）固定预算法

固定预算法又称静态预算法，是指在编制预算时，只根据预算期内正常、可实现的某一固定的业务量（如生产量、销售量等）水平作为唯一基础来编制预算的方法。

固定预算法的缺点主要有两个方面：一是适应性差。编制预算的业务量基础是事先假定的某个业务量，有时与预算期内实际业务量水平存在误差甚至差距较大，造成预算与市场的脱节。二是可比性差。当实际的业务量与编制预算所依据的业务量发生较大差异时，有关预算指标的实际数与预算数就会因为业务量基础而失去可比性。

该方法适用于那些业务量水平较为稳定的企业或非营利组织，对于业务量水平波动较大的企业，固定预算法的应用性有限。

（二）弹性预算法

弹性预算法又称为动态预算法，是在成本性态分析的基础上，根据业务量、成本和利润之间的联动关系，按照预算期内可能的一系列业务量（如生产量、销售量和工时等）水平编制系列预算的方法。

与按特定业务量水平编制的固定预算法相比，弹性预算法的特点主要表现在以下几个方面：

（1）弹性预算是按一系列业务量水平编制的，从而扩大了预算的适用范围；

（2）弹性预算是按成本性态分类列示的，在预算执行中可以计算一定实际业务量的预算成本，从而能够使预算执行情况的考核与评价建立在更加客观和可比的基础之上，便于更好地发挥预算的控制作用；

（3）理论上，弹性预算法适用于编制全面预算中所有与业务量有关的预算，但实务中主要用于编制成本费用预算和利润预算，尤其是成本费用预算。

三、定期预算法与滚动预算法

按照编制预算期的时间特征不同，可分为定期预算法和滚动预算法。

（一）定期预算法

定期预算法是指在编制预算时，以不变的会计期间（如日历年度）作为预算期的一种编制预算的方法。这种方法的优点是能够使预算期间与会计期间相对应，便于将实际数与预算数进行对比，也有利于对预算执行情况进行分析和评价。但这种方法固定以一年为预算期，在执行一段时间之后，往往使管理人员只考虑剩下来的几个月的业务量，缺乏长远打算，导致一些短期行为的出现。

（二）滚动预算法

滚动预算法又称连续预算法或永续预算法，是指在编制预算时，将预算期与会计期间脱离开，随着预算的执行不断地补充预算，逐期向后滚动，使预算期始终保持为一个固定长度（一般为12个月）的一种预算方法。这种预算能使企业各级管理人员对未来始终保持既定期间的考虑和规划，从而保证企业的经营管理工作能够稳定而有序地进行。采用滚动预算法编制预算，按照滚动的时间不同可分为逐月滚动、逐季滚动和混合滚动。

运用滚动预算法编制预算，一方面可以使预算期间依时间顺序向后滚动，能够保持预算的持续性，结合企业近期目标和长期目标，考虑未来业务活动；另一方面可以使预算随时间的推进不断加以调整和修订，能使预算与实际情况相适应，有利于充分发挥预算的指导和控制作用。

任务四　预算编制

一、业务预算的编制

（一）销售预算

销售预算是在销售预测的基础上，根据企业目标利润规划，结合其他因素，对预算期内的预计销售量、销售单价和销售收入所做的预算。在编制过程中，应根据年度内各季度市场预测的销售量和单价，确定预计销售收入，并根据各季现销收入与收回前期的应收账款反映现金收入额，以便为编制现金收支预算提供资料。因此，根据销售预测确定的销售量和销售单价确定各期销售收入，并根据各期销售收入和企业信用政策，确定每期的销售现金流量，是销售预算的两个核心问题。销售收入和销售现金流量的计算公式为：

$$销售收入 = 销售数量 \times 销售单价$$

$$销售现金流量 = 本期收入本期收现 + 本期收回前期应收$$

式中： 本期收入本期收现 = 本期收入 × 本期收入本期收现比率

本期收回前期应收 = 前期收入 × 前期收入本期收现比率

由于企业其他预算的编制都必须以销售预算为基础，因此，销售预算是编制全面预算的起点，也是经营预算编制的基础。

【例 11-1】M公司2020年（计划年度）只生产和销售一种产品，每季度的产品销售货款有60%于当期收到现金，有40%于下一个季度收到现金。上一年（基期）年末的应收账款为175 000元。该公司计划年度的销售预算见表11-1。

表 11-1 M公司2020年年度销售预算 金额单位：元

项目	一季度	二季度	三季度	四季度	全年
预计销量(件)	2 000	2 500	3 000	2 500	10 000
单价（元/件）	250	250	250	250	250
预计销售收入	500 000	625 000	750 000	625 000	2 500 000
应收账款期初	175 000				175 000
一季度销售收现	300 000	200 000			500 000
二季度销售收现		375 000	250 000		625 000
三季度销售收现			450 000	300 000	750 000
四季度销售收现				375 000	375 000
现金收入合计	475 000	575 000	700 000	675 000	2 425 000

（二）生产预算

生产预算是确定预算期内生产数量的预算。它是在销售预算的基础上编制的，并可以作为编制直接材料预算和产品成本预算的依据。主要内容有预计期初与期末的结存量和销售量，确定生产量。预计生产量可用下列公式计算：

预计生产量=预计销售量+预计期末结存量-预计期初结存量

式中：预计销售量为销售预算提供的数据；预计期末结存量通常按下期预计销售量的一定百分比确定，该百分比是根据长期销售趋势确定的。

在生产预算中，只有实物量指标，没有价值量指标，无法直接为现金预算提供资料。

【例 11-2】假设M公司2020年年初结存产成品300件，本年各季度末结存产成品分别为：一季度末500件，二季度末550件，三季度末500件，四季度末400件。各季度预计销售量分别为：一季度2 000件，二季度2 500件，三季度3 000件，四季度2 500件。M公司2020年生产预算表见表11-2。

表 11-2 M公司2020年生产预算表 单位：件

项目	一季度	二季度	三季度	四季度	全年
预计销售量	2 000	2 500	3 000	2 500	10 000
加：预计期末结存	500	550	500	400	400
预计需要量	2 500	3 050	3 500	2 900	10 400
减：期初结存量	300	500	550	500	300
预计生产量	2 200	2 550	2 950	2 400	10 100

（三）直接材料预算

材料预算是以生产预算为基础编制的，主要内容是反映预算期材料消耗量、采购量和期末结存数量，并确定各预算期材料采购现金支出。材料期末结存量的确定可以为编制期末存货预算提供依据，现金支出的确定可以为编制现金预算提供依据。相关项目计算公式为：

预计材料耗用量 = 预计生产量 × 单耗

预计材料采购量 = 预计材料耗用量 + 期末结存 − 期初结存

预计材料采购金额 = 预计材料采购量 × 单价

预计购料现金支出 = 本期采购本期付现 + 前期采购本期付现

【例 11–3】假设M公司2020年度期初材料结存量720千克，各季度末结存材料分别为：一季度末820千克，二季度末980千克，三季度末784千克，四季度末860千克。每季度的购料款于当季支付40%，剩余60%于下一季度支付，应付账款年初余额为120 000元。其他资料见表11–1和表11–2。M公司2020年度材料采购预算见表11–3。

表11–3　M公司2020年度材料采购预算　金额单位：元

项目	一季度	二季度	三季度	四季度	全年
预计生产量(件)	2 200	2 550	2 950	2 400	10 100
材料定额单耗(千克)	5	5	5	5	5
预计生产需要量(千克)	11 000	12 750	14 750	12 000	50 500
加：期末结存量(千克)	820	980	784	860	860
预计需要量合计(千克)	11 820	13 730	15 534	12 860	51 360
减：期初结存量(千克)	720	820	980	784	720
预计材料采购量(千克)	11 100	12 910	14 554	12 076	50 640
材料计划单价（元/件）	20	20	20	20	20
预计购料金额	222 000	258 200	291 080	241 520	1 012 800
应付账款年初余额	120 000	—	—	—	120 000
一季度购料付现	88 800	133 200	—	—	222 000
二季度购料付现	—	103 280	154 920	—	258 200
三季度购料付现	—	—	116 432	174 648	291 080
四季度购料付现	—	—	—	96 608	96608
现金支出合计	208 800	236 480	271 352	271 256	987 888

（四）直接人工预算

直接人工预算也是以生产预算为基础编制的，根据生产预算中的预计生产量以及单位产品所需的直接人工小时和单位小时工资率进行编制。其主要内容有预计直接人工总工时和直接人工总成本。由于人工工资一般都要全部支付现金，所以不需另外预计现金支出，可直接参加现金预算的汇总编制。相关项目计算公式为：

$$某产品直接人工总工时=单位产品人工工时\times该产品预计产量$$

$$某产品直接人工总成本=单位工时工资率\times该产品直接人工总工时$$

式中：单位产品人工工时由产品技术和生产部门提供；产品预计产量来自生产预算；单位工时工资率由人事部门提供。

【例 11-4】假设M公司单位产品耗用工时为6小时，单位工时的工资率为5元，M公司2020年度直接人工预算见表11-4。

表 11-4　　M公司2020年度直接人工预算　　金额单位：元

项目	一季度	二季度	三季度	四季度	全年
预计生产量（件）	2 200	2 550	2 950	2 400	10 100
单耗工时（小时）	6	6	6	6	6
直接人工小时数	13 200	15 300	17 700	14 400	60 600
单位工时工资率	5	5	5	5	5
预计直接人工成本	66 000	76 500	88 500	72 000	303 000

（五）制造费用预算

制造费用预算是反映生产成本中除直接材料、直接人工以外的一切不能直接计入产品制造成本的间接费用的预算。这些费用按成本习性划分为固定费用和变动费用，分别编制变动制造费用预算和固定制造费用预算。

变动制造费用预算以生产预算为基础来编制。如果有完整的标准成本资料，用单位产品的标准成本与产量相乘，即可得到相应的预算金额。如果没有标准的成本资料，就需要逐项预计计划产量需要的各项制造费用。

固定制造费用，需要逐项进行预计，通常与本期产量无关，按每季度实际需要的支付额预计，然后求出全年数。相关项目计算公式为：

$$预计变动制造费用=预计生产量\times单位产品变动制造费用$$

$$预计制造费用=预计变动制造费用+预计固定制造费用$$

此外，为了以后编制产品成本预算，还需要计算制造费用分配率。相关项目计算公式为：

$$变动制造费用分配率=\frac{变动制造费用总额}{业务量预计总数}$$

$$固定制造费用分配率=\frac{固定制造费用总额}{业务量预计总数}$$

【例 11-5】根据前面各预算表的资料，编制M公司制造费用预算，见表11-5。

表 11-5　　M公司制造费用预算　　单位：元

变动制造费用项目	金额	固定制造费用项目	金额
间接人工	0.2 × 60 600 = 12 120	维护费用	4 000
间接材料	0.1 × 60 600 = 6 060	折旧费用	73 200
维护费用	0.15 × 60 600 = 9 090	管理费用	35 000
水电费用	0.25 × 60 600 = 15 150	保险费用	6 000
机物料	0.05×60 600 = 3 030	财产税	3 000
小计	0.75×60 600 = 45 450	小计	121 200
变动制造费用现金支出		45 450	
固定制造费用合计		121 200	
减：折旧费用		73 200	
固定制造费用现金支出		48 000	
制造费用全年现金支出		93 450	
制造费用第一季度现金支出		25 000	
制造费用第二季度现金支出		25 000	
制造费用第三季度现金支出		24 000	
制造费用第四季度现金支出		19 450	

（六）单位生产成本预算

生产成本预算是对产品的生产成本进行的预算，该预算是在生产预算、直接材料消耗及采购预算、直接人工预算和制造费用预算的基础上编制的，是对生产预算、直接材料预算、直接人工预算和制造费用预算的汇总，并没有给现金预算提供数据支出。其主要内容是确定产品的单位成本和总成本。预计产品生产成本计算公式为：

预计产品生产成本 = 产品直接材料成本 + 产品直接人工成本 + 产品制造费用

【例 11-6】假设M公司采用制造成本法计算成本，生产成本包括变动生产成本和固定生产成本。根据前面各种业务预算的资料，编制M公司单位产品生产成本预算，见表 11-6。

表 11-6　　M公司单位产品生产成本预算　　金额单位：元

成本项目	单位用量	单位价格	单位成本
直接材料	5 千克	20 元/千克	100
直接人工	6 小时	5 元/小时	30
变动制造费用	6 小时	0.75 元/小时	4.50
单位变动生产成本	—	—	134.50
单位固定成本	(121 200÷60 600)×6 = 12		12
预计单位生产成本	—	—	146.50

（七）销售及管理费用预算

销售及管理费用预算的编制同制造费用预算一样，要按成本性态将销售及管理费用预算分为变动费用和固定费用两部分。变动费用预算以销售预算为基础来编制；固定费用预算通常与销售量无关，需要逐项进行预计。

销售及管理费用预算编制的要点是确定各个变动和固定的销售及管理费用项目的预算金额，并确定预计销售及管理费用的现金支出。

【例11-7】假设M公司销售和行政管理部门根据计划期间的具体情况，合并编制销售与管理费用预算，见表11-7。

表11-7　M公司销售及管理费用预算　单位：元

项目	费用明细项目	单位变动费用金额	预算金额
变动费用	销售佣金	0.1	6 060
	办公费	0.2	12 120
	运输费用	0.2	12 120
	变动费用小计		30 300
固定费用	广告费用		80 000
	管理人员工资		125 000
	保险费用		8 000
	折旧费用		50 000
	财产税		4 000
	固定费用小计		267 000
预计现金支出计算表	销售及管理费用总额		297 300
	减：折旧费用		50 000
	销售及管理费用现金支出总额		247 300
	每季度销售及管理费用现金支出		61 825

（八）专门决策预算

专门决策预算主要是长期投资预算，又称资本支出预算，通常是指与项目投资决策相关的专门预算，它往往涉及长期建设项目的资金投放与筹集，并经常跨越多个年度。编制专门决策预算的依据，是项目财务可行性分析资料，以及企业筹资决策资料。

专门决策预算的要点是准确反映项目资金投资支出与筹资计划，它同时也是编制现金预算和预计资产负债表的依据。

【例11-8】假设M公司决定于2020年建设一条新的生产线，年内安装完毕，并于年末投入使用，有关投资与筹资的专门决策预算见表11-8。

表11-8　M公司专门决策预算　单位：元

项目	一季度	二季度	三季度	四季度	全年
投资支出预算	50 000	40 000	70 000	80 000	240 000
借入长期借款	40 000	—	—	80 000	120 000

二、现金预算

现金预算是以业务预算和专门决策预算为依据编制的，专门反映预算期内预计现金收入与现金支出，以及为满足理想现金余额而进行筹资或归还借款等的预算。

现金预算由期初现金余额、现金收入、现金支出、现金余缺、现金投放与筹措五部分组成，其编制原理如图11-3所示。

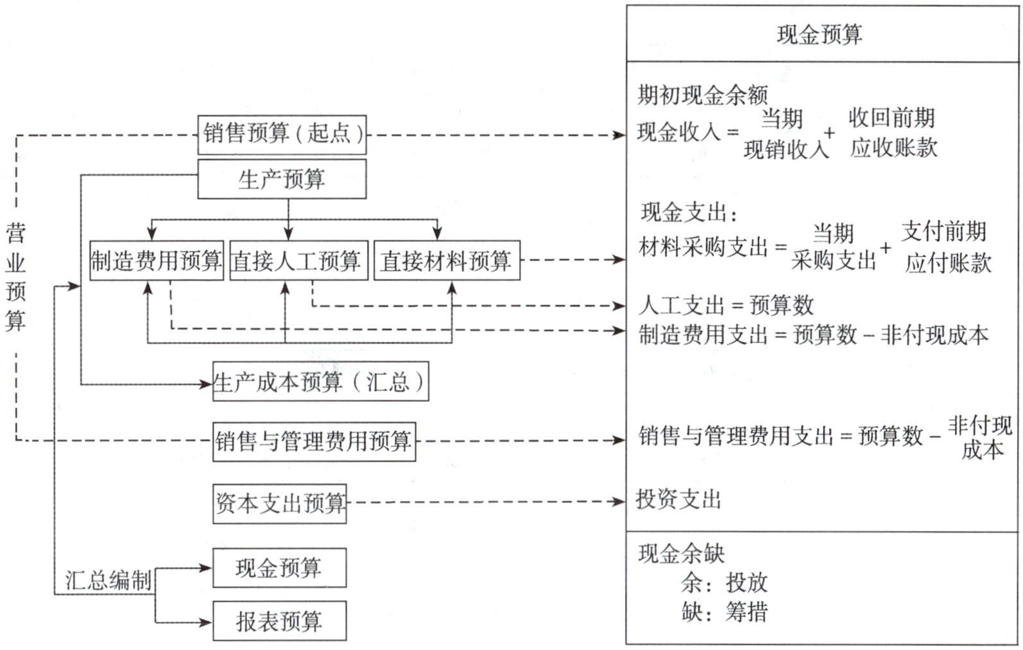

图11-3　现金预算编制原理

现金余缺计算公式为：

现金余缺 = 期初现金余额 + 现金收入 − 现金支出

财务管理部门应根据现金余缺与期末现金余额的比较，来确定预算期现金投放或筹措。当现金余缺大于期末最低现金余额时，应将超过期末最低余额的多余现金进行投资；当现金余缺小于期末最低现金余额时应筹措现金，直到现金总额达到要求的期末最低现金余额。期末最低现金余额计算公式为：

期末最低现金余额 = 现金余缺 ＋ 现金筹措（现金不足时）

= 现金余缺 − 现金投放（现金多余时）

【例11-9】根据前面编制的各业务预算和专门决策预算的资料，编制现金预算。M公司年初现金余额为80 000元，每季支付各种流转税35 000元，前三季度预交所得税50 000元，年末汇缴89 440元，年末支付股利250 000元。最低现金持有量为50 000元。该公司现金预算见表11-9。

表11-9　　现金预算　　单位：元

项目	一季度	二季度	三季度	四季度	全年	说明
期初现金余额	80 000	50 000	50 000	50 000	80 000	年初数等于一季度期初数
现金收入	475 000	575 000	700 000	675 000	2 425 000	销售预算
可运用的现金合计	555 000	625 000	750 000	725 000	2 505 000	
现金支出						
直接材料采购	208 800	236 480	271 352	271 256	987 888	采购预算
直接人工支出	66 000	76 500	88 500	72 000	303 000	直接人工预算
制造费用	25 000	25 000	24 000	19 450	93 450	制造费用预算
销售及管理费用	61 825	61 825	61 825	61 825	247 300	销售及管理费用预算
支付流转税	35 000	35 000	35 000	35 000	140 000	题目给出，但能计算出来
预交所得税	50 000	50 000	50 000	89 440	239 440	估计预缴
分配股利				250 000	250 000	
资本性现金支出	50 000	40 000	70 000	80 000	240 000	
现金支出合计	496 625	524 805	600 677	878 971	2 501 078	
现金余缺	58 375	100 195	149 323	−153 971	3 922	
长期借款	40 000	—	—	80 000	120 000	专门决策预算
支付长期借款利息（10%）	−1 000	−1 000	−1 000	−3 000	−6 000	计算而得
取得短期借款	—	—	—	10 000	10 000	根据需要取得
支付短期借款利息（6%）	—	—	—	−150	−150	计算而得
偿还短期借款	—	—	—	—	0	
进行短期投资	−47 375	−49 195	−98 323	—	−194 893	根据情况调整
出售短期投资	—	—	—	117 121	117 121	
短期投资余额	−47 375	−49 195	−98 323	117 121	−77 772	
期末现金余额	50 000	50 000	50 000	50 000	50 000	

三、预计财务报表的编制

（一）预计利润表

预计利润表用来综合反映企业在计划期的预计经营成果，是企业最主要的财务预算表之一。通过编制预计利润表，可以了解企业预期的盈利水平。如果预计利润表与最初编制方案中的目标利润有较大的不一致，就需要调整部门预算，设法达到目标，或者经管理层同意后修改目标利润。编制预计利润表的依据是各业务预算、专门决策预算和现金预算。表11-10是M公司2020年度预计利润表，它是根据上述各有关资料编制的。

表 11-10 预计利润表 单位：元

项目	一季度	二季度	三季度	四季度	全年
销售收入	500 000	625 000	750 000	625 000	2 500 000
减：销售成本	293 000	366 250	439 500	366 250	1 465 000
单位生产成本	146.50	146.50	146.50	146.50	146.50
销售量	2 000	2 500	3 000	2 500	10 000
销售毛利	207 000	258 750	310 500	258 750	1 035 000
减：销售及管理费用	74 325	74 325	74 325	74 325	297 300
财务费用	1 000	1 000	1 000	3 150	6 150
营业利润	131 675	183 425	235 175	181 275	731 550
减：所得税费用	50 000	50 000	50 000	89 440	239 440
净利润	81 675	133 425	185 175	91 835	492 110
支付股利	—	—	—	—	250 000
留存收益增加	—	—	—	—	242 110

（二）预计资产负债表

预计资产负债表用来反映企业在计划期期末预计的财务状况。编制预计资产负债表的目的，在于判断预算反映的财务状况的稳定性和流动性。如果通过预计资产负债表的分析，发现某些财务比率不佳，必要时可修改有关预算，以改善财务状况。预计资产负债表的编制需要以计划期开始日的资产负债表为基础，综合计划期间各项业务预算、专门决策预算、现金预算和预计利润表进行编制，它是编制全面预算的终点。表 11-11 是 M 公司 2020 年 12 月 31 日的预计资产负债表。

表 11-11 预计资产负债表 单位：元

资产	金额	负债和所有者权益（或股东权益）	金额
流动资产：		流动负债：	
现金	50 000	短期借款	10 000
应收账款	250 000	应付账款	144 912
材料库存	17 200	应交税费	10 000
产品库存	58 600		
流动资产合计	375 800		
非流动资产：		流动负债合计	164 912
固定资产	800 000	非流动负债	120 000
减：累计折旧	200 000	所有者权益（或股东权益）：	
固定资产净值	600 000	（实收资本（或）股本）	500 000
在建工程	240 000	资本公积	100 000
无形资产	160 000	留存收益	490 888
非流动资产合计	1 000 000	所有者权益（或股东权益）合计	1 090 888
资产总计	1 375 800	负债和所有者权益（或股东权益）总计	1 375 800

注：倒算期初留存收益为 248 778 元（490 888-242 110）。

任务五 预算的执行与考核

一、预算的执行

企业预算一经批复下达，各预算执行单位必须认真组织实施，将预算指标层层分解，从横向到纵向落实到内部各部门、各单位、各环节和各岗位，形成全方位的预算执行责任体系。

企业应当将预算作为预算期内组织、协调各项经营活动的基本依据，将年度预算细分为月份预算和季度预算，控制分期预算以确保年度预算目标的实现。企业应当强化现金流量的预算管理，按时组织预算资金的收入，严格控制预算资金的支付，调节资金收入平衡，控制支付风险。对于预算内的资金拨付，按照授权审批程序执行；对于预算外的项目支出，不予支付。企业应当严格执行销售、生产和成本费用预算，努力完成利润指标。在日常控制中，企业应当全部依据凭证记录，完善各项管理规章制度，严格执行生产经营月度计划和成本费用的定额、定率标准，加强适时监控。对预算执行中出现的异常情况，企业有关部门应及时查明原因，提出解决办法。企业应当建立预算报告制度，要求各预算执行单位定期报告预算的执行情况。对于预算执行中发现的新情况、新问题及出现偏差较大的重大项目，企业财务管理部门以及预算委员会应当责成有关预算执行单位查找原因，提出改进经营管理的措施和建议。

企业财务管理部门应当利用财务报表监控预算的执行情况，及时向预算执行单位、企业预算委员会以及董事会或经理办公会提供财务预算的执行进度、执行差异及其对企业预算目标的影响等财务信息，促进企业完成预算目标。

二、预算的调整

企业正式下达执行的预算，一般不予调整。预算执行单位在执行中由于市场环境、经营条件、政策法规等发生重大变化，致使预算的编制基础不成立，或者将导致预算执行结果产生重大偏差的，可以调整预算。

企业应当建立内部弹性预算机制，对于不影响预算目标的业务预算、资本预算、筹资预算之间的调整，企业可以按照内部授权批准制度执行，鼓励预算执行单位及时采取有效的经营管理对策，保证预算目标的实现。

企业财务管理部门应当对预算执行单位的预算调整报告进行审核分析，集中编制企业年度预算调整方案，提交预算委员会以及企业董事会或经理办公会审议批准，然后下达执行。对于预算执行单位提出的预算调整事项，企业进行决策时，一般遵循以下原则：

（1）预算调整事项不能偏离企业发展战略；

（2）预算调整方案应当在经济上能够实现最优化；

（3）预算调整重点应当放在预算执行中出现的重要的、非正常的、不符合常规的关键性差异方面。

三、预算的分析与考核

企业应当建立预算分析制度，由预算委员会定期召开预算执行分析会议，全面掌握预算的执行情况，研究、解决预算执行中存在的问题，纠正预算的执行偏差。

开展预算执行分析，企业管理部门及各预算执行单位应当充分收集有关财务、业务、市场、技术、政策、法律等方面的信息资料，根据不同情况分别采用比率分析、比较分析、因素分析、平衡分析等方法，从定量与定性两个层面充分反映预算执行单位的现状、发展趋势及其存在的潜力。

针对预算的执行偏差，企业财务管理部门及各预算执行单位应当充分、客观地分析产生的原因，提出相应的解决措施或建议，提交董事会或经理办公会研究决定。

企业预算委员会应当定期组织预算审计，纠正预算执行中存在的问题，充分发挥内部审计的监督作用，维护预算管理的严肃性。

预算审计可以采用全面审计或抽样审计。在特殊情况下，企业也可以组织不定期的专项审计。审计工作结束后，企业内部审计机构应当形成审计报告，直接提交预算委员会以及董事会或经理办公会，作为预算调整、改进内部经营管理和财务考核的一项重要参考。预算年度终了，预算委员会应当向董事会或者经理办公会报告预算执行情况，并依据预算完成情况和预算审计情况对预算执行单位进行考核。

企业内部预算执行单位上报的预算执行报告，应经本部门、本单位负责人按照内部议事规范审议通过，作为企业进行财务考核的基本依据。企业预算按调整后的预算执行，预算完成情况以企业年度财务会计报告为准。企业预算执行考核是企业绩效评价的主要内容，应当结合年度内部经济责任制进行考核，与预算执行单位负责人的奖惩挂钩，并作为企业内部人力资源管理的参考。

典型案例分析

【资料】呼和浩特中燃城市燃气发展有限公司成立于2007年3月，是由原呼和浩特市煤气有限责任公司通过增资扩股，吸纳在香港联交所上市的中国燃气控股有限公司的全资子公司——中燃投资有限公司的投资后成立的，总资产189 675.80万元，注册资本77 427.20万元，是自治区目前规模最大、实力最强的燃气企业。

从公司的财务管理来看，合资前与合资后的财务管理制度和各项财务制度相差甚远，之前有些基层管理人员财务管理观念淡薄，对财务预算管理不精，致使财务管理显得有些软弱无力，力不从心，失去了财务的有效监控及管理。

后来，公司根据中燃投资有限公司总部项目预算模型，制定了以下几个预算执行步骤：

（1）将预算计划及执行情况的表格下达公司各部室、各生产单位；

（2）各部室、各生产单位根据生产、销售预测，结合下达的预算表格要求将本部门、本单位的需求填报各项预算数上报财务部门；

(3) 财务部门根据各部室、各生产单位上报的资料进行分析、汇总，并对需修改的数据与该部室、该生产单位进行协调，将最终预算结果上报公司经理办公会审议，通过后报中燃投资有限公司总部批准，然后分解下达。

【分析】公司在签订责任书的基础上，加大考核力度，每月、每季、每年度考核小组都要深入各部室、各生产单位对照目标责任书进行考核，考核结果与职工岗位工资挂钩，奖罚明确，取到了较好效果。

通过合资合作经营一年的实践，公司各部室、各生产单位都能按照财务预算管理程序操作，使公司财务预算管理得到了加强。2007年度公司主营业务收入预算54 533.08万元，决算为59 623.35万元，主营业务收入超过年度预算目标5 090.27万元，完成预算目标109.33%；从财政年度运营成本费用的执行情况看，年度计划为15 048.65万元，实际执行为14 385.77万元，比计划节支662.88万元。

项目实训

一、单项选择题

1. 下列各项属于专门决策预算的是（　　）。

A. 材料采购预算　　B. 直接材料消耗预算

C. 产品生产成本预算　　D. 资本支出预算

2. 相对于固定预算而言，弹性预算的特点是（　　）。

A. 预算成本低　　B. 预算工作量小

C. 预算可比性差　　D. 预算范围宽

3. 下列各项计算等式不正确的是（　　）。

A. 某种材料采购量=某种材料耗用量＋该种材料期末结存量－该种材料期初结存量

B. 预计生产量=预计销售量＋预计期末结存量－预计期初结存量

C. 本期销售商品所收到的现金=本期的销售收入＋期末应收账款－期初应收账款

D. 本期购货付现=本期购货付现部分＋前期赊购本期付现的部分

4. 定期预算编制方法的缺点是（　　）。

A. 缺乏长远打算，导致短期行为出现　　B. 工作量大

C. 形成不必要的开支合理化，造成预算上的浪费　　D. 可比性差

5. 某企业编制“材料采购预算”，预计第四季度期初存量456千克，季度生产需用量2 120千克，预计期末存量为350千克，材料单价为10元，若材料采购货款有50%在本季度内付清，另外50%在下季度付清。假设不考虑其他因素，则该企业预计资产负债表年末“应付账款”项目为（　　）元。

A. 11 130　　B. 14 630　　C. 10 070　　D. 13 560

6. 下列各项预算不是在生产预算的基础上编制的是（　　）。

A. 直接材料预算　　B. 直接人工预算

C. 单位生产成本预算　　D. 管理费用预算

7. 下列各项预算只使用实物量作为计量单位的是（　　）。

A. 现金预算　　B. 预计资产负债表

C. 生产预算　　D. 销售预算

8. 下列各项一般属于长期预算的是（　　）。

A. 销售预算　　B. 财务预算

C. 管理费用预算　　D. 资本支出预算

9. 甲企业上年实际获得的利润总额为1 000万元，过去连续5年的平均利润增长幅度为10%（假设影响利润的有关因素预期不变），则甲企业的目标利润为（　　）万元。

A.1 000　　B.1 100　　C.909　　D.1 200

10. 下列各项既可以作为全面预算的起点，又可以作为其他业务预算基础的是（　　）。

A. 生产预算　　B. 销售预算

C. 直接材料预算　　D. 现金预算

11. 关于弹性预算方法，下列说法不正确的是（　　）。

A. 可比性差

B. 克服了静态预算方法的缺点

C. 弹性预算一般适用于与预算执行单位业务量有关的成本（费用）、利润等预算项目

D. 编制弹性成本预算要进行成本性态分析

12. 在财务预算管理中，不属于总预算内容的是（　　）。

A. 现金预算　　B. 生产预算

C. 预计利润表　　D. 预计资产负债表

13. 根据全面预算体系的分类，下列各项属于财务预算的是（　　）。

A. 销售预算　　B. 现金预算

C. 直接材料预算　　D. 直接人工预算

14. 在下列各项预算方法中，能够适应多种业务量水平并能克服固定预算方法缺点的是（　　）。

A. 弹性预算　　B. 增量预算　　C. 零基预算　　D. 流动预算

15. 某企业只生产一种产品，产品售价8元/件。2019年12月销售20 000件，2020年1月销售30 000件，2020年2月预计销售40 000件。根据经验，商品售出后当月可收回货款的60%，次月收回30%，再次月收回8%，另外2%为坏账，则2020年2月预计现金收入为（　　）元。

A.267 200　　B.276 800　　C.218 600　　D.209 700

二、多项选择题

1. 按照内容不同，可以将企业预算分为（　　）。

A. 经营预算　　B. 专门决策预算

C. 全面预算　　D. 财务预算

2. 下列各项中属于财务预算的有（　　）。

A. 现金预算　　B. 财务费用预算

C. 预计资产负债表　　D. 预计利润表

3. 相对于固定预算而言，弹性预算的主要特点有（　　）。

A. 稳定性强　　B. 预算范围宽

C. 持续性强　　D. 便于预算执行的评价与考核

4. 在按照增量预算编制方法编制时，应遵循的假定有（　　）。

A. 一切以零为出发点　　B. 建立在成本习性分类的基础上

C. 企业现有的业务活动是合理的　　D. 企业现有各项业务的开支水平是合理的

5. 现金预算是以业务预算和专门决策预算为依据编制的，其主要构成有（　　）。

A. 可供使用现金　　B. 现金支出

C. 现金余缺　　D. 现金筹措与运用

6. 下列各项中，会对预计资产负债表中存货金额产生影响的有（　　）。

A. 管理费用预算　　B. 销售费用预算

C. 生产预算　　D. 产品成本预算

7. 下列各项中，可以单独列示在现金预算表中的项目有（　　）。

A. 经营现金收入　　B. 直接材料采购

C. 资本化利息支出　　D. 分配股利

8. 下列各项属于预计利润表编制依据的有（　　）。

A. 各业务预算表　　B. 决策预算表

C. 现金预算表　　D. 预计资产负债表

9. 某期现金预算中假定出现了正值的现金余缺数，且超过额定的期末现金余额，单纯从财务预算调剂现金余缺的角度看，该期可以采用的措施有（　　）。

A. 偿还部分借款利息　　B. 偿还部分借款本金

C. 出售短期投资　　D. 进行短期投资

10. 在编制现金预算的过程中，可作为其编制依据的有（　　）。

A. 业务预算　　B. 预计利润表

C. 预计资产负债表　　D. 决策预算

三、判断题

1. 财务预算是总预算的最后环节。（　　）

2. 定期预算编制方法一般只适用于数额比较稳定的预算项目。（　　）

3. 预算必须与企业的战略或目标保持一致是预算最主要的特征。（　　）

4. 当现金余缺大于期末现金余额时，应将超过期末余额的多余现金进行投资；当现金余缺小于期末现金余额时，应筹措现金，筹措的现金越多越好。（　　）

5. 单位生产成本预算通常反映各产品单位生产成本，有时还要反映年初年末存货水平。（　　）

6. 在财务预算的编制过程中，编制预计财务报表的正确程序是：先编制预计资产负债表，然后再编制预计利润表。（　　）

7.连续预算能够使预算期间与会计年度相配合。 （ ）

8.全面预算体系的最后环节是专门决策预算。 （ ）

9.企业编制预算，一般应按照“上下结合、分级编制、逐级汇总”的程序进行。 （ ）

10.增量预算是依据业务量、成本和利润之间的联动关系，按照预算期内可能的一系列业务量水平编制系列预算的方法。 （ ）

四、计算题

1.某公司2020年现金预算简表见表11-12。假定企业没有其他现金收支业务，也没有其他负债。

表11-12 2020年现金预算简表 单位：万元

项目	一季度	二季度	三季度	四季度
期初现金余额	150			
本期经营性现金收入	5 000	5 200	E	4 500
本期经营性现金支出	A	5 350	6 000	4 000
现金余缺	650	C	-650	G
取得短期借款		100	900	
归还借款	450			H
期末现金余额	B	D	F	200

要求：根据资料填写表中字母表示的金额。

2.某企业2020年有关预算资料如下：

（1）预计该企业3月至7月的销售收入分别为30 000元、40 000元、50 000元、60 000元、70 000元。每月销售收入中，当月收到现金30%，下月收到现金70%。

（2）各月直接材料采购成本按下一个月销售收入的60%计算。所购材料款于当月支付现金50%，下月支付现金50%。

（3）预计该企业4月至6月的制造费用分别为3 000元、3 600元、3 200元，每月制造费用中包括折旧费600元。

（4）预计该企业4月份购置固定资产需要现金10 000元。

（5）企业在3月末有长期借款14 000元，利息率为15%。

（6）预计该企业在现金不足时，向银行申请短期借款（为1 000元的整数倍）；现金有多余时归还银行借款（为1 000元的整数倍）。借款在期初，还款在期末，借款年利率为12%。

（7）预计该企业期末现金余额的规定范围是6 000 ~ 7 000元，长期借款利息每季度末支付一次，短期借款利息还本时支付，其他现金预算资料见表11-13。

表11-13 现金预算 单位：元

项目	4月	5月	6月
期初现金余额	6 000		
经营性现金收入			
可供使用现金			
经营性现金支出：			
直接材料采购支出			
直接工资支出	1 000	2 500	1 800
制造费用支出			
其他付现费用	700	800	650
预交所得税			7 000
资本性现金支出			
现金余缺			
支付利息			
取得短期借款			
偿还短期借款			
期末现金余额			

要求：根据以上资料，完成该企业4月至6月现金预算的编制工作，将有关金额填入表11-13中。

答案与解析

项目十二

企业清算、并购与重组

【学习目标】

1. 了解企业清算、并购和重组的原因及类型；
2. 了解企业清算、并购和重组的概念和一般程序；
3. 掌握企业清算的财务管理工作；
4. 掌握企业清算、并购和重组的财务分析。

引导案例

香港船王并购："弃船登陆"

20世纪80年代初，香港船王包玉刚在香港证券市场上斥资收购了九龙仓，从而"弃船登陆"，为以后的陆上产业的发展打下基础。时隔十多年，在中国证券市场也发生了一起引起广泛关注的"登陆"事件：1997年5月27日中国远洋运输集团旗下的中远置业发展有限公司以协议方式受让了占上海众诚实业股份有限公司总股本28.37%的发起人法人股，成为该上市公司的第一大股东。众诚实业后来改名为"中远发展"。这一并购重组案例是上海房地产业的第一起"买壳上市"案，同时为大中型企业利用证券市场发展壮大自己探索了一条新道路。中远置业后来又分别从上海陆家嘴金融贸易区开发股份有限公司和中房上海房地产开发总公司协议受让共39.67%的股权，这样中远置业共持有众诚实业68.37%的股权，成为众诚绝对控股方。中远置业增持股份有其深远的战略意义，是在中远置业对众诚实业资产重组工作已取得明显绩效基础上进行的战略性投资活动。中远置业对众诚实业的资产重组是近年来中国资本市场上比较精彩和具有影响力的经典案例之一。

你知道这些并购行为的目的是什么吗？这些并购行为又是通过哪些方式来实现的？

任务一　企业清算的财务管理

企业清算是指企业按照章程规定解散、破产或者因其他原因终止经营时，为结束债权、债务和其他各种经济关系，保护债权人、投资者等利益相关者的合法权益，由专门的工作机构依法对企业财产进行清查、估价、变现，清理债权、债务，分配剩余财产的行为。

一、企业清算的原因和类型

（一）企业清算的原因

在市场经济条件下，企业之间的激烈竞争导致优胜劣汰、适者生存。有无数企业发展壮大，也有无数企业被淘汰、走向清算。清算的原因很多，概括起来主要有以下几种：

1.企业解散

合资、合作、联营企业在经营期满后，不再继续经营而解散；合作企业的一方或多方违反合同、章程而提前终止合作关系解散。无论何种形式的解散，都需要进行清算。

2.企业合并与兼并

因产业结构调整、产业布局变化而出现的兼并、合并等事项，均会造成两个或两个以上企业合并为一个企业，对被合并的企业应当在财务上进行清算，或者一个企业兼并其他企业，应当对被兼并的企业进行清算。

3.企业破产

企业不能清偿到期债务，或者企业法人已解散但未清算或者未清算完毕，资产不足以清偿债务的，债权人或者依法负有清算责任的人向人民法院申请破产清算。因不能清偿到期债务，并且资产不足以清偿全部债务或者明显缺乏清偿能力的，企业也可以主动向人民法院申请破产清算。根据《中华人民共和国企业破产法》（以下简称企业破产法）的规定，债权人和债务人都可以提出破产申请。

4.其他原因清算

企业因自然灾害、战争等不可抗力遭受损失，无法经营下去，应进行清算；企业因违法经营，造成环境污染或危害社会公众利益，被停业、撤销，应当进行清算。

（二）企业清算的类型

1.企业清算按其原因，可分为解散清算和破产清算

解散清算的原因主要有：企业因经营期满、股东会或者股东大会决议解散；因公司合并或者分立需要解散；依法被吊销营业执照、责令关闭或者被撤销等原因使企业不能继续经营下去而进行的清算。根据是否达到企业经营期限，解散清算又可分为期满清算和提前清算。期满清算是指企业的经营期限已满，并决定不再延长经营期限而进行的清算；提前清算是指企业尚未达到经营期限时，由于其他原因而终止企业经营活动所进行的清算。

破产清算是因其经营不善造成严重亏损，不能偿还到期债务而进行的清算。其主要有两种情形：一是企业的负债总额大于其资产总额，事实上已不能支付到期债务；二是虽然企业的资产总额大于其负债总额，但因缺少偿付到期债务的现金资产，未能偿还到期债务，被迫依法宣告破产。

2.按清算是否自行组织，可以分为普通清算和特别清算

普通清算是指企业自行组织的清算，按照法律规定的一般程序进行，法院和债权人不直接干预。

特别清算是指公司依照法院的命令开始，并且自始至终都在法院的监督之下进行的清算。其特点是不能由企业自行组织，而由法院出面直接干预并进行监督。当企业出现下列情形时，应当采用特别清算程序：企业不能清偿到期债务；企业有资产不足清偿到期债务的嫌疑；企业无力自行组织清算工作；企业董事会对清算事务不能达成统一意见，或者由债权人、股东、董事会中的任何一方提出申请等。

对普通清算和特别清算，企业并没有选择实行的权利。企业解散后，应立即进行普通清算。在普通清算过程中，当发生下列两种情形之一的，法院方可命令企业实行特别清算：第一，当企业实行普通清算遇到障碍时；第二，当企业负债超过资产有不实嫌疑，即形式上公司负债超过资产时。

二、企业清算程序

企业清算工作既是一项财务工作，也是一项法律工作，清算工作主要依据我国公司法、企业破产法等法律规章制度执行。

（一）企业清算的一般程序

企业清算是企业终止时的一项法律程序，一般按照以下步骤进行：

第一步，确定清算人。企业终止时，应当按照有关法律和企业章程的规定确定清算人，由清算人依法管理企业的各项资产。

第二步，发布清算公告。清算人应当在清算事项确定之日起10日内通知债权人，并依法在报纸等媒体上进行公告，要求债权人申报其债权。

第三步，清理财产，编制资产负债表和财产清单。清算人对清算企业拥有的债权要组织收回，确实不能收回的坏账要予以核销。在清查过程中发现被不正当处理的财产，要依法收回。对不能直接以实物方式或以权利方式偿付债权人或分配给投资者的财产，要组织变现。

第四步，处理未了结业务。在清算前已经发生的业务，清算人认为继续执行不会给企业带来损失，且在清算期间能够完成的，可以继续执行。否则，清算人可以终止合同，并将对方列入企业的债权人范围。

第五步，清缴所欠税款。清算前所欠税款和清算所得应缴的所得税，清算人应当在支付清算费用、拖欠职工的工资、医疗和伤残补助、抚恤费用、欠缴的基本社会保险费和住房公积金、经济补偿金后的剩余财产中支付。

第六步，清偿债务。企业清算财产在支付清算费用、拖欠职工工资、医疗和伤残补助、抚恤费用、欠缴的基本社会保险费、住房公积金、所欠税款后，用于偿还其他债务。

第七步，分配剩余财产。企业清算终了，清算净收益归投资者所有，按照投资者出资比例或者合同、章程规定进行剩余财产的分配。如果是国有企业，其子公司实施清算所得的净收益，投资者按比例分享的份额扣除其对子公司投资的差额，作为投资收益（损失）处理；母公司实施清算所得的净收益，全部上缴主管财政机关。

第八步，提交清算报告，出具清算的各种财务账册，办理注销登记，公告企业终止。

（二）破产清算程序

根据我国企业破产法的有关规定，依法破产清算的基本程序大致可分为三个阶段：一是破产申请阶段；二是重整、和解阶段；三是破产清算阶段。现就破产清算阶段的主要操作程序概括如下：

第一步，指定管理人。对破产申请，人民法院裁定受理后，应当同时指定管理人。管理人可以由有关部门、机构的人员组成的清算组或者依法设立的律师事务所、会计师事务所、破产清算事务所等社会中介机构担任。根据债务人的实际情况，人民法院也可以在征询有关社会中介机构的意见后，指定该机构具备相关专业知识并取得执业资格的人员担任管理人。债权人会议认为管理人不能依法、公正执行职务或者有其他不能胜任职务情形的，可以申请人民法院予以更换。

第二步，债权申报。债权人应当自人民法院发布受理破产申请之日起，最短不得少于30日、最长不得超过3个月，向管理人申报债权。未到期的债权，在破产申请受理时，视为到期；附利息的债权自破产申请受理时起停止计息。附条件、附期限的债权和诉讼、仲裁未决的债权，债权人可以申报。管理人收到债权申报材料后，应当登记造册，经审查后编制债权表。债权人所欠职工的工资和医疗、伤残补助、抚恤费用，所欠的应当划入职工个人账户的基本养老保险、基本医疗保险费用，以及法律、行政法规定应当支付给职工的补偿金，不必申报，由管理人调查后列出清单并予以公示。

第三步，债权人会议。依法申报债权的债权人为债权人会议成员，有权参加债权人会议，享有表决权。债权人会议应当有债务人的职工代表或者工会代表参加，对有关事项发表意见。第一次债权人会议由人民法院召集，自债权申报期限届满之日起15日内召开。债权人会议可以决定设立不超过9人的债权人委员会，其成员应当经人民法院书面决定认可。债权人委员会由债权人会议选任的债权人代表和一名债务人的职工代表或者工会代表组成。债权人会议行使的职权包括：核查债权；申请人民法院更换管理人，审查管理人的费用和报酬；监督管理人；决定继续或者停止债务人的营业；通过债务人财产的管理方案；通过破产财产的变价方案；通过破产财产的分配方案等。

第四步，宣告破产。债务人不能执行或者不执行重整计划或者和解协议的，人民法院经管理人或者和解债权人请求，应当裁定终止执行重整计划或者和解协议，并宣告债务人破产，同时予以公告。

第五步，破产财产的变价。管理人应当及时拟订破产财产变价方案，提交债权人会议讨论。按照债权人会议（另有决议的以外），变价出售破产财产应当通过拍卖进行。破产企业可以全部或者部分变价出售。企业变价出售时，可以将其中的无形资产和其他财产单独变价出售。按照国家规定不能拍卖或者限制转让的财产，应当按照国家规定的方式处理。在实践中，破产财产的变卖底价，应当参照资产评估结果确定。

第六步，破产财产的分配。破产财产分配方案由管理人拟订，提交债权人会议讨论通过后，由管理人提请人民法院裁定认可。经人民法院裁定认可后，由管理人执行。

第七步，破产程序的终结。破产人无财产可供分配的，管理人应当请求人民法院裁定终结破产程序。管理人在最后分配完结后，应当及时向人民法院提交破产财产分配报告，并提请人民法院裁定终结破产程序。人民法院应当自收到管理人终结破产程序的请求之日起15日内做出是否终结破产程序的裁定。裁定终结的，应当予以公告。破产人的保证人和其他连带债权人，在破产程序终结后，对债权人依照破产清算程序未受清偿的债权，依法继续承担清偿责任。

第八步，办理注销登记。管理人应当自破产程序终结之日起10日内，持人民法院破产终结的裁定，向破产人原登记机关办理注销登记。除存在诉讼或者仲裁未决情况以外，管理人于办理注销登记完毕的次日终止执行任务。

（三）清算组成员的决定机关

第一种情况，自愿解散清算时，有限责任公司由股东组成清算组，股份有限公司由股东大会确定清算组成员。如果企业在15日内没有成立清算组，债权人可以申请人民法院指定有关人员成立清算组。

第二种情况，当解散清算由强制原因导致时，由有关机关组织股东、有关机关人员及有关专业人员成立清算组。

三、企业清算时财务管理的主要工作

企业清算工作涉及的主要是企业的财务问题。企业清算的许多事项甚至清算的工作程序都要由法律来规范。但是清算中财产的清查、变现，债务的偿还，剩余财产的分配等，是企业存续期间财务活动的延伸和继续。因此，企业的清算工作除了要遵守国家的法律、行政法规和企业的章程以外，还要遵循有关财务工作的基本规定，符合财务管理工作的一般规律。企业清算时财务管理工作主要包括清算财产的界定和变现、清算债务的确认和清偿、清算费用与清算损益，以及剩余资产的分配等内容。

（一）清算财产的界定和变现

1.清算财产的界定

清算财产包括企业在清算程序终结前拥有的全部财产以及其他财产权利。担保物的财产相当于担保债务的部分，不属于清算财产；担保物的财产超过所担保债务数额的部分，属于清算财产。企业下列财产计入清算财产：①宣告清算时企业经营管理的全部财产，包括各种流动资产、固定资产、对外投资以及无形资产；②企业宣告清算后至清算程序终结前所取得的财产，包括债权人放弃优先受偿权利、清算财产转让超过其账面净值的差额部分；③投资方认缴的出资额未实现投入而应补足的部分；④清算期间分回的投资收益和取得的其他收益等；⑤应当由破产企业行使的其他财产权利。

人民法院受理破产申请前一年内，涉及债务人财产的下列行为，管理人有权请求人民法院予以撤销：①无偿转让财产的；②以明显不合理的价格进行交易的；③对没有财产担保的债务提供财产担保的；④对未到期的债务提前清偿的；⑤放弃债权的。

2.清算财产的变现

清算工作结束后，应对清算财产作价并变现，以确定财产的清算价值，清算财产的作价一般以账面净值为依据，也可以重估价值或者变现收入等为依据。①账面净值。根据清算开始日清查的各项财产的账面价值计价。清算财产的账面价值与实际价值背离不大的，可直接以账面净值为依据来计价。②完全重置价值。将企业解散日经清查落实的财产按目前的生产条件和市场价格计算重新购置的价值。清算财产的账面价值与实际价值背离较大的，应以重估价值为依据来计价，如企业合同或者章程规定或投资各方协商决定，企业解散时需要对现存财产物资、债权债务进行重置价值的，清算机构应以重置价值计价。由于各项资产的完全重置价值可能会高于或低于原资产账面价值，因此会形成公司清算的收益或损失。③可变现净值。在规定的清算期间内能够将各项财产出售、转让取得现金的价值。企业财产变现收入高于账面价值的净额，作为清算收益。

（二）清算债务的确认和清偿

清算财产的价值确定后，企业可以将清算财产作价变卖，以支付清算工作中发生的各项清算费用，并用于清偿企业所欠的各项债务。

1.清算债务的确认

清算债务是指清算组确认的至企业宣告破产或解散止清算企业的各项债务。清算债务主要包括以下各项：①清算前发生的无财产担保的债务；②清算宣告前发生的虽有财产担保但是债权人放弃优先受偿的债务；③清算宣告前发生的虽有财产担保但是债务数额超过担保物价值部分的债务；④票据出票人被宣告清算，付款人或者承兑人不知其事实而向持票人付款或者承兑所产生的债务；⑤清算组解除合同，对方当事人依法或者按照合同约定产生的对企业可以用货币计算的债务；⑥企业的受托人在企业清算后，为企业的利益处理委托事务所发生的债务；⑦企业发行债券形成的债务；⑧企业的保证人代替企业清偿债务后依法可以向企业追偿的债务；⑨企业的保证人按照《中华人民共和国担保法》的规定预先行使追偿债权而申请的债务；⑩企业为保证人的，清算宣告前已经被生效的法律文书确定承担的保证责任；⑪企业在清算宣告前因侵权、违约给他人造成财产损失而产生的赔偿责任；⑫人民法院认可的其他债务。

2. 债务的清偿

企业清算财产变现后，先用于支付清算费用、应付未付的职工工资和职工福利费，以及各种企业拖欠的税款，剩余部分用于偿还债务。如清算财产不足以偿还全部债务，则按照企业破产法规定的顺序进行清偿。

（三）清算费用与清算损益

1. 清算费用

清算费用是指企业在清算过程中的各种费用。清算费用的大小取决于清算期间的长短和清算工作的复杂程度。为了保证清算工作能够顺利进行，不受有关费用来源影响，清算费用应当在企业清算财产中优先拨付，一般随时发生随时支付。清算费用主要包括清算期间法定清算机构成员的工资、差旅费、办公费、公告费、诉讼费及清算过程中所必需的其他支出等。

2. 清算损益

企业在清偿债务之后，还必须计算清算损益。清算损益是企业清算期间所发生的清算收益和清算损失的总称。企业的清算收益主要包括：清算中发生的财产盘盈、财产重估收益、财产变价净收入；因债权人原因确实无法归还的债务；清算期间的经营收益。企业的清算损失主要包括：清算中发生的财产盘亏；清算中发生的财产重估损失；清算中发生的财产变现损失；无法收回的债权；清算期间的经营损失。企业清算终了，清算收益大于清算损失、清算费用的部分，应依法缴纳所得税。

（四）剩余资产的分配

企业清偿债务后剩余财产的分配，一般应按合同、章程的有关条款处理，充分体现公平、对等原则，均衡各方利益。

清算财产分配方案经债权人会议通过后，由管理人负责执行。财产分配可以一次分配，也可以多次分配。

清算财产分配方案应当包括以下内容：①可供清算分配的财产种类、总值，已经变现的财产和未变现的财产；②债权清偿顺序、各顺序的种类与数额；③清算债权总额和清偿比例；④清算分配的方式、时间；⑤对将来能够追回的财产拟进行追加分配的说明。

清算后各项剩余财产的净值，不论实物或现金，均应按投资各方的出资比例或者合同、章程的规定分配。

（1）有限责任公司，除公司章程另有规定外，按投资各方的出资比例分配。

（2）股份有限公司，按照优先股面值首先对优先股东进行分配，金额不足偿还优先股股金时，按照优先股股东所持比例分配。优先股股东分配后的剩余部分，按照普通股股东的股份比例进行分配。

（3）国有独资企业在清算后尚有剩余财产的应全部上缴财政。

任务二　企业并购的财务管理

一、企业并购概述

企业并购包括两个层次的内容，即兼并和收购。兼并是指一个企业以现金、证券或其他形式购买其他企业的财产的产权，使其他企业失去法人资格或改变法人实体，并取得对这些企业决策控制权的一种经济行为。收购是指企业用现金、债券或股票购买另一家的部分或全部资产或股权，以获得该企业的控制权。收购的对象一般有两种：股权和资产。收购股权与收购资产的主要差别在于：收购股权是购买一家企业的股份，收购方将成为被收购方的股东，因此要承担该企业的债权和债务；而收购资产则仅仅是一般资产的买卖行为，由于在收购目标公司资产时并未收购其股份，因此收购方无须承担其债权债务。

（一）企业并购的类型

企业并购的类型有很多，按照不同的分类标准可划分为许多不同的类型。

1. 按并购双方所处的行业相互关系划分

企业并购可分为横向并购、纵向并购和混合并购三种类型。

（1）横向并购。它是指在同一行业内具有竞争关系的两家或者多家企业间进行的并购。例如，两家钢铁公司之间的并购、多家石油企业之间的并购等。这种并购可以消除重复建设，扩大企业经营规模，提高竞争力。但横向并购的缺点是易于出现行业垄断，限制市场竞争。

（2）纵向并购。它是指在生产和销售的连续性阶段中互为购买者和销售者关系的企业间的并购，即生产和经营上互为上下游关系的企业间的并购，可分为前向并购和后向并购。前向并购即并购其客户，如汽车发动机公司并购汽车制造公司；后向并购即并购原材料提供者，如焦炭生产企业并购采煤企业等。这种并购的目的主要是组织专业生产和实现产销一体化。

（3）混合并购。它是对处于不同产业领域、产品属于不同市场，而且与其他产业部门之间不存在特别的生产技术联系的企业进行并购。如航空企业并购石油企业、电信企业并购钢铁企业等。这种并购的主要目的在于通过分散投资、多样化经营降低企业风险，达到资源互补、优化组合、扩大市场活动范围的目的。

2. 按并购实现的方式划分

企业并购可分为承担债务式并购、现金购买式并购和股权交换式并购三种类型。

（1）承担债务式并购。在被并购企业资不抵债或资产债务基本相同的情况下，并购企业以承担被并购企业全部或部分债务为条件，取得被并购方的资产所有权和经营权。承担债务式并购可以使并购方在不支付给被并购方任何款项或支付少量现金的情况下获得被并购企业的资产，但可能会影响并购企业的资本结构。

（2）现金购买式并购。现金购买式并购包括并购企业用现金购买被并购企业的资产或者购买被并购企业的股票或者股权两种情况。这种并购方式一般会增加企业的现金支出负担，但并不会影响并购企业的资本结构。

（3）股权交换式并购。股权交换式并购包括两种情况：第一种情况，以股权换股权。这是并购公司向被并购公司的股东发行自己公司的股票，以换取被并购公司的大部分或全部股票，达到控制被并购公司的目的。第二种情况，以股权换资产。并购公司向被并购公司发行并购公司自己的股票，以换取被并购公司的资产。

3.按涉及被并购企业的范围划分

企业并购可分为整体并购和部分并购两种类型。

（1）整体并购。整体并购是指资产和产权的整体转让，是产权的权益体系或资产不可分割的并购企业方式。

（2）部分并购。部分并购是将被并购企业的资产和产权分割为若干部分进行交易而实现企业并购的行为。

（二）企业并购的动因

企业并购可以使企业实现资本扩张，使企业间存量资源合理流动、增量资产合理使用。因此，企业并购的动因主要包括谋求协同效应、扩大市场份额、实现并购战略价值和降低代理成本等。

1.谋求协同效应

所谓协同效应即1+1>2的效应。并购后，企业的总体效益要大于两个独立企业的算术和。并购的协同效应主要表现在三个方面：

（1）管理协同效应。如果某企业有一支高效率的管理队伍，其管理能力超出管理该企业的需要，但这批人才只能集体实现其效率，企业不能通过解聘释放正能量，那么企业可以并购那些由于缺乏管理人才而效率低下的企业，利用这支管理队伍提高整体效率水平。通过并购，企业可以获得被并购企业所拥有的优秀高级技术人才以及专有技术、商标、专利等无形资产，这是其他方式（如高薪诚聘）所不及的。

（2）经营协同效应。它主要是指并购给企业生产经营活动在效率方面带来的变化及效率的提高所产生的效益。经营协同效应主要表现为规模经济。规模经济是指由于企业经营规模扩大给企业带来的经济有利性。企业通过并购行为，可对其资产进行补充和调整，以达到最佳经济规模，有效解决由专业化引起的生产流程的分离，从而获得稳定的原材料来源渠道，减少生产的中间环节，降低运输与操作成本，节约管理、营销费用，使企业可以投入更多的财力进行新产品、新技术、新工艺的研究与开发，从而提高公司的经济效益。

（3）财务协同效应。它是指通过并购，企业在财务上获得的各种效益。其主要表现在以下几个方面：随着资金的扩大，企业在动用资金方面而产生的资金规模效应；企业筹集渠道的多元化所带来的资本成本降低，借款能力增强；通过并购行为及相应的财务处理合理避税；因并购使证券市场对企业股票评价发生改变而对股票价格的影响等。

2.扩大市场份额

市场份额是指企业的产品在市场上所占份额，也就是企业对市场的控制能力。企业的横向并购可以减少竞争者的数量，降低行业竞争的激烈程度，有助于行业内过剩生产力向行业外转移，降低行业退出壁垒；企业的纵向并购提高了企业同供应商和客户的讨价还价能力；企业的混合并购则以复合方式发展了上述两方面的竞争能力，这些都有助于扩大实施并购企业的市场份额，增强并购企业对市场的控制能力。

3.实现并购战略价值

企业通过经营相关程度较低的不同行业可以分散风险，稳定收入来源，增强企业资产的安全性。多元化经营可以通过内容积累和外部并购两种途径实现，但在大多数情况下，并购途径更加有利。尤其是当企业面临变化的环境而调整战略时，并购可以使企业低成本地迅速进入被并购企业所在的增长相对较快的行业，并在很大程度上保持被并购企业的市场份额以及现有的各种资源，从而保持企业持续不断的盈利能力。

4.降低代理成本

在所有者与管理者相分离的现代公司治理结构下，经理是决策或控制的代理人，而所有者作为委托人承担风险。因此会造成包括契约成本、监督成本和剩余亏损在内的代理成本。通过公开并购方式或代理权争夺，可以改变现任经理和董事会成员，从而作为外部控制机制解决代理问题，降低代理成本。

二、企业并购的财务分析

企业并购财务分析内容较多，主要包括企业并购的成本效益分析、对并购企业的价值评估、企业并购的风险分析，以及并购后对企业财务的影响等。

（一）企业并购的成本效益分析

从财务决策的角度出发，只有当企业并购能增加企业的价值，即并购效益要大于并购成本时才可行。并购收益是指并购后新企业的价值超过并购前各公司价值之和的差额。例如，当甲企业并购乙企业，并购前甲企业的价值为$V_{甲}$，乙企业的价值为$V_{乙}$，并购后形成的新企业丙的价值为$V_{丙}$，则并购收益(R)为：$R=V_{丙}-(V_{甲}+V_{乙})$。如果$R>0$，表示并购具有经济上的可行性。

【例 12-1】A公司的市场价值为3亿元，拟兼并B公司，B公司的市场价值为1亿元。A公司通过估算发现并购后新公司C的市场价值达到4.5亿元。

请问：该兼并行为在经济上是否可行？

解：并购收益$(R)=V_C-(V_A+V_B)=4.5-(3+1)=0.5$(亿元)，由于并购收益为0.5亿元，因此该兼并行为在经济上是可行的。

企业并购成本有广义和狭义之分。广义的企业并购成本并非一个普通的财务或成本概念，而应该是由此发生的一系列代价的总和，包括并购完成成本、并购后的整合与营运成本，以及并购机会成本等。(1)并购完成成本。并购完成成本是指并购行为本身所发生的并购价款和间接费用减去被并购企业价值的余额。并购价款是指支付给并购企业股东的现金、股票或其他资产。并购费用是指并购过程中所发生的有关费用，如并购过程中发生的企划、谈判、资产评估、法律鉴定和顾问等费用。（2）并购后的整合与营运成本。并购企业不仅应当关注并购完成时的完成成本，还应测算并购后为使被并购企业健康发展而需支付的长期营运成本，主要包括整合改制成本和注入资金成本。（3）并购机会成本。并购机会成本是指实际并购成本费用支出因放弃其他项目而丧失的最大收益。

狭义的企业并购成本只包括并购完成成本，本书讨论的主要指狭义的企业并购成本。

企业并购净收益（NR）等于企业并购收益（R）减去并购成本（C）后的净额。其计算公式为：

$$NR = R - C$$

【例12-2】承【例12-1】，B公司股东要求以1.2亿元的价格成交，并购过程中发生的间接费用为0.1亿元。

请问：该并购活动的净收益为多少亿元？

解：A公司为并购B公司所支付的并购价款为1.2亿元，间接费用为0.1亿元，因此A公司的并购成本（C）=1.2+0.1−1（B公司市场价值）=0.3（亿元）。

并购净收益（NR）=R−C=0.5−0.3=0.2（亿元）

（二）企业并购的价值评估

在企业并购中，买卖双方谈判的焦点无疑是对目标企业的出价，而且目标企业价格确定的基础是对目标企业的价值评估。价值评估是指并购双方对标的（股权或资产）购入和售出做出的价值判断。在并购过程中，对被并购企业的估价是并购要约的重要组成部分。

对被并购企业估价取决于并购企业对其未来收益的大小和时间的预期。对被兼并企业的估价可能因预测不当而不正确。这反映了并购企业的估价风险，其大小取决于并购企业所用信息的质量，而信息质量又取决于被并购企业是上市公司还是非上市公司。对被并购企业价值评估一般可以使用三种方法，即资产价值基础法、未来收益折算法和市盈率模型法。

1.资产价值基础法

资产价值基础法是指通过对被并购企业的资产进行估价来评估其价值的方法。确定被并购企业资产的价值，关键是选择合适的资产评估价值标准。目前国际上通行的资产评估价值标准主要有以下几种：

（1）账面价值。账面价值是指会计核算中账面记载的资产价值。例如，对于股份有限公司来说，资产负债表所揭示的企业某时点所拥有的资产总额减去负债总额即为股票的账面价值（即净资产），再减去优先股价值，即为普通股价值。这种估价方法不考虑现实资产市场价格的波动，也不考虑资产的收益状况，因而是一种静态的估价标准。我国企业并购活动中有不少采用以账面价值作为收购价格的实例。账面价值确定方便，但其缺点是只考虑了各种资产在入账时的价值，而脱离了现实的市场价值。

（2）市场价值。市场价值与账面价值不同，是把该资产视为一种商品在市场上公开竞争，在供求关系平衡状态下确定的价值。当公司的各种证券在证券市场进行交易时，它们的交易价格就是这种证券的市场价值。它可以高于或低于账面价值。

（3）清算价值。清算价值是指在企业出现财务危机而破产或歇业清算时，把企业中的实物资产逐个分离而单独出售的资产价值。清算价值是在企业作为一个整体已经丧失增值能力情况下的资产估价方法。对于股东来说，公司的清算价值是清算资产偿还债务以后的剩余价值。

2.未来收益折算法

这种方法是将被并购企业在未来持续经营情况下所产生的预期收益，按照设定的折现率折算成现值，并以此确定其价值。它把企业市场环境和未来的经营状况与被并购企业价值联系起来，最适宜于评估被并购企业的价值。这种方法的程序为：

第一步，确定计价的基准日，即并购双方共同确认的并购计价的时点。

第二步，预测未来收益的年限。预测未来收益年限通常从以下几方面考虑：企业在法律上的具体经营期限，期满时必须解散清算的，以剩余的经营期限为未来收益年限；对于一些以不可再生资源作为主要生产资料的企业，可根据矿产资源预计可开采的年限作为收益年限；对于无依据可确定其具体年限的企业，可将收益期定为永久年限。

第三步，估计贴现率。贴现率是一种期望投资报酬率，是投资者在投资风险一定的情况下，对投资所期望的回报率。贴现率就其构成而言，它是由无风险报酬率和风险报酬率组成的。无风险报酬率，一般参照同期国库券利息；风险报酬率是指超过无风险报酬率部分的投资回报率。

第四步，预测未来各年的收益。未来各年收益的预测是一项比较复杂的内容，其预测的准确程度直接影响企业价值的评估。通常需要做出一些合理的假设及限定条件，以便将例外的因素排除掉。具体的做法是将企业已做了具体计划或规划的年份的盈利逐年做出预测；而对于更长远年份的收益预测，往往只能根据企业净资产额、经营风险因素等资料预测各年的平均收益。

【例 12-3】A公司准备并购B公司，B公司目前的资产总额为2 000万元，净资产为1 200万元，本年度的净收益为100万元。根据该公司的五年规划，在不追加投资的情况下，未来五年各年的销售收入与净收益增长率为6%～10%，以后每年保持第五年年末的收益水平。当年国债到期收益率为3%，B公司所处行业风险报酬率为3%。

要求：评估B公司的价值。

解：第一步，预测该公司的收益年限及收益额。

根据A公司的具体情况，将其收益年限定为永久年限。根据预测，该公司五年规划的各年净收益分别为：106万元、113万元、123万元、132万元、145万元，从第六年开始，每年的净收益均为145万元。

第二步，确定折现率。

无风险报酬率参照国债到期收益率定为3%；风险报酬率根据B公司所在的行业、市场环境及经营环境等因素确定为3%。因此，折现率确定为6%。

第三步，计算企业价值。

根据上述资料B公司的企业价值计算如下：

$$企业价值 = \frac{106}{(1+6\%)^1} + \frac{113}{(1+6\%)^2} + \frac{123}{(1+6\%)^3} + \frac{132}{(1+6\%)^4} + \frac{145}{(1+6\%)^5} + \frac{145}{6\% \times (1+6\%)^6}$$

$$= 2\ 158.02（万元）$$

因此，若A公司能够以2 158.02万元或者更低的价格购买B公司，那么这一并购活动从价格上讲是合理的。

3.市盈率模型法

市盈率模型法就是根据目标企业的收益和市盈率确定其价值的方法，也可称为收益法。市盈率模型法确定企业价值的步骤如下：

第一步，检查、调整被并购企业近期的利润业绩。市盈率模型法适用的收益指标在性质上是目标企业在被并购以后持续经营可能取得的净利润。

第二步，选择、计算被并购企业估价收益指标。一般来说，最简单的估价收益指标可采用被并购企业最近一年的税后利润，因为其最接近被并购企业的当前状况。但是，考虑到企业经营中的波动性，尤其是经营活动具有明显周期性的企业，采用最近三年税后利润的平均值作为估价收益的指标将更为适当。

第三步，选择标准市盈率。通常可选择的标准市盈率有如下几种：并购时点被并购企业的市盈率；与被并购企业具有可比性的企业的市盈率；被并购企业所处行业的平均市盈率。

第四步，计算被并购企业的价值。利用选定的估价收益指标和标准市盈率，就可以比较方便地计算出目标企业的价值。其计算公式为：

$$企业价值 = 估价收益指标 \times 标准市盈率$$

（三）企业并购的风险分析

企业并购是高风险经营，财务分析应在关注其各种收益、成本的同时，更重视并购过程中的种种风险。企业并购的风险主要有营运风险、信息风险、融资风险、反并购风险和法律风险等。

1.营运风险

所谓营运风险是指并购方在并购完成后，可能无法使整个企业集团产生经营协同效应，难以实现规模经济和经验共享互补。通过并购形成的新企业，因规模过于庞大而产生规模不经济，甚至整个企业集团的经营业绩都被并购进来的新企业所拖累。

2.信息风险

在并购过程中，能否及时获取真实、准确与有效的信息是决定并购行动成败的关键。如果在并购前能够全面地了解和分析情况，搜集到真实、准确与有效的信息资料，则可以大大提高企业并购行动的成功率。相反，如果并购企业在没有获得完备信息的情况下贸然行动，往往会以失败告终。

3.融资风险

企业并购需要大量资金，所以企业并购决策会同时对企业资金规模和资金结构产生重大影响。与被并购相关的融资风险具体包括资金是否可以保证并购的需要、融资方式是否适应并购动机、现金支付是否会影响企业正常的生产经营、偿债风险等。

4.反并购风险

被并购企业在通常情况下对并购行为持不欢迎和不合作态度，尤其在面临敌意并购时，他们会不惜一切代价布置反并购措施，这些措施可能是各种各样的。这些反并购行为对并购方来说，无疑是相当大的风险。

5.法律风险

各国关于并购、重组的法律法规的细则，一般都通过增加并购成本而提高难度。我国证券法明确规定："通过证券交易所的证券交易，投资者持有一个上市公司已发行的股份的5%时，应当在该事实发生之日起3日内，向国务院证券监督管理机构、证券交易所做出书面报告，通知该上市公司，并予以公告，在上述规定的期限内，不得再行买卖该上市公司的股票。"同时，当"其所持该上市公司已发行的股份比例每增加或者减少5%"时，应依照有关规定进行报告和公告。持有一个上市公司已发行股份的30%，仍继续进行收购的，应当依法向该上市公司的所有股东发出收购要约。这套程序造成的收购成本之高，收购风险之大，收购程序之复杂，足以使收购者气馁，反收购则相对比较轻松。很多国家大都具有相似的规定。

总之，并购过程中蕴藏着很多风险，并购企业应谨慎对待，采取各种措施分散和化解可能出现的风险，以确保收购活动能够成功实施。

【思考】西方企业经历了多次的并购浪潮，并购和反并购斗争日益激烈，产生了许多反并购策略，如毒丸计划、焦土战术、驱鲨剂、管理层防御等。其中，毒丸计划是公司为避免被其他公司收购，采取对本身造成严重损害的手段，以降低其吸引力，如收购方一旦成功，就好像吞食了"毒丸"一样不易处理。

（四）并购对企业盈余和市场价值的影响

并购必将对企业的每股收益、每股市价产生潜在影响。由于企业并购决策以投资对股票价格的影响为依据，而股票价格的影响又取决于并购对企业每股收益的影响，所以，企业在评估并购方案的可行性时，应将其对并购后存续企业每股收益的影响列入考虑范围。

1.并购对企业每股收益变动影响分析

每股收益变动分析是分析并购对公司每股收益的影响，从而分析并购方案是否可行。

【例12-4】甲公司拟发行新股票交换乙公司全部发行在外的股票。交换时有关资料见表12-1。

表12-1 甲公司和乙公司有关资料

项目	甲公司	乙公司
本年净利润（万元）	1 200	300
普通股股数（万元）	600	500
每股净收益（元）	2	0.60
每股市价（元）	30	6
市盈率（倍）	15	10

假设乙公司同意其股票分别作价6元、12元和15元，由甲公司以其股票相交换，则甲公司分别以1∶5、1∶2.5、1∶2三种不同的股票交换率与乙公司交换股票。

当按1∶5交换时，甲公司需要发行新股100万股；当按1∶2.5换时，甲公司需要发行新股200万股；当按1∶2交换时，甲公司需要发行新股250万股。以上三种不同的股票交换率对每股收益的影响见表12–2。

表12–2　　三种不同的股票交换率对每股收益的影响

项目	甲公司并购前	按1∶5交换	按1∶2.5交换	按1∶2交换
本年净收益（万元）	1 200	1 500	1 500	1 500
股票发行总量（万股）	600	700	800	850
每股收益（元）	2	2.14	1.88	1.76

从表12–2中可以看出，当按1∶5的比例交换时，甲公司每股净收益比并购前增加了0.14元；但是原乙公司股东的每股收益却下降了，这是因为其所持乙公司股票每股相当于并购后甲公司股票的0.2股，所以其所持股票每股收益仅相当于0.428元（0.2×2.14），相比并购前下降了0.172元（0.6–0.428）。当按1∶2.5的比例交换时，甲公司每股收益有所降低；但乙公司股东的每股收益为0.752元（0.4×1.88），较并购前有所提高。同理，当按1∶2的比例交换时甲公司每股收益减少，乙公司股东收益增加。

根据以上分析，可以得出保持甲公司每股收益不变的股票交换比率。假设并购后甲公司的收益能力不变（并购后甲公司收益等于原甲、乙两公司收益之和），股票交换率为R，并购前甲公司的每股收益为EPS_1，并购后每股收益为EPS_2。

原甲公司并购后的每股收益为$EPS_2=\frac{1\,500}{600+500R}$，因假设并购前后甲公司每股收益不变，所以$EPS_1=EPS_2$，即$\frac{1\,500}{600+500R}=2$，求得：$R=0.3$，甲公司对乙公司的每股股票作价为$30\times0.3=9$（元）。同理，我们还可以计算出确保乙公司股东每股收益不变的股票交换比率。

2.对每股市价变动的影响分析

通过分析并购方每股市价的影响，从而判断并购方案是否可行。判断并购时股票交换价格的高低，通常采用股票市价调换率指标，其计算公式为：

$$股票市价调换率=\frac{并购方股票每股市价\times股票交换率}{被并购方股票每股市价}$$

当该指标小于1时，表示交换价格低于被并购方股票的市价，被并购企业因此会遭受损失；当该指标等于1时，表示交换价格等于被并购方股票的市价；当该指标大于1时，表示交换价格高于被并购方股票的市价，企业因被并购而获利。

【例12–5】承【例12–4】，将有关资料代入股票市价调换率公式，计算结果如下：

第一种情况：当股票交换率为1∶5，即0.2时，股票市价调换率为1倍（30×0.2÷6）。

第二种情况：当股票调换率为1∶2.5，即0.4时，股票市价调换率为2倍（30×0.4÷6）。

第三种情况：当股票交换率为1∶2，即0.5时，股票市价调换率为2.5倍（30×0.5÷6）。

在第一种情况下，甲、乙两公司的股票以市价1∶1的比例交换。在不考虑其他因素的情况下，甲、乙两公司并未能从并购中获得收益。在第二、三种情况下股票市价调换率大于1，被并购企业因此会获利，相反并购企业会蒙受损失。但是，企业并购的目的就是要获得并购协同效应，增加并购后企业的活力与能力，使并购双方都能从并购中获利。

（五）并购案例分析

【例12-6】2001年10月23日，上海贝尔公司与法国阿尔卡特公司达成协议：阿尔卡特公司将收购中方股东上海贝尔公司10%加1股的股份，同时买断比利时某公司拥有的上海贝尔公司8.35%的全部股份。两笔交易结束后，阿尔卡特公司拥有上海贝尔公司的股份从31.65%升至50%加1股，中方占50%减1股。作为世界上著名的电信跨国企业之一的阿尔卡特公司，此次通过3亿美元现金收购上海贝尔股份，成为中国电信领域首家成立股份制公司的国际企业。

请问：（1）从并购类型上讲，阿尔卡特公司收购上海贝尔公司属于哪一种并购类型？（2）从并购的实现方式上讲，阿尔卡特公司收购上海贝尔公司属于哪一种方式？这种并购方式的突出特点是什么？

分析：（1）从并购类型上讲，阿尔卡特公司收购上海贝尔公司，属于横向并购。

（2）从并购的实现方式上讲，阿尔卡特公司收购上海贝尔公司，属于控股式并购。这种并购方式的突出特点是：被并购企业只将部分净资产折为股份转让给并购企业，被并购企业法人主体地位仍存在；并购企业作为被并购企业的新股东，对并购企业的原有债务不承担连带责任，其风险责任仍以控股出资的股金为限；被并购企业债务由其本身作为独立法人所有或所经营的财产为限清偿；并购后，被并购企业成为并购企业的控股子公司。

任务三　企业重组的财务管理

一、企业重组的概念

企业重组，是指投资者或投资者授权经营以企业战略目标为导向，以长期资产和其他资源作为对象，以控制权的转移为核心，进行资源的重新组合和优化配置行为。具体来说，它是通过企业改制、产权转让、合并、分立、托管、破产处置等方式进行企业组织的再造，包括企业资产结构、债务结构和资本结构的调整优化。它是对企业原有的各类资源要素（包括企业本身），按照市场经济规律实施的重新组合。

二、企业重组的程序

由于企业重组涉及企业改制、改组、改造，以及整合重组、分拆重组和内部重组多种形式，因此，不同企业重组方式的具体程序可能有所不同。这里介绍企业重组的一般程序。

（一）明确企业重组目的

各企业进行重组的目的是不同的，如有的企业重组是为了改制上市，有的企业重组是为了取得管理经验，有的企业重组是为了进行资产转换。不同目的的重组，要采用不同的重组模式与形式。

（二）确定企业重组模式

在明确企业重组目的的基础上，可根据企业自身特点选取合适的重组模式和方式。例如，是选择整合重组还是分拆重组，是选择并购还是收购，是出售还是分立，等等。

（三）评估企业价值

无论采用何种模式和方法进行企业重组，都涉及重组企业和目标企业的价值评估或资产评估问题。合理、公允确定企业价值是企业重组的难点。

（四）界定产权

在企业价值评估的基础上，企业重组必须界定清楚资产的产权归属，即资产的所有者和债权人。这是保证重组后企业产权明晰的关键所在。

（五）资产重组

资产重组是企业重组的重点。在对重组企业和目标企业资产评估和产权界定的基础上，企业重组首先要解决资产重组问题。确定合理的资产规模与结构，保证资源的充分、合理使用。

（六）负债重组

负债重组是资本结构重组的重要内容。负债重组不仅要重组流动负债与长期负债结构，而且要重组负债与所有者权益结构。

（七）产权重组

产权重组或股权重组，是指在产权界定的基础上，根据企业重组目的与要求，按投资主体所设置的国家股、法人股、个人股和外资股的行为。产权重组不仅影响企业的资本结构，而且决定企业的治理结构问题。

（八）制定与取得各种法律文件

在企业确定重组到重组后的公司注册登记前，企业需要制定与取得许多文件，包括协议书、申请书、公司章程、资产评估报告、验资报告，等等。只有具备完善、合法的文件，才能重组为合法的企业。

（九）重组后企业工商登记

按照工商登记的各项要求，对重组后的企业进行注册登记。

三、企业重组模式

企业重组的方式是多种多样的，其中主要包括以下几种模式：

（一）改制

企业改制是改革企业体制的简称，是将企业从适应计划经济体制需要的传统企业制度，改建成为适应社会主义市场经济体制需要的现代企业制度。企业改制的核心是经济体制的转变和企业制度的创新，实质是调整生产关系以适应生产力发展的需要。

现代企业制度作为一种新的企业制度，能够最大限度地发展和解放生产力，其基本内容包括以下几个方面：

1.产权清晰、权责明确的企业法人制度

实行现代企业制度，投资者所有权与法人财产权相分离。投资者所有权在一定条件下表现为投资者拥有股权，即以股东身份依法享有资产收益、选择管理者、参与重大决策及转让股权等权利。法人财产权表现为企业依法享有法人财产占有权、使用权、收益和处分权，以独立的财产对自己的经营活动负责。实行现代企业制度的企业，应当拥有全部法人财产权，并以此享有民事权利，承担民事责任，依法自主经营、自负盈亏，对投资者承担资本保值增值的责任。

2.政企分开的国有资产监管和营运体制

政企分开就是政府的社会经济管理职能和国有资产所有者职能分开。企业中的国有资产坚持国家所有，由中央政府和地方政府分别代表国家履行出资人职责，享有所有者权益，权利、义务和责任相统一。企业与政府机构不再存在行政隶属关系，企业不再套用行政级别。

3.形式多样的企业组织制度

现代企业组织制度的核心是企业财产组织形式。按照市场经济的要求，企业组织形式不是以所有制形式划分的，而是按照财产的组织形式和所承担的法律责任划分的。按财产组织形式划分，企业组织形式通常有独资企业、合伙企业和公司企业。独资企业和合伙企业属自然人企业，投资者承担无限责任；公司企业属法人企业，包括有限责任公司和股份有限公司，投资者以出资额为限承担有限责任。国有独资公司是有限责任公司的一种形式，不同于个人独资企业。公司企业是现代企业组织制度的主要法律形式。

4.科学的企业管理制度

这是现代企业制度的重要内容，包括企业内部组织领导体制、企业人力资源管理制度、企业内部收入分配制度、企业财务管理制度、企业会计制度、企业民主管理体制和发挥党组织的政治核心作用。

企业改制的形式，主要是按照我国《公司法》改建为有限责任公司和股份有限公司。有限责任公司注册资本的最低限额为人民币3万元，由50个以下股东出资设立。设立股份有限公司应当有2人以上200人以下为发起人，其中须有半数以上的发起人在中国境内有住所。股份有限公司注册资本的最低限额为人民币500万元。

（二）产权转让

产权转让是指两个以上产权主体就企业的全部或部分产权进行有偿转让的行为。企业产权转让从不同角度分析有许多方式，如内部转让、对外转让；协议转让、竞价拍卖、招标转让；整体转让、分割转让；重组转让、先破后售。

（三）合并

合并包括吸收合并和新设合并两种形式。一个企业吸收其他企业后，被吸收的企业解散的，为吸收合并；两个以上企业合并设立一个新的企业、合并各方解散的，为新设合并。企业合并通常是通过兼并和收购（简称并购）来实现的。

1.兼并

兼并是指一家企业购买取得其他企业的产权，使其他企业丧失法人资格或改变法人实体，并取得这些企业决策控制权的经济行为。从这个意义上讲，兼并等同于吸收合并。

2.收购

收购是指一家企业购买另一家企业的部分或全部资产、股权，以获得对该企业的控制权。收购的经济实质是取得控制权。收购的对象一般有股权和资产两种。股权收购是购买一家企业的股份，收购方将成为被收购方的股东，承担被收购企业的债权、债务；而资产收购则仅仅是一般的买卖行为，收购方无须承担被收购方的债务。

（四）分立

分立是指一个企业分成两个或者两个以上企业的经济行为，包括新设分立和派生分立两种方式。新设分立是企业将其全部财产分割后，新设两个或两个以上的企业的行为。新设分立后，新企业存续，进行工商登记后取得法人资格；原企业则消亡，其法人资格被取消。派生分立是企业以其财产的一部分设立另一企业的行为。派生分立后，派生的新企业进行工商登记取得法人资格；原企业存续，但原企业有可能因派生出新企业而减少权益资本，当减少注册资本时，应当办理变更注册资本的手续。

（五）托管

托管是指企业投资者（委托人）通过契约的形式，在一定条件和一定期限内，将企业法人财产的部分或全部委托给具有较强经营管理能力并能够承担相应经营风险的法人（委托人）去有偿经营，以实现一定目标。

与其他企业重组方式相比，企业托管具有三个特点：一是不涉及产权变动，体现的是一种财产委托代理关系；二是体现的是一种以信用为基础的托管关系；三是通常具有过渡性。由于具备这些特点，企业托管往往具有自身的优点，主要体现在：第一，委托人不需要支付大量资金取得委托人的资产，可以靠自己拥有的经营管理能力去经营托管企业；第二，程序相对简单，对委托企业产权清晰程度的要求相对较低；第三，企业托管使受托人与委托人之间相互制约，形成外部约束力，避免了企业内部人控制现象；第四，企业托管是有期限的，而且可以根据形势变化终止托管协议，比其他重组方式具有更大的调整余地，降低了委托人和受委托人双方的风险。

四、企业重组的财务分析

企业重组的财务分析是企业重组计划的核心，主要是对企业现有的债权和股权的变更做出安排，调整企业资本结构，提出未来的经营方案和实施办法。

【提示】企业财务重组根据自身的财务状况存在以下三种方式：债务重组、破产重组、破产清算。

企业重组的财务分析一般包括估算重组企业的价值、构建企业新的资本结构，以及对企业的旧证券进行估价，并将旧证券转化为新证券等三个方面的内容。

（一）估算重组企业的价值

估算重组企业的价值是企业重组过程中最重要也是最困难的工作。对重组企业价值评估可采用两种方法，即重置成本法（或市场价值法）和未来收益现值法。

首先，企业可以运用重置成本法（或市场价值法）对单项资产进行评估，然后相加得出企业总资产。重置成本法是指在现实条件下通过估测被评估资产的重置成本，然后估测被评估资产业已存在的贬值因素，并将其从重置成本中予以扣除而得到被评估资产价值的各种评估方法的总称。市场价值法是指利用市场上同样或类似资产的近期交易价格，经过直接比较或类比分析估测资产价值的各种评估方法的总称。

其次，企业运用未来收益现值法对企业整体价值进行评估。目前在企业重组过程中多采用收益现值法。收益现值法是指通过估测被评估资产未来预期收益的现值来判断资产价值的评估方法的总称。该方法的具体做法是：估算企业未来的销售量；分析公司未来的经营环境，以估算企业未来各年的收益和现金流量；确定贴现率（资本化率）；用确定的贴现率对未来企业的现金净流量折现，计算企业的价值。

【例 12-7】甲企业准备重组，预期重组后未来十年内每年的现金净流量为600万元，同行业平均资本报酬率水平为7%，并以此作为贴现率。

要求：请利用收益现值法计算该企业的总价值。

解：在该例中指出了未来十年的年度现金净流量和贴现率，我们可采用收益现值法求出该重组企业的价值：

重组企业的价值 = 600×7.023 (年金现值系数) = 4 213.8 (万元)

（二）构建企业新的资本结构

构建企业新的资本结构的目的在于降低企业的固定性费用，使企业有充分的安全边际。为此，通常的做法是：

（1）将现有的全部或部分债务逐步转换为收益债券、优先股或普通股，减少企业的负债或偿债利息的压力；

（2）改变现有的负债的有关条款，如延长债务到期日，以减少偿债基金的提存额。

（三）对企业的旧证券进行估价，并将旧证券转化为新证券

根据绝对优先原则，高等级的证券（债券或股票）优先于低等级的证券得到安排，同一级别的债权人或股东在进行资本结构调整时享有相同的待遇。因此，必须对企业的旧证券进行重新估价，并将旧证券转化为新证券，实现资本结构的调整。

【例 12-8】乙企业重组前的资本结构如下：银行借款2 000万元，长期债券1 600万元，优先股1 000万元，普通股2 800万元。重组后的企业价值为5 000万元，银行方面提出用手中的2 000万元贷款交换新的1 500万元贷款和500万元普通股。长期债券持有人将1 600万元转化为优先股900万元和普通股650万元。优先股持有人分配800万元，并继续以优先股存在。原普通股股东享有剩余的650万元。

重组后新的公司资本结构如下：银行贷款为1 500万元，优先股为1 700万元（900+800），普通股为1 800万元（500+650+650）。

典型案例分析

【资料】海尔集团与通用电气（纽交所：GE）于2016年1月15日签署合作谅解备忘录，双方将在全球范围内合作，共同在工业互联网、医疗、先进制造领域提升双方企业的竞争力。此次战略合作框架协议将全球领先的企业结合在一起，实现业务的高度互补，树立了中美两国投资及合作的典范。据透露，作为整合的一部分，通用电气将从海尔集团获得54亿美元的现金对价。此外，由海尔集团控股41%的青岛海尔（SH600690）将整合通用电气的家电业务（通用家电）。作为其拓展全球业务的一部分，青岛海尔2015年6月整合了海尔集团的海外业务。本次青岛海尔整合通用家电业务将进一步增强青岛海尔的全球竞争力。通用家电拥有超过百年历史的品牌传承、忠诚的中高端用户群体、经验丰富的管理团队、优良的企业文化、阵容强大的白色家电产品系列、北美市场自有的物流和分销网络、成熟的质量控制体系等。

海尔集团董事局主席、首席执行官张瑞敏表示："这是双方战略合作的新起点，相信双方的全面战略合作必将为两家公司的利益攸关方带来更高的价值，并让海尔和通用品牌在协同中增值，让员工在自主创新中成长是我们双方的合作目标。"

通用电气首席执行官杰夫·伊梅尔特表示："我们很高兴向海尔出售我们的家电业务，并推出这一新的合作伙伴关系。美国是海尔集团扩大制造规模和进一步投资的重点。创新、新产品开发和品牌管理是其整体战略的基础。通用家电为海尔提供好的产品、最先进的生产设备和有才华的团队。此外，我们看到在中国共同努力建立通用品牌的机会。"

通用家电总部设在美国肯塔基州路易斯维尔，是北美领先的家用电器公司。该公司在美国5个州拥有9家工厂，并拥有世界一流的物流和分销能力，以及美国市场强大的零售网络关系。2014年，企业收入达到59亿美元和约4亿美元息税折旧摊销前利润（EBITDA）。该公司拥有约12 000名员工，其中96%在美国。

【分析】此次整合通用家电是海尔集团扩大其在美国业务的一项重要投资，将能使海尔集团在西方市场的业务增长提速。通用家电总部仍将保留在美国肯塔基州的路易斯维尔，并继续独立运营，由现有高级管理团队引领企业的战略方向和业务经营。海尔集团承诺将继续投资在美国的业务以推动其增长，同时也不会因此交易带来任何设施关闭或岗位流失。

这项交易将为海尔集团和通用电气所在的社区以及员工、客户、业务伙伴和股东带来即时和长期的价值。青岛海尔和通用家电将为各自且能互补的地区所在的消费者和供应商提供支持和服务。这项交易将为通用家电的高品质产品提供进入中国市场的机会，同时也为其进一步提升全球业务增长提供更有利的位置。此外，通过创建一个更大、更全球化的公司，此次交易将为所有员工提供更多的机会。

青岛海尔和通用家电是东西方家电市场领先企业，此次联盟将给双方带来很多共赢，在品牌、市场、产品创新、供应链和质量管理领域高度互补，并将进一步提升双方的品牌。通用家电有经验丰富的成功管理团队，将继续负责业务的运营方向，并参与董事会工作，他们的专业、经验和网络为海尔集团的工作增添了价值。另外，青岛海尔将基于其全球运营平台为员工提供支持，创造发展机会。

项目实训

一、单项选择题

1.根据《中华人民共和国企业破产法》有关规定，对于公司的剩余财产，首先应该用于偿付的款项是（　　）。

A.破产公司所欠的税款
B.破产公司所欠的职工工资和劳动保险费
C.已担保的破产债权
D.无担保的破产债权

2.某房地产集团并购某石油企业，这种并购方式属于（　　）。

A.横向并购　　B.纵向并购　　C.混合并购　　D.向前并购

3.生产彩管的A集团通过协议控股彩电生产企业B集团，又通过收购生产彩显玻壳的C企业，这种并购方式属于（　　）。

A.横向并购　　B.纵向并购　　C.混合并购　　D.前向并购

4.谋求财务协同效应是企业并购的动力之一。下列各项能给企业在财务上带来利益的是（　　）。

A.增强企业风险抵御能力　　B.预期效益
C.获得特殊财产　　D.降低代理成本

5.若国有独资企业清算后尚有剩余财产，下列各项对剩余财产的处理正确的是（　　）。

A.全部上缴财政　　B.按投资各方的出资比例进行分配
C.按企业合同或章程的规定进行分配　　D.依法缴纳所得税

6.清算过程中的债务清偿顺序正确的是（　　）。

A.应缴未缴国家税金、银行借款、应付未付的职工工资及劳动保险费
B.应付未付的职工工资及劳动保险费、应缴未缴国家税金、银行借款
C.应缴未缴国家税金、应付未付的职工工资及劳动保险费、银行借款
D.同时同比例清偿

7.下列各项不属于清算组织职权的是（　　）。

A.清理公司财产，分别编制资产负债表及其财产清单
B.清算期满，宣告企业破产
C.清缴所欠税款
D.代表公司参与民事诉讼活动

8.如果并购后的公司价值超过并购前各公司价值的简单代数和，则这种并购的动因是（　　）。

A.扩大市场份额动因　　B.企业发展动因
C.协同效应　　D.降低代理成本动因

9.被并购企业对并购行为持不欢迎和不合作态度，采取了一些措施来对抗企业的并购行为，这些措施会对并购方构成相当大的风险，这种风险是（　　）。

A.营运风险　　B.法律风险
C.信息风险　　D.反并购风险

10.企业为并购行为本身所发生的成本称为（　　）。

A.并购整合成本　　B.并购完成成本
C.并购营运成本　　D.并购机会成本

二、多项选择题

1.下列各项中，将导致企业解散清算的有（　　）。

A.公司章程规定的营业期届满　　B.企业负债总额大于其资产总额

C.企业合并需要解散　　D.企业由于违反规章而被依法撤销

2.下列各项可计入清算损益的有（　　）。

A.清算中发生的财产盘盈盘亏

B.确实无法收回的债权及确实无法归还的债务

C.发生的清算费用

D.分配给债权人及股东的现金

3.下列各项中，应先于清偿职工应付未付劳动保险费的支出项目包括（　　）。

A.清算人员工资　　B.诉讼费

C.清算人员差旅费　　D.应缴未缴国家的税金

4.按并购双方所处行业关系来划分，企业并购方式有（　　）。

A.横向并购　　B.纵向并购　　C.混合并购　　D.善意收购

5.能够成为企业破产申请人的有（　　）。

A.债权人　　B.企业职工　　C.债务人　　D.人民法院

6.企业并购过程中所谋求的协同效应主要包括（　　）。

A.财务协同效应　　B.管理协同效应　　C.经营协同效应　　D.市场协同效应

7.并购的风险主要包括（　　）。

A.融资风险　　B.反并购风险　　C.信息风险　　D.法律风险

8.并购的财务协同效应包括（　　）。

A.实现资金规模效应　　B.降低企业资金成本

C.提高管理效率　　D.取得税负利益

9.下列各项属于现代企业制度优势的有（　　）。

A.产权清晰、权责明确　　B.政企分开

C.形式多样　　D.管理科学

10.一般情况下，并购企业在并购行为过程中发生的成本有（　　）。

A.并购机会成本　　B.并购完成成本

C.并购退出成本　　D.整合营运成本

三、判断题

1.只有债权人有权向人民法院提出对债务人进行破产清算的申请。（　　）

2.对普遍清算与特别清算，公司没有选择的权力。（　　）

3.只要企业的资产总额大于其负债总额，企业就不会存在破产清算的危险。（　　）

4.某石油企业并购某电子计算机厂属于混合并购。（　　）

5.并购产生的协同效应对并购后的企业来说肯定是有利的。（　　）

6.并购方以现金在市场上购买被收购公司的股票，以拥有被并购公司的大部分或全部股本的并购方式，属于现金购买式并购。（　　）

7.采用收益法估算目标企业的价值，以投资为出发点，着眼于未来收益，并且在测算方法上形成一套较为完善的科学方法，因此具有较强的适用性。 （ ）

8.股权交换式并购是指并购方用本企业的股票来收购目标企业股东所持有的股票的一种并购手段。 （ ）

9.一项并购活动所发生的机会成本包括实际成本费用支出和因放弃其他项目投资而丧失的利益。 （ ）

10.企业将其在子公司中拥有的全部股份按比例分配给公司的股东，从而形成两家相互独立的股权结构相同的公司，这种重组形式称为分立。 （ ）

四、计算分析题

1.甲公司拟于2019年9月30日发行普通股交换乙公司发行在外的股票，交换前两公司资料见表12-3。

表12-3 交换前甲、乙两公司资料

项目	甲公司	乙公司
本年净收益（万元）	1 000	600
股票发行总量（万股）	2 000	1 000
每股净收益（元）	0.50	0.60
市盈率（倍）	16	10
每股市价（元）	8	6

要求：

（1）计算使甲公司并购前后每股收益不变的股票交换率。

（2）假设甲公司以每股12元的价格收购乙公司股票，计算股票市价调换率。

2.某企业向法院申请破产，破产前经审计后的资产负债表（简表）见表12-4。

表12-4 资产负债表（简表） 单位：万元

资产	金额	负债与所有者权益（或股东权益）	金额
流动资产	3 000	应付账款	3 000
长期股权投资	2 000	应付职工薪酬	2 000
固定资产——厂房	6 500	应交税费	2 000
固定资产——设备	2 000	长期借款	3 000
无形资产	1 000	应付债券	2 000
		所有者权益（或股东权益）	2 500
资产合计	14 500	负债与所有者权益（或股东权益）合计	14 500

表中长期借款是信用贷款，应付债券是以企业设备为抵押。

企业进入清算程序后，资产变现收入如下：流动资产2 000万元，长期股权投资1 500万元，厂房3 500万元，设备1 000万元，无形资产未能变现，合计变现8 000万元。清算期间发生清算费用800万元。

请问：

（1）上述变现资金中可用于偿还债务的数额是多少？

（2）银行贷款应分配的财产结余是多少？

五、案例分析题

1997年，摩托罗拉公司铱星移动通信网络投入商业运营，成为第一个真正能覆盖全球每个角落的通信网络系统。随之，公司股票大涨，其股票价格从发行时的每股20美元飙升到1998年5月的70美元。崇尚科技的人士尤其看好铱星系统。1998年，美国《大众科学》杂志将其评为年度全球最佳产品之一。同年底，在由我国两院院士评选的年度十大科技成就中，它名列第二位。

就高科技而言，铱星系统不但采用了复杂、先进的星上处理和星间链路技术，使地面实现无缝隙通信，而且解决了卫星网与地面蜂窝网之间的跨协议漫游。铱星系统开创了全球个人通信的新时代，使人类在地球上任何"能够到达的地方"都可以相互联系。

然而，价格不菲的铱星通信在市场上遭到冷遇，用户最多时才5.5万，而据估算它必须发展到50万用户才能盈利。由于巨大的研发费用和系统建设费用，铱星背上了沉重的债务负担，整个铱星系统耗资达50多亿美元，每年仅系统的维护费就要几亿美元。除了摩托罗拉等公司提供的投资和发行股票筹集的资金外，铱星公司还举借了约30亿美元的债务，每月仅债务利息就达4 000多万美元。从一开始，铱星公司就一直在与银行和债券持有人等组成的债权方集团进行债务重组的谈判，但双方最终未能达成一致。债权方集团于1999年8月3日向纽约联邦法院提出了迫使铱星公司破产改组的申请，加上无力支付两天后到期的9 000万美元的债券利息，铱星公司被迫于同一天申请破产保护。2000年3月18日，铱星公司背负40多亿美元债务正式破产。

分析思考：

（1）铱星公司在高科技上的登峰造极与市场上的全线溃败的强烈对比说明了什么？

（2）导致铱星公司最终破产的原因有哪些？由铱星公司破产引发的经验与教训是什么？

答案与解析

参考文献

［1］财政部会计资格评价中心．财务管理［M］．北京：经济科学出版社，2019.

［2］财政部注册会计师考试委员会办公室．财务成本管理［M］．北京：中国财政经济出版社，2019.

［3］张蕊．公司财务学［M］．2版.北京：高等教育出版社，2012.

［4］上官敬芝．财务管理学［M］．2版．北京：高等教育出版社，2014.

［5］荆新，王化成．财务管理学［M］．2版．北京：中国人民大学出版社，2006.

［6］张鸣．高级财务管理［M］．上海：上海财经大学出版社，2006.

［7］乔宏．财务管理［M］．成都：西南财经大学出版社，2014.

［8］马红光．财务管理［M］．北京：人民邮电出版社，2014.

［9］赵德武．财务管理［M］．北京：高等教育出版社，2007.

［10］傅元略．财务管理［M］．厦门：厦门大学出版社，2000.

［11］陈文浩．公司财务［M］．上海：上海财经大学出版社，2003.

［12］陆正飞．财务管理［M］．大连：东北财经大学出版社，2001.

［13］彭韶兵．财务管理［M］．北京：高等教育出版社，2003.

［14］范霍恩，瓦霍维奇．财务管理基础［M］．刘曙光，等，译．北京：清华大学出版社，2009.

［15］希金斯．财务管理分析［M］．沈艺峰，等，译．北京：北京大学出版社，2009.

［16］范霍恩．财务管理与政策［M］．刘志远，译．大连：东北财经大学出版社，2000.

［17］罗斯，等．公司理财基础［M］．方红星，译．大连：东北财经大学出版社，2002.

［18］麦金森．公司财务理论［M］．刘明辉，译．大连：东北财经大学出版社，2002.

［19］达摩达兰．应用公司理财［M］．郑振龙，译．北京：机械工业出版社，2000.

［20］HORNE，WACHOWICZ．财务管理基础［M］．北京：清华大学出版社，2006.

附录

一、复利终值系数表

期数	1%	2%	3%	4%	5%	6%	7%	8%	9%	10%	11%	12%	13%	14%	15%
1	1.010 0	1.020 0	1.030 0	1.040 0	1.050 0	1.060 0	1.070 0	1.080 0	1.090 0	1.100 0	1.110 0	1.120 0	1.130 0	1.140 0	1.150 0
2	1.020 1	1.0404	1.0609	1.0816	1.1025	1.1236	1.1449	1.1664	1.1881	1.2100	1.2321	1.2544	1.2769	1.2996	1.3225
3	1.0303	1.0612	1.0927	1.1249	1.1576	1.1910	1.2250	1.2597	1.2950	1.3310	1.3676	1.4049	1.4429	1.4815	1.5209
4	1.0406	1.0824	1.1255	1.1699	1.2155	1.2625	1.3108	1.3605	1.4116	1.4641	1.5181	1.5735	1.6305	1.6890	1.7490
5	1.0510	1.1041	1.1593	1.2167	1.2763	1.3382	1.4026	1.4693	1.5386	1.6105	1.6851	1.7623	1.8424	1.9254	2.0114
6	1.0615	1.1262	1.1941	1.2653	1.3401	1.4185	1.5007	1.5869	1.6771	1.7716	1.8704	1.9738	2.0820	2.1950	2.3131
7	1.0721	1.1487	1.2299	1.3159	1.4071	1.5036	1.6058	1.7138	1.8280	1.9487	2.0762	2.2107	2.3526	2.5023	2.6600
8	1.0829	1.1717	1.2668	1.3686	1.4775	1.5938	1.7182	1.8509	1.9926	2.1436	2.3045	2.4760	2.6584	2.8526	3.0590
9	1.0937	1.1951	1.3048	1.4233	1.5513	1.6895	1.8385	1.9990	2.1719	2.3579	2.5580	2.7731	3.0040	3.2519	3.5179
10	1.1046	1.2190	1.3439	1.4802	1.6289	1.7908	1.9672	2.1589	2.3674	2.5937	2.8394	3.1058	3.3946	3.7072	4.0456
11	1.1157	1.2434	1.3842	1.5395	1.7103	1.8983	2.1049	2.3316	2.5804	2.8531	3.1518	3.4786	3.8359	4.2262	4.6524
12	1.1268	1.2682	1.4258	1.6010	1.7959	2.0122	2.2522	2.5182	2.8127	3.1384	3.4985	3.8960	4.3345	4.8179	5.3503
13	1.1381	1.2936	1.4685	1.6651	1.8856	2.1329	2.4098	2.7196	3.0658	3.4523	3.8833	4.3635	4.8980	5.4924	6.1528
14	1.1495	1.3195	1.5126	1.7317	1.9799	2.2609	2.5785	2.9372	3.3417	3.7975	4.3104	4.8871	5.5348	6.2613	7.0757
15	1.1610	1.3459	1.5580	1.8009	2.0789	2.3966	2.7590	3.1722	3.6425	4.1772	4.7846	5.4736	6.2543	7.1379	8.1371
16	1.1726	1.3728	1.6047	1.8730	2.1829	2.5404	2.9522	3.4259	3.9703	4.5950	5.3109	6.1304	7.0673	8.1372	9.3576
17	1.1843	1.4002	1.6528	1.9479	2.2920	2.6928	3.1588	3.7000	4.3276	5.0545	5.8951	6.8660	7.9861	9.2765	10.7613
18	1.1961	1.4282	1.7024	2.0258	2.4066	2.8543	3.3799	3.9960	4.7171	5.5599	6.5436	7.6900	9.0243	10.5752	12.3755
19	1.2081	1.4568	1.7535	2.1068	2.5270	3.0256	3.6165	4.3157	5.1417	6.1159	7.2633	8.6128	10.1974	12.0557	14.2318
20	1.2202	1.4859	1.8061	2.1911	2.6533	3.2071	3.8697	4.6610	5.6044	6.7275	8.0623	9.6463	11.5231	13.7435	16.3665
21	1.2324	1.5157	1.8603	2.2788	2.7860	3.3996	4.1406	5.0338	6.1088	7.4002	8.9492	10.8038	13.0211	15.6676	18.8215
22	1.2447	1.5460	1.9161	2.3699	2.9253	3.6035	4.4304	5.4365	6.6586	8.1403	9.9336	12.1003	14.7138	17.8610	21.6447
23	1.2572	1.5769	1.9736	2.4647	3.0715	3.8197	4.7405	5.8715	7.2579	8.9543	11.0263	13.5523	16.6266	20.3616	24.8915
24	1.2697	1.6084	2.0328	2.5633	3.2251	4.0489	5.0724	6.3412	7.9111	9.8497	12.2392	15.1786	18.7881	23.2122	28.6252
25	1.2824	1.6406	2.0938	2.6658	3.3864	4.2919	5.4274	6.8485	8.6231	10.8347	13.5855	17.0001	21.2305	26.4619	32.9190
26	1.2953	1.6734	2.1566	2.7725	3.5557	4.5494	5.8074	7.3964	9.3992	11.9182	15.0799	19.0401	23.9905	30.1666	37.8568
27	1.3082	1.7069	2.2213	2.8834	3.7335	4.8223	6.2139	7.9881	10.2451	13.1100	16.7387	21.3249	27.1093	34.3899	43.5353
28	1.3213	1.7410	2.2879	2.9987	3.9201	5.1117	6.6488	8.6271	11.1671	14.4210	18.5799	23.8839	30.6335	39.2045	50.0656
29	1.3345	1.7758	2.3566	3.1187	4.1161	5.4184	7.1143	9.3173	12.1722	15.8631	20.6237	26.7499	34.6158	44.6931	57.5755
30	1.3478	1.8114	2.4273	3.2434	4.3219	5.7435	7.6123	10.0627	13.2677	17.4494	22.8923	29.9599	39.1159	50.9502	66.2118

续表

期数	16%	17%	18%	19%	20%	21%	22%	23%	24%	25%	26%	27%	28%	29%	30%
1	1.1600	1.1700	1.1800	1.1900	1.2000	1.2100	1.2200	1.2300	1.2400	1.2500	1.2600	1.2700	1.2800	1.2900	1.3000
2	1.3456	1.3689	1.3924	1.4161	1.4400	1.4641	1.4884	1.5129	1.5376	1.5625	1.5876	1.6129	1.6384	1.6641	1.6900
3	1.5609	1.6016	1.6430	1.6852	1.7280	1.7716	1.8158	1.8609	1.9066	1.9531	2.0004	2.0484	2.0972	2.1467	2.1970
4	1.8106	1.8739	1.9388	2.0053	2.0736	2.1436	2.2153	2.2889	2.3642	2.4414	2.5205	2.6014	2.6844	2.7692	2.8561
5	2.1003	2.1924	2.2878	2.3864	2.4883	2.5937	2.7027	2.8153	2.9316	3.0518	3.1758	3.3038	3.4360	3.5723	3.7129
6	2.4364	2.5652	2.6996	2.8398	2.9860	3.1384	3.2973	3.4628	3.6352	3.8147	4.0015	4.1959	4.3980	4.6083	4.8268
7	2.8262	3.0012	3.1855	3.3793	3.5832	3.7975	4.0227	4.2593	4.5077	4.7684	5.0419	5.3288	5.6295	5.9447	6.2749
8	3.2784	3.5115	3.7589	4.0214	4.2998	4.5950	4.9077	5.2389	5.5895	5.9605	6.3528	6.7675	7.2058	7.6686	8.1573
9	3.8030	4.1084	4.4355	4.7854	5.1598	5.5599	5.9874	6.4439	6.9310	7.4506	8.0045	8.5948	9.2234	9.8925	10.6045
10	4.4114	4.8068	5.2338	5.6947	6.1917	6.7275	7.3046	7.9259	8.5944	9.3132	10.0857	10.9153	11.8059	12.7614	13.7858
11	5.1173	5.6240	6.1759	6.7767	7.4301	8.1403	8.9117	9.7489	10.6571	11.6415	12.7080	13.8625	15.1116	16.4622	17.9216
12	5.9360	6.5801	7.2876	8.0642	8.9161	9.8497	10.8722	11.9912	13.2148	14.5519	16.0120	17.6053	19.3428	21.2362	23.2981
13	6.8858	7.6987	8.5994	9.5964	10.6993	11.9182	13.2641	14.7491	16.3863	18.1899	20.1752	22.3588	24.7588	27.3947	30.2875
14	7.9875	9.0075	10.1472	11.4198	12.8392	14.4210	16.1822	18.1414	20.3191	22.7374	25.4207	28.3957	31.6913	35.3391	39.3738
15	9.2655	10.5387	11.9737	13.5895	15.4070	17.4494	19.7423	22.3140	25.1956	28.4217	32.0301	36.0625	40.5648	45.5875	51.1859
16	10.7480	12.3303	14.1290	16.1715	18.4884	21.1138	24.0856	27.4462	31.2426	35.5271	40.3579	45.7994	51.9230	58.8079	66.5417
17	12.4677	14.4265	16.6722	19.2441	22.1861	25.5477	29.3844	33.7588	38.7408	44.4089	50.8510	58.1652	66.4614	75.8621	86.5042
18	14.4625	16.8790	19.6733	22.9005	26.6233	30.9127	35.8490	41.5233	48.0386	55.5112	64.0722	73.8698	85.0706	97.8622	112.4554
19	16.7765	19.7484	23.2144	27.2516	31.9480	37.4043	43.7358	51.0737	59.5679	69.3889	80.7310	93.8147	108.8904	126.2422	146.1920
20	19.4608	23.1056	27.3930	32.4294	38.3376	45.2593	53.3576	62.8206	73.8641	86.7362	101.7211	119.1446	139.3797	162.8524	190.0496
21	22.5745	27.0336	32.3238	38.5910	46.0051	54.7637	65.0963	77.2694	91.5915	108.4202	128.1685	151.3137	178.4060	210.0796	247.0645
22	26.1864	31.6293	38.1421	45.9233	55.2061	66.2641	79.4175	95.0413	113.5735	135.5253	161.4924	192.1683	228.3596	271.0027	321.1839
23	30.3762	37.0062	45.0076	54.6487	66.2474	80.1795	96.8894	116.9008	140.8312	169.4066	203.4804	244.0538	292.3003	349.5935	417.5391
24	35.2364	43.2973	53.1090	65.0320	79.4968	97.0172	118.2050	143.7880	174.6306	211.7582	256.3853	309.9483	374.1444	450.9756	542.8008
25	40.8742	50.6578	62.6686	77.3881	95.3962	117.3909	144.2101	176.8593	216.5420	264.6978	323.0454	393.6344	478.9049	581.7585	705.6410
26	47.4141	59.2697	73.9490	92.0918	114.4755	142.0429	175.9364	217.5369	268.5121	330.8722	407.0373	499.9157	612.9982	750.4685	917.3333
27	55.0004	69.3455	87.2598	109.5893	137.3706	171.8719	214.6424	267.5704	332.9550	413.5903	512.8670	634.8929	784.6377	968.1044	1192.5333
28	63.8004	81.1342	102.9666	130.4112	164.8447	207.9651	261.8637	329.1115	412.8642	516.9879	646.2124	806.3140	1004.3363	1248.8546	1550.2933
29	74.0085	94.9271	121.5005	155.1893	197.8136	251.6377	319.4737	404.8072	511.9516	646.2349	814.2276	1024.0187	1285.5504	1611.0225	2015.3813
30	85.8499	111.0647	143.3706	184.6753	237.3763	304.4816	389.7579	497.9129	634.8199	807.7936	1025.9267	1300.5038	1645.5046	2078.2190	2619.9956

二、复利现值系数表

期数	1%	2%	3%	4%	5%	6%	7%	8%	9%	10%	11%	12%	13%	14%	15%
1	0.9901	0.9804	0.9709	0.9615	0.9524	0.9434	0.9346	0.9259	0.9174	0.9091	0.9009	0.8929	0.8850	0.8772	0.8696
2	0.9803	0.9612	0.9426	0.9246	0.9070	0.8900	0.8734	0.8573	0.8417	0.8264	0.8116	0.7972	0.7831	0.7695	0.7561
3	0.9706	0.9423	0.9151	0.8890	0.8638	0.8396	0.8163	0.7938	0.7722	0.7513	0.7312	0.7118	0.6931	0.6750	0.6575
4	0.9610	0.9238	0.8885	0.8548	0.8227	0.7921	0.7629	0.7350	0.7084	0.6830	0.6587	0.6355	0.6133	0.5921	0.5718
5	0.9515	0.9057	0.8626	0.8219	0.7835	0.7473	0.7130	0.6806	0.6499	0.6209	0.5935	0.5674	0.5428	0.5194	0.4972
6	0.9420	0.8880	0.8375	0.7903	0.7462	0.7050	0.6663	0.6302	0.5963	0.5645	0.5346	0.5066	0.4803	0.4556	0.4323
7	0.9327	0.8706	0.8131	0.7599	0.7107	0.6651	0.6227	0.5835	0.5470	0.5132	0.4817	0.4523	0.4251	0.3996	0.3759
8	0.9235	0.8535	0.7894	0.7307	0.6768	0.6274	0.5820	0.5403	0.5019	0.4665	0.4339	0.4039	0.3762	0.3506	0.3269
9	0.9143	0.8368	0.7664	0.7026	0.6446	0.5919	0.5439	0.5002	0.4604	0.4241	0.3909	0.3606	0.3329	0.3075	0.2843
10	0.9053	0.8203	0.7441	0.6756	0.6139	0.5584	0.5083	0.4632	0.4224	0.3855	0.3522	0.3220	0.2946	0.2697	0.2472
11	0.8963	0.8043	0.7224	0.6496	0.5847	0.5268	0.4751	0.4289	0.3875	0.3505	0.3173	0.2875	0.2607	0.2366	0.2149
12	0.8874	0.7885	0.7014	0.6246	0.5568	0.4970	0.4440	0.3971	0.3555	0.3186	0.2858	0.2567	0.2307	0.2076	0.1869
13	0.8787	0.7730	0.6810	0.6006	0.5303	0.4688	0.4150	0.3677	0.3262	0.2897	0.2575	0.2292	0.2042	0.1821	0.1625
14	0.8700	0.7579	0.6611	0.5775	0.5051	0.4423	0.3878	0.3405	0.2992	0.2633	0.2320	0.2046	0.1807	0.1597	0.1413
15	0.8613	0.7430	0.6419	0.5553	0.4810	0.4173	0.3624	0.3152	0.2745	0.2394	0.2090	0.1827	0.1599	0.1401	0.1229
16	0.8528	0.7284	0.6232	0.5339	0.4581	0.3936	0.3387	0.2919	0.2519	0.2176	0.1883	0.1631	0.1415	0.1229	0.1069
17	0.8444	0.7142	0.6050	0.5134	0.4363	0.3714	0.3166	0.2703	0.2311	0.1978	0.1696	0.1456	0.1252	0.1078	0.0929
18	0.8360	0.7002	0.5874	0.4936	0.4155	0.3503	0.2959	0.2502	0.2120	0.1799	0.1528	0.1300	0.1108	0.0946	0.0808
19	0.8277	0.6864	0.5703	0.4746	0.3957	0.3305	0.2765	0.2317	0.1945	0.1635	0.1377	0.1161	0.0981	0.0829	0.0703
20	0.8195	0.6730	0.5537	0.4564	0.3769	0.3118	0.2584	0.2145	0.1784	0.1486	0.1240	0.1037	0.0868	0.0728	0.0611
21	0.8114	0.6598	0.5375	0.4388	0.3589	0.2942	0.2415	0.1987	0.1637	0.1351	0.1117	0.0926	0.0768	0.0638	0.0531
22	0.8034	0.6468	0.5219	0.4220	0.3418	0.2775	0.2257	0.1839	0.1502	0.1228	0.1007	0.0826	0.0680	0.0560	0.0462
23	0.7954	0.6342	0.5067	0.4057	0.3256	0.2618	0.2109	0.1703	0.1378	0.1117	0.0907	0.0738	0.0601	0.0491	0.0402
24	0.7876	0.6217	0.4919	0.3901	0.3101	0.2470	0.1971	0.1577	0.1264	0.1015	0.0817	0.0659	0.0532	0.0431	0.0349
25	0.7798	0.6095	0.4776	0.3751	0.2953	0.2330	0.1842	0.1460	0.1160	0.0923	0.0736	0.0588	0.0471	0.0378	0.0304
26	0.7720	0.5976	0.4637	0.3607	0.2812	0.2198	0.1722	0.1352	0.1064	0.0839	0.0663	0.0525	0.0417	0.0331	0.0264
27	0.7644	0.5859	0.4502	0.3468	0.2678	0.2074	0.1609	0.1252	0.0976	0.0763	0.0597	0.0469	0.0369	0.0291	0.0230
28	0.7568	0.5744	0.4371	0.3335	0.2551	0.1956	0.1504	0.1159	0.0895	0.0693	0.0538	0.0419	0.0326	0.0255	0.0200
29	0.7493	0.5631	0.4243	0.3207	0.2429	0.1846	0.1406	0.1073	0.0822	0.0630	0.0485	0.0374	0.0289	0.0224	0.0174
30	0.7419	0.5521	0.4120	0.3083	0.2314	0.1741	0.1314	0.0994	0.0754	0.0573	0.0437	0.0334	0.0256	0.0196	0.0151

续表

期数	16%	17%	18%	19%	20%	21%	22%	23%	24%	25%	26%	27%	28%	29%	30%
1	0.8621	0.8547	0.8475	0.8403	0.8333	0.8264	0.8197	0.8130	0.8065	0.8000	0.7937	0.7874	0.7813	0.7752	0.7692
2	0.7432	0.7305	0.7182	0.7062	0.6944	0.6830	0.6719	0.6610	0.6504	0.6400	0.6299	0.6200	0.6104	0.6009	0.5917
3	0.6407	0.6244	0.6086	0.5934	0.5787	0.5645	0.5507	0.5374	0.5245	0.5120	0.4999	0.4882	0.4768	0.4658	0.4552
4	0.5523	0.5337	0.5158	0.4987	0.4823	0.4665	0.4514	0.4369	0.4230	0.4096	0.3968	0.3844	0.3725	0.3611	0.3501
5	0.4761	0.4561	0.4371	0.4190	0.4019	0.3855	0.3700	0.3552	0.3411	0.3277	0.3149	0.3027	0.2910	0.2799	0.2693
6	0.4104	0.3898	0.3704	0.3521	0.3349	0.3186	0.3033	0.2888	0.2751	0.2621	0.2499	0.2383	0.2274	0.2170	0.2072
7	0.3538	0.3332	0.3139	0.2959	0.2791	0.2633	0.2486	0.2348	0.2218	0.2097	0.1983	0.1877	0.1776	0.1682	0.1594
8	0.3050	0.2848	0.2660	0.2487	0.2326	0.2176	0.2038	0.1909	0.1789	0.1678	0.1574	0.1478	0.1388	0.1304	0.1226
9	0.2630	0.2434	0.2255	0.2090	0.1938	0.1799	0.1670	0.1552	0.1443	0.1342	0.1249	0.1164	0.1084	0.1011	0.0943
10	0.2267	0.2080	0.1911	0.1756	0.1615	0.1486	0.1369	0.1262	0.1164	0.1074	0.0992	0.0916	0.0847	0.0784	0.0725
11	0.1954	0.1778	0.1619	0.1476	0.1346	0.1228	0.1122	0.1026	0.0938	0.0859	0.0787	0.0721	0.0662	0.0607	0.0558
12	0.1685	0.1520	0.1372	0.1240	0.1122	0.1015	0.0920	0.0834	0.0757	0.0687	0.0625	0.0568	0.0517	0.0471	0.0429
13	0.1452	0.1299	0.1163	0.1042	0.0935	0.0839	0.0754	0.0678	0.0610	0.0550	0.0496	0.0447	0.0404	0.0365	0.0330
14	0.1252	0.1110	0.0985	0.0876	0.0779	0.0693	0.0618	0.0551	0.0492	0.0440	0.0393	0.0352	0.0316	0.0283	0.0254
15	0.1079	0.0949	0.0835	0.0736	0.0649	0.0573	0.0507	0.0448	0.0397	0.0352	0.0312	0.0277	0.0247	0.0219	0.0195
16	0.0930	0.0811	0.0708	0.0618	0.0541	0.0474	0.0415	0.0364	0.032	0.0281	0.0248	0.0218	0.0193	0.017	0.015
17	0.0802	0.0693	0.0600	0.0520	0.0451	0.0391	0.0340	0.0296	0.0258	0.0225	0.0197	0.0172	0.0150	0.0132	0.0116
18	0.0691	0.0592	0.0508	0.0437	0.0376	0.0323	0.0279	0.0241	0.0208	0.0180	0.0156	0.0135	0.0118	0.0102	0.0089
19	0.0596	0.0506	0.0431	0.0367	0.0313	0.0267	0.0229	0.0196	0.0168	0.0144	0.0124	0.0107	0.0092	0.0079	0.0068
20	0.0514	0.0433	0.0365	0.0308	0.0261	0.0221	0.0187	0.0159	0.0135	0.0115	0.0098	0.0084	0.0072	0.0061	0.0053
21	0.0443	0.0370	0.0309	0.0259	0.0217	0.0183	0.0154	0.0129	0.0109	0.0092	0.0078	0.0066	0.0056	0.0048	0.0040
22	0.0382	0.0316	0.0262	0.0218	0.0181	0.0151	0.0126	0.0105	0.0088	0.0074	0.0062	0.0052	0.0044	0.0037	0.0031
23	0.0329	0.027	0.0222	0.0183	0.0151	0.0125	0.0103	0.0086	0.0071	0.0059	0.0049	0.0041	0.0034	0.0029	0.0024
24	0.0284	0.0231	0.0188	0.0154	0.0126	0.0103	0.0085	0.0070	0.0057	0.0047	0.0039	0.0032	0.0027	0.0022	0.0018
25	0.0245	0.0197	0.0160	0.0129	0.0105	0.0085	0.0069	0.0057	0.0046	0.0038	0.0031	0.0025	0.0021	0.0017	0.0014
26	0.0211	0.0169	0.0135	0.0109	0.0087	0.0070	0.0057	0.0046	0.0037	0.0030	0.0025	0.0020	0.0016	0.0013	0.0011
27	0.0182	0.0144	0.0115	0.0091	0.0073	0.0058	0.0047	0.0037	0.0030	0.0024	0.0019	0.0016	0.0013	0.0010	0.0008
28	0.0157	0.0123	0.0097	0.0077	0.0061	0.0048	0.0038	0.0030	0.0024	0.0019	0.0015	0.0012	0.0010	0.0008	0.0006
29	0.0135	0.0105	0.0082	0.0064	0.0051	0.0040	0.0031	0.0025	0.0020	0.0015	0.0012	0.0010	0.0008	0.0006	0.0005
30	0.0116	0.0090	0.0070	0.0054	0.0042	0.0033	0.0026	0.0020	0.0016	0.0012	0.0010	0.0008	0.0006	0.0005	0.0004

三、年金终值系数表

期数	1%	2%	3%	4%	5%	6%	7%	8%	9%	10%	11%	12%	13%	14%	15%
1	1.0000	1.0000	1.0000	1.0000	1.0000	1.0000	1.0000	1.0000	1.0000	1.0000	1.0000	1.0000	1.0000	1.0000	1.0000
2	2.0100	2.0200	2.0300	2.0400	2.0500	2.0600	2.0700	2.0800	2.0900	2.100	2.1100	2.1200	2.1300	2.1400	2.1500
3	3.0301	3.0604	3.0909	3.1216	3.1525	3.1836	3.2149	3.2464	3.2781	3.3100	3.3421	3.3744	3.4069	3.4396	3.4725
4	4.0604	4.1216	4.1836	4.2465	4.3101	4.3746	4.4399	4.5061	4.5731	4.6410	4.7097	4.7793	4.8498	4.9211	4.9934
5	5.1010	5.2040	5.3091	5.4163	5.5256	5.6371	5.7507	5.8666	5.9847	6.1051	6.2278	6.3528	6.4803	6.6101	6.7424
6	6.1520	6.3081	6.4684	6.6330	6.8019	6.9753	7.1533	7.3359	7.5233	7.7156	7.9129	8.1152	8.3227	8.5355	8.7537
7	7.2135	7.4343	7.6625	7.8983	8.1420	8.3938	8.6540	8.9228	9.2004	9.4872	9.7833	10.0890	10.4047	10.7305	11.0668
8	8.2857	8.5830	8.8923	9.2142	9.5491	9.8975	10.2598	10.6366	11.0285	11.4359	11.8594	12.2997	12.7573	13.2328	13.7268
9	9.3685	9.7546	10.1591	10.5828	11.0266	11.4913	11.9780	12.4876	13.0210	13.5795	14.1640	14.7757	15.4157	16.0853	16.7858
10	10.4622	10.9497	11.4639	12.0061	12.5779	13.1808	13.8164	14.4866	15.1929	15.9374	16.7220	17.5487	18.4197	19.3373	20.3037
11	11.5668	12.1687	12.8078	13.4864	14.2068	14.9716	15.7836	16.6455	17.5603	18.5312	19.5614	20.6546	21.8143	23.0445	24.3493
12	12.6825	13.4121	14.1920	15.0258	15.9171	16.8699	17.8885	18.9771	20.1407	21.3843	22.7132	24.1331	25.6502	27.2707	29.0017
13	13.8093	14.6803	15.6178	16.6268	17.7130	18.8821	20.1406	21.4953	22.9534	24.5227	26.2116	28.0291	29.9847	32.0887	34.3519
14	14.9474	15.9739	17.0863	18.2919	19.5986	21.0151	22.5505	24.2149	26.0192	27.9750	30.0949	32.3926	34.8827	37.5811	40.5047
15	16.0969	17.2934	18.5989	20.0236	21.5786	23.2760	25.1290	27.1521	29.3609	31.7725	34.4054	37.2797	40.4175	43.8424	47.5804
16	17.2579	18.6393	20.1569	21.8245	23.6575	25.6725	27.8881	30.3243	33.0034	35.9497	39.1899	42.7533	46.6717	50.9804	55.7175
17	18.4304	20.0121	21.7616	23.6975	25.8404	28.2129	30.8402	33.7502	36.9737	40.5447	44.5008	48.8837	53.7391	59.1176	65.0751
18	19.6147	21.4123	23.4144	25.6454	28.1324	30.9057	33.9990	37.4502	41.3013	45.5992	50.3959	55.7497	61.7251	68.3941	75.8364
19	20.8109	22.8406	25.1169	27.6712	30.5390	33.7600	37.3790	41.4463	46.0185	51.1591	56.9395	63.4397	70.7494	78.9692	88.2118
20	22.0190	24.2974	26.8704	29.7781	33.0660	36.7856	40.9955	45.7620	51.1601	57.2750	64.2028	72.0524	80.9468	91.0249	102.4436
21	23.2392	25.7833	28.6765	31.9692	35.7193	39.9927	44.8652	50.4229	56.7645	64.0025	72.2651	81.6987	92.4699	104.7684	118.8101
22	24.4716	27.2990	30.5368	34.2480	38.5052	43.3923	49.0057	55.4568	62.8733	71.4027	81.2143	92.5026	105.4910	120.4360	137.6316
23	25.7163	28.845	32.4529	36.6179	41.4305	46.9958	53.4361	60.8933	69.5319	79.5430	91.1479	104.6029	120.2048	138.2970	159.2764
24	26.9735	30.4219	34.4265	39.0826	44.502	50.8156	58.1767	66.7648	76.7898	88.4973	102.1742	118.1552	136.8315	158.6586	184.1678
25	28.2432	32.0303	36.4593	41.6459	47.7271	54.8645	63.2490	73.1059	84.7009	98.3471	114.4133	133.3339	155.6196	181.8708	212.7930
26	29.5256	33.6709	38.5530	44.3117	51.1135	59.1564	68.6765	79.9544	93.3240	109.1818	127.9988	150.3339	176.8501	208.3327	245.7120
27	30.8209	35.3443	40.7096	47.0842	54.6691	63.7058	74.4838	87.3508	102.7231	121.0999	143.0786	169.374	200.8406	238.4993	283.5688
28	32.1291	37.0512	42.9309	49.9676	58.4026	68.5281	80.6977	95.3388	112.9682	134.2099	159.8173	190.6989	227.9499	272.8892	327.1041
29	33.4504	38.7922	45.2189	52.9663	62.3227	73.6398	87.3465	103.9659	124.1354	148.6309	178.3972	214.5828	258.5834	312.0937	377.1697
30	34.7849	40.5681	47.5754	56.0849	66.4388	79.0582	94.4608	113.2832	136.3075	164.4940	199.0209	241.3327	293.1992	356.7868	434.7451

续表

期数	16%	17%	18%	19%	20%	21%	22%	23%	24%	25%	26%	27%	28%	29%	30%
1	1.0000	1.0000	1.0000	1.0000	1.0000	1.0000	1.0000	1.0000	1.0000	1.0000	1.0000	1.0000	1.0000	1.0000	1.0000
2	2.1600	2.1700	2.1800	2.1900	2.2000	2.2100	2.2200	2.2300	2.2400	2.2500	2.2600	2.2700	2.2800	2.2900	2.3000
3	3.5056	3.5389	3.5724	3.6061	3.6400	3.6741	3.7084	3.7429	3.7776	3.8125	3.8476	3.8829	3.9184	3.9541	3.9900
4	5.0665	5.1405	5.2154	5.2913	5.3680	5.4457	5.5242	5.6038	5.6842	5.7656	5.8480	5.9313	6.0156	6.1008	6.1870
5	6.8771	7.0144	7.15420	7.2966	7.4416	7.5892	7.7396	7.8926	8.0484	8.2070	8.3684	8.5327	8.6999	8.8700	9.0431
6	8.9775	9.2068	9.442	9.683	9.9299	10.1830	10.4423	10.7079	10.9801	11.2588	11.5442	11.8366	12.1359	12.4423	12.7560
7	11.4139	11.7720	12.1415	12.5227	12.9159	13.3214	13.7396	14.1708	14.6153	15.0735	15.5458	16.0324	16.5339	17.0506	17.5828
8	14.2401	14.7733	15.3270	15.902	16.4991	17.1189	17.7623	18.4300	19.1229	19.8419	20.5876	21.3612	22.1634	22.9953	23.8577
9	17.5185	18.2847	19.0859	19.9234	20.7989	21.7139	22.6700	23.6690	24.7125	25.8023	26.9404	28.1287	29.3692	30.6639	32.0150
10	21.3215	22.3931	23.5213	24.7089	25.9587	27.2738	28.6574	30.1128	31.6434	33.2529	34.9449	36.7235	38.5926	40.5564	42.6195
11	25.7329	27.1999	28.7551	30.4035	32.1504	34.0013	35.9620	38.0388	40.2379	42.5661	45.0306	47.6388	50.3985	53.3178	56.4053
12	30.8502	32.8239	34.9311	37.1802	39.5805	42.1416	44.8737	47.7877	50.8950	54.2077	57.7386	61.5013	65.5100	69.7800	74.3270
13	36.7862	39.4040	42.2187	45.2445	48.4966	51.9913	55.7459	59.7788	64.1097	68.7596	73.7506	79.1066	84.8529	91.0161	97.6250
14	43.6720	47.1027	50.8180	54.8409	59.1959	63.9095	69.0100	74.5280	80.4961	86.9495	93.9258	101.4654	109.6117	118.4108	127.9125
15	51.6595	56.1101	60.9653	66.2607	72.0351	78.3305	85.1922	92.6694	100.8151	109.6868	119.3465	129.8611	141.3029	153.7500	167.2863
16	60.9250	66.6488	72.9390	79.8502	87.4421	95.7799	104.9345	114.9834	126.0108	138.1085	151.3766	165.9236	181.8677	199.3374	218.4722
17	71.6730	78.9792	87.0680	96.0218	105.9306	116.8937	129.0201	142.4295	157.2534	173.6357	191.7345	211.723	233.7907	258.1453	285.0139
18	84.1407	93.4056	103.7403	115.2659	128.1167	142.4413	158.4045	176.1883	195.9942	218.0446	242.5855	269.8882	300.2521	334.0074	371.5180
19	98.6032	110.2846	123.4135	138.1664	154.7400	173.3540	194.2535	217.7116	244.0328	273.5558	306.6577	343.758	385.3227	431.8696	483.9734
20	115.3797	130.0329	146.628	165.418	186.688	210.7584	237.9893	268.7853	303.6006	342.9447	387.3887	437.5726	494.2131	558.1118	630.1655
21	134.8405	153.1385	174.021	197.8474	225.0256	256.0176	291.3469	331.6059	377.4648	429.6809	489.1098	556.7173	633.5927	720.9642	820.2151
22	157.4150	180.1721	206.3448	236.4385	271.0307	310.7813	356.4432	408.8753	469.0563	538.1011	617.2783	708.0309	811.9987	931.0438	1067.2796
23	183.6014	211.8013	244.4868	282.3618	326.2369	377.0454	435.8607	503.9166	582.6298	673.6264	778.7707	900.1993	1040.3583	1202.0465	1388.4635
24	213.9776	248.8076	289.4945	337.0105	392.4842	457.2249	532.7501	620.8174	723.461	843.0329	982.2511	1144.2531	1332.6586	1551.6400	1806.0026
25	249.2140	292.1049	342.6035	402.0425	471.9811	554.2422	650.9551	764.6054	898.0916	1054.7912	1238.6363	1454.2014	1706.8031	2002.6156	2348.8033
26	290.0883	342.7627	405.2721	479.4306	567.3773	671.6330	795.1653	941.4647	1114.6336	1319.489	1561.6818	1847.8358	2185.7079	2584.3741	3054.4443
27	337.5024	402.0323	479.2211	571.5224	681.8528	813.6759	971.1016	1159.0016	1383.1457	1650.3612	1968.7191	2347.7515	2798.7061	3334.8426	3971.7776
28	392.5028	471.3778	566.4809	681.1116	819.2233	985.5479	1185.744	1426.5719	1716.1007	2063.9515	2481.586	2982.6444	3583.3438	4302.947	5164.3109
29	456.3032	552.5121	669.4475	811.5228	984.068	1193.5129	1447.6077	1755.6835	2128.9648	2580.9394	3127.7984	3788.9583	4587.6801	5551.8016	6714.6042
30	530.3117	647.4391	790.948	966.7122	1181.8816	1445.1507	1767.0813	2160.4907	2640.9164	3227.1743	3942.026	4812.9771	5873.2306	7162.8241	8729.9855

四、年金现值系数表

期数	1%	2%	3%	4%	5%	6%	7%	8%	9%	10%	11%	12%	13%	14%	15%
1	0.9901	0.9804	0.9709	0.9615	0.9524	0.9434	0.9346	0.9259	0.9174	0.9091	0.9009	0.8929	0.8850	0.8772	0.8696
2	1.9704	1.9416	1.9135	1.8861	1.8594	1.8334	1.8080	1.7833	1.7591	1.7355	1.7125	1.6901	1.6681	1.6467	1.6257
3	2.9410	2.8839	2.8286	2.7751	2.7232	2.6730	2.6243	2.5771	2.5313	2.4869	2.4437	2.4018	2.3612	2.3216	2.2832
4	3.9020	3.8077	3.7171	3.6299	3.5460	3.4651	3.3872	3.3121	3.2397	3.1699	3.1024	3.0373	2.9745	2.9137	2.8550
5	4.8534	4.7135	4.5797	4.4518	4.3295	4.2124	4.1002	3.9927	3.8897	3.7908	3.6959	3.6048	3.5172	3.4331	3.3522
6	5.7955	5.6014	5.4172	5.2421	5.0757	4.9173	4.7665	4.6229	4.4859	4.3553	4.2305	4.1114	3.9975	3.8887	3.7845
7	6.7282	6.4720	6.2303	6.0021	5.7864	5.5824	5.3893	5.2064	5.0330	4.8684	4.7122	4.5638	4.4226	4.2883	4.1604
8	7.6517	7.3255	7.0197	6.7327	6.4632	6.2098	5.9713	5.7466	5.5348	5.3349	5.1461	4.9676	4.7988	4.6389	4.4873
9	8.5660	8.1622	7.7861	7.4353	7.1078	6.8017	6.5152	6.2469	5.9952	5.7590	5.5370	5.3282	5.1317	4.9464	4.7716
10	9.4713	8.9826	8.5302	8.1109	7.7217	7.3601	7.0236	6.7101	6.4177	6.1446	5.8892	5.6502	5.4262	5.2161	5.0188
11	10.3676	9.7868	9.2526	8.7605	8.3064	7.8869	7.4987	7.1390	6.8052	6.4951	6.2065	5.9377	5.6869	5.4527	5.2337
12	11.2551	10.5753	9.9540	9.3851	8.8633	8.3838	7.9427	7.5361	7.1607	6.8137	6.4924	6.1944	5.9176	5.6603	5.4206
13	12.1337	11.3484	10.6350	9.9856	9.3936	8.8527	8.3577	7.9038	7.4869	7.1034	6.7499	6.4235	6.1218	5.8424	5.5831
14	13.0037	12.1062	11.2961	10.5631	9.8986	9.2950	8.7455	8.2442	7.7862	7.3667	6.9819	6.6282	6.3025	6.0021	5.7245
15	13.8651	12.8493	11.9379	11.1184	10.3797	9.7122	9.1079	8.5595	8.0607	7.6061	7.1909	6.8109	6.4624	6.1422	5.8474
16	14.7179	13.5777	12.5611	11.6523	10.8378	10.1059	9.4466	8.8514	8.3126	7.8237	7.3792	6.9740	6.6039	6.2651	5.9542
17	15.5623	14.2919	13.1661	12.1657	11.2741	10.4773	9.7632	9.1216	8.5436	8.0216	7.5488	7.1196	6.7291	6.3729	6.0472
18	16.3983	14.992	13.7535	12.6593	11.6896	10.8276	10.0591	9.3719	8.7556	8.2014	7.7016	7.2497	6.8399	6.4674	6.1280
19	17.226	15.6785	14.3238	13.1339	12.0853	11.1581	10.3356	9.6036	8.9501	8.3649	7.8393	7.3658	6.9380	6.5504	6.1982
20	18.0456	16.3514	14.8775	13.5903	12.4622	11.4699	10.5940	9.8181	9.1285	8.5136	7.9633	7.4694	7.0248	6.6231	6.2593
21	18.8570	17.0112	15.4150	14.0292	12.8212	11.7641	10.8355	10.0168	9.2922	8.6487	8.0751	7.5620	7.1016	6.6870	6.3125
22	19.6604	17.6580	15.9369	14.4511	13.1630	12.0416	11.0612	10.2007	9.4424	8.7715	8.1757	7.6446	7.1695	6.7429	6.3587
23	20.4558	18.2922	16.4436	14.8568	13.4886	12.3034	11.2722	10.3711	9.5802	8.8832	8.2664	7.7184	7.2297	6.7921	6.3988
24	21.2434	18.9139	16.9355	15.2470	13.7986	12.5504	11.4693	10.5288	9.7066	8.9847	8.3481	7.7843	7.2829	6.8351	6.4338
25	22.0232	19.5235	17.4131	15.6221	14.0939	12.7834	11.6536	10.6748	9.8226	9.0770	8.4217	7.8431	7.3300	6.8729	6.4641
26	22.7952	20.1210	17.8768	15.9828	14.3752	13.0032	11.8258	10.8100	9.9290	9.1609	8.4881	7.8957	7.3717	6.9061	6.4906
27	23.5596	20.7069	18.3270	16.3296	14.6430	13.2105	11.9867	10.9352	10.0266	9.2372	8.5478	7.9426	7.4086	6.9352	6.5135
28	24.3164	21.2813	18.7641	16.6631	14.8981	13.4062	12.1371	11.0511	10.1161	9.3066	8.6016	7.9844	7.4412	6.9607	6.5335
29	25.0658	21.8444	19.1885	16.9837	15.1411	13.5907	12.2777	11.1584	10.1983	9.3696	8.6501	8.0218	7.4701	6.9830	6.5509
30	25.8077	22.3965	19.6004	17.2920	15.3725	13.7648	12.4090	11.2578	10.2737	9.4269	8.6938	8.0552	7.4957	7.0027	6.5660

续表

期数	16%	17%	18%	19%	20%	21%	22%	23%	24%	25%	26%	27%	28%	29%	30%
1	0.8621	0.8547	0.8475	0.8403	0.8333	0.8264	0.8197	0.8130	0.8065	0.8000	0.7937	0.7874	0.7813	0.7752	0.7692
2	1.6052	1.5852	1.5656	1.5465	1.5278	1.5095	1.4915	1.4740	1.4568	1.4400	1.4235	1.4074	1.3916	1.3761	1.3609
3	2.2459	2.2096	2.1743	2.1399	2.1065	2.0739	2.0422	2.0114	1.9813	1.9520	1.9234	1.8956	1.8684	1.8420	1.8161
4	2.7982	2.7432	2.6901	2.6386	2.5887	2.5404	2.4936	2.4483	2.4043	2.3616	2.3202	2.2800	2.2410	2.2031	2.1662
5	3.2743	3.1993	3.1272	3.0576	2.9906	2.926	2.8636	2.8035	2.7454	2.6893	2.6351	2.5827	2.5320	2.4830	2.4356
6	3.6847	3.5892	3.4976	3.4098	3.3255	3.2446	3.1669	3.0923	3.0205	2.9514	2.8850	2.8210	2.7594	2.7000	2.6427
7	4.0386	3.9224	3.8115	3.7057	3.6046	3.5079	3.4155	3.3270	3.2423	3.1611	3.0833	3.0087	2.9370	2.8682	2.8021
8	4.3436	4.2072	4.0776	3.9544	3.8372	3.7256	3.6193	3.5179	3.4212	3.3289	3.2407	3.1564	3.0758	2.9986	2.9247
9	4.6065	4.4506	4.3030	4.1633	4.0310	3.9054	3.7863	3.6731	3.5655	3.4631	3.3657	3.2728	3.1842	3.0997	3.0190
10	4.8332	4.6586	4.4941	4.3389	4.1925	4.0541	3.9232	3.7993	3.6819	3.5705	3.4648	3.3644	3.2689	3.1781	3.0915
11	5.0286	4.8364	4.6560	4.4865	4.3271	4.1769	4.0354	3.9018	3.7757	3.6564	3.5435	3.4365	3.3351	3.2388	3.1473
12	5.1971	4.9884	4.7932	4.6105	4.4392	4.2784	4.1274	3.9852	3.8514	3.7251	3.6059	3.4933	3.3868	3.2859	3.1903
13	5.3423	5.1183	4.9095	4.7147	4.5327	4.3624	4.2028	4.0530	3.9124	3.7801	3.6555	3.5381	3.4272	3.3224	3.2233
14	5.4675	5.2293	5.0081	4.8023	4.6106	4.4317	4.2646	4.1082	3.9616	3.8241	3.6949	3.5733	3.4587	3.3507	3.2487
15	5.5755	5.3242	5.0916	4.8759	4.6755	4.4890	4.3152	4.1530	4.0013	3.8593	3.7261	3.6010	3.4834	3.3726	3.2682
16	5.6685	5.4053	5.1624	4.9377	4.7296	4.5364	4.3567	4.1894	4.0333	3.8874	3.7509	3.6228	3.5026	3.3896	3.2832
17	5.7487	5.4746	5.2223	4.9897	4.7746	4.5755	4.3908	4.2190	4.0591	3.9099	3.7705	3.6400	3.5177	3.4028	3.2948
18	5.8178	5.5339	5.2732	5.0333	4.8122	4.6079	4.4187	4.2431	4.0799	3.9279	3.7861	3.6536	3.5294	3.4130	3.3037
19	5.8775	5.5845	5.3162	5.0700	4.8435	4.6346	4.4415	4.2627	4.0967	3.9424	3.7985	3.6642	3.5386	3.4210	3.3105
20	5.9288	5.6278	5.3527	5.1009	4.8696	4.6567	4.4603	4.2786	4.1103	3.9539	3.8083	3.6726	3.5458	3.4271	3.3158
21	5.9731	5.6648	5.3837	5.1268	4.8913	4.6750	4.4756	4.2916	4.1212	3.9631	3.8161	3.6792	3.5514	3.4319	3.3198
22	6.0113	5.6964	5.4099	5.1486	4.9094	4.6900	4.4882	4.3021	4.1300	3.9705	3.8223	3.6844	3.5558	3.4356	3.3230
23	6.0442	5.7234	5.4321	5.1668	4.9245	4.7025	4.4985	4.3106	4.1371	3.9764	3.8273	3.6885	3.5592	3.4384	3.3254
24	6.0726	5.7465	5.4509	5.1822	4.9371	4.7128	4.5070	4.3176	4.1428	3.9811	3.8312	3.6918	3.5619	3.4406	3.3272
25	6.0971	5.7662	5.4669	5.1951	4.9476	4.7213	4.5139	4.3232	4.1474	3.9849	3.8342	3.6943	3.5640	3.4423	3.3286
26	6.1182	5.7831	5.4804	5.2060	4.9563	4.7284	4.5196	4.3278	4.1511	3.9879	3.8367	3.6963	3.5656	3.4437	3.3297
27	6.1364	5.7975	5.4919	5.2151	4.9636	4.7342	4.5243	4.3316	4.1542	3.9903	3.8387	3.6979	3.5669	3.4447	3.3305
28	6.1520	5.8099	5.5016	5.2228	4.9697	4.7390	4.5281	4.3346	4.1566	3.9923	3.8402	3.6991	3.5679	3.4455	3.3312
29	6.1656	5.8204	5.5098	5.2292	4.9747	4.7430	4.5312	4.3371	4.1585	3.9938	3.8414	3.7001	3.5687	3.4461	3.3317
30	6.1772	5.8294	5.5168	5.2347	4.9789	4.7463	4.5338	4.3391	4.1601	3.9950	3.8424	3.7009	3.5693	3.4466	3.3321